Bilingual Vocabulary for Governance, Public Policy & Administration

Bilingual Vocabulary for Governance, Public Policy & Administration

Dick de Jong

Pineglen Publishing
Ottawa

Pineglen Publishing, Ottawa, Canada
www.PineglenPublishing.com

Printed and bound in Canada by Gilmore Printing, Ottawa
Cover design: H3Creative Inc., Ottawa

Fourth printing, 2018 *(with revisions)*

Library and Archives Canada Cataloguing in Publication

de Jong, Dick
Bilingual vocabulary for governance, public
policy & administration / Dick de Jong.

Includes bibliographical references.
ISBN 978-0-9866142-0-0

1. English language--Canada--Self-instruction.
2. Vocabulary--Self-instruction. 3. French
language--Canada--Self-instruction. 4. French
language--Vocabulary--Self-instruction. 5. Canada--Officials
and employees--Handbooks, manuals, etc. 6. Canada--Politics
and government--21st century--Handbooks, manuals, etc. I. Title.

PE1449.D398 2010 428.1 C2010-903993-9

This book is dedicated to:

Barbara, my wife and soul mate
and the joy of my life,
who I could always count on for advice and support
throughout this project
and who never failed to believe
and to impress; and

my children, Meghan and Jeff,
for the wonder and laughter they've brought into my life,
for their unfailing encouragement
as this work progressed,
and for their dreams and promise.
I will always be proud of you.

Contents

Preface

There is growing emphasis on the use of French and English – Canada's official languages – in the Canadian public sector. Increasingly, government organizations aim to provide services to citizens in both official languages and to allow employees to work in the official language of their choice. This book provides a body of French and English vocabulary to assist those working in federal, provincial and territorial, and municipal governments to develop, maintain and strengthen their official language capabilities. The ultimate purpose of this text is to contribute to the advancement of official languages in Canadian public administration.

This book has its origins in my own language learning needs. I found that colleagues shared the desire for a reference book on practical and relevant vocabulary to aid their language studies. Government work involves a specialized vocabulary in a wide array of subjects. A bilingual and user-friendly vocabulary book such as this does not currently exist. It is not a dictionary nor is it a definitive reference. Its focus is on the language used in the public sector on a day-to-day basis. Following my retirement from government, I had the opportunity to research the material and put my ideas on paper. I encourage readers to refer to more authoritative sources for additional information.

This work provides a thematic presentation of vocabulary in common use for a wide range of topics related to governance, public policy and administration. The vocabulary is illustrative and does not assume that any expression is the only or preferred way to express an idea in a given situation. The material in this book is drawn from many government sources and popular media.

Vocabulary pertaining to the subject of one chapter inevitably overlaps with that of other chapters. My intent is to provide core vocabulary for each subject while avoiding unnecessary repetition. I encourage readers to "mix and match" vocabulary from the various chapters to create a broad vocabulary base. As individuals progress in mastering their other official language through increased exposure and use, they will gradually acquire a rich base for expression in French and English.

Following are some notes on style. Throughout the text, the gender of French nouns, which learners must master, is indicated either by the appropriate article or by a notation in brackets immediately after the noun. The articles are not provided for English nouns as there is no gender issue. As well, nouns are frequently presented with one or more commonly-used adjectives to show how adjectives in French agree in gender and number with the nouns they describe. For ease of reference, French nouns are presented only at the head of any list of adjectives as adjectives generally follow nouns in French, whereas in the English text the noun and adjective are repeated each time as nouns generally follow the adjectives. Position titles are provided in both genders, and for consistency, first the masculine followed by the feminine.

Every chapter includes an alphabetical list of verbs commonly used in relation to the theme of the chapter. For simplicity, adjectives following the verb « *être* » are shown in the masculine. Every chapter concludes with a brief narrative section which was originally written in English then translated. The paragraphs contain personal reflections and commentary intended to stimulate discussion in learning settings and to support this book's instructional purposes. The choice of vocabulary and views expressed are entirely my own. While acknowledging the contribution of the reviewers listed below, I should add that they do not necessarily hold these same views or endorse them. I hope these ideas will lead to stimulating conversations among readers.

Canada as a nation, and our public institutions and citizens, are very well served at every level of government by dedicated and professional public sector employees. Those working in Canadian public administration bring vast knowledge and expertise to their work of advising elected officials, serving Canadians and helping Canada to meet its international obligations. The public sector workforce represents the many backgrounds and cultures that make up the Canadian mosaic. Public servants uphold the high values enshrined in our Constitution and the *Canadian Charter of Rights and Freedoms*. They are devoted to improving the quality of life of Canadians and strengthening our democracy and all that unites us as a just and caring society.

Learning a new language is best achieved in a supportive environment. I want to thank Line Le Clerc, Mary-Anne Ruedl and Louise Labelle, dedicated public servants with whom I had the good fortune of working. They created a bilingual milieu that was in every sense exemplary. I also acknowledge Huguette Duguay and Michel Bernard of *l'Institut de linquistique appliquée de Québec - Logibec* for their contribution to my French studies. Their program in *la ville de Québec* was excellent. I feel privileged to have studied French in the city that was Canada's earliest French settlement founded in 1608 by Samuel de Champlain, *père de la Nouvelle-France*.

I acknowledge and express my sincere appreciation to those who generously agreed to review and critique draft portions of this book. They did so strictly in their personal capacity. Their comments and insights were of tremendous help in the development of the text. I was privileged to work with many of them and always admired their tremendous knowledge, dedication and professionalism as public servants. Reviewers included: Cynthia Adam, Marion André, Amelita Armit, Garry Armstrong, Normand Beaudry, Dr. José Campione, Jean-Louis Caya, Caroline Charron, Elaine Chatigny, Dr. Robert Clarke, François Daigle, Peter Gillespie, Claude Giroux, Jim Harlick, Sean Kelly, Louise Labelle, Luc Ladouceur, Renée LaFontaine, Line Le Clerc, Claude Legault, Dr. Howard Njoo, John Ossowski, Dr. Sylvain Paradis, Richard Paton, Laurette Quesnel, Cheryl Read, Dr. Claude Rocan, Yvon Roy, Mary-Anne Ruedl, Eric Russell, Dr. Sylvie Stachenko, Frank Swedlove, Velma Trudeau and Dan Weir.

I am also indebted to Monique Latrémouille for editing the French translation of the narrative portions of every chapter; and to Hélène Meunier for performing a final editorial and quality review of the entire text before going to print. Their assistance and advice were invaluable. I nevertheless assume full responsibility for any errors or omissions.

I found it very enjoyable doing the research for this book – in every sense a learning experience – and sincerely hope that readers will find it both interesting and a useful aid in their language studies.

Dick de Jong
Ottawa, August, 2010

Bilingual Vocabulary *for* Governance, Public Policy & Administration

Democracy

Noms et expressions	***Nouns and phrases***
la démocratie	*democracy*
▸ parlementaire	*parliamentary democracy*
▸ représentative	*representative democracy*
▸ constitutionnelle	*constitutional democracy*
la démocratisation	*democratization*
la pratique de la démocratie	*practice of democracy*
la propagation de la démocratie	*spread of democracy*
l'expansion *(f)* de la démocratie	*growth, spread of democracy*
le mouvement démocratique	*democratic movement*
la société démocratique	*democratic society*
le rôle de l'État	*role of the State*
la citoyenneté	*citizenship*
le devoir civique	*civic duty*
la responsabilité civique	*civic responsibility*

Droits et Démocratie
Centre international des droits de la personne et du développement démocratique
Rights & Democracy
International Centre for Human Rights and Democratic Development

les idéaux *(m)* démocratiques	*democratic ideals*
les valeurs *(f)* démocratiques	*democratic values*
le débat démocratique	*democratic debate*
le processus démocratique	*democratic process*
la légitimité démocratique	*democratic legitimacy*
la gouvernance démocratique	*democratic governance*
la responsabilisation démocratique	*democratic accountability*
une institution démocratique	*democratic institution*
le renouveau démocratique	*democratic renewal*
la réforme démocratique	*democratic reform*
le droit de vote	*right to vote*
le devoir de voter	*duty to vote*
une élection libre	*free election*
la pétition d'initiative citoyenne	*citizen initiative petition*
le référendum consultatif	*consultative referendum*
le plébiscite	*plebiscite*

le bien commun	*common good*
l'intérêt *(m)* public	*public interest*
la confiance publique	*public trust, confidence*
l'appui *(m)* populaire	*popular support*
la volonté populaire	*popular will*

Verbes pratiques	***Useful verbs***
contribuer à	*to contribute to, toward*
démocratiser	*to democratize*
exercer le droit démocratique de, à	*to exercise the democratic right of, to*
œuvrer à, pour	*to work for*
participer à	*to participate, engage in*
voter	*to vote*

Paroles en action / *Words in action*

L'humanité est imprégnée d'un désir profond de vivre en toute liberté. C'est une force irrésistible qui incite les peuples partout dans le monde à épouser la démocratie comme une expression concrète de la liberté qu'ils recherchent.

La démocratie libère l'esprit humain. Elle permet l'expression d'idées sans restriction, l'épanouissement du savoir, de la littérature et des arts, et le progrès de la justice sociale. La démocratie encourage le plein développement du potentiel humain et permet aux citoyens d'un pays de réaliser ses aspirations individuelles et collectives. La marche implacable de l'humanité vers la liberté supprime au fil du temps les barrières de l'idéologie, de l'intolérance et de la répression qui limitent la réalisation des idéaux humains.

Les valeurs et les croyances partagées constituent la base d'une société démocratique. Elles représentent l'essence de ce qui assure l'union d'un peuple et rend une nation forte. Les valeurs et les libertés démocratiques auxquelles les Canadiens tiennent précieusement et qui sont enchâssées dans notre constitution, guident notre comportement quotidien en tant que peuple et nation.

***Mankind is imbued** with a profound desire to live in freedom. It is an irresistible force that urges people everywhere to embrace democracy as a tangible expression of the freedom that they seek.*

Democracy frees the human spirit. It allows the unrestricted expression of ideas, the blossoming of knowledge, literature and the arts, and the advancement of social justice. Democracy encourages the full development of human potential and allows a nation's citizens to realize their individual and collective aspirations. In time, mankind's relentless march to freedom tramples the barriers of ideology, intolerance and repression that restrict the realization of human ideals.

Shared values and beliefs are the foundation of a democratic society. They are the essence of what draws and holds a people together and makes a nation strong. The democratic values and freedoms that Canadians cherish, which are enshrined in our Constitution, guide our daily conduct as a people and a nation.

The Constitution

Noms et expressions	***Nouns and phrases***
la Constitution du Canada	*Constitution of Canada*
le cadre constitutionnel	*constitutional framework*
le droit constitutionnel	*constitutional law*
la suprématie de la Constitution	*supremacy of the Constitution*
les termes *(m)* de la Constitution	*terms of the Constitution*
une disposition de la Constitution	*provision of the Constitution*
l'enchâssement de la Charte	*entrenchment of the Charter*
la constitutionnalisation	*entrenchment in the Constitution*
le rapatriement	*repatriation*
la Confédération	*Confederation*
les Pères de la Confédération	*Fathers of Confederation*
une monarchie constitutionnelle	*constitutional monarchy*
la fédération canadienne	*Canadian federation*

Loi constitutionnelle de 1867 et de 1982
Constitution Act, 1867 and 1982
Charte canadienne des droits et libertés
(la partie I de la Loi constitutionnelle de 1982)
Canadian Charter of Rights and Freedoms
(*Part I of the Constitution Act, 1982*)
l'ancien Acte de l'Amérique du Nord britannique de 1867
former *British North America Act*, 1867

la constitution écrite	*written constitution*
une convention non écrite	*unwritten convention*
la coutume	*custom*
l'organe *(m)*	*body, function, branch*
▸ législatif	*legislative branch*
▸ exécutif	*executive branch*
▸ judiciaire	*judicial branch*
le pouvoir	*branch, power, authority*
▸ exécutif	*the executive; executive authority*
▸ législatif	*legislative branch, power*
▸ judiciaire	*the judiciary; judicial branch, authority*
la reconnaissance constitutionnelle	*constitutional recognition*
la protection constitutionnelle	*constitutional protection*

la garantie constitutionnelle	*constitutional guarantee, protection, safeguard*
une obligation constitutionnelle	*constitutional obligation*
la prérogative constitutionnelle	*constitutional prerogative*
le palier de gouvernement	*order, level of government*
l'ordre *(m)* de gouvernement	*order, level of government*
l'échelle *(f)* provinciale	*provincial level*
la branche du gouvernement	*branch of government*
le fondement juridique	*legal foundation, basis, authority*
la pierre angulaire	*cornerstone*
l'assise *(f)* constitutionnelle	*constitutional basis, foundation*
la restriction constitutionnelle	*constitutional limitation*
la constitutionnalité	*constitutionality, constitutional validity*
un texte législatif inconstitutionnel	*unconstitutional law*
une question constitutionnelle	*constitutional question, issue*
une contestation judiciaire	*legal challenge*
la compétence[1]	*competence, jurisdiction, authority, responsibility*
▸ fédérale, provinciale	*federal, provincial jurisdiction*
▸ du Parlement	*jurisdiction of Parliament*
▸ législative exclusive	*exclusive legislative authority*
▸ juridique	*legal jurisdiction*
le champ de compétence	*area of competence, jurisdiction*
le domaine de compétence	*area of jurisdiction, responsibility*
une compétence partagée	*shared jurisdiction*
les compétences concurrentes	*concurrent power, authority*
le chevauchement des compétences	*overlapping jurisdiction*
une question de compétence	*jurisdictional issue*
le pouvoir	*power, authority*
▸ constitutionnel	*constitutional authority*
▸ d'imposer	*taxing power*
▸ exclusif	*exclusive authority*
▸ de légiférer	*power to legislate*
▸ législatif	*legislative authority, law-making power*

---

[1] According to the *Office québécois de la langue française*, the French term « *compétence* » rather than « *juridiction* » is the correct usage for the English term "*jurisdiction*" in this context.

la répartition des pouvoirs	*distribution of powers*
la répartition des compétences	*distribution of powers, responsibilities*
la séparation des pouvoirs	*separation of powers*
l'équilibre *(m)* du pouvoir	*balance of power*
les pouvoirs égaux	*equal powers*
la concentration des pouvoirs[2]	*concentration of power, powers*
le partage des pouvoirs	*sharing of powers*
la faculté	*faculty, right, power*
la responsabilité exclusive	*exclusive responsibility*
la doctrine de la primauté	*doctrine of paramountcy*
la distinction	*distinction*

le rôle du gouvernement fédéral
the federal role
le pouvoir fédéral de dépenser
federal spending power

une affaire d'intérêt *(m)* provincial	*provincial matter*
une question de responsabilité provinciale	*issue of provincial responsibility*
un empiètement direct	*direct infringement*
une intrusion	*intrusion*
le dossier constitutionnel	*the constitution, constitutional file*
les limites *(f)* constitutionnelles	*constitutional limits, limitations*
l'évolution *(f)* constitutionnelle	*constitutional changes, developments*
une conférence constitutionnelle	*constitutional conference*
le débat constitutionnel	*constitutional debate*

[2] Many French expressions using « *de* » have more than one form, such as « *la concentration des pouvoirs* » (concentration of powers) and « *la concentration de pouvoirs* ». This text typically shows only one of the forms though others are also commonly used. For example, the text includes the term « *la règle de droit* » (the rule of law), though we also frequently see « *la règle du droit* ». Likewise, « *la délégation de pouvoirs* » (delegation of authority) often occurs as « *la délégation de pouvoir* » and « *la délégation des pouvoirs* ». Other examples include: « *la prestation de services* » (service delivery), which often occurs as « *la prestation des services* »; « *la gestion du risque* » (risk management), which also takes the form of « *la gestion de risques* » and « *la gestion des risques* »; « *la passation de marchés* » (contracting), which is also frequently expressed as « *la passation des marchés* »; « *la gestion de qualité* » (quality management), also frequently expressed as « *la gestion de la qualité* »; and « *la gestion de programmes*» (program management), also expressed as « *la gestion du programme* » and « *la gestion des programmes* ». Similar variations in usage occur for numerous other expressions using « *de* », and may change depending on the context.

une crise constitutionnelle	*constitutional crisis*
un amendement constitutionnel	*constitutional amendment*
la modification	*amendment*
la proposition de modification	*proposed amendment*
la formule de modification	*amending formula*
le consentement des provinces	*consent of the provinces*
un changement unilatéral	*unilateral change*
la proposition constitutionnelle	*constitutional proposal*
le projet de résolution	*proposed resolution*
une sérieuse réserve	*serious reservation*
une condition obligatoire	*mandatory condition, provision*
les mesures *(f)* de transition	*transition, transitional measures*
le pouvoir de dérogation	*notwithstanding power*
la clause nonobstant	*notwithstanding clause*
la disposition dérogatoire	*notwithstanding provision*

Verbes pratiques	***Useful verbs***
abroger	*to repeal*
annuler	*to invalidate, nullify*
avoir recours à	*to have recourse to, turn to*
chevaucher	*to overlap*
codifier	*to codify*
conférer	*to confer, grant*
consentir à	*to agree, consent to*
constitutionnaliser	*to entrench in the Constitution*
contester	*to contest, dispute, challenge*
déroger	*to derogate, detract*
donner le consentement à	*to consent, give consent*
empiéter sur	*to infringe on*
enchâsser	*to entrench*
énoncer	*to state, set out*
être inconstitutionnel	*to be unconstitutional*
exercer les droits	*to exercise rights*
garantir	*to guarantee, safeguard, protect*
invalider	*to invalidate, strike down*
modifier	*to amend*
ouvrir la Constitution	*to open the Constitution*
rapatrier	*to repatriate*
ratifier	*to ratify*
rester en vigueur	*to remain in force*
rouvrir	*to reopen*
sauvegarder	*to protect, uphold*

Paroles en action / *Words in action*

La constitution d'une nation démocratique appartient à tous ses citoyens. La constitution est une garantie de l'ordre démocratique d'une société juste et libre. La Constitution du Canada, notre loi suprême, comprend aussi bien des textes législatifs que des conventions constitutionnelles.

Le Canada a obtenu le statut de nation au moment de la proclamation par le Parlement britannique de l'*Acte d'Amérique du Nord britannique, 1867*, renommé plus tard la *Loi constitutionnelle de 1867*. Cela reste le cœur de la structure constitutionnelle du Canada. Le Canada a atteint la pleine souveraineté constitutionnelle en 1982 avec l'adoption de la *Loi sur le Canada* par le Parlement britannique, qui a mis fin aux pouvoirs résiduels britanniques de légiférer pour le Canada.

Cette loi a également approuvé un certain nombre de modifications constitutionnelles prévues dans la *Loi constitutionnelle de 1982*. Ces modifications incluaient la proclamation de la *Charte canadienne des droits et libertés*, la reconnaissance et la confirmation des droits ancestraux ou issus de traités des peuples autochtones du Canada, l'établissement dans la Constitution du principe de péréquation pour traiter des disparités régionales, l'établissement de procédures pour modifier la Constitution, et le renforcement des pouvoirs provinciaux dans les domaines des ressources naturelles non renouvelables, des ressources forestières et de l'énergie électrique.

A democratic nation's *constitution belongs to all its citizens. The constitution is a guarantee of the democratic order of a free and just society. Canada's constitution, which is our supreme law, includes both legal documents and constitutional conventions.*

Canada gained nationhood on proclamation by the British Parliament of the British North America Act, 1867, *since re-named the* Constitution Act, 1867. *This remains the core of Canada's constitutional framework. Canada achieved full constitutional sovereignty in 1982 on passage of the* Canada Act *by the British Parliament, terminating Britain's residual powers to legislate for Canada.*

The Act also approved various constitutional amendments set out in the Constitution Act, 1982. *These amendments included proclaiming the* Canadian Charter of Rights and Freedoms, *recognizing and affirming Aboriginal and treaty rights of the Aboriginal peoples of Canada, entrenching in the Constitution the principle of equalization to address regional disparities, establishing procedures to amend the Constitution, and strengthening provincial powers over non-renewable natural resources, forestry and electrical energy.*

Charter *of* Rights *and* Freedoms

Noms et expressions	***Nouns and phrases***
la Charte canadienne	*Canadian Charter*
la règle fondamentale	*fundamental rule*
le fondement	*basis*
l'article *(m)* premier de la Charte	*section 1 of the Charter*
la signification	*significance, meaning*
le maintien	*preservation, upholding*
les valeurs *(f)* partagées	*shared values*
les aspirations *(f)*	*aspirations*
les idéaux *(m)*	*ideals*
le préambule	*preamble*
la suprématie de Dieu	*supremacy of God*
le droit	*the law*
la primauté du droit	*rule of law, primacy of the law*
la règle de droit	*rule of law*

les droits et libertés garantis par la Constitution
rights and freedoms protected by the Constitution

les droits *(m)*	*rights*
▸ constitutionnels	*constitutional rights*
▸ individuels	*individual rights*
▸ collectifs	*collective rights*
▸ linguistiques	*linguistic, language rights*
▸ des minorités	*minority rights*
▸ fondamentaux	*basic rights*
une garantie	*guarantee, safeguard, protection*
▸ juridique	*legal guarantee*
▸ constitutionnelle	*constitutional safeguard*
la protection juridique	*legal protection*
l'application *(f)* de la Charte	*Charter enforcement*
une société libre	*free society*
la liberté	*freedom*
une limite raisonnable	*reasonable limit*
une restriction	*restriction*
la justification	*justification*
une atteinte	*infringement, breach*

la violation	*infringement, breach*
une contestation fondée sur la Charte	*Charter challenge*
une cause type	*test case*
la validité constitutionnelle	*constitutional validity*

Certaines dispositions de la Charte
Selected Provisions of the Charter

Libertés fondamentales/*Fundamental freedoms*
- la liberté de conscience, d'expression et d'association
  freedom of conscience, expression and association

Droits démocratiques/*Democratic rights*
- le droit de voter aux élections fédérales ou provinciales
  the right to vote in federal or provincial elections

Liberté de circulation et d'établissement/*Mobility rights*
- le droit d'habiter et de gagner sa vie dans toute province
  the right to live and earn a living in any province

Garanties juridiques/*Legal rights*
- le droit à la vie, à la liberté et à la sécurité de la personne
  the right to life, liberty and security of the person

Droits à l'égalité/*Equality rights*
- le droit à la même protection et au même bénéfice de la loi, indépendamment de toute discrimination
  the right to equal protection and benefit of the law without discrimination

Droits à l'usage des langues officielles/*Rights to use official languages*
- le droit de recevoir les services du gouvernement du Canada en français ou en anglais où il y a une demande importante
  the right to receive services from the Government of Canada in French or English where there is sufficient demand

Droits à l'instruction dans la langue de la minorité/*Minority language education rights*
- le droit de faire instruire les enfants appartenant à la minorité francophone ou anglophone n'importe où au Canada en français ou en anglais, dans les conditions précisées dans la Charte
  the right to educate children belonging to the French or English linguistic minority anywhere in Canada in French or English, under conditions specified in the Charter

Le respect des droits des peuples autochtones/*Recognition of the rights of Aboriginal peoples*
- y compris les droits ou libertés reconnus par la *Proclamation royale de 1763* et les droits existants, dont les droits ancestraux, issus de traités ou autres
  this includes rights or freedoms recognized by the Royal Proclamation of 1763, *and existing Aboriginal, treaty and other rights*

Verbes pratiques	***Useful verbs***
appliquer	*to apply, enforce, administer*
contrevenir à	*to contravene*
discriminer contre	*to discriminate against*
garantir	*to guarantee*
inscrire	*to enshrine*
interpréter	*to interpret*
invoquer	*to invoke*
justifier	*to justify*
léser	*to deny, infringe on*
limiter	*to limit*
outrepasser	*to exceed, go beyond, overstep*
permettre à	*to permit, allow*
porter atteinte à	*to infringe upon*
prendre en considération	*to take into consideration*
préserver	*to preserve, safeguard, protect*
protéger	*to protect*
reconnaître	*to recognize, acknowledge*
respecter	*to respect, observe, comply with*
restreindre	*to restrict, limit*
signifier	*to mean, signify*

Paroles en action / *Words in action*

L'adoption de la *Charte canadienne des droits et libertés* constitue une étape historique dans le développement démocratique du Canada. La Charte fait partie de la Constitution, garantissant ainsi que nos droits et libertés bénéficient de la protection constitutionnelle « dans des limites qui soient raisonnables et dont la justification puisse se démontrer dans le cadre d'une société libre et démocratique. »

La Charte établit les libertés fondamentales, les garanties juridiques et les droits à l'égalité qui s'appliquent à chacun au Canada, ainsi que certains autres droits qui s'appliquent aux citoyens, notamment, les droits démocratiques, la liberté de circulation et d'établissement, et les droits à l'instruction dans la langue de la minorité. La Charte oblige la Chambre des communes et les assemblées législatives à tenir des élections au moins tous les cinq ans. À cet égard, le Parlement a adopté un projet de loi en 2007 exigeant que des élections fédérales aient lieu à une date fixe tous les quatre ans, soit le troisième lundi d'octobre qui suit la dernière élection générale. De plus, la Charte oblige le Parlement et les législatures à siéger au moins une fois tous les douze mois. En outre, elle prévoit la protection constitutionnelle des langues officielles du Canada.

La Charte lie les gouvernements, le Parlement, et les législatures provinciales et territoriales. Les tribunaux ont la juridiction définitive pour déterminer s'il y a eu violation d'une garantie de la Charte. En tant que plus haut tribunal du pays, la Cour suprême du Canada a rendu des arrêts-clés pour faire respecter les garanties de la Charte.

Adoption of the Canadian Charter of Rights and Freedoms *was an historic advance in the democratic development of Canada. The Charter is part of the Constitution, thereby ensuring that our rights and freedoms have constitutional protection, "subject only to such reasonable limits prescribed by law as can be demonstrably justified in a free and democratic society."*

The Charter establishes the fundamental freedoms, and legal and equality rights, that apply to everyone in Canada, as well as certain democratic, mobility and minority language educational rights of citizens. The Charter requires the House of Commons and legislative assemblies to have elections at least every five years. In this regard, Parliament passed a bill in 2007 requiring that federal elections be held on a fixed date every four years on the third Monday in October following the last general election. The Charter also requires Parliament and legislatures to sit at least once every twelve months. As well, it provides constitutional protection of Canada's official languages.

The Charter binds governments, Parliament, and provincial and territorial legislatures. The courts have ultimate jurisdiction to determine whether a Charter guarantee has been violated. As the highest court in the land, the Supreme Court of Canada has made landmark rulings upholding Charter rights.

Parliament

Noms et expressions	*Nouns and phrases*
le Parlement	*Parliament*
▸ du Canada	*Parliament of Canada*
▸ fédéral	*federal Parliament*
la législature provinciale	*provincial legislature*
un organe législatif	*legislative body*
la principale instance législative	*main legislative body, authority*

Assemblée nationale du Québec
Quebec National Assembly
Assemblée législative de l'Ontario
Legislative Assembly of Ontario

le régime parlementaire	*parliamentary system*
le gouvernement parlementaire	*parliamentary government*
la réforme parlementaire	*parliamentary reform*
la suprématie du Parlement	*supremacy of Parliament*
la souveraineté du Parlement	*sovereignty of Parliament*
l'autorité *(f)* du Parlement	*power, authority of Parliament*
le pouvoir parlementaire	*parliamentary power, authority*

On parle de la Couronne au Canada
Speaking of the Crown in Canada

le, la chef d'État	*Head of State*
la Reine, le Roi du Canada	*Queen, King of Canada*
le Gouverneur général, la Gouverneure générale du Canada	*Governor General of Canada*
le Lieutenant-gouverneur, la Lieutenante-gouverneure	*Lieutenant-Governor*
le gouverneur en conseil	*Governor in Council*
une monarchie constitutionnelle	*a constitutional monarchy*
les pouvoirs réservés à la Couronne	*reserve powers of the Crown*
les pouvoirs de prérogative	*prerogative powers*
la sanction royale	*royal assent*

un équilibre des pouvoirs	*balance of power*
la balance des pouvoirs	*balance of power*
les corridors *(m)* du pouvoir	*halls, corridors of power*

le parti au pouvoir	*party in power*
le parti ministériel	*governing party*
un parti de l'opposition	*opposition party*
l'Opposition *(f)* officielle	*Official Opposition*
le rôle du Parlement	*role of Parliament*
la tradition parlementaire	*parliamentary tradition*
la prérogative parlementaire	*parliamentary prerogative*
le privilège parlementaire	*Parliamentary privilege*
la session parlementaire	*Parliamentary session*
la majorité parlementaire	*parliamentary majority*

Parlement du Canada
Parliament of Canada

la Chambre des communes	*House of Commons*
le Sénat	*Senate*
le Gouvernement	*the Government*
l'Opposition officielle	*Official Opposition*
le, la chef de l'Opposition officielle	*Leader of the Official Opposition*
le Président, la Présidente	*Speaker*
▸ de la Chambre des communes	*Speaker of the House of Commons*
▸ du Sénat	*Speaker of the Senate*
le, la whip en chef	*Chief Whip*
le, la leader du gouvernement à la Chambre des communes	*Government House Leader*
le représentant du gouvernement au Sénat	*Government Representative in the Senate*

le fauteuil du Président	*Speaker's Chair*
la masse cérémoniale	*ceremonial Mace*
le symbole de l'autorité	*symbol of authority*
le sergent d'armes	*Sergeant-at-Arms*
la convocation du Parlement	*convening of Parliament*
l'ouverture *(f)* du Parlement	*opening of Parliament*
l'inauguration *(f)*	*opening, inauguration*
la reprise	*re-opening, resumption*
la rentrée parlementaire	*return of Parliament*
le rappel du Parlement	*recall of Parliament*
la séance	*sitting, session*
les heures *(f)* normales de séance	*normal sitting hours*
la durée	*duration, length, term*

l'ajournement *(m)* du printemps	*spring recess, adjournment*
la relâche estivale	*summer recess, break*
l'ajournement *(m)* du Parlement	*adjournment of Parliament*
le congé de Noël, d'été	*Christmas, summer recess, break*
la pause	*recess, break*
la prorogation	*prorogation, proroguing*
la dissolution	*dissolution*
la fermeture	*closing*
les Communes *(f)*	*the Commons*
la Chambre basse	*lower House*
les deux côtés *(m)* de la Chambre	*two sides of the House*
le côté	*side*
▸ du gouvernement	*Government side*
▸ de l'opposition	*Opposition side*
les bancs *(m)*	*benches*
▸ du gouvernement	*government benches*
▸ de l'opposition	*opposition benches*
▸ du côté ministériel	*government benches*
▸ du côté des partis de l'opposition	*opposition benches*

Loi sur le Parlement du Canada
Parliament of Canada Act
Loi sur l'Assemblée législative du Manitoba
Legislative Assembly Act of Manitoba

les banquettes *(f)* ministérielles	*government benches*
les dernières banquettes	*backbenches*
le, la membre	*Member*
▸ du gouvernement	*Government Member*
▸ de l'opposition	*Member of the Opposition*
les parlementaires	*Parliamentarians*
le député, la députée	*Member, Member of Parliament, Member of the Legislature*
un député, une députée en fonction	*sitting, serving member of Parliament*
une députée libérale d'arrière-ban	*Liberal backbencher*
les députés ministériels d'arrière-ban	*government backbenchers*
les députés ministériels	*government members*
les ministériels	*government members*
les députés de l'opposition	*opposition members*

le, la collègue	*colleague*
le, la titulaire de la charge publique	*public office holder*
les représentants élus	*elected representative, official*
le caucus parlementaire	*parliamentary caucus*
le siège	*seat*
▸ parlementaire	*parliamentary seat*
▸ vacant	*vacant, empty seat*
sa présence *(f)* régulière	*his, her regular presence, attendance*
son absence *(f)* fréquente	*his, her frequent absence*
le, la critique de l'opposition	*opposition critic*
▸ en matière de finances	*opposition finance critic*
▸ en matière de santé	*opposition health critic*
le, la porte-parole de l'opposition	*opposition critic, spokesperson*
le, la porte-parole du Bloc	*Bloc critic*
le, la critique bloquiste en matière de justice	*Bloc justice critic*

La Colline du Parlement
Parliament Hill

les édifices *(m)* du Parlement	*Parliament Buildings*
la Cité parlementaire	*Parliamentary Precinct*
l'édifice du Centre	*Centre Block*
la Tour de la Paix	*Peace Tower*
le Hall d'honneur	*Hall of Honour*
la Bibliothèque du Parlement	*Library of Parliament*
la Flamme du centenaire	*Centennial Flame*
la cérémonie de la Relève de la garde	*Changing the Guard ceremony*
le boulevard de la Confédération	*Confederation Boulevard*

le Sénat	*Senate*
la Chambre du Sénat	*Senate Chamber*
la Chambre haute	*upper House*
un Sénat	*Senate*
▸ nommé	*appointed Senate*
▸ élu	*elected Senate*
le sénateur, la sénatrice	*Senator*
un sénateur indépendant	*Independent Senator*
la limite de la durée du mandat	*term limit*
le mandat à durée limitée	*fixed-term mandate*

un électeur, une électrice	*constituent, voter*
les électeurs	*constituents, voters*
la circonscription électorale	*electoral riding, constituency*
l'association *(f)* de circonscription	*riding association*

Loi sur les conflits d'intérêts
Conflict of Interest Act
Code régissant les conflits d'intérêts des députés
Conflict of Interest Code for Members of the House of Commons
Code régissant les conflits d'intérêts des sénateurs
Conflict of Interest Code for Senators

le bureau de circonscription	*constituency, riding office*
le bureau de comté	*constituency, riding office*
le travail de circonscription	*constituency work*
le travail de comté	*constituency work*
l'adjoint *(m)*, l'adjointe *(f)* de circonscription	*constituency assistant*

Association parlementaire du Commonwealth
Commonwealth Parliamentary Association
Centre parlementaire
Parliamentary Centre

la confiance du public	*public confidence, trust*
l'intégrité *(f)*	*integrity, honesty*
la charge publique	*public duties*
la tribune du public	*public, visitor gallery*
un agent, une agente parlementaire	*officer of parliament*
un organisme parlementaire	*parliamentary agency*

Verbes pratiques	***Useful verbs***
ajourner	*to adjourn*
cesser	*to end*
se composer de	*to consist of*
convoquer	*to convoke, recall, summon*
dissoudre	*to dissolve*
être absent	*to be absent, not in attendance*
être dissous	*to be dissolved*
être présent	*to be present, in attendance*
exercer	*to exercise, fulfil, carry out*
mettre fin à	*to put an end to*
nommer	*to appoint*
ouvrir	*to open*
proroger le Parlement	*to prorogue Parliament*

rappeler	*to recall*
représenter	*to represent*
rester en fonction	*to remain in office*
révoquer	*to revoke, remove from office*
siéger	*to sit, be in session*
suspendre	*to recess, suspend*

Paroles en action / *Words in action*

Le Parlement est le symbole prééminent de la démocratie canadienne. Il consiste en un Gouverneur général qui exerce les fonctions et responsabilités du chef d'État au nom de la reine ou du roi et représente la Couronne au Canada; la Chambre des communes, la Chambre basse élue; et le Sénat, ou la Chambre haute, dont les membres sont nommés.

Dans le cours normal des événements, le Gouverneur général agit sur le conseil et la recommandation du premier ministre en sa qualité de chef du gouvernement. En tant que symbole de la Couronne au Canada, le Gouverneur général est le gardien des valeurs de l'identité canadienne et de la cohésion nationale, et représente le Canada aux yeux des Canadiens et du monde.

Les deux Chambres du Parlement font face à un désir de changement. Les députés de la Chambre des communes veulent jouer un rôle plus important dans les affaires parlementaires et l'élaboration de la politique publique. Parallèlement, certaines personnes veulent transformer le Sénat en un organisme plus responsable ou élu tandis que d'autres préféreraient l'abolir.

Le Parlement, comme la plupart des institutions, continuera de se transformer. L'objectif primordial des réformes parlementaires doit être le renforcement de la suprématie du Parlement car il s'agit de l'assise fondamentale de notre système de démocratie parlementaire et de gouvernement responsable.

Parliament is the *pre-eminent symbol of Canadian democracy. It consists of the Governor General who carries out the duties and responsibilities of head of State on behalf of the Queen or King and represents the Crown in Canada; the House of Commons, the elected lower House; and the Senate, or upper House, whose members are appointed.*

In the normal course of events, the Governor General acts on the advice and recommendation of the prime minister as head of government. As the symbol of the Crown in Canada, the Governor General is the guardian of the values of Canadian identity and national cohesion, and represents Canada to Canadians and to the world.

Both Houses of Parliament are under pressure for change. Members of the House of Commons want to play a more meaningful role in parliamentary affairs and the development of public policy. At the same time, some people want to turn the Senate into a more accountable or elected body, while others would prefer to abolish it.

Parliament, like most institutions, will continue to change. The overriding objective of parliamentary reforms must be to strengthen the supremacy of Parliament for this is the fundamental underpinning of our system of parliamentary democracy and responsible government.

Parliamentary Business

Noms et expressions	Nouns and phrases
les travaux *(m)* parlementaires	*parliamentary business*
les affaires *(f)* parlementaires	*parliamentary business, affairs*
les procédures *(f)* parlementaires	*parliamentary procedures*
les fonctions *(f)* parlementaires	*parliamentary duties*
la surveillance parlementaire	*parliamentary oversight*
le privilège parlementaire	*parliamentary privilege*
l'immunité *(f)* parlementaire	*parliamentary immunity*
une atteinte aux privilèges *(m)*	*breach of privileges*

le *Feuilleton*
Order Paper
le Règlement de la Chambre
House Standing Orders
le Règlement du Sénat
Standing Orders of the Senate

les règles *(f)*	*rules*
▸ de procédure	*procedural rules*
▸ d'ordre *(m)*	*rules of order*

Les enjeux parlementaires
Parliamentary Issues

- la protection de la suprématie du Parlement
  protecting the supremacy of Parliament
- l'établissement des règles parlementaires régissant le pouvoir de proroger le Parlement
  establishing parliamentary rules to govern the power to prorogue Parliament
- le bon fonctionnement du Parlement dans une situation minoritaire
  making minority Parliaments work
- la clarification de l'étendue des projets de loi budgétaires permettant un examen parlementaire de toutes les propositions
  clarifying the scope of budget bills to allow parliamentary scrutiny of all proposals
- la confirmation du mandat du vérificateur général de faire vérifier les dépenses du Parlement et des parlementaires
  confirming the mandate of the Auditor General to audit the expenditures of Parliament and parliamentarians

la nouvelle session	*new session*
la séance	*sitting, session*
une séance conjointe	*joint sitting*

les travaux quotidiens	*daily business*
les affaires *(f)* du jour	*daily business*
les affaires émanant des députés	*Private Members' business*
les déclarations *(f)* de députés	*Statements by Members*
la période de questions	*Question Period*
la réponse	*reply, response*

le Discours du trône
Speech from the Throne

une question	*question*
▸ parlementaire	*parliamentary question*
▸ orale	*oral question*
▸ écrite	*written question*
▸ de privilège	*question of privilege*
▸ de procédure	*procedural question*
la requête de l'opposition	*Opposition request*
la journée de l'opposition	*Opposition Day*

Exemples de comités parlementaires
Examples of Parliamentary Committees

- Bureau de régie interne
  Board of Internal Economy
- Comité permanent des opérations gouvernementales et des prévisions budgétaires
  Standing Committee on Government Operations and Estimates
- Comité permanent des comptes publics
  Public Accounts Committee
- Comité permanent de la procédure et des affaires de la Chambre
  Standing Committee on Procedure and House Affairs
- Sous-comité des affaires émanant des députés
  Sub-committee on Private Members' Business
- Comité sénatorial permanent des affaires juridiques et constitutionnelles
  Senate Standing Committee on Legal and Constitutional Affairs
- Comité sénatorial permanent du Règlement, de la procédure et des droits du Parlement
  Standing Senate Committee on Rules, Procedures and the Rights of Parliament

un débat d'urgence	*emergency debate*
un débat exploratoire	*take-note debate*
les délibérations *(f)*	*deliberations, proceedings*
une obstruction systématique	*filibuster*

une tactique de l'opposition	*opposition tactic*
la clôture	*closure*

Processus parlementaire pour l'élaboration de lois
Parliamentary Process for Law-making

Préavis de dépôt/*Notice of Introduction*

Dépôt et première lecture/*Introduction and First Reading*

- la lecture du titre du projet de loi et l'adoption du projet sans débat ou modification
  title of the bill is read and bill is adopted without debate or amendments

Deuxième lecture/*Second Reading*

- le débat et le vote sur le principe du projet de loi
  debate and vote on the principle of the bill

Étape du comité/Committee Stage

- l'étude approfondie du projet dans son ensemble, article par article
  detailed study of the whole bill, clause-by-clause

Étape du rapport/*Report Stage*

- l'examen du rapport du comité et des amendements proposés
  consideration of committee report and proposed amendments

Troisième lecture/*Third Reading*

- le réexamen du projet et le vote de sa forme définitive
  re-examination of bill and vote on its final form

Étude par l'autre Chambre*/*Consideration by the Other House*

- l'examen et l'adoption du projet par l'autre Chambre (la première Chambre doit donner son accord aux amendements proposés)
  study and adoption of the bill by the Other House (the first House must concur with any proposed amendments)

Sanction royale/*Royal Assent*

- le gouverneur général ou son représentant donne la sanction à un projet par laquelle le projet devient loi
  the Governor General or his, her representative gives assent to a bill whereby it passes into law

Proclamation/*Proclamation*

- un projet entre en vigueur dès la sanction royale ou à un jour fixé par décret du gouverneur en conseil
  a bill comes into force on receiving Royal Assent or as otherwise fixed by order of the Governor in Council

* Les projets de loi doivent être adoptés par les deux Chambres dans une forme identique et selon un cheminement comparable dans les deux. *Bills must be passed in identical form by both Houses, following similar procedures.*

Sources: Adapté du site Web du Parlement: www.parl.gc.ca et de *La réalisation des lois fédérales du Canada*, Ministère de la Justice, 1987. *Adapted from Parliamentary Web site: www.parl.gc.ca and The Federal Legislative Process in Canada, Department of Justice, 1987.*

le greffier, la greffière du comité	*Clerk of the committee*
les travaux des comités	*committee work, business*
le comité	*committee*
▸ plénier	*Committee of the Whole*
▸ permanent	*Standing Committee*
▸ des Communes	*Commons committee*
▸ sénatorial	*Senate committee*
▸ spécial du Sénat	*Special Senate Committee*
▸ compétent	*responsible committee*

le comité parlementaire
parliamentary committee
la commission[3] parlementaire
parliamentary committee
le comité mixte de la Chambre des communes et du Sénat
joint committee of the House of Commons and the Senate

une audience	*hearing*
la comparution devant le comité	*appearance at, before committee*
le témoin	*witness*
le témoignage	*testimony, evidence*
les remarques *(f)* préliminaires	*preliminary, introductory remarks*
les mots *(m)* d'introduction	*introductory remarks*
un examen parlementaire	*parliamentary review*
l'étude *(f)* détaillée	*detailed study, consideration*
le rapport au Parlement	*report to Parliament*
le rapport sénatorial	*Senate report*
un avis de motion	*notice of motion*
une motion	*motion*
▸ de voies *(f)* et moyens *(m)*	*ways and means motion*
▸ d'ajournement *(m)*	*adjournment motion*
▸ de clôture *(f)*	*closure motion*
▸ d'adoption *(f)*	*motion to adopt*
▸ de confiance *(f)*	*confidence motion*
▸ de non confiance *(f)*	*non-confidence motion*
▸ de défiance *(f)*	*non-confidence motion*
▸ de censure *(f)*	*non-confidence motion*
▸ de procédure *(f)*	*procedural motion*

---

[3] Expression utilisée par l'Assemblée nationale du Québec/*Term used by the Quebec National Assembly*.

un vote	*vote*
▸ de confiance	*vote of confidence*
▸ de parti *(m)*	*vote along party lines, whipped vote*
▸ de procédure	*procedural vote*
▸ libre	*free vote*
▸ unanime	*unanimous vote*

Loi sur les conflits d'intérêts
Conflict of Interest Act
Code régissant les conflits d'intérêts des députés
Conflict of Interest Code for Members of the House of Commons
Code régissant les conflits d'intérêts des sénateurs
Conflict of Interest Code for Senators

l'abstention *(f)*	*abstention*
l'assentiment *(m)*	*assent, consent, approval*
l'unanimité *(f)*	*unanimity*
le consentement majoritaire pour	*majority consent for*
un appui unanime à l'égard de	*unanimous support for*
un large consensus en faveur de	*broad consensus for*
une majorité adverse	*opposing majority*
le quorum	*quorum*
la ratification	*ratification*
la promulgation	*promulgation*
l'adoption *(f)*	*adoption*
la défaite	*defeat*

Commissaire aux conflits d'intérêts et à l'éthique
Conflict of Interest and Ethics Commissioner
Conseiller sénatorial en éthique
Senate Ethics Officer

la confiance	*confidence, trust*
▸ du public	*public confidence*
▸ du Parlement	*confidence of Parliament*
un manque de confiance	*lack of confidence*
une crise de confiance	*crisis of confidence*
un test crucial	*crucial test*
la confrontation	*confrontation*
un compromis nécessaire	*necessary compromise*
les législateurs	*legislators, lawmakers*
le programme législatif	*legislative program, agenda*

un projet de loi	*bill*
▸ émanant du gouvernement	*Government bill*
▸ parrainé par le gouvernement	*bill sponsored by the government*
▸ d'ordre financier	*money bill*
▸ émanant d'un député	*private member's bill*
▸ d'initiative parlementaire	*private member's bill*
l'approbation *(f)* de principe	*approval in principle*
le consentement unanime	*unanimous consent*
l'accord *(m)* de tous les partis	*all-party agreement, consent*
le consensus politique	*political consensus*
une opinion dissidente	*dissenting opinion*
l'autorisation *(f)* de dépenses *(f)*	*spending authority*
le budget des dépenses	*Main Estimates*
la totalité des crédits	*full supply*

Directeur parlementaire du budget
Parliamentary Budget Officer
Bibliothèque du Parlement
Library of Parliament

les crédits *(m)*	*supply, appropriation*
▸ provisoires	*interim supply*
▸ parlementaires	*parliamentary appropriation*
une séance d'information	*briefing, briefing session*
les délibérations *(f)* à huis clos	*closed-door deliberations*
une déclaration	*statement*
une proclamation	*proclamation*
une pétition	*petition*
l'ordre *(m)* parlementaire	*parliamentary order*
le décorum parlementaire	*parliamentary decorum*
le discours civil	*civil discourse*
la civilité	*civility*
la politesse	*courtesy, politeness*
la joute partisane	*partisan jousting*
le chahut	*heckling*
une conduite inconvenante	*unseemly, ill-mannered behaviour*
une allégation	*allegation*
le désaveu	*denial*
un outrage au Parlement	*insult, affront to Parliament*

Verbes pratiques	*Useful verbs*
s'abstenir	*to abstain*
accepter	*to accept*
admettre	*to admit, acknowledge, accept*
adopter à l'unanimité *(f)*	*to adopt unanimously*
amender	*to amend*
camoufler	*to conceal, cover up*
chahuter	*to heckle*
comparaître devant	*to appear before*
consentir à	*to agree, consent to*
contourner	*to circumvent, by-pass, get around*
convenir de	*to agree on, concur*
critiquer sévèrement	*to criticize severely*
débattre de, sur	*to debate, discuss*
défaire à une écrasante majorité	*to defeat overwhelmingly*
défendre devant le Parlement	*to defend before Parliament*
délibérer	*to deliberate, confer*
dénoncer	*to denounce, expose*
déposer	*to table, file, present*
désavouer fortement	*to deny strongly*
donner l'assentiment *(m)* à	*to give approval, consent to*
étudier	*to study*
examiner en détail	*to study in detail*
s'excuser	*to apologize*
exhorter	*to exhort, urge*
induire	*to mislead*
influencer	*to influence*
intervenir	*to intervene, intercede*
manœuvrer	*to manoeuvre*
opposer	*to oppose*
poser une question	*to pose, ask a question*
poursuivre	*to pursue, follow up, carry on*
promulguer	*to promulgate, proclaim, enact*
rappeler à l'ordre	*to call to order*
rejeter	*to defeat*
remettre en question	*to question, challenge*
remporter un vote	*to win a vote*
répondre en toute honnêteté	*to answer, reply honestly*
siéger au comité	*to sit on the committee*
témoigner	*to testify*
tenir compte de	*to take account of*
tenir un vote	*to hold a vote*
trouver un compromis	*to find, reach a compromise*
voter en faveur de la motion	*to vote for, in favour of the motion*

Paroles en action / *Words in action*

La lecture du discours du Trône par le Gouverneur général marque le début d'une nouvelle session du Parlement, que ce soit à la suite de la prorogation ou d'une élection générale. Le discours du Trône énonce le programme législatif et les priorités stratégiques du gouvernement pour la nouvelle session.

Tous les travaux parlementaires de la Chambre des communes et du Sénat sont suspendus tant que le Parlement ne siège pas. Les projets de loi émanant du gouvernement meurent au Feuilleton à la fin de chaque session et le gouvernement doit les présenter de nouveau afin qu'ils deviennent loi. Les projets de loi émanant de députés continuent d'une session à une autre, et ils meurent uniquement à la dissolution du Parlement. Le gouvernement contrôle effectivement les travaux parlementaires et exerce le pouvoir exclusif de présenter des projets de loi visant la levée d'impôts ou la dépense de fonds publics. Ce sont des projets de loi d'ordre financier. Tous les projets de loi nécessitent l'approbation parlementaire pour entrer en vigueur.

Le principe de la souveraineté du Parlement est au cœur même de la démocratie parlementaire. Le gouvernement en place, lui-même constitué de députés, doit avoir la confiance de la Chambre des communes afin de mettre en œuvre son programme législatif et de rester au pouvoir. Les gouvernements minoritaires font face à un plus grand défi pour réaliser leur programme. Cependant, ils ont démontré qu'il est encore possible d'accomplir beaucoup de choses pour promouvoir l'intérêt national en collaborant avec les partis de l'opposition.

The reading of *the Speech from the Throne by the Governor General signals the start of a new session of Parliament, either following prorogation or a general election. The Throne Speech sets out the government's legislative agenda and policy priorities for the new session.*

All parliamentary business in the House of Commons and Senate is suspended while Parliament is not in session. Government bills die on the Order Paper when a parliamentary session ends and must be reintroduced by the government if they are to become law. Private members' bills continue from one session to another and only die at the dissolution of Parliament. The government effectively controls parliamentary business and has exclusive authority to introduce bills to impose taxes or spend public funds. These are called money bills. All bills require parliamentary approval to take effect.

The principle of the sovereignty of Parliament is at the very heart of parliamentary democracy. The government of the day – itself made up of members of Parliament – must have the confidence of the House of Commons to carry out its legislative program and remain in power. Minority governments face a greater challenge in achieving their agenda. However, they have shown that it is still possible to accomplish a great deal to advance the national interest by working with opposition parties.

Political Parties

Noms et expressions	*Nouns and phrases*
un parti politique	*political party*
▸ enregistré	*registered political party*
▸ idéologique	*ideology-based political party*
un parti unifié	*united, unified party*
une formation politique populaire	*popular political party*
le statut de parti officiel	*official party status*
la discipline du parti	*party discipline*
le président du parti	*party president*
l'exécutif national	*national executive*
un organisateur, une organisatrice de parti	*party organizer*
un, une stratège politique	*political strategist*

Les partis politiques fédéraux
Federal Political Parties

le Parti conservateur	*Conservative Party*
▸ les conservateurs	*Conservatives*
le Parti libéral	*Liberal Party*
▸ les libéraux	*Liberals*
le Nouveau Parti démocratique	*New Democratic Party*
▸ les néo-démocrates	*New Democrats*
le Bloc québécois	*Bloc Québécois*
▸ les bloquistes	*Bloc members*
le Parti vert	*Green Party*
▸ les verts	*Green party members*

la politique fédérale	*federal politics*
un régime pluripartite	*multi-party system*
le parti au pouvoir	*party in power*
un tiers parti	*third party*
le, la chef	*leader, chief*
▸ du parti	*party leader*
▸ politique	*political leader*
▸ intérimaire	*interim leader*
▸ par intérim du parti	*interim party leader*
▸ néo-démocrate	*New Democrat leader*
la direction	*leadership*
le, la leader du parti	*party leader*

le leader adjoint, la leader adjointe	*deputy leader*
le leadership	*leadership*
les qualités *(f)* de leadership	*leadership qualities*
le règne libéral	*Liberal reign*
la mainmise sur le pouvoir	*grip, stranglehold on power*
une équipe forte	*strong team*
l'esprit d'équipe	*team spirit*
le renouveau	*renewal, revival*
l'aile *(f)* québécoise	*Quebec wing*
l'aile jeunesse	*youth wing*
les jeunes néo-démocrates	*young New Democrats*
la machine libérale	*Liberal machine*
la cause conservatrice	*Conservative cause*
les anciens progressistes-conservateurs	*former Progressive Conservatives*
les réformistes de l'Ouest	*western reformers*
les fidèles du parti	*party faithful, loyalists, followers*
un militant, une militante du parti	*party supporter*
le politicien, la politicienne	*politician*
une politicienne influente	*influential politician*
un député d'expérience	*experienced member, MP*
le caucus	*caucus*
▸ conservateur	*Conservative caucus*
▸ rural	*rural caucus*
▸ de l'Ouest	*Western caucus*
un caucus	*caucus*
▸ uni	*united caucus*
▸ fractionné	*divided caucus*
tout le caucus bloquiste	*whole Bloc caucus*
la réunion hebdomadaire du caucus	*weekly caucus meeting*
la vie publique	*public life*
la vie privée	*private life*
une carrière politique	*political career*
un personnage public	*public figure*
la politique active	*active politics*
la politique partisane	*partisan politics*
une activité politique partisane	*partisan political activity*
la partisanerie	*partisanship*

le calcul politique	*political calculation*
un revers politique	*political setback*
une entente en coulisses *(f)*	*backroom deal*
les tractations *(f)* de coulisses	*backroom dealings*
les manigances *(f)* politiques	*political schemes, ploys, shenanigans*
les intrigues *(f)* politiques	*political intrigue, scheming*
la scène politique	*political stage, scene*
l'arène *(f)* politique	*political arena*
le front politique	*political front*

Le financement des partis politiques
Political Party Financing

le financement politique	*political financing*
le mode de financement	*method of financing*
une contribution politique	*political contribution*
les contributions aux campagnes	*campaign contributions, donations*
les contributions secrètes	*secret contributions, donations*
l'appui *(m)* financier	*financial support*
la limite annuelle	*annual limit*
un don politique	*political donation*
les dons anonymes	*anonymous donations*
les dons des particuliers	*individual donations*
les gros donateurs	*big donors*
les contributeurs	*contributors*
les cadeaux *(m)*	*gifts*
les fonds *(m)* détenus en fiducie *(f)*	*trust funds*
les candidats politiques	*political candidates*
un groupe d'intérêts spéciaux	*special interest group*
les groupes d'intérêts particuliers	*special interest groups*
la limite légale	*legal limit*
une échappatoire juridique	*legal loophole*
une interdiction	*ban*

l'allégeance *(f)* politique	*political allegiance*
une affiliation politique	*political affiliation*
les relations *(f)* politiques	*political connections*
les contacts *(m)* politiques	*political connections*
la pression politique croissante	*growing political pressure*
un compromis politique	*political compromise*
une concession politique	*political concession*
une idéologie politique	*political ideology*
la philosophie politique	*political philosophy*

les principes *(m)* sociaux-démocrates	*social democratic principles*
le libéralisme	*liberalism*
le conservatisme	*conservatism*
le courant conservateur	*conservative movement*
le conservatisme social	*social conservatism*
le centre de l'échiquier *(m)* politique	*centre of the political spectrum*
le côté	*side*
▸ des conservateurs	*Conservatives' side*
▸ de la gauche	*on the left*
un parti	*party*
▸ de la droite	*party of the right*
▸ du centre	*party of the centre*
▸ du centre-droit	*centre-right party*
▸ de la gauche	*party of the left*
▸ de l'aile *(f)* gauche	*left-wing party*
la révolte du caucus	*caucus revolt*
une nouvelle formation politique	*new political party*
une alternative réelle	*real alternative*
la fusion	*merger*
la coalition	*coalition*
un terrain d'entente	*common ground*
le recrutement	*recruitment*
un nouveau membre du parti	*new party member*
un adhérent, une adhérente	*member*
les règles *(f)* d'adhésion	*membership rules*
la carte de membre	*membership card*
la carte d'adhérent	*membership card*
son expulsion *(f)* du caucus	*his, her expulsion from caucus*
sa défection	*his, her defection*
son départ	*his, her departure*
son passage chez les conservateurs	*his, her switch to the Conservatives*
la révocation	*revocation*
le, la transfuge	*turncoat*
le cynisme	*cynicism*
le scandale politique	*political scandal*
l'ingérence *(f)* politique	*political interference*

la limitation des dégâts	*damage control*
le camouflage	*cover-up*
une théorie du complot	*conspiracy theory*
un enjeu politique partisan	*partisan political issue*
l'approche *(f)* de division	*divisive approach*
un dossier qui divise l'électorat	*divisive, wedge issue*
la politique	*politics*
▸ de division *(f)*	*wedge politics*
▸ de clivage *(m)*	*wedge politics*

Verbes pratiques	*Useful verbs*
appartenir à	*to belong to, be a member of*
assumer le leadership	*to assume the leadership*
attirer	*to attract, appeal to*
changer de camp *(m)*	*to change sides*
consolider	*to consolidate*
démentir	*to deny, refute*
démissionner	*to resign*
se désolidariser du parti	*to break party ranks*
discipliner	*to discipline*
dissimuler	*to conceal, hide, cover up*
se distancer	*to distance oneself*
expulser de	*to expel from, kick out of*
faire défection *(f)*	*to defect*
fusionner	*to merge*
laisser couler de l'information *(f)*	*to leak information*
nier	*to deny*
raviver	*to revive, bring back to life*
rebâtir	*to rebuild*
recruter	*to recruit*
remettre	*to hand in, tender, submit*
renouveler	*to renew, revive, transform*
réunir	*to collect*
se révolter	*to revolt, rebel*
révoquer	*to revoke*
solidifier	*to solidify*
travailler ensemble	*to work together*
traverser le parquet de la Chambre	*to cross the floor of the House*

Paroles en action / *Words in action*

L'objectif primordial du processus politique est de servir l'intérêt public; et la responsabilité finale des titulaires d'une charge publique et des organismes élus est de promouvoir le bien public.

Les partis politiques reflètent divers points de vue et idéologies qui prétendent servir le mieux les intérêts des Canadiens et notre objectif national. En soumettant des idées et des propositions concrètes, les partis politiques jouent un rôle important dans le débat sur les orientations et priorités du Canada, et sur la façon de les réaliser. C'est en fin de compte aux électeurs qu'il incombe de décider quel parti reflète le mieux leurs valeurs et leur vision pour l'avenir.

La participation de la population dans les partis politiques – en développant leur plate-forme politique, en désignant les candidats qui se portent aux élections, en offrant leur assistance pendant une campagne électorale, et en collectant des fonds – renforce la société civique et le processus démocratique. Quand un parti gagne une élection et forme le gouvernement, ce parti représente non seulement ses propres militants mais tous les Canadiens.

Les citoyens sont rebutés de plus en plus par des partis politiques qui reviennent sur leurs promesses électorales quand ils assument le pouvoir, ou qui placent l'intérêt partisan devant l'intérêt public dans l'accomplissement des responsabilités gouvernementales. Le comportement indigne de certains parlementaires et les manœuvres politiques ternissent l'image du Parlement. Quand les titulaires d'une charge publique agissent avec intégrité et civilité, ils font honneur aux institutions publiques qu'ils servent et démontrent leur respect pour les citoyens qui les ont élus.

The overriding objective *of the political process is to serve the public interest; and the ultimate responsibility of public office holders and elected bodies is to advance the public good.*

Political parties reflect a range of views and ideologies that purport to best serve the interests of Canadians and our national purpose. By putting forward substantive ideas and proposals, political parties play an important role in the national debate about Canada's directions and priorities, and how to achieve them. It is ultimately for voters to decide which party best reflects their values and vision for the future.

Grassroots participation in political parties – in developing their policy platforms, selecting local candidates to stand for election, assisting during election campaigns, and fundraising – strengthens civic society and the democratic process. When a party wins an election and forms the government, it represents not only its own supporters but all Canadians.

Citizens are increasingly turned off by political parties that do not keep their election promises when they assume power, or that put partisan interests ahead of the public interest when carrying out government responsibilities. Unbecoming behaviour by parliamentarians and political gamesmanship tarnish the image of Parliament. When public office holders act with integrity and civility, they bring honour to the public institutions that they serve and show respect for the citizens who elected them.

Political Campaigns

Noms et expressions	*Nouns and phrases*
la campagne	*campaign*
▸ politique	*political campaign*
▸ à la chefferie	*leadership campaign*
▸ à la direction *(f)*	*leadership campaign*
▸ au leadership *(m)*	*leadership campaign*
▸ de candidature *(f)*	*nomination campaign*
la chefferie du parti	*party leadership*
un leadership fort	*strong leadership*
le prochain, la prochaine chef	*next leader*
la remontée	*comeback*
la course	*race, contest*
▸ à la direction	*leadership race*
▸ à la chefferie du parti	*party leadership race*
▸ au leadership	*leadership race, contest*
▸ à la succession	*succession race*
son entrée *(f)* dans la course	*his, her entry into the race*
sa performance forte	*his, her strong performance, showing*
son désistement *(m)* imprévu	*his, her unexpected withdrawal*
sa recommandation	*his, her endorsement*
le congrès	*convention, congress*
▸ à la direction	*leadership convention*
▸ d'orientation *(f)*	*policy convention*
▸ politique	*political, policy convention*
un congrès ouvert	*open convention*
la résolution	*resolution*
une procédure de vote	*voting procedure*
l'adoption *(f)* unanime	*unanimous adoption*
la délégation de circonscription	*constituency delegation*
la sélection des délégués	*delegate selection*
le délégué, la déléguée	*delegate*
un délégué indécis	*uncommitted, undecided delegate*
une déléguée hésitante	*undecided delegate*
les délégués d'office	*ex-officio delegates*
les délégués ex officio	*ex-officio delegates*

une atmosphère pré-électorale	*pre-election atmosphere*
le déclenchement	*launch, start, opening*
le déroulement de la campagne	*course, roll out of the campaign*
la contestation	*contest*
les camps *(m)* adverses	*opposing camps*
un conseiller, une conseillère intime	*close advisor*
un proche conseiller	*close advisor*
une proche conseillère	*close advisor*
un aspirant, une aspirante	*candidate, contender*
un candidat, une candidate	*candidate, contender*
▸ à la direction	*leadership candidate*
▸ vedette	*star, high profile candidate*
▸ admissible	*eligible candidate*

Affiliation politique des candidats

Political affiliation of candidates

le candidat	la candidate	*candidate*
▸ bloquiste	bloquiste	*Bloc candidate*
▸ conservateur	conservatrice	*Conservative candidate*
▸ libéral	libérale	*Liberal candidate*
▸ néo-démocrate	néo-démocrate	*New Democrat candidate*
▸ vert	verte	*Green candidate*
▸ indépendant	indépendante	*Independent candidate*

la candidature	*candidacy*
un rassemblement	*rally, gathering, assembly*
son saut en politique	*his, her jump into politics*
le parachutage de candidats	*parachuting in of candidates*
le porte-étendard	*standard-bearer*
le meilleur espoir	*the best hope*
une vision convaincante de l'avenir	*compelling vision for the future*
un manque de vision	*lack of vision*
le programme de changement	*agenda for change*
un programme ambitieux	*ambitious program*
le plan d'action	*plan of action*
le défi énorme	*enormous challenge*
la principale préoccupation	*principal, main preoccupation, concern*
les propos *(m)* encourageants	*encouraging words, intentions*

son prédécesseur	*his, her predecessor*
son éventuel successeur	*his, her possible successor*
son entrée *(f)* en politique	*his, her entry into politics*
son retour en politique *(f)* active	*his, her return to active politics*
son héritage	*his, her legacy*
son image *(f)*	*his, her image*
son charisme	*his, her charisma*
sa popularité	*his, her popularity*
son impopularité *(f)* croissante	*his, her growing unpopularity*
sa touche populaire	*his, her popular touch*
sa réputation	*his, her reputation*
sa loyauté	*his, her loyalty*
son assurance *(f)* inébranlable	*his, her unwavering confidence*
une figure	*figure*
▸ populaire	*popular, well-liked figure*
▸ impopulaire	*unpopular figure*
▸ bien connue	*well-known figure*
▸ controversée	*controversial figure*
▸ charismatique	*charismatic figure*
un néophyte en politique	*political novice, neophyte*
un manque d'expérience *(f)*	*lack of experience*
un, une activiste politique	*political activist*
un supporteur, une supportrice fidèle	*loyal, faithful supporter*
un partisan, une partisane de longue date	*long-time supporter*
le soutien	*support*
l'aval *(m)* de la base	*grass roots backing, support*
le favori, la favorite	*favourite, front-runner*
un opposant, une opposante politique	*political opponent*
son principal, sa principale adversaire	*his, her main opponent*
son unique rival	*his, her only rival*
sa plus proche rivale	*his, her closest rival*
la rivalité	*rivalry*
le test électoral	*electoral test*
la bataille électorale	*electoral battle*
la stratégie électorale	*election, electoral strategy*
une prétendue formule gagnante	*so-called winning formula*
la chance de gagner	*chance of winning*
un ballon d'essai	*trial balloon*
une manœuvre politique	*political manoeuvre*

une réaction impulsive	*impulsive, sudden, knee-jerk reaction*
un plan machiavélique	*Machiavellian scheme*
les intentions *(f)* cachées	*hidden agenda*
un agenda caché	*hidden agenda*
la période des inscriptions *(f)*	*registration period*
le scrutin	*election, vote, ballot*
le tour de scrutin	*ballot, round of balloting, voting*
le vote	*ballot*
le premier tour	*first ballot*
la première ronde	*first round*
la controverse	*controversy*
une position controversée	*controversial position*
un dossier	*file, issue*
▸ chaud	*hot file*
▸ controversé	*controversial issue*
la chicane	*squabble, petty quarrel*
la chicanerie	*quarrelling*
les querelles *(f)* internes	*infighting*
la discorde politique	*political discord, dissension*
la dissension au sein du parti	*dissension within the party*
la machine à rumeurs *(f)*	*rumour machine*
une exagération	*exaggeration*
la crise politique grandissante	*growing political crisis*
la tempête politique	*political storm*
un chambardement politique	*political upheaval*
la gaffe politique	*political blunder*
les répercussions *(f)* sur le plan politique	*political impact, consequences*
la désaffection électorale	*electoral disaffection, disinterest*
le mécontentement	*dissatisfaction*
le point tournant de la campagne	*turning point of the campaign*
une tournure des événements *(m)*	*turn of events*
une volte-face	*about-face, about-turn*
l'eau *(f)* chaude	*hot water*
le vainqueur	*winner, victor*
l'acclamation *(f)*	*acclamation*
le couronnement	*crowning*
une formalité	*formality*

le discours	*speech, address*
▸ d'investiture *(f)*	*nomination speech*
▸ de victoire *(f)*	*victory speech*
la promesse de renouveau	*promise of renewal*
les vents *(m)* du changement	*winds of change*
l'unité *(f)* du parti	*party unity*
un appel à l'unité	*call for unity*
la période de la lune de miel	*honeymoon period*

Verbes pratiques	***Useful verbs***
appuyer	*to support*
choisir	*to choose*
contester	*to contest, dispute, challenge*
continuer à diriger	*to continue to lead, oversee*
convaincre	*to convince*
courtiser	*to court, woo*
déclencher une élection	*to launch, start, trigger an election*
déformer	*to misrepresent*
démissionner	*to resign, step down*
se désister	*to withdraw*
dévoiler	*to reveal, disclose*
diriger	*to lead*
discréditer	*to discredit*
se disputer une circonscription	*to contest a riding*
donner l'impression *(f)*	*to give the impression*
élaborer	*to develop, map out*
éliminer	*to eliminate*
endosser	*to endorse*
entamer un débat	*to start, open a debate*
enthousiasmer	*to enthuse, fill with enthusiasm*
être inexpérimenté	*to be inexperienced*
faire campagne *(f)*	*to campaign*
faire campagne de porte-à-porte	*to campaign door-to-door*
faire marche *(f)* arrière	*to backtrack*
faire une promesse	*to make a promise*
formuler	*to formulate, develop*
manipuler	*to manipulate*
mener une campagne	*to run, conduct, wage a campaign*
miner la crédibilité	*to undermine the credibility*
obtenir	*to obtain, get*
orchestrer	*to orchestrate*
se porter candidat	*to run, stand as a candidate*
porter les couleurs	*to wear, carry the colours*
prendre la direction de	*to take, assume leadership of*

proposer un candidat	*to nominate a candidate*
se présenter à	*to seek, stand for, run for*
quitter	*to quit, leave*
rallier les troupes	*to rally the troops*
se rallier derrière	*to rally behind*
recommander	*to recommend, endorse*
rejeter	*to reject*
remplacer	*to replace*
remplir ses engagements *(m)*	*to fulfil, meet his, her commitments*
rester uni	*to remain, stay united*
sélectionner	*to select*
spéculer sur	*to speculate about*
tenir	*to hold*
tergiverser	*to equivocate, waffle*
unifier	*to unify, unite*

Paroles en action / *Words in action*

Au cours d'une campagne électorale, l'électorat oblige le gouvernement à rendre compte de son traitement des affaires de l'État pendant qu'il était au pouvoir, c'est-à-dire aussi bien de ses réalisations que de ses échecs, et de la façon dont il s'est conduit. La responsabilité électorale constitue l'un des principes fondamentaux de la société démocratique.

Une campagne électorale constitue aussi l'occasion pour les citoyens de se demander quel parti politique reflète le mieux leurs valeurs et leurs aspirations ainsi que leur vision pour le Canada et son avenir. Les électeurs veulent comprendre les projets des partis politiques sur ce qui leur importe le plus, tant sur la scène nationale qu'internationale. Ils veulent l'assurance que le parti de leur choix tiendra ses engagements et gouvernera avec compétence et intégrité.

Les électeurs doivent déterminer quel parti, d'après eux, réussira le mieux à diriger le pays dans les années qui suivront. Le consensus électoral, ou le manque de consensus, déterminera le type de gouvernement que le Canada aura et ses orientations stratégiques.

***During an election** campaign, the electorate holds the government to account for how it handled the affairs of state while it was in office, both for the policies it carried out or failed to carry out, and for how it conducted itself. Electoral accountability is a fundamental tenet of democratic society.*

An election campaign is also the time to ask which political party best reflects citizens' values and aspirations, and their vision for Canada and its future. Voters want to know what political parties plan to do about the things that matter most to them, both on the national and international stage. They want assurance that the party they vote for will keep its commitments and govern competently and with integrity.

Voters must determine which party they believe will do the best job of running the country in the years ahead. The electoral consensus, or lack of consensus, will determine the kind of government Canada will have and its policy directions.

Elections *and* Electoral Process

Noms et expressions	***Nouns and phrases***
une élection	*election*
▸ parlementaire	*parliamentary election*
▸ générale fédérale	*federal general election*
▸ provinciale	*provincial election*
▸ municipale	*municipal election*
▸ partielle	*by-election*
▸ printanière	*spring election*
la prochaine élection	*next election*
une partielle	*by-election*
la tenue d'une élection	*holding an election*
le candidat, la candidate	*candidate*
son élection	*his, her election*
sa réélection	*his, her re-election*

Loi électorale du Canada
Canada Elections Act
Loi sur les élections municipales
Municipal Elections Act
Loi sur la révision des limites des circonscriptions électorales
Electoral Boundaries Readjustment Act
Loi référendaire
Referendum Act

le système électoral	*electoral system*
le bref d'élection	*election writ*
la délivrance	*issue, issuing*
la tenue du scrutin	*holding of an election, vote*
la période électorale	*election period, time*
le vote	*voters, voting, vote, ballot*
un vote secret	*secret ballot, vote*
le scrutin	*ballot, vote, election, poll*
un scrutin secret	*secret ballot, vote*
le mode de scrutin	*method of voting*
un scrutin automnal	*fall vote*
la liste	*list*
▸ des candidats	*list of candidates*
▸ des électeurs admissibles	*list of eligible voters*
▸ électorale officielle	*official voters list*

un électeur, une électrice	*voter, constituent*
les électeurs	*voters, the electorate, constituents*
l'électorat *(m)*	*electorate*
l'inscription *(f)* des électeurs	*voter registration*
l'admissibilité	*eligibility*
la carte d'information de l'électeur	*voter information card*
la circonscription	*constituency, riding*
la circonscription électorale	*constituency, riding, electoral district*
le district électoral	*electoral district, constituency, riding*
la carte électorale	*electoral map*

le directeur général des élections
Chief Electoral Officer
le directeur, la directrice du scrutin
Returning Officer
le scrutateur, la scrutatrice
scrutineer
le représentant, la représentante d'un candidat
scrutineer
un observateur, une observatrice des élections
election observer
le personnel électoral
election staff

l'investiture *(f)*	*nomination*
la course à l'investiture	*nomination contest, race*
un candidat à l'investiture	*nomination contestant*
une assemblée d'investiture	*nomination meeting*
la mise en candidature *(f)*	*nomination*
le processus de mise en candidature	*nomination process*
les qualités *(f)* des candidats	*candidate qualifications*
l'assemblée *(f)* de mise en candidature	*nomination meeting*
le débat des candidats	*candidates' debate*
un débat télévisé	*televised debate*
la publicité télévisée	*television advertising*
les publicités électorales	*election advertising*
une pancarte électorale	*election sign, placard, poster*
une affiche électorale	*election sign*
la campagne électorale	*election campaign*
une bonne campagne	*successful campaign*

une campagne désastreuse	*disastrous campaign*
une campagne de publicité négative	*negative ad campaign*
une série de publicités négatives	*series of negative, attack ads*
la plateforme électorale	*election platform*
le programme électoral	*election platform*
un engagement électoral	*election commitment, undertaking*
une promesse électorale	*election promise, undertaking*
un enjeu électoral	*election issue*
les intentions *(f)* de vote	*voting intentions*
un déplacement des intentions de vote	*shift of voting intentions*
un tournant à droite	*turn to the right*
un mouvement vers la gauche	*turn, swing to the left*
le vote décidé	*the decided vote*
les indécis *(m)*, les indécises *(f)*	*undecided voters, the undecided*
les électeurs	*voters, elector*
▸ décidés	*decided voters*
▸ indécis	*undecided voters*
une montée dans les sondages *(m)*	*rise, climb in the polls*
une avance considérable	*significant, sizeable lead*
un élan imprévu	*unexpected momentum*
une baisse appréciable	*significant drop*
une diminution importante	*significant drop, decrease*

le droit de vote, de voter
right to vote

le vote	*vote, voting, poll*
▸ électronique	*electronic voting*
▸ par anticipation	*advance poll, vote*
▸ par procuration	*proxy voting*
la votation électronique	*electronic voting*
la participation électorale	*voter turnout*
la faible participation aux scrutins	*low voter turnout*
la grogne des électeurs	*voter discontent*
l'apathie *(f)* des électeurs	*voter apathy*
la désillusion	*disillusionment*
un sentiment de frustration *(f)*	*sense of frustration*
l'aliénation *(f)* des citoyens	*citizen alienation*

le jour	*day*
▸ d'élection	*voting, election day*
▸ du scrutin	*voting, election day*
▸ de la votation	*voting, election day*
la journée	*day*
▸ électorale	*voting, election day*
▸ du scrutin	*voting, election day*
un bulletin de vote	*ballot*
▸ valide	*valid ballot*
▸ annulé	*spoiled ballot*
▸ rejeté	*rejected ballot*
le bureau	*station*
▸ de vote	*voting, polling station*
▸ de scrutin	*voting, polling station*
le lieu de scrutin	*polling station, poll location*
l'urne *(f)* électorale	*ballot box*
l'isoloir *(m)*	*polling booth*
le dépouillement des votes	*counting of the ballots*
une feuille de décompte	*tally, count sheet*
le décompte des bulletins	*ballot, vote count*
les votes exprimés	*votes cast*
un recomptage officiel	*official recount*
un dépouillement judiciaire	*judicial recount*
le soir d'élection	*election night*
les résultats *(m)* électoraux	*election, electoral results*
la victoire électorale	*election, electoral victory, win*
les trois victoires majoritaires consécutives	*three consecutive majority wins*
une victoire	*victory, win*
▸ décisive	*decisive victory*
▸ inattendue	*unexpected win*
▸ mince	*narrow victory*
le vainqueur	*victor, winner*
le gagnant, la gagnante	*winner*
un élu, une élue	*elected candidate*
la candidate gagnante	*winning candidate*
le candidat défait	*defeated candidate*

les gains *(m)* importants	*significant gains*
une percée	*breakthrough*
une vague	*wave, sweep*
la venue	*arrival*
une nouvelle ère	*new era*
la vieille garde	*old guard*
la majorité des sièges	*majority of seats*
une forte majorité parlementaire	*strong parliamentary majority*
une faible majorité conservatrice	*weak, narrow Conservative majority*
une minorité libérale	*Liberal minority*
une situation minoritaire	*minority situation*
un mandat limité	*limited mandate*
un mandat fort	*strong mandate*
un autre mandat	*another mandate*
la perte électorale	*electoral loss*
la déconfiture	*defeat, collapse*
le rejet	*rejection*
la deuxième place	*second place*
la division du vote	*vote splitting*
sa défaite	*his, her defeat*
sa survie politique	*his, her political survival*
sa retraite politique	*his, her political retirement*
son départ imminent	*his, her imminent departure*
sa démission inattendue	*his, her unexpected resignation*
le droit de révocation	*right of recall*
la révocation d'un député élu	*recall of an elected member*
un mécanisme de révocation	*recall mechanism*
une pétition de révocation	*recall petition*
un vote de révocation	*recall vote*
une tentative infructueuse	*unsuccessful attempt*
le financement	*financing*
▸ des campagnes	*campaign financing*
▸ des élections	*election financing*
▸ électoral	*electoral financing*
▸ public	*public financing*
la sollicitation de fonds	*fundraising*
les donateurs	*donors*
une contribution politique	*political contribution, donation*

la source des contributions	*source of contributions*
une aide financière publique	*public financial assistance*
la limite de contribution annuelle	*annual contribution limit*
les limites de dépenses *(f)*	*spending limits*
les dépenses *(f)* de campagne	*campaign spending, expenses*
le contrôle des dépenses électorales	*control of election spending*
la divulgation	*disclosure*
un examen public	*public scrutiny*
la période pré-électorale	*pre-election period*
avant l'élection	*before the election*
pendant l'élection	*during the election*
après l'élection	*after the election*

Assemblée de citoyens sur la réforme électorale
Citizens' Assembly on Electoral Reform

une irrégularité	*irregularity*
un appel téléphonique indésirable	*nuisance telephone call*
les appels automatisés	*automated calls, robocalls*
les renseignements *(m)* trompeurs	*misleading information*
les pratiques *(f)* trompeuses	*deceptive practices*
la suppression du vote	*vote, voter suppression*
la fraude électorale	*electoral fraud*
une enquête	*investigation*
la réforme	*reform*
▸ électorale	*election, electoral reform*
▸ du financement électoral	*election financing reform*
▸ démocratique	*democratic reform*
la représentation proportionnelle	*proportional representation*
les électeurs non représentés	*unrepresented voters*
le vote populaire	*popular vote*
la répartition des sièges parlementaires	*distribution, allocation of parliamentary seats*
une juste part	*fair share*

Verbes pratiques	***Useful verbs***
s'abstenir	*to abstain*
aller aux urnes	*to vote, go to the polls*
annuler	*to overturn, invalidate*
briser l'égalité *(f)*	*to break a tie*

chercher l'appui *(m)* du public	*to seek public support*
se classer	*to come, come in, rank*
compter les voix *(f)*, les votes	*to count the votes*
concéder	*to concede*
défaire	*to defeat*
déformer	*to misrepresent*
dénigrer	*to run down, put down*
dénier une majorité	*to deny a majority*
désigner	*to designate, appoint*
détenir	*to hold, hold onto*
donner l'impression *(f)*	*to give the impression*
élire	*to elect*
emporter	*to carry, take, win*
endosser	*to endorse*
enregistrer	*to register*
énumérer	*to enumerate, list*
être candidat à	*to be a candidate for*
être en cours *(m)*	*to be underway*
être sous-représenté	*to be under-represented*
évincer	*to oust*
faire campagne	*to campaign, canvass*
se faire élire	*to get elected*
faire des gains *(m)*	*to make gains*
faire le décompte des votes	*to count the votes*
faire mieux	*to do better*
favoriser	*to encourage, support, contribute to*
financer	*to finance*
gagner des sièges *(m)*	*to gain, win seats*
s'inscrire	*to register, enrol*
invalider	*to invalidate*
mettre fin à	*to end, put an end to*
nier son implication	*to deny his, her involvement*
perdre	*to lose*
pouvoir voter	*to be able to vote*
prédire	*to predict*
prendre de l'avant	*to take the lead*
se présenter aux élections	*to stand for election*
se présenter aux urnes	*to go to the polls*
promettre	*to promise*
recompter	*to recount*
recueillir	*to collect, win, get*
réélire	*to re-elect*
regagner	*to regain, win back*
rejeter	*to reject*
remplacer	*to replace*

remporter	*to win*
renouveler	*to renew, revive, transform*
représenter	*to represent*
se représenter aux élections	*to stand for re-election*
retourner au Parlement	*to return to Parliament*
révoquer un député élu	*to recall an elected member*
scruter	*to scrutinize, examine*
solliciter l'appui de	*to solicit the support of*
tenir une élection	*to hold an election*
valider	*to validate*
virer	*to swing*
voter	*to vote*

Paroles en action / *Words in action*

La tenue d'élections libres et transparentes à tous les paliers de gouvernement constitue une pièce centrale de notre système démocratique. Le processus électoral est un mécanisme démocratique pour permettre aux citoyens de choisir ceux qui les représenteront dans le processus décisionnel public. Après tout, les administrations publiques jouent collectivement un rôle énorme dans la vie des citoyens, des affaires publiques et de l'économie.

L'exercice du droit de vote est une obligation fondamentale de la citoyenneté. Le taux de participation des électeurs canadiens aux élections pourrait être beaucoup plus fort, assurant ainsi l'élection des meilleurs candidats possibles et un appui public très important pour la plate-forme des élus. Dans certaines juridictions à l'extérieur du Canada, les électeurs admissibles ont une obligation légale d'exercer leur droit de vote.

L'apathie des électeurs et la désillusion publique envers le processus politique, entre autres choses, ont pour résultat une participation déclinante des électeurs aux élections. Pour garantir la vitalité continue de nos idéaux et de nos institutions démocratiques, les parlementaires et l'ensemble de la société civique devraient examiner comment rétablir la fierté et la participation des citoyens dans la vie politique et le processus électoral.

Free and open elections *at every level of government are a central feature of our democratic system. The electoral process is a democratic mechanism to allow citizens to choose those who will represent them in public decision-making. After all, governments collectively play an enormous role in the lives of citizens, public affairs and the economy.*

Exercising the right to vote is a fundamental obligation of citizenship. Canadian voter turnout at elections could be much stronger to ensure the election of the best possible candidates and widespread public support for the platform of those elected. In some jurisdictions outside of Canada, eligible voters are legally required to exercise their right to vote.

Voter apathy and public disillusionment with the political process, among other things, account for waning voter participation in elections. To ensure the continuing vibrancy of our democratic ideals and institutions, parliamentarians and all of civic society should consider how to restore citizens' pride and participation in political life and the electoral process.

The Government

Noms et expressions	*Nouns and phrases*
le gouvernement	*government*
▸ parlementaire	*parliamentary government*
▸ responsable	*responsible, accountable government*
Le gouvernement	*government*
▸ canadien, du Canada	*Canadian government, Government of Canada*
▸ québécois, du Québec	*Quebec government, Government of Quebec*
▸ ontarien, de l'Ontario	*Ontario government, Government of Ontario*
▸ de la Colombie-Britannique	*BC government, Government of British Columbia*
un gouvernement	*government*
▸ libéral majoritaire	*Liberal majority government*
▸ conservateur minoritaire	*Conservative minority government*
▸ de coalition *(f)*	*coalition government*
▸ nouvellement élu	*newly-elected government*

les administrations des Premières nations
First Nation governments
l'autonomie gouvernementale des autochtones
Indigenous self-government

l'administration *(f)* publique	*public administration, government*
toutes les administrations *(f)* publiques	*all governments*
l'administration fédérale, provinciale	*federal, provincial government*
le système de gouvernement	*system of government*
le système du Cabinet	*Cabinet system*
l'appareil *(m)* gouvernemental	*machinery of government*
les rouages *(m)* du gouvernement	*operations, workings, machinery of government*
le gouvernement fédéral	*federal government*
la province	*province, provincial government*
le nouveau gouvernement	*new government*
le prochain gouvernement	*next government*
le gouvernement précédent	*previous government*

le premier, la première ministre	*Prime Minister, Premier*
le, la chef du gouvernement	*head of government*
le cabinet, le bureau	*Office*
▸ du premier ministre	*Office of the Prime Minister, Premier*
▸ du ministre, de la ministre	*Minister's Office*
le Cabinet	*Cabinet*
▸ plénier	*the full Cabinet*
▸ fantôme	*shadow Cabinet*
le conseil des ministres	*Ministry*
le conseil exécutif	*Executive Council, Cabinet*
le comité du cabinet	*Cabinet committee*
un membre actuel	*current member*

Loi sur le Conseil exécutif du Nouveau-Brunswick
Executive Council Act of New Brunswick
Loi sur la saine gestion publique de l'Ontario
Good Government Act of Ontario

le, la ministre titulaire du ministère	*Minister responsible for the department*
le remaniement ministériel	*ministerial, Cabinet shuffle*
le portefeuille ministériel	*Ministerial portfolio*
la lettre de mandat	*mandate letter*
les fonctions *(f)* supplémentaires	*additional duties*
le serment	*oath*
▸ d'allégeance *(f)*	*oath of allegiance*
▸ de conseiller privé	*Privy Councillor's oath*
▸ d'office *(m)*	*oath of office*
la prestation du serment	*taking the oath*
l'assermentation *(f)*	*swearing-in*
la cérémonie d'assermentation	*swearing-in ceremony*
une déclaration solennelle	*solemn, formal declaration*
le pouvoir exécutif	*executive authority*
l'accession *(f)* au pouvoir	*accession, coming to power*
l'arrivée *(f)* au pouvoir	*coming to power*
la passation de pouvoirs	*the handover, transfer of power*
la prise de pouvoir	*taking power, coming to power*
les rênes *(f)* du pouvoir	*reins of power*
les rênes du gouvernement	*reins of government*

Cabinet fédéral (Conseil des ministres)
Federal Cabinet (Ministry)

Premier ministre et ministre des Affaires intergouvernementales et de la Jeunesse	*Prime Minister and Minister of Intergovernmental Affairs and Youth*
Leader du gouvernement à la Chambre des communes	*Leader of the Government in the House of Commons*
Président du Conseil du Trésor	*President of the Treasury Board*
Ministre	*Minister of, for*
▸ des Affaires étrangères	*Foreign Affairs*
▸ de l'Agriculture et de l'Agroalimentaire	*Agriculture and Agri-Food*
▸ des Anciens Combattants et ministre associé de la Défense nationale	*Veterans Affairs and Associate Minister of National Defence*
▸ du Commerce international	*International Trade*
▸ de la Condition féminine	*Status of Women*
▸ de la Défense nationale	*National Defence*
▸ du Développement international et de la Francophonie	*International Development and La Francophonie*
▸ de l'Emploi, du Développement de la main d'œuvre et du Travail	*Employment, Workforce Development and Labour*
▸ de l'Environnement et du Changement climatique	*Environment and Climate Change*
▸ de la Famille, des Enfants et du Développement social	*Families, Children and Social Development*
▸ des Finances	*Finance*
▸ de l'Immigration, des Réfugiés et de la Citoyenneté	*Immigration, Refugees and Citizenship*
▸ de l'Infrastructure et des Collectivités	*Infrastructure and Communities*
▸ de l'Innovation, des Sciences et du Développement économique	*Innovation, Science and Economic Development*
▸ des Institutions démocratiques	*Democratic Institutions*
▸ de la Justice et procureur général du Canada	*Justice and Attorney General of Canada*
▸ du Patrimoine canadien	*Canadian Heritage*
▸ des Pêches, des Océans et de la Garde côtière canadienne	*Fisheries, Oceans and the Canadian Coast Guard*
▸ de la Petite Entreprise et du Tourisme	*Small Business and Tourism*
▸ des Relations Couronne-Autochtones et des Affaires du Nord	*Crown-Indigenous Relations and Northern Affairs*
▸ des Ressources naturelles	*Natural Resources*
▸ du Revenu national	*National Revenue*
▸ de la Santé	*Health*
▸ des Sciences	*Science*
▸ de la Sécurité publique et de la Protection civile	*Public Safety and Emergency Preparedness*
▸ des Services aux Autochtones	*Indigenous Services*
▸ des Services publics et de l'Approvisionnement	*Public Services and Procurement*
▸ des Sports et des Personnes handicapées	*Sport and Persons with Disabilities*
▸ des Transports	*Transport*

Conseil des Ministres de l'Ontario
Ontario Cabinet

Premier, Première ministre	*Premier*
Leader parlementaire du gouvernement	*Government House Leader*
Président, Présidente du Conseil des ministres	*Chair of the Cabinet*
Président, Présidente du Conseil du Trésor	*President of the Treasury Board*
Procureur général, Procureure générale	*Attorney General*
Ministre	*Minister of, for*
▸ des Affaires civiques et de l'Immigration	*Citizenship and Immigration*
▸ des Affaires francophones	*Francophone Affairs*
▸ des Affaires intergouvernementales	*Intergovernmental Affairs*
▸ des Affaires municipales	*Municipal Affairs*
▸ des Affaires des personnes âgées	*Seniors Affairs*
▸ de l'Agriculture, de l'Alimentation et des Affaires rurales	*Agriculture, Food and Rural Affairs*
▸ du Commerce international	*International Trade*
▸ de la Condition féminine	*the Status of Women*
▸ du Développement économique et de la Croissance	*Economic Development and Growth*
▸ du Développement du Nord et des Mines	*Northern Development and Mines*
▸ de l'Éducation	*Education*
▸ de l'Énergie	*Energy*
▸ de l'Enseignement supérieur et de la Formation professionnelle	*Advanced Education and Skills Development*
▸ de l'Environnement et de l'Action en matière de changement climatique	*the Environment and Climate Change*
▸ des Finances	*Finance*
▸ de l'Infrastructure	*Infrastructure*
▸ du Logement	*Housing*
▸ de la Recherche, de l'Innovation et des Sciences	*Research, Innovation and Science*
▸ des Relations avec les Autochtones et de la Réconciliation	*Indigenous Relations and Reconciliation*
▸ des Richesses naturelles et des Forêts	*Natural Resources and Forestry*
▸ de la Santé et des Soins de longue durée	*Health and Long-Term Care*
▸ de la Sécurité communautaire et des Services correctionnels	*Community Safety and Correctional Services*
▸ des Services à l'enfance et à la jeunesse	*Children and Youth Services*
▸ des Services gouvernementaux et des Services aux consommateurs	*Government and Consumer Services*
▸ des Services sociaux et communautaires	*Community and Social Services*
▸ du Tourisme, de la Culture et du Sport	*Tourism, Culture and Sport*
▸ des Transports	*Transportation*
▸ du Travail	*Labour*
Ministre délégué(e) à l'Action contre le racisme	*Minister Responsible for Anti-Racism*
Ministre responsable (divers, p.ex.)	*Minister Responsible for (various, e.g.)*
▸ de l'Accessibilité	*Accessibility*
▸ de l'Action pour un gouvernement numérique	*Digital Government*
▸ des Petites Entreprises	*Small Business*
▸ de la Stratégie de la réduction de la pauvreté	*the Poverty Reduction Strategy*

le pouvoir ministériel	*Ministerial authority*
le pouvoir discrétionnaire	*discretion, discretionary authority*
le partage du pouvoir	*sharing of power*
la lutte pour le pouvoir	*power struggle*
un abus de pouvoir	*abuse of power, authority*

le gouverneur en conseil
Governor in Council
le Comité spécial du Conseil
Special Committee of Council
le décret du conseil, le décret en conseil, le décret
Order in Council
un projet de décret
draft Order in Council
la prérogative royale
Royal Prerogative

le droit de gouverner	*right to govern*
la gouvernance	*governance*
une gouvernance saine	*good governance*
le système de gouvernance	*system of governance*

le Conseil privé de la Reine (ou du Roi) pour le Canada
Queen's (or King's) Privy Council for Canada
le Bureau du Conseil privé
Privy Council Office
le conseiller privé, la conseillère privée
Privy Councillor
le greffier, la greffière du Conseil privé
Clerk of the Privy Council
le sous-greffier, la sous-greffière
Deputy Clerk

la responsabilité	*responsibility*
▸ constitutionnelle	*constitutional responsibility*
▸ ministérielle	*Ministerial responsibility*
▸ individuelle	*individual responsibility*
▸ collective	*collective responsibility*

la succession	*succession*
la formation du gouvernement	*forming of the government*
la transition	*transition*
l'équipe *(m)* de transition	*transition team*

Les travaux du Cabinet
Cabinet Business

la liste d'activités du Cabinet	*Cabinet business list*
un dossier du Cabinet	*Cabinet matter*
le système du Cabinet	*Cabinet system*
la séance du Cabinet	*Cabinet meeting*
la prise de décision du Cabinet	*Cabinet decision-making*
le processus décisionnel du Cabinet	*Cabinet decision-making process*
l'approbation *(f)* du Cabinet	*Cabinet approval*
le processus d'approbation du Cabinet	*Cabinet approval process*
une décision en matière de politique	*policy decision*
les conseils *(m)* stratégiques	*policy advice*
le rapport de décision du Cabinet	*Record of Cabinet decision*
la lettre de décision	*decision letter*
l'ordre *(m)* du jour	*agenda*
une note d'information au Cabinet	*Cabinet briefing note*
les rapports *(m)* des comités du Cabinet	*Cabinet committee reports*
un précis d'information	*Issue Brief*
un mémoire au Cabinet	*Memorandum to Cabinet*
la présentation	*submission*
un exposé	*presentation, deck*
les options *(f)* stratégiques, politiques	*policy options*
les considérations *(f)*	*considerations*
▸ de la politique publique	*public policy considerations*
▸ environnementales	*environmental considerations*
▸ intergouvernementales	*intergovernmental considerations*
▸ financières	*financial considerations*
les besoins (m) financiers	*financial requirements*
la recommandation ministérielle	*Ministerial recommendation*
les délibérations *(f)* du Cabinet	*Cabinet deliberations, discussions*
le plan stratégique des communications	*strategic communications plan*
le ministre parrain	*sponsoring Minister*
le, la ministre responsable	*responsible, sponsoring Minister*
la responsabilité ministérielle collective	*collective ministerial responsibility*
la solidarité ministérielle	*Cabinet solidarity*
le procès-verbal du Cabinet	*Cabinet minutes*
les documents *(m)* confidentiels du Cabinet	*Cabinet confidences, confidential Cabinet documents*
la règle de la confidentialité	*rule of confidentiality*
la confidentialité	*confidentiality*
▸ du Cabinet	*Cabinet confidentiality*
▸ de l'information du Cabinet	*confidentiality of Cabinet information*
les secrets *(m)* du Cabinet	*Cabinet secrecy*

Secrétaire du Cabinet
Secretary to the Cabinet

l'ancien premier ministre	*former Prime Minister*
l'ex-ministre	*former Minister*
un ministre de premier plan	*senior Minister*
le, la secrétaire parlementaire	*Parliamentary Secretary*
le mandat	*mandate, term*
le mi-mandat	*mid-mandate, mid-term*
le reste du mandat	*the remainder of the mandate*
le programme du gouvernement	*Government's agenda, program*
un programme stratégique ambitieux	*ambitious policy agenda*
les priorités *(f)* du gouvernement	*government priorities*

le, la Commissaire du Yukon
Commissioner of Yukon
le gouvernement du Yukon
Government of Yukon
le premier ministre, la première ministre du Yukon
Premier of Yukon
l'Assemblée législative du Yukon
Yukon Legislative Assembly

une approche pangouvernementale	*government-wide approach*
la perspective pangouvernementale	*whole-of-government perspective*
une vue d'ensemble *(m)* du gouvernement	*whole-of-government perspective*
la directive du Cabinet	*Cabinet directive*
le décret gouvernemental	*governmental order, decree*
la nomination par décret	*Order-in-Council appointment*
la désignation	*naming, appointment*
une personne nommée par le gouverneur en conseil	*Governor in Council appointee*
le comité du Cabinet	*Cabinet committee*
le comité de politique du Cabinet	*Cabinet policy committee*
le système de comités du Cabinet	*Cabinet committee system*
le président, la présidente	*Chair*
le vice-président	*Vice-Chair*
la présidence	*Chair*
un, une membre à titre permanent	*standing member*
un membre d'office	*ex-officio member*
le secrétariat permanent	*permanent secretariat*

l'élaboration *(f)*	*development*
la préparation	*preparation*
la rédaction	*drafting*
l'état *(m)* d'ébauche	*draft form, state*
une ébauche complète	*complete draft*
la forme définitive	*final form*
la longueur	*length*
la complexité	*complexity*
les grandes orientations *(f)*	*overall, broad direction*
une question non résolue	*unresolved, outstanding issue*
une question confidentielle	*confidential matter*
les renseignements *(m)* confidentiels	*confidential information*
la procédure habituelle	*normal procedure*
la présentation	*submission, presentation*
la lettre d'accompagnement	*cover letter*
la proposition	*proposal*
un exposé	*presentation, overview*

Loi sur le lobbying
Lobbying Act
Registre des lobbyistes
Registry of Lobbyists
Code de déontologie des lobbyistes
Lobbyists' Code of Conduct
Commissaire au lobbying
Commissioner of Lobbying

une discussion approfondie	*in-depth discussion*
les délibérations *(f)*	*deliberations, proceedings*
une divergence de vues *(f)*	*difference of views*
la prise de décision	*decision-making*
les décideurs	*decision-makers*
l'approbation *(f)*	*approval*
un compromis	*compromise*
le consensus	*consensus*
l'indécision *(f)*	*indecision*
une décision	*decision*
▸ stratégique	*policy decision*
▸ de routine	*routine decision*
▸ hautement controversée	*highly-controversial decision*

le courage politique	*political courage*
la volonté politique	*political will, determination*
un manque de volonté	*lack of will, determination*
le jugement politique	*political judgement*
l'influence *(f)* politique	*political influence*
une méprise honnête	*honest mistake, misunderstanding*
la malhonnêteté	*dishonesty*
la marge de manœuvre *(f)*	*flexibility*
les affaires *(f)* publiques	*public affairs*
les relations *(f)* gouvernementales	*government relations*
l'intérêt *(m)* public	*public interest*
un groupe d'intérêt	*interest group*
le, la lobbyiste	*lobbyist*

Verbes pratiques	***Useful verbs***
accorder la priorité à	*to give priority to*
s'accrocher au pouvoir	*to hang on, cling to power*
s'acquitter de	*to discharge, fulfil, carry out*
affirmer	*to affirm, assert, say*
approuver	*to approve*
assermenter	*to administer an oath*
breffer	*to brief*
briser sa promesse	*to break his, her promise*
compter sur	*to count on*
confier à	*to entrust, confide to*
se confier à	*to confide in*
décider	*to decide*
décréter	*to decree, order*
édicter	*to enact, make, decree*
entrer en fonction *(f)*	*to take office, come into office*
être assermenté	*to be sworn-in*
être en fonction	*to be in office, hold office*
exercer	*to exercise*
faciliter	*to enable, facilitate*
faire prêter serment *(m)* à	*to administer an oath to*
faire preuve	*to show, exercise, provide*
former	*to form, set up*
gouverner	*to govern*
hériter	*to inherit*
inaugurer	*to inaugurate*
insister sur	*to emphasize, stress, insist on*
installer	*to install*
livrer	*to deliver*

mettre en branle *(m)*	*to set in motion*
nommer	*to appoint, name*
officialiser	*to make official, formalize, enshrine*
prendre le pouvoir	*to take power*
prendre des décisions *(f)*	*to take decisions*
présenter	*to present*
présider	*to chair, preside over*
prêter serment	*to swear, take an oath*
prononcer un serment	*to take, make an oath*
ramener au pouvoir	*to return to power*
réaffirmer	*to reaffirm, reassert*
régir	*to govern*
remplir sa promesse	*to fulfil his, her promise*
se rencontrer	*to meet*
renverser	*to reverse*
reporter au pouvoir	*to return to power*
résigner ses fonctions *(f)*	*to resign his, her duties, position*
rester concentré sur	*to stay, remain focussed on*
tenir responsable de ses décisions	*to hold accountable for its decisions*
tenir sa promesse	*to keep, fulfil his, her promise*
travailler de concert	*to work together*
vouloir agir	*to want to act*

Paroles en action / *Words in action*

Au Canada, le processus électoral donne une légitimité démocratique aux législatures et aux gouvernements, et assure la succession d'un gouvernement à un autre. En général, après une élection, le parti ayant le plus grand nombre de membres élus à la Chambre des communes forme le gouvernement, et le chef du parti devient Premier ministre.

Le Premier ministre établit le Cabinet en choisissant des personnes talentueuses et représentatives de la diversité des régions et de la population du Canada parmi les membres de son parti élus à la Chambre des communes. Le leader du gouvernement au Sénat fait également partie du Cabinet. Les ministres du Cabinet doivent rendre des comptes devant le Parlement sur la manière dont ils s'acquittent de leurs responsabilités ministérielles. Le Premier ministre peut recruter au Cabinet des personnes non élues en les nommant au Sénat. Dans de tels cas, étant donné que les sénateurs ne sont pas tenus de rendre des comptes à la Chambre des communes élue – la Chambre du peuple – ils éviteraient un examen méthodique par l'opposition élue. Par conséquent, on s'attend normalement à ce qu'ils se portent candidats à une élection comme députés dans les meilleurs délais afin de souligner le rôle prééminent de la Chambre basse de tenir les ministres – et le gouvernement – responsables.

Pour rester au pouvoir, le gouvernement doit conserver la confiance de la Chambre élue qui représente l'électorat. La défaite du gouvernement au Parlement à la suite d'une motion de confiance déclenche habituellement une élection générale.

In Canada, the *electoral process provides democratic legitimacy to legislatures and governments, and ensures the smooth succession from one government to another. Following an election, the party with the most members elected to the House of Commons usually forms the government, and its leader becomes Prime Minister.*

The Prime Minister establishes the Cabinet by choosing talented individuals representative of Canada's regional and population diversity from the members of his or her party sitting in the House of Commons. The Government Leader in the Senate is also a member of Cabinet. Cabinet ministers are accountable before Parliament for how they carry out their ministerial responsibilities. The Prime Minister may bring people into Cabinet who were not elected by naming them to the Senate. In such cases, as Senators are not accountable to the elected House of Commons – the people's House – they would avoid systematic scrutiny by the elected opposition. Therefore, they are normally expected to stand for election as a Member of Parliament at the earliest opportunity to emphasize the pre-eminent role of the lower House in holding Ministers – and the government – to account.

To stay in power, the government must maintain the confidence of the elected House, which represents the electorate. When the government is defeated in Parliament on a confidence motion, it normally triggers a general election.

Minister's Office

Noms et expressions	***Nouns and phrases***
le, la ministre	*Minister*
le cabinet du, de la ministre	*Minister's Office*
le personnel	*staff, personnel, employees*
‣ exonéré	*exempt staff*
‣ politique	*political staff*

Personnel politique des cabinets de ministres
Political Staff in Ministers' Offices

le, la chef de cabinet	*Chief of Staff*
le secrétaire particulier, la secrétaire particulière	*Private Secretary*
le conseiller principal, la conseillère principale en politiques	*Senior Policy Advisor*
le conseiller, la conseillère en politiques	*Policy Advisor*
le directeur, la directrice	*Director*
‣ des communications *(f)*	*Director of Communications*
‣ des affaires *(f)* parlementaires	*Director of Parliamentary Affairs*
‣ des affaires régionales	*Regional Affairs Director*
l'attaché *(m)*, l'attachée *(f)* de presse	*Press Secretary*
le conseiller régional en communications	*Regional Communications Advisor*
l'adjoint *(m)* spécial, l'adjointe *(f)* spéciale	*Special Assistant*
‣ aux communications	*Special Assistant, Communications*
‣ aux affaires parlementaires	*Special Assistant, Parliamentary Affairs*
‣ aux bureaux *(m)* régionaux	*Special Assistant, Regional Offices*
l'adjoint, l'adjointe de circonscription	*Constituency Assistant*
les postes *(m)* du personnel de soutien	*Support staff positions*

le soutien ministériel	*ministerial support*
la liaison	*liaison*
une question législative	*legislative issue*
le programme législatif	*legislative agenda*
une initiative législative	*legislative initiative*
les mesures *(f)* législatives proposées	*proposed legislation*
un breffage ministériel	*Ministerial briefing*
une séance d'information à l'intention du ministre	*Ministerial briefing, briefing session*
la séance d'information ministérielle	*Ministerial briefing*
une séance d'information technique	*technical briefing*
la séance de breffage	*briefing, briefing session*

la demande de breffage	*briefing request*
le cahier de breffage	*briefing book*
le document de breffage	*briefing document*
un document d'information	*briefing note*
la note d'information	*briefing note*
la présentation d'information	*briefing deck*
la séance d'information	*briefing, briefing session, meeting*
une séance d'information stratégique	*policy briefing*
le cahier d'information	*briefing book, binder*
le matériel d'information	*briefing material*
le dossier d'information	*issue brief*
un breffage préalable	*pre-brief, pre-briefing*
un débreffage	*debrief, debriefing*
le compte rendu	*debrief*
une alerte	*alert, heads-up*
une mise à jour	*update*
la présentation	*presentation, deck*
un exposé	*presentation, deck*
un exposé oral	*oral presentation*
les notes *(f)* d'allocution *(f)*	*speaking, talking notes, points*
les points *(m)* de discussion *(f)*	*discussion, talking points*
les points saillants	*key points*
la position officielle	*official position*
la demande du, de la ministre	*Minister's request*
l'autorisation *(f)* du ministre	*Minister's authorization*
l'approbation *(f)* du ministre	*Minister's approval, sign-off*
l'approbation ministérielle	*Minister's approval*
le processus d'approbation	*approval process*
un dossier	*file, issue*
▸ chaud	*hot file*
▸ stratégique	*policy file, issue*
une question *(f)*	*question, issue*
▸ complexe	*complex issue*
▸ controversée	*controversial, contentious issue*
▸ délicate	*sensitive question*

le comité consultatif ministériel	*ministerial advisory committee*
le conseil consultatif	*advisory council, committee*
l'objet *(m)*	*purpose*
un bref aperçu	*concise, brief overview*
un survol rapide	*brief overview*
le contexte	*background*
les faits *(m)* pertinents	*relevant facts*
l'analyse *(f)* des questions	*analysis of the issues*
la recommandation	*recommendation*
la correspondance ministérielle	*ministerial correspondence*
une réponse écrite	*written response, reply*
la réponse pour la signature du ministre	*response for Minister's signature*
le dossier de signature du ministre	*Minister's signature book*
la visibilité du, de la ministre	*ministerial visibility*
la présence régionale	*regional presence*
la délégation	*delegation*
une invitation ministérielle	*ministerial invitation*
une allocution	*speech, speaking engagement*
un discours	*speech, speaking engagement*
le rédacteur, la rédactrice de discours	*speech writer*
la tournée ministérielle	*ministerial tour*
le calendrier d'activités	*events calendar*
les activités à venir	*upcoming events*
une activité publique	*public event*
un événement spécial	*special event*
la logistique	*logistics*
un changement de programme *(m)*	*change of plans*

Verbes pratiques	***Useful verbs***
aborder	*to broach, address, tackle*
affirmer	*to affirm, assert, say*
amorcer	*to begin, start, initiate*
annoncer	*to announce*
approuver	*to approve*
s'assurer	*to ensure*
breffer	*to inform, brief*
changer de position *(f)*	*to change position*
se concentrer sur	*to concentrate on*
confirmer	*to confirm*

convenir de	*to agree on, concur*
débuter	*to begin, start*
demander	*to ask, request*
dénoncer	*to denounce*
dépolitiser	*to depoliticize*
donner un préavis	*to give a heads-up*
s'engager à	*to be committed, to undertake to*
énoncer clairement	*to state, set out clearly*
s'entendre	*to agree*
être d'accord	*to agree, be in agreement*
être informé	*to be informed*
faire un breffage	*to do a briefing*
faire un compte rendu de	*to provide an update, report on*
faire pression sur	*to pressure*
informer	*to brief, debrief, inform*
maintenir les engagements *(m)*	*to keep commitments*
mettre au courant de	*to bring up-to-date about*
mettre à jour	*to update*
mettre l'accent *(m)* sur	*to emphasize, focus on, highlight*
s'occuper de	*to deal with, take care of*
ordonner	*to order, direct*
parrainer	*to sponsor*
politiser	*to politicize, bring politics into*
prendre connaissance *(f)* de	*to note, take note of*
prendre conscience *(f)* de	*to become aware of*
prendre la direction	*to take charge*
prêter attention *(f)* à	*to pay attention to*
refuser	*to refuse, decline, turn down*
remettre en question	*to question, challenge*
répondre à	*to respond to*
rester informé	*to stay, keep informed*
soulever une question	*to bring up, raise an issue*
tenir au courant de	*to keep current, informed about*
tenir une séance d'information	*to hold a briefing*
tenir informé	*to keep informed, up-to-date*

Paroles en action / *Words in action*

La prise de décisions stratégiques relève de la compétence du ministre et du Cabinet. Le ministre est chargé de fournir la direction stratégique et la surveillance politique de l'ensemble du portefeuille ministériel. C'est le rôle du ministère d'offrir un soutien professionnel et impartial au ministre pour relever ce défi. Ce dernier est responsable de la présentation des propositions stratégiques au Cabinet, du pilotage des projets de loi au Parlement, de la défense du budget des dépenses du ministère devant des comités parlementaires, et de la reddition de comptes au Parlement pour les questions relevant de ses responsabilités.

Le sous-ministre est le conseiller principal du ministre et la source directrice de soutien en matière de gestion publique de tous les aspects du portefeuille, y compris le ministère et les autres organismes du portefeuille. Les sous-ministres fédéraux sont nommés par le Premier ministre et doivent lui rendre compte en dernier ressort. Dans l'exécution de leurs responsabilités, le ministre et le sous-ministre doivent respecter les mandats et les pouvoirs législatifs confiés aux organismes du portefeuille par le Parlement. En particulier, ils doivent respecter l'indépendance des organismes quasi-juridiques agissant selon leur capacité réglementaire.

Le ministre doit faire en sorte qu'il y ait une coordination serrée entre les initiatives du portefeuille et les objectifs à l'échelle gouvernementale. Le sous-ministre est responsable de la surveillance de l'exécution des politiques et des programmes gouvernementaux, et de la direction des opérations quotidiennes du ministère. Lorsque la relation de travail entre le ministre et le sous-ministre est fondée sur un programme commun, une bonne communication et la confiance, ils forment une équipe impressionnante.

Policy decision-making *is the purview of the minister and Cabinet. The minister is responsible for providing policy leadership and political oversight for the whole departmental portfolio. It is the role of the department to provide the minister professional and non-partisan policy support to meet this challenge. The minister is responsible for bringing policy proposals to Cabinet, steering draft legislation through Parliament, defending the department's spending Estimates before parliamentary committees, and accounting to Parliament for matters within his or her responsibility.*

The deputy minister is the principal advisor and main source of public management support to the minister for all aspects of the portfolio, including the department and other portfolio organizations. Federal deputy ministers are appointed by and ultimately accountable to the Prime Minister. In carrying out their responsibilities, the minister and deputy minister must respect the legislative mandates and authorities assigned by Parliament to portfolio organizations. In particular, they must respect the independence of quasi-judicial bodies acting in their regulatory capacity.

The minister must ensure close coordination between portfolio initiatives and government-wide objectives. The deputy minister oversees how government policies and programs are carried out, and directs the department's day-to-day operations. When the minister and deputy minister build a working relationship based on a shared agenda, good communications and trust, they are a formidable team.

Provinces *and* Territories

Noms et expressions	***Nouns and phrases***
une province	*province*
▸ de l'Ouest	*Western province*
▸ atlantique, de l'Atlantique	*Atlantic province*
▸ maritime, Maritime	*Maritime province*
les provinces des Prairies	*Prairie provinces*
toutes les provinces	*all provinces*
le territoire	*territory*
tous les territoires	*all the territories*
l'ensemble *(m)* des provinces et des territoires	*all the provinces and territories*

Les provinces et territoires
The Provinces and Territories

la Colombie-Britannique	*British Columbia*
l'Alberta	*Alberta*
la Saskatchewan	*Saskatchewan*
le Manitoba	*Manitoba*
l'Ontario	*Ontario*
le Québec	*Quebec*
le Nouveau-Brunswick	*New Brunswick*
la Nouvelle-Écosse	*Nova Scotia*
l'Île-du-Prince-Édouard	*Prince Edward Island*
Terre-Neuve-et-Labrador*	*Newfoundland and Labrador*
le Yukon	*Yukon*
les Territoires du Nord-Ouest	*Northwest Territories*
le Nunavut	*Nunavut*

* toujours sans article/*always without an article*

les gouvernements *(m)*	*governments*
▸ provinciaux	*provincial governments*
▸ territoriaux	*territorial governments*
la scène provinciale	*provincial stage, scene*
la capitale provinciale	*provincial capital, capital city*
les capitales provinciales	*provincial capitals*
la frontière provinciale	*provincial boundary*
les relations *(f)*	*relations*
▸ intergouvernementales	*intergovernmental relations*
▸ bilatérales	*bilateral relations*

le premier ministre, la première ministre	*Prime Minister, Premier*
les premiers ministres	*Premiers, First Ministers*
les premiers ministres provinciaux	*provincial premiers*

le premier ministre	*Premier*
▸ de la province, provincial	*Premier of the province, provincial premier*
▸ du territoire, territorial	*Premier of the territory, territorial premier*
▸ de l'Ontario, ontarien	*Premier of Ontario, Ontario premier*
▸ du Nouveau-Brunswick	*Premier of New Brunswick*
▸ de la Saskatchewan	*Premier of Saskatchewan*
▸ de Terre-Neuve-et-Labrador	*Premier of Newfoundland and Labrador*

Mécanismes de transfert fédéraux
Federal Transfer Mechanisms
Programme de péréquation
Equalization program
Formule de financement des territoires
Territorial Formula Financing
Transfert canadien en matière de programmes sociaux
Canada Social Transfer
Transfert canadien en matière de santé
Canada Health Transfer
l'ancien transfert de Financement des programmes établis
former Established Programs Financing transfer
l'ancien Régime d'assistance publique du Canada
former Canada Assistance Plan

la première ministre	*Premier*
▸ provinciale, territoriale	*provincial, territorial premier*
▸ du Québec, québécoise	*Premier of Quebec, Quebec premier*
▸ de l'Alberta, albertaine	*Premier of Alberta, Alberta premier*

les dirigeants provinciaux	*provincial leaders*

le, la ministre	*Minister*
le ministre provincial, territorial	*provincial, territorial minister*
la ministre provinciale, territoriale	*provincial, territorial minister*
le ministre québécois, la ministre québécoise de la Justice	*Quebec Minister of Justice*

la fédération	*federation*
le fédéralisme asymétrique	*asymmetrical federalism*
le fédéralisme fiscal	*fiscal federalism*

un fédéralisme souple	*flexible federalism*
l'union *(f)* sociale	*the social union*
la rencontre fédérale-provinciale	*federal-provincial meeting*
le forum provincial-territorial	*provincial/territorial forum*
la conférence des ministres de la santé	*conference of health ministers*

Conseil de la fédération
Council of the Federation
Conseil canadien des ministres de l'environnement
Canadian Council of Ministers of the Environment
Secrétariat des conférences intergouvernementales canadiennes
Canadian Intergovernmental Conference Secretariat

la réunion	*meeting*
▸ des premiers ministres	*First Ministers' meeting*
▸ intergouvernementale	*intergovernmental meeting*
la consultation intergouvernementale	*intergovernmental consultation*
la coopération intergouvernementale	*intergovernmental cooperation*
un organisme intergouvernemental	*intergovernmental body*

Des enjeux pour la fédération
Issues for the Federation

la péréquation	*equalization*
le renouvellement des soins de santé	*health care renewal*
le financement de l'enseignement postsecondaire	*post-secondary education financing*
les obstacles *(m)* au commerce intérieur	*domestic trade barriers*
la mobilité de la main-d'œuvre	*labour mobility*
la réforme du Sénat	*Senate reform*
le nationalisme québécois	*Quebec nationalism*
l'aliénation *(f)* de l'Ouest	*Western alienation*
la politique autochtone	*Indigenous policy*
la réglementation de l'industrie des valeurs mobilières	*securities regulation*
le rôle du gouvernement fédéral	*role of the federal government*

le dialogue	*dialogue*
les délibérations *(f)*	*deliberations*
une discussion à huis clos	*closed-door, in camera discussion*
les liens *(m)* entre les provinces	*ties between, among the provinces*
son homologue fédéral	*his, her federal counterpart*
ses homologues provinciaux	*his, her provincial counterparts*

une mesure d'équilibre *(m)* — *balancing act*
l'art *(m)* du compromis — *art of compromise*
le rapprochement — *reconciliation, coming together*
l'apaisement *(m)* — *appeasement*
la marche à suivre — *way forward*

une nouvelle étape — *new phase, stage*
un nouvel esprit de coopération *(f)* — *new spirit of cooperation*
les pourparlers *(m)* fréquents — *frequent talks, discussions*
la discussion bilatérale — *bilateral discussion*
la compréhension mutuelle — *mutual understanding*

Ententes et accords fédéraux-provinciaux/territoriaux
Federal-Provincial-Territorial Agreements

- Entente-cadre sur l'union sociale
  Social Union Framework Agreement
- Accord sur le commerce intérieur
  Agreement on Internal Trade
- Accord sur le renouvellement des soins de santé
  Accord on Health Care Renewal
- Entente sur le développement de la petite enfance
  Agreement on Early Childhood Development
- Entente Canada-Île-du-Prince-Édouard sur le développement du marché du travail
  Canada-PEI Labour Market Development Agreement
- Accord atlantique Canada-Terre Neuve
  Canada-Newfoundland Atlantic Accord
- Accord Canada-Nouvelle-Écosse sur les hydrocarbures extracôtiers
  Canada-Nova Scotia Offshore Petroleum Resources Accord
- Entente Canada-Québec relative au programme d'infrastructure
  Canada-Quebec Infrastructure Agreement

la planification concertée — *joint planning*
une action concertée — *joint action*
une initiative conjointe — *joint initiative*
une déclaration commune — *joint statement, declaration*
une approche constructive — *constructive approach*

les intérêts *(m)* — *interests*
- nationaux — *national interests*
- provinciaux — *provincial interests*

le consentement — *approval, consent*
une divergence d'opinion — *difference of opinion*
la controverse — *controversy*

l'accord *(m)*	*agreement*
le désaccord	*disagreement*
un point d'entente	*point of agreement*
les points de désaccord	*points of friction, disagreement*
les différences *(f)* irréconciliables	*irreconcilable differences*

La péréquation
Equalization

la capacité fiscale des provinces	*provincial fiscal capacity*
un manque de capacité	*lack of capacity*
une province	*province*
▸ riche	*wealthy, "have" province*
▸ bien nantie	*well-to-do, affluent, "have" province*
▸ moins bien nantie	*less affluent, "have not" province*
▸ démunie	*"have not" province*
▸ pauvre	*"have not" province*
les provinces plus pauvres	*poorer provinces*
les programmes et les services comparables	*comparable programs and services*
la capacité fiscale des provinces	*provincial fiscal capacity*
le déséquilibre fiscal	*fiscal imbalance*
le programme de péréquation	*equalization program*
un paiement de transfert *(m)*	*transfer payment*
le relèvement des transferts	*raising the transfers*
un versement de péréquation	*equalization payment*
un programme enrichi	*enriched program*
la formule de péréquation	*equalization formula*
une formule modifiée	*modified formula*
la bonification de la formule	*improvement of the formula*
la norme de dix provinces	*ten-province standard*
le redressement	*correction, straightening out*
un ajustement ponctuel	*one-time adjustment*
le revenu des ressources naturelles	*natural resource revenue*
le règlement	*settlement*
bénéficier de	*to benefit, profit from*
enrichir	*to enrich*
exclure	*to exclude*
inclure	*to include*
maintenir	*to maintain*
résoudre	*to resolve*
retirer en services	*to get back in services*
tirer profit de	*to profit, benefit from*

une question épineuse	*tricky, sensitive question, issue*
une proposition litigieuse	*contentious proposal*
la confrontation	*confrontation*

Mouvement de la souveraineté
Sovereignty Movement

la question nationale	*the national question, issue*
le droit à l'autodétermination *(f)*	*right to self-determination*
un Québec souverain	*a sovereign Quebec*
la souveraineté	*sovereignty*
un parti souverainiste, séparatiste	*separatist party*
l'option *(f)* souverainiste	*sovereignty, separatism option*
les souverainistes	*separatists*
un, une ex-souverainiste	*former separatist*
la séparation	*separation*
le séparatisme	*separatism*
l'antiséparatisme	*anti-separatism*
l'indépendance *(f)*	*independence*
la sécession	*secession*
les conditions *(f)* de sécession	*terms of secession*
le démantèlement	*dismantling, break-up*
l'éclatement *(m)*	*break-up*
les conditions *(f)* gagnantes	*winning conditions*
un destin incertain	*uncertain destiny, future*
la partition	*partition*
l'intégrité *(f)* territoriale	*territorial integrity*
le fondement juridique	*legal foundation*
le référendum	*referendum*
une consultation populaire	*popular, public consultation*
la campagne référendaire	*referendum campaign*
le résultat du référendum	*referendum result, outcome*
une question	*question*
▸ claire	*clear question*
▸ ambiguë	*ambiguous question*
une majorité nette	*clear majority*
les deux camps *(m)*	*two sides, camps*
le camp du Oui	*Yes side*
le camp du Non	*No side*
le comité du Non	*No committee*
une déclaration unilatérale	*unilateral declaration*
la souveraineté-association	*sovereignty-association*
faire sécession	*to secede, break away*
sortir le Québec du Canada	*to take Quebec out of Canada*

Loi sur la clarté
Clarity Act

le compromis	*compromise*
le consensus	*consensus*
le consentement	*consent*

l'unanimité *(f)*	*unanimity, agreement*
un accord de principe	*agreement in principle*
les versements *(m)* fédéraux	*federal payments*
une contribution à part égale	*matching contribution*
une entente	*agreement, understanding*
▸ intergouvernementale	*intergovernmental agreement*
▸ de principe	*agreement in principle*
▸ particulière	*separate agreement*
▸ unanime	*unanimous agreement*
le transfert	*transfer*
▸ fédéral	*federal transfer*
▸ intergouvernemental	*intergovernmental transfer*
▸ en espèces	*cash transfer*
▸ de points *(m)* d'impôt *(m)*	*transfer of tax points*
la composante en espèces	*cash component*
les revenus *(m)* fiscaux	*tax revenue, revenues*
les recettes *(f)* fiscales	*tax revenues*
le calcul	*calculation*
la récupération	*clawback*
le recouvrement	*clawback*
un financement	*funding, financing*
▸ prévisible	*predictable financing*
▸ permanent	*ongoing, continuous financing*
les services *(m)* des gouvernements	*government services*
un programme cofinancé	*shared-cost program*
le chevauchement	*overlap*
le double emploi des efforts	*duplication of effort*
les activités *(f)* redondantes	*redundant activities*
une condition fédérale	*federal condition*
la revendication	*claim, demand*
une conséquence immédiate	*immediate consequence, result*
la clause d'annulation *(f)*	*cancellation clause*

Verbes pratiques	***Useful verbs***
aboutir à un compromis	*to reach, come to a compromise*
affaiblir	*to weaken*
agir unilatéralement	*to act unilaterally*
apaiser	*to appease*

arriver à	*to arrive at, reach, come to*
compenser	*to compensate, offset*
consentir à	*to consent, agree to*
constituer	*to constitute, make up*
convenir de	*to agree on, concur*
convoquer	*to convene, call*
coopérer	*to cooperate*
créer	*to create*
décentraliser le pouvoir	*to decentralize power*
démanteler	*to dismantle, break up*
diviser	*to divide*
dresser	*to draw up, set out*
éclater	*to break up*
engager	*to enter into*
englober	*to include, take in, encompass*
s'entendre	*to agree*
être d'accord sur	*to agree, be in agreement on*
faire des progrès *(m)*	*to make progress*
obtenir l'accord	*to obtain agreement*
parvenir à un accord	*to reach agreement*
rapprocher	*to reconcile*
se rassembler	*to assemble, gather*
ratifier	*to ratify*
réclamer	*to demand, claim, call for*
régler	*to deal with, sort out, settle*
rejeter	*to reject*
renforcer	*to strengthen, reinforce*
retirer	*to withdraw*
se réunir	*to meet, get together*
revendiquer	*to claim, demand*
séparer	*to separate*
signer	*to sign*
signifier	*to mean, signify*
surmonter	*to overcome*
terminer sans consensus	*to end without consensus, agreement*
transférer	*to transfer*
trouver un compromis	*to find, reach a compromise*

Paroles en action / *Words in action*

Le Dominion du Canada, comme on l'appelait à l'époque de la Confédération, a été créé selon l'*Acte d'Amérique du Nord britannique, 1867*, rebaptisé ultérieurement la *Loi constitutionnelle de 1867*. L'Acte a réuni la province unie du Canada – créée en 1841 par l'Acte d'Union – et la Nouvelle-Écosse et le Nouveau-Brunswick, à l'époque colonies britanniques, dans un nouvel État fédéré. La Confédération a mis fin à leur statut colonial.

La province unie du Canada a été constituée par l'union du Haut-Canada et du Bas-Canada – rebaptisés le Canada-Est et le Canada-Ouest – dans le cadre d'un système législatif et gouvernemental commun. La *Loi constitutionnelle de 1867* les a reconnus en tant que provinces distinctes dans la nouvelle union, sous les noms d'Ontario et de Québec, avec de nouveaux pouvoirs constitutionnels dans les domaines de compétence provinciale.

Entre 1870 et 1905, les provinces du Manitoba, de la Colombie-Britannique, de l'Île-du-Prince-Édouard, de l'Alberta et de la Saskatchewan ont été établies. Terre-Neuve, au moment de la Confédération colonie britannique indépendante, a choisi de ne pas se joindre à la nouvelle union. Enfin, après deux référendums, Terre-Neuve est devenue la dixième province canadienne en 1949. Son nom a été officiellement remplacé en 2001 par celui de Terre-Neuve-et-Labrador.

Les territoires nordiques du Canada – le Yukon, les Territoires du Nord-Ouest et le Nunavut – ont un gouvernement représentatif et responsable, mais ils n'exercent pas les pouvoirs que leur confère la Constitution, comme c'est le cas des provinces. Le Parlement a établi leur structure de gouvernement et a délégué les pouvoirs législatifs à leurs assemblées législatives. Le Nunavut, le territoire le plus récent, a été créé en 1999.

The Dominion of *Canada, as it was called at the time of Confederation, was created by the* British North America Act, 1867, *subsequently renamed the* Constitution Act, 1867. *The Act brought together the United Province of Canada – created in 1841 by the* Act of Union *– and Nova Scotia and New Brunswick, then British colonies, within a new federated state. Confederation ended their colonial status.*

The United Province of Canada was formed by the union of Upper and Lower Canada – re-named Canada-East and Canada-West – under a common legislative and government structure. The Constitution Act, 1867 *recognized them as separate provinces in the new union to be known as Ontario and Quebec, with new constitutional powers in areas of provincial jurisdiction.*

The provinces of Manitoba, British Columbia, Prince Edward Island, Alberta and Saskatchewan were established during the period 1870-1905. Newfoundland, also a separate British colony at the time of Confederation, chose not to join the new union. Eventually, following two referendums, Newfoundland became the tenth Canadian province in 1949. Its name was officially changed to Newfoundland and Labrador in 2001.

Canada's northern territories – the Yukon, Northwest Territories, and Nunavut – have representative and responsible government but do not exercise constitutional powers, as is the case for the provinces. Parliament set out their structure of government and delegated law-making powers to their Legislative Assemblies. Nunavut, the newest territory, was created in 1999.

The Judiciary

Noms et expressions	***Nouns and phrases***
le judiciaire	*judiciary*
le pouvoir judiciaire	*judiciary, judicial authority*
la magistrature fédérale	*federal judiciary*
l'appareil *(m)* judiciaire	*judicial, legal, court system*
le système judiciaire	*judicial, legal, court system*
le système juridique	*legal system*
le champ de compétence	*area, field of competence, jurisdiction, responsibility*
l'administration *(f)* de la justice	*administration of justice*
l'accès *(m)* à la justice	*access to justice*
la transparence de la justice	*open justice*

Organismes judiciaires
Judicial Bodies

- Cour suprême du Canada
  Supreme Court of Canada
- Cour supérieure de l'Ontario
  Superior Court of Ontario
- Cour du banc de la reine
  Court of Queen's Bench
- Cour provinciale du Nouveau-Brunswick
  Provincial Court of New Brunswick
- Cour fédérale
  Federal Court
- Cour canadienne de l'impôt
  Tax Court of Canada
- Cour d'appel du Québec
  Quebec Court of Appeal
- Cour d'appel de la cour martiale du Canada
  Court Martial Appeal Court of Canada
- Cour internationale de Justice
  International Court of Justice

l'indépendance *(f)* judiciaire	*judicial independence*
l'impartialité *(f)*	*impartiality*
la neutralité politique	*political neutrality*
la philosophie judiciaire	*judicial philosophy*
l'activisme *(m)* judiciaire	*judicial activism*

la jurisprudence	*jurisprudence, case-law*
le tribunal	*court, tribunal*
▸ administatif	*administrative tribunal*
▸ militaire	*military court, tribunal*
▸ inférieur	*lower court*
un tribunal quasi-judiciaire	*quasi-judicial tribunal*
le plus haut tribunal du pays	*highest court in the land*
le palais de justice	*courthouse, law courts*
la salle d'audience	*courtroom*

Loi sur les juges
Judges Act
Loi sur les cours fédérales
Federal Courts Act

le, la juge	*judge, justice*
▸ en Chef	*Chief Justice*
▸ militaire en chef	*Chief Military Judge*
▸ de paix	*Justice of the Peace*
les juges nommés par le fédéral	*federally-appointed judges*
le magistrat, la magistrate	*magistrate, judge*
le commis des services judiciaires	*court clerk*
le, la juriste	*jurist*

le Procureur général, la Procureure générale
Attorney General
Conseil canadien de la magistrature
Canadian Judicial Council
Barreau du Haut-Canada
Law Society of Upper Canada
Barreau du Québec
Quebec Bar

la sphère juridique	*legal sphere*
les traditions *(f)* juridiques	*legal traditions*
une obligation juridique	*legal obligation*
la reconnaissance juridique	*legal recognition*
le débat juridique	*legal debate*
la conséquence juridique	*legal consequence*
la poursuite civile	*civil suit, action, proceeding*
une affaire civile	*civil case, matter*

une audience de la Cour	*court hearing*
une injonction provisoire	*temporary injunction*
une instance	*proceedings*
▸ judiciaire	*legal, judicial, court proceedings*
▸ civile	*civil proceedings*
▸ pénale	*criminal proceedings*

le procureur de la Couronne
Crown prosecutor
le procureur spécial, la procureure spéciale
special prosecutor

l'avocat *(m)*, l'avocate *(f)*	*lawyer*
le cabinet d'avocats	*law firm*
les honoraires *(m)* d'avocats	*lawyers' fees*
une cause	*case, action, proceedings*
▸ civile	*civil action*
▸ criminelle	*criminal proceedings*
▸ en cours	*active case*
▸ pendante	*pending case*
▸ portée en appel *(m)*	*case brought, carried to appeal*

Commissaire à la magistrature fédérale Canada
Commissioner for Federal Judicial Affairs Canada

une contestation judiciaire	*legal challenge*
une poursuite judiciaire	*legal dispute*
le litige	*lawsuit, litigation*
un recours collectif	*class action*
l'assise *(f)* juridique	*legal basis, foundation*
un procès juste	*fair trial*
l'application *(f)* régulière de la loi	*due process*
les sauvegardes *(f)* de l'application régulière du droit	*due process safeguards*
un argument	*argument, reason*
le raisonnement	*reasoning, argument*
l'interprétation *(f)* judiciaire	*judicial interpretation*
une interdiction de publication	*publication ban*
une ordonnance de non-publication	*publication ban*

le jugement	*judgement*
▸ unanime	*unanimous judgement*
▸ majoritaire	*majority judgement*
▸ en appel	*judgement on appeal*
une décision judiciaire	*legal decision*
la prise de décisions judiciaires	*legal decision-making*
les motifs *(m)* de jugement	*reasons for judgement*
les motifs de décision	*grounds for decision*
une décision unanime	*unanimous ruling, decision*
un arrêt-clé	*landmark ruling*
une faible majorité	*narrow margin*
une opinion dissidente	*dissenting opinion*
le droit d'appel *(m)*	*right to appeal*
une contestation judiciaire	*judicial challenge*
une erreur judiciaire	*miscarriage of justice*
le contrôle judiciaire	*judicial review*
une demande de contrôle judiciaire	*application for judicial review*

le processus de nomination à la magistrature
judicial appointments process
Comité consultatif à la magistrature
Judicial Advisory Committee
Commission d'examen de la rémunération des juges
Judicial Compensation and Benefits Commission

un poste de juge vacant	*judicial vacancy*
un poste vacant à la Cour suprême	*Supreme Court vacancy*
la liste courte	*short list*
un candidat qualifié, une candidate qualifiée	*qualified candidate*
les qualifications *(f)* essentielles	*essential qualifications*
les qualités *(f)* personnelles	*personal suitability*
la nomination à la magistrature	*judicial appointment*
la rémunération des juges	*judicial compensation*

Verbes pratiques	***Useful verbs***
accorder l'autorisation *(f)* d'appel	*to grant leave to appeal*
contester	*to contest, dispute, challenge*
créer un précédent	*to create, set a precedent*
décréter	*to decree, order*
déposer	*to file, table*

entendre la cause	*to hear the case*
être équitable	*to be fair, impartial*
faire appel d'une décision	*to appeal a decision*
s'inscrire au barreau	*to be called, admitted to the bar*
interjeter un appel	*to lodge, file an appeal*
juger	*to judge*
officialiser	*to formalize*
ordonner à	*to order*
paraître devant	*to appear before*
porter la cause en appel	*to take, carry the case to appeal*
réexaminer	*to review*
rendre une décision	*to render a decision*
renverser	*to overturn, reverse*
statuer sur	*to rule on*
trancher	*to adjudicate, settle, resolve*

Paroles en action / *Words in action*

Le respect pour la primauté du droit est une valeur fondamentale de la société canadienne qui est au cœur de notre système de gouvernement et de notre mode de vie. Le bon fonctionnement de la société et de nos institutions démocratiques dépend du respect pour la primauté du droit. La règle du droit instaure l'ordre dans le comportement social, protège les droits des citoyens et fait en sorte que le bien commun prévale.

La Constitution est la loi suprême du Canada. Elle définit le fondement juridique du pouvoir législatif et les garanties juridiques que toutes les autres lois doivent respecter. Elle établit une magistrature entièrement indépendante qui interprète la Constitution et les lois du Parlement et des législatures provinciales et territoriales comme elle le juge approprié. L'indépendance judiciaire sauvegarde nos fondements constitutionnels et assure la mise en application des lois de manière équitable et uniforme.

L'indépendance de la magistrature donne l'assurance aux citoyens de l'intégrité et de l'impartialité des décisions judiciaires. C'est une marque distinctive d'une société juste et démocratique.

Respect for the *rule of law is a core value of Canadian society that lies at the very heart of our system of government and way of life. The orderly functioning of society and our democratic institutions depends on respect for the rule of law. The rule of law brings order to social conduct, protects the rights of citizens and ensures that the common good will prevail.*

The Constitution is the supreme law of Canada. It sets out the legal foundation for law-making authority and the legal guarantees that all other laws must respect. It establishes a fully independent judiciary to interpret the Constitution and laws of Parliament and the provincial and territorial legislatures as it sees fit. Judicial independence safeguards our constitutional foundations and ensures that laws are applied fairly and consistently.

Judicial independence provides assurance to citizens of the integrity and impartiality of legal decisions. It is a hallmark of a just and democratic society.

Laws *and* Regulations

Noms et expressions	***Nouns and phrases***
le droit	*the law*
la règle de droit	*rule of law*
les lois *(f)* et règlements *(m)*	*laws and regulations*
la loi	*law, legislation, act, statute*
▸ habilitante	*enabling act, legislation*
▸ d'habilitation	*enabling act, legislation*
▸ constitutive	*constituent, governing legislation*

la common law canadienne
Canadian common law
le Code civil du Québec
Civil Code of Quebec

les deux traditions *(f)* juridiques	*two legal traditions*
la common law anglaise	*English common law*
le droit civil français	*French civil law*
la législation	*legislation*
▸ actuelle	*current legislation*
▸ proposée	*proposed legislation*
▸ environnementale	*environmental legislation*
▸ sur les normes *(f)* d'emploi	*employment standards legislation*
▸ en matière fiscale	*tax legislation*
▸ antitabac	*anti-smoking legislation*

Règlement sur l'efficacité énergétique
Energy Efficiency Regulations
Règlement sur l'emballage et l'étiquetage des produits de consommation
Consumer Packaging and Labelling Regulations
Règlement sur les aliments et drogues
Food and Drug Regulations

les règlements *(m)*	*regulations*
▸ en vigueur	*regulations in force*
▸ environnementaux	*environmental regulations*
▸ sur la santé et la sécurité	*health and safety regulations*
le programme législatif	*legislative agenda*
l'élaboration *(f)* de la législation	*law-making, legislative development*
le texte législatif	*act, law, legislation*

le projet de loi	*bill*
un avant-projet de loi	*draft bill*
les fondements *(m)* de la loi	*underpinnings of the legislation*
l'objet *(m)* de la loi	*intent, purpose of the law*
le libellé de la loi	*wording of the law, act*
la force de loi	*force of law*
le pouvoir légal	*legal power, authority*
le pouvoir législatif	*legislative authority, power*
les pouvoirs statutaires	*statutory powers, authority*

Loi d'interprétation
Interpretation Act
Directive du Cabinet sur l'activité législative
Cabinet Directive on Law-Making

le processus législatif	*legislative process*
le régime législatif	*legislative regime*
le cadre législatif	*legislative framework*
un acte du pouvoir législatif	*legislative instrument*
un instrument juridique	*legal instrument*
une proposition législative	*legislative proposal*
une mesure législative proposée	*proposed legislative measure*
un amendement législatif	*legislative amendment*
une modification proposée	*proposed amendment, change*
la rédaction législative	*legislative drafting*
les instructions *(f)* de rédaction	*drafting instructions*

Programme de contestation judiciaire
Court Challenges Program
Commission du droit du Canada
*Law Commission of Canada**

* Abolie en 2006/*Abolished in 2006.*

le préambule	*preamble*
l'article *(m)*	*article*
la disposition législative	*legislative provision*
l'abrogation *(f)*	*repeal*
une clause	*clause*
▸ de cessation *(f)* d'effet *(m)*	*sunset, expiry clause*
▸ de temporisation *(f)*	*sunset clause*

l'adoption *(f)*	*passage, adoption*
▸ en principe *(m)*	*adoption in principle*
▸ à l'unanimité *(f)*	*unanimous adoption*
l'entrée *(f)* en vigueur	*coming into force, effect*
une date à fixer	*date to be set, determined*
l'expiration *(f)*	*expiry*
une exigence législative	*legislative requirement*
une obligation légale	*legal obligation*
un vide juridique	*legal vacuum, gap, loophole*
une échappatoire	*loophole, way out*
l'interprétation *(f)*	*interpretation*

Loi sur les textes réglementaires
Statutory Instruments Act
Directive du Cabinet sur la gestion de la réglementation
Cabinet Directive on Regulatory Management

la réglementation	*regulation*
la réglementation « intelligente »	*"smart" regulation*
la déréglementation	*deregulation*
l'autoréglementation *(f)*	*self-regulation*
le pouvoir de réglementation	*regulation-making power, regulatory power, authority, capacity,*
le pouvoir réglementaire	*regulatory authority, power, regulation-making authority*
l'autorité *(f)* réglementaire	*regulatory authority, power, regulation-making authority*
l'autorité réglementante	*regulation-making authority*
les autorités réglementaires	*regulatory authorities*

Résumé de l'étude d'impact de la réglementation
Regulatory Impact Analysis Statement

le processus de réglementation	*regulatory process*
les activités *(f)* de réglementation	*regulatory activities*
l'approche *(f)* réglementaire	*regulatory approach*
un projet de règlement	*proposed regulation, regulatory proposal*
les règlements	*regulations*
▸ ministériels	*Ministerial regulations*
▸ du gouverneur en conseil	*Governor in Council regulations*
▸ actuels	*existing regulations*

le cadre réglementaire	*regulatory framework*
le programme de réglementation	*regulatory program*
le régime de réglementation	*regulatory regime, system*
le régime réglementaire	*regulatory regime*
l'élaboration *(f)* des règlements	*development of regulations*
le fondement législatif	*legal authority, legislative basis*
l'examen juridique	*legal review*
l'avis *(m)* juridique	*legal opinion, advice*
sa légalité	*its legality*
sa légitimité	*its legitimacy*
la réforme réglementaire	*regulatory reform*
l'examen *(m)* de la réglementation	*regulatory review*
les questions *(f)* de réglementation	*regulatory matters, issues*
un organisme	*body*
▸ réglementaire	*regulatory body, regulator*
▸ d'autoréglementation	*self-regulating body*
▸ sous réglementation fédérale	*federally-regulated body*

le gouverneur en conseil
Governor in Council
le Comité spécial du Conseil
Special Committee of Council
la *Gazette du Canada*
Canada Gazette

un marché réglementé	*regulated market*
les secteurs *(m)* assujettis à la réglementation fédérale	*federally-regulated industries*
l'intervention *(f)* gouvernementale	*government intervention*
l'efficience *(f)* de la réglementation	*regulatory efficiency*
une obligation légale	*legal obligation*
l'obligation juridique	*legal duty, obligation*
une exigence obligatoire	*mandatory requirement*
la définition juridique	*legal definition*
une mesure	*measure, action*
▸ réglementaire proposée	*proposed regulatory measure*
▸ volontaire	*voluntary measure*
le processus d'approbation	*approval process*
l'approbation *(f)* finale	*final approval*

l'autorisation *(f)*	*authorization*
la force exécutoire	*binding force, legal effect*
la mise en vigueur	*the bringing into force*
les arguments *(m)* d'intérêt *(m)* public	*public interest arguments*
les considérations *(f)* économiques	*economic considerations*
les bénéfices *(m)*	*benefits, advantages*
les avantages *(m)*	*advantages, benefits*

L'application des règlements
Regulatory Enforcement

un organisme de réglementation	*regulatory agency*
la surveillance réglementaire	*regulatory oversight*
la mise en application	*enforcement*
les mesures *(f)* d'application	*enforcement action*
le mécanisme	*mechanism*
▸ d'application	*enforcement mechanism*
▸ de conformité	*compliance mechanism*
la conformité aux règlements	*regulatory compliance*
l'observation *(f)* de la réglementation	*regulatory compliance, observation*
le niveau d'observation des règles	*level of compliance*
l'inobservation *(f)*	*non-observance, non-compliance*
les frais *(m)* de conformité	*compliance costs*
la non-conformité	*non-compliance*
une infraction présumée	*suspected infraction, violation*
la poursuite	*prosecution*
une ordonnance temporaire	*temporary order*
une injonction	*injunction*
un engagement	*commitment, undertaking*
le contrôle	*control, checking, monitoring*
l'inspection *(f)*	*inspection*

les coûts *(m)* de la réglementation	*regulatory costs*
les répercussions *(f)* financières	*financial implications*
le fardeau de la réglementation	*regulatory burden*
l'allégement *(m)* réglementaire	*regulatory relief, reduction*
une audience	*hearing*
une intervention	*intervention*
un intervenant, une intervenante	*intervener, stakeholder*
le régime de licences *(f)*	*licensing system*
une licence conditionnelle	*conditional license*
la condition de licence	*license, licensing condition*
un permis restrictif	*restrictive permit*

une exemption	*exemption*
l'attribution *(f)* des licences	*granting, issuing of licenses*
la délivrance	*issue, issuing*
le renouvellement	*renewal*
le non renouvellement	*non-renewal*

Verbes pratiques	***Useful verbs***
abroger	*to repeal*
actualiser	*to bring up to date, update*
adopter	*to enact, adopt*
amender	*to amend*
annuler	*to cancel, nullify, set aside*
s'appliquer à	*to apply to*
autoréglementer	*to self-regulate*
cesser d'avoir effet	*to expire*
conférer	*to confer, give*
se conformer à	*to conform to, comply with*
contrevenir	*to contravene*
délivrer	*to issue*
déréglementer	*to deregulate*
dresser	*to prepare, draw up*
émettre	*to issue*
énoncer	*to state, set out*
entrer en vigueur *(f)*	*to come into force*
être sujet à	*to be subject to*
exiger	*to require, demand, insist on*
habiliter	*to enable, authorize*
imposer	*to impose*
légiférer	*to legislate*
mettre à jour	*to update*
modifier	*to amend, change*
obliger	*to obligate, require*
observer	*to observe, comply with*
ordonner	*to order*
permettre à	*to permit, enable*
rédiger	*to draft*
réglementer	*to regulate*
rendre exécutoire	*to give effect, legal force, enforce*
respecter	*to respect, observe, comply with*
révoquer	*to revoke*

Paroles en action / *Words in action*

Le Parlement fédéral a le pouvoir constitutionnel d'adopter des lois pour assurer « la paix, l'ordre et le bon gouvernement du Canada » en toutes matières sauf celles assignées exclusivement aux législatures provinciales. Les diverses lois qui font partie de la Constitution du Canada – la Constitution « écrite » – définissent la structure de gouvernement du Canada et des provinces, et énumèrent les pouvoirs législatifs du Parlement et des législatures provinciales. Les législatures provinciales ont la souveraineté constitutionnelle dans leurs champs de compétence.

Le gouvernement, les députés de la Chambre des communes et les membres du Sénat peuvent proposer des textes législatifs. Seul le gouvernement a le pouvoir de proposer des projets de loi financiers. Dans les deux Chambres, tous les projets de loi suivent les mêmes étapes prescrites pour devenir loi. Aucune loi ne peut entrer en vigueur avant d'avoir reçu la sanction royale du Gouverneur général. Les projets de loi provinciaux suivent un processus semblable, quoique dans une seule chambre législative. C'est le Lieutenant-gouverneur qui leur donne la sanction royale.

La réglementation est un instrument de politique utile et nécessaire pour faire avancer des objectifs sociaux, économiques et environnementaux. Les règlements sont appelés mesures législatives déléguées ou subordonnées car le Parlement a délégué le pouvoir de réglementation à un ministre désigné ou à une autre autorité en vertu de la loi habilitante. Les règlements doivent être compatibles avec l'objet du pouvoir législatif.

Les autorités réglementaires devraient évaluer les coûts, les bénéfices et les incidences plus larges des règlements proposés. Elles devraient également demander l'opinion des parties intéressées et des principaux intervenants avant l'adoption de nouveaux règlements. En dernière analyse, les gouvernements devraient utiliser l'intervention réglementaire seulement lorsqu'elle est manifestement dans l'intérêt public et que des mesures moins importunes ne seraient pas aussi efficaces.

Parliament has the *constitutional authority to pass laws to ensure "the peace, order and good government of Canada" for all matters not assigned exclusively to the provinces. The various laws that are part of Canada's Constitution – the "written" Constitution – set out the governance structure of Canada and the provinces, and enumerate the legislative powers of Parliament and provincial legislatures. Provincial legislatures are constitutionally sovereign in their areas of jurisdiction.*

The government, private members of the House of Commons, and members of the Senate can propose legislation. Only the government can propose money bills. All bills follow the same prescribed stages in both chambers to become law. No law can take effect until it has received Royal Assent from the Governor General. Provincial bills follow a similar process, though only in one legislative chamber. It is the Lieutenant-Governor who gives Royal Assent to provincial bills.

Regulation is a useful and necessary policy instrument to advance social, economic and environmental objectives. Regulations are known as delegated or subordinate legislation because Parliament has delegated authority to make regulations to a designated minister or other authority through enabling legislation. Regulations must be consistent with the purpose of the statutory authority.

Regulatory authorities should assess the costs, benefits and broader impacts of proposed regulations and seek the views of interested parties and stakeholders prior to enacting new regulations. In the final analysis, governments should only use regulatory intervention where it is demonstrably in the public interest and less intrusive measures would not be as effective.

Commissions *of* Inquiry

Noms et expressions	***Nouns and phrases***
la commission d'enquête	*commission of inquiry*
une commission royale	*royal commission*
un organisme d'enquête	*investigative body*
un exercice d'établissement des faits *(m)*	*fact-finding exercise*
les pouvoirs *(m)* d'enquête	*investigatory powers*
une enquête	*inquiry, inquest, investigation*
▸ publique	*public inquiry*
▸ judiciaire	*judicial inquiry*
▸ militaire	*military inquiry*
▸ parlementaire	*parliamentary inquiry*
▸ du coroner	*coroner's inquest*
▸ interne	*internal investigation*

Loi sur les enquêtes
Inquiries Act
Loi sur les enquêtes publiques de l'Ontario
Public Inquiries Act of Ontario
Loi sur les enquêtes médico-légales du Manitoba
Fatality Inquiries Act of Manitoba
Loi sur les coroners du Nouveau-Brunswick
Coroners Act of New Brunswick

le, la commissaire	*Commissioner*
le directeur exécutif, la directrice exécutive	*Executive Director*
le conseiller, la conseillère en chef	*Lead Counsel*
le mandat	*mandate, terms of reference*
le cadre de référence	*terms of reference*
la portée	*scope*
un délai raisonnable	*a reasonable time frame, time limit*
la conduite de l'enquête	*conduct of the inquiry*
les délibérations *(f)*	*deliberations, proceedings*
les enjeux *(m)* pertinents	*relevant issues*
une audience publique	*public hearing*
l'optique *(f)*	*perspective, viewpoint*
un intérêt direct	*direct interest*
la démarche	*approach*
la méthode	*method*

la comparution	*appearance*
le témoignage	*testimony*
la déposition	*deposition, sworn statement*
la preuve pertinente	*relevant evidence*
la transparence	*transparence, transparency*

les conseils *(m)*	*advice*
▸ experts	*expert advice*
▸ juridiques	*legal advice*

Commissions fédérales du passé
Past Federal Commissions

- Commission royale sur les peuples autochtones
  Royal Commission on Aboriginal Peoples
- Commission sur l'avenir des soins de santé au Canada
  Commission on the Future of Health Care in Canada
- Commission royale d'enquête sur l'union économique canadienne et les perspectives de développement
  Royal Commission on the Economic Union and Development Prospects for Canada
- Commission royale d'enquête sur le bilinguisme et le biculturalisme
  Royal Commission on Bilingualism and Biculturalism
- Commission royale sur la réforme électorale et le financement des partis
  Royal Commission on Electoral Reform and Party Financing
- Commission de vérité et de réconciliation
  Truth and Reconciliation Commission
- Commission royale sur la gestion financière et l'imputabilité
  Royal Commission on Financial Management and Accountability

sa crédibilité	*his, her, its credibility*
son impartialité *(f)*	*his, her, its impartiality, neutrality*
son objectivité *(f)*	*his, her, its objectivity*
son indépendance *(f)*	*his, her, its independence*

un rapport	*report*
▸ provisoire	*interim report*
▸ définitif	*final report*
▸ final	*final report*
▸ controversé	*controversial report*
▸ interne	*internal report*
▸ préliminaire	*draft report*
▸ d'étape	*progress report*
▸ écrit	*written report*

la rédaction du rapport	*report writing, drafting*
la première ébauche	*first draft*
la version finale	*final version, draft*
une version édulcorée	*watered-down, toned-down version*
un exemplaire du rapport final	*copy of the final report*

La présentation des rapports
Presentation of Reports

les points *(m)* saillants	*main points, highlights*
le sommaire exécutif	*executive summary*
un aperçu	*overview*
un exposé sommaire	*brief account, summary, overview*
la vue d'ensemble	*overview*
un tour d'horizon	*overview*
les constatations *(f)* principales	*key findings*
la première conclusion	*main conclusion*
les recommandations *(f)*	*recommendations*
la réponse officielle	*official response*
les prochaines étapes *(f)*	*next steps*

les observations *(f)* préliminaires	*preliminary observations*
une conclusion incontournable	*inescapable conclusion*
les conclusions de fait	*findings of fact*

Verbes pratiques	***Useful verbs***
admettre	*to admit*
affirmer sous serment *(m)*	*to say, affirm, assert under oath*
charger de	*to mandate, to be responsible for*
comparaître	*to appear*
conclure	*to conclude*
contre-interroger	*to cross-examine*
corroborer	*to corroborate*
dévoiler	*to uncover, reveal, disclose*
dire	*to say, tell, show*
effectuer	*to conduct, carry out, undertake*
élucider	*to shed light on, clarify, clear up*
enquêter sur	*to inquire into, investigate*
être interrogé sous serment	*to be questioned under oath*
étudier	*to study, review, look into*
examiner	*to examine, consider, review, look into*
expliquer	*to explain*
exposer	*to exhibit, explain, set out*
faire enquête sur	*to inquire into, investigate*
faire un rapport sur	*to report on, make a report on*
faire une déposition	*to give evidence*

indiquer	*to indicate, show, point out*
interroger	*to question, interrogate, examine*
mener	*to lead, conduct, carry out*
mettre en évidence *(f)*	*to reveal, show, demonstrate*
préconiser	*to recommend, advocate*
présenter	*to present, submit, table*
questionner	*to question*
recommander	*to recommend*
remettre	*to adjourn, postpone, defer; hand in*
remettre en question *(f)*	*to call into question, challenge*
rendre public	*to make public*
révéler	*to disclose, reveal*
soumettre	*to submit*
témoigner	*to testify, give evidence*

Paroles en action / *Words in action*

La *Loi sur les enquêtes* établit l'autorité législative permettant au gouvernement fédéral de lancer à tout moment une enquête publique sur toute question touchant le bon gouvernement du Canada ou la gestion des affaires publiques. Les administrations provinciales et territoriales ont des pouvoirs semblables.

La législation autorise le gouverneur en conseil à nommer un ou plusieurs commissaires pour conduire une enquête. La loi définit les pouvoirs des commissaires, par exemple celui d'assigner des témoins et les enjoindre de déposer et de produire des documents, d'embaucher des experts techniques et du personnel, et de retenir les services d'avocats pour les assister.

Au niveau fédéral, les commissions d'enquête sont établies par décret du gouverneur en conseil qui définit le cadre de référence, nomme les commissaires, et désigne le commissaire qui présidera la commission. Les commissions d'enquête sont des organismes indépendants. Elles ont la liberté d'interpréter leur mandat et d'effectuer leur travail comme bon leur semble, de tirer des conclusions raisonnables, et de formuler des recommandations tel que stipulé dans le cadre de référence.

The Inquiries Act *provides the statutory authority for the federal government to establish at any time a public inquiry into any matter connected with the good government of Canada or the conduct of public business. Provincial and territorial jurisdictions have similar powers.*

The legislation authorizes the Governor in Council to appoint one or more commissioners to conduct an inquiry. It sets out the powers of commissioners, such as to summon witnesses and require them to give evidence and produce documents, to hire technical experts and commission staff, and to engage counsel to assist them.

Federal commissions of inquiry are established by Order in Council setting out a commission's terms of reference, appointing commissioners, and designating the commissioner who will chair the commission. Commissions of enquiry are independent bodies. They are free to interpret their mandates and conduct their work as they see fit, to draw reasonable conclusions, and to make recommendations consistent with their terms of reference.

Canada *as a* Nation

Noms et expressions	***Nouns and phrases***
le Canada en tant que nation	*Canada as a nation*
le peuple canadien	*Canadian people*
la population canadienne	*Canadian people, population*
une nation fière et souveraine	*proud and sovereign nation*
un pays d'avenir	*a country of destiny*
le pays dans son ensemble	*the whole country*
un État fédéral	*federal State*

les célébrations de la fête du Canada
Canada Day celebrations

la fierté nationale	*national pride*
l'objectif *(m)* national	*national purpose*
l'intérêt *(m)* national	*national interest*
l'unité *(f)* nationale	*national unity*

Où on habite
Where we live

au Canada *(m)*	*in Canada*
en Colombie-Britannique *(f)*	*in British Columbia*
en Alberta *(f)*	*in Alberta*
en Saskatchewan *(f)*	*in Saskatchewan*
au Manitoba *(m)*	*in Manitoba*
en Ontario *(m)*	*in Ontario*
au Québec *(m)*	*in Quebec*
au Nouveau-Brunswick *(m)*	*in New Brunswick*
en Nouvelle-Écosse *(f)*	*in Nova Scotia*
à l'Île-du-Prince-Édouard *(f)*	*in Prince Edward Island*
à Terre-Neuve-et-Labrador *(f/m)*	*in Newfoundland and Labrador*
au Yukon *(m)*	*in the Yukon*
aux Territoires du Nord-Ouest *(m)*	*in the Northwest Territories*
au Nunavut *(m)*	*in Nunavut*

la naissance du Canada	*birth of Canada*
l'histoire *(f)* du Canada	*story, history of Canada*
les moments *(m)* déterminants	*defining moments*
l'hymne *(m)* national	*national anthem*
le drapeau du Canada	*flag of Canada*
un symbole national durable	*enduring national symbol*

la société canadienne	*Canadian society*
la vie quotidienne	*daily life*
la qualité de vie	*quality of life*
le bien-être de la collectivité	*community well-being*
le développement communautaire	*community development*

Conseil des Canadiens
Council of Canadians
Fondation canadienne pour le dialogue des cultures
Canadian Foundation for Cross-Cultural Dialogue

la carte du Canada	*map of Canada*
la géographie canadienne	*Canadian geography*
les régions *(f)* du Canada	*regions of Canada*

le Canada central	*central Canada*
le Canada atlantique	*Atlantic Canada*
les Prairies	*the Prairies*
la côte Ouest	*the West Coast*

Législation vers l'édification du pays
Nation-building Legislation
(avec l'année d'entrée en vigueur/*with year of coming into force*)

- Édit de création du Conseil souverain de Québec, 1663
  Edict creating the Sovereign Council of Quebec (1663)
- Traité d'Utrecht, *Treaty of Utrecht (1713)*
- Traité de Paris, *Treaty of Paris (1763)*
- Proclamation royale, *Royal Proclamation (1763)*
- Acte de Québec, *Quebec Act (1774)*
- Acte constitutionnel de 1791, *Constitutional* Act of 1791
- Acte d'Union, *Act of Union (1840)*
- Acte de l'Amérique du Nord britannique de 1867 (renommé la Loi constitutionnelle de 1867)
  British North America Act of 1867 *(renamed the Constitution Act, 1867)*
- Loi sur la terre de Rupert, *Rupert's Land Act (1868)*
- Statut de Westminster, *Statute of Westminster (1931)*
- Loi sur le Canada, *Canada Act (1982)*
- Loi constitutionnelle de 1982, *Constitution Act, 1982*

l'arctique *(m)* canadien	*Canadian Arctic*
les majestueuses montagnes *(f)*	*majestic mountains*
les immenses forêts *(f)*	*immense forests*
la toundra gelée	*frozen tundra*
la vaste prairie	*vast, wide-ranging prairie*
les côtes *(f)* accidentées	*rugged coastlines*

le parc national	*national park*
le lieu historique national	*national historic site*

Parc international de la paix Waterton-Glacier
Waterton-Glacier International Peace Park

la démographie	*demography*
le changement démographique	*population, demographic shift*
la tendance démographique	*demographic trend*
la composition socio-démographique	*socio-demographic composition*

Une histoire remarquable
A Remarkable History

l'époque *(f)* glaciaire	*ice age*
les premiers habitants autochtones	*first Indigenous inhabitants*
les explorateurs français	*French explorers*
la colonisation française	*French colonization*
la fondation de Québec en 1608	*founding of Quebec in 1608*
la Nouvelle-France	*New France*
la conquête militaire	*military conquest*
la bataille des plaines d'Abraham	*Battle of the Plains of Abraham*
les Loyalistes de l'Empire-Uni	*United Empire Loyalists*
les colonies *(f)* britanniques	*British colonies*
le Haut-Canada et le Bas-Canada	*Upper and Lower Canada*
le commerce de la fourrure	*fur trade*
la Compagnie de la Baie d'Hudson	*Hudson's Bay Company*
les pionniers *(m)*	*pioneers, early settlers*
les missionnaires chrétiens	*Christian missionaries*
la Confédération en 1867	*Confederation in 1867*
l'ouverture *(f)* de l'Ouest	*opening of the West*
la Police à cheval du Nord-Ouest	*North-West Mounted Police*
la rébellion de la rivière Rouge	*Red River rebellion*
les traités *(m)* avec les Autochtones	*Indian treaties*
la construction de la voie ferrée	*building of the railway*
la route Transcanadienne	*Trans-Canada highway*
la bataille de la crête de Vimy	*Battle of Vimy Ridge*
les vagues *(f)* d'immigration	*waves of immigration*
la Révolution tranquille	*Quiet Revolution*
le rapatriement de la Constitution	*repatriation of the Constitution*
la Charte canadienne des droits et libertés	*Canadian Charter of Rights and Freedoms*
les référendums *(m)* du Québec	*Quebec referendums*

l'âge *(m)*	*age*
le sexe	*gender, sex*

Mois de l'histoire des Noirs
Black History Month

l'ethnicité *(f)*	*ethnicity*
l'espérance *(f)* de vie	*life expectancy*
l'accroissement *(m)* de la population	*population growth*
la croissance démographique	*demographic growth*

Une diversité géographique
A Diverse Geography

la côte du Pacifique	*Pacific coast*
le Grand lac des Esclaves	*Great Slave Lake*
la vallée de l'Okanagan	*Okanagan Valley*
le canyon Fraser	*Fraser Canyon*
le delta du Mackenzie	*Mackenzie Delta*
la rivière Rouge	*Red River*
le fleuve d'Athabasca	*Athabasca River*
le col Crowsnest	*Crowsnest Pass*
la piste des Caribous	*Caribou Trail*
les montagnes *(f)* Rocheuses	*Rocky Mountains*
le mont Logan	*Mount Logan*
le champ de glace Columbia	*Columbia Ice Field*
l'île de Vancouver	*Vancouver Island*
la baie d'Hudson	*Hudson Bay*
le Bouclier canadien	*Canadian Shield*
les chutes de Niagara	*Niagara Falls*
le golfe du Saint-Laurent	*Gulf of St. Lawrence*
les rapides de Lachine	*Lachine Rapids*
l'isthme de Chignectou	*Isthmus of Chignecto*
le parc de la Gatineau	*Gatineau Park*
la mer de Beaufort	*Beaufort Sea*
le plateau continental	*Continental Shelf*
les plateaux de glace de l'île Ellesmere	*Ellesmere Island ice shelves*
les Grands bancs de Terre-Neuve	*Grand Banks of Newfoundland*
la péninsule de Gaspé	*Gaspé Peninsula*
les hautes-terres du cap Breton	*Cape Breton Highlands*
le détroit de Northumberland	*Northumberland Strait*

Commission géologique du Canada
Geological Survey of Canada

le taux	*rate*
▸ de natalité	*birth rate*
▸ de mortalité	*mortality, death rate*
▸ d'accroissement naturel	*rate of natural increase*
▸ d'immigration	*immigration rate*

La souveraineté du Canada dans l'Arctique
Canadian Arctic Sovereignty

l'archipel *(m)* arctique	*Arctic archipelago*
une partie intégrale du nord du Canada	*integral part of northern Canada*
les frontières *(f)* maritimes	*maritime boundaries*
les limites *(f)* canadiennes	*Canadian boundaries, limits*
l'intégrité *(f)* du territoire canadien	*Canadian territorial integrity*
les revendications *(f)* territoriales	*territorial claims*
un titre historique	*historic title*
les droits *(m)* souverains	*sovereign rights*
la compétence canadienne	*Canadian jurisdiction*
la reconnaissance	*recognition*
l'exercice *(m)* de la souveraineté	*exercise of sovereignty*
les terres *(f)* inuites ancestrales	*ancestral Inuit lands*
l'utilisation *(f)* et l'occupation *(f)* par les Inuits	*Inuit use and occupation*
les habitants *(m)* inuits	*Inuit inhabitants*
un environment marin écosensible	*ecologically sensitive marine environment*
l'environnement *(m)* marin de l'Arctique	*Arctic marine environment*
les eaux *(f)*	*waters*
▸ territoriales arctiques	*Arctic territorial waters*
▸ intérieures	*inland waters*
le passage du Nord-Ouest	*Northwest Passage*
la route maritime	*maritime, sea route*
le port en eau profonde	*deep-water port*
la présence de la Garde côtière canadienne	*Canadian Coast Guard presence*
un imposant brise-glace	*heavy icebreaker*
le navire de patrouille	*patrol ship, vessel*
les patrouilles *(f)* nordiques	*northern patrols*
le règlement sur la prévention de la pollution	*pollution prevention regulations*
une forte capacité militaire	*strong military capability*
la surveillance aérienne	*air surveillance*
affirmer la souveraineté du Canada	*to assert, claim Canada's sovereignty*
défendre	*to defend*
maintenir	*to uphold*
reconnaître	*to recognize*
régler les différends frontaliers	*to resolve boundary issues*
les Rangers canadiens	*Canadian Rangers*

Conseil de l'Arctique
Arctic Council
Commission canadienne des affaires polaires
Canadian Polar Commission
Convention des Nations Unies sur le droit de la mer
United Nations Convention on the Law of the Sea

l'immigration *(f)*	*immigration*
la migration interprovinciale	*interprovincial migration*
une perte nette	*net loss*
une augmentation	*increase, gain*

Le recensement national
National Census

le jour du recensement	*Census day*
le questionnaire	*questionnaire*
▸ abrégé du recensement	*census short-form questionnaire*
▸ détaillé obligatoire du recensement	*mandatory long-form census questionnaire*
le formulaire de recensement	*census form*
les données *(f)* du recensement	*census data*
les renseignements *(m)* personnels	*personal information*
les renseignements sur le ménage	*household information*
la situation de la population du pays	*state of the nation's population*
un profil statistique fiable	*reliable statistical profile*
une ressource nationale essentielle	*vital national resource*
le répondant, la répondante	*respondent*
conduire	*to conduct, carry out*
éliminer	*to eliminate, scrap, do away with*
remplir	*to fill in, complete*
rendre volontaire	*to make voluntary*
répondre à	*to respond to*
rétablir	*to restore, reinstate*

Statistique Canada
Statistics Canada
le statisticien, la statisticienne en chef
Chief Statistician
Loi sur la statistique
Statistics Act

le vieillissement de la population	*aging of the population*
une population vieillissante	*aging population*
la dénatalité	*declining birth rate*

Verbes pratiques	***Useful verbs***
célébrer	*to celebrate*
découvrir	*to discover*
demeurer à	*to live in*
être fier de	*to be proud of*
être né à	*to be born in*
explorer	*to explore*
fêter	*to celebrate*

habiter à	*to live in*
migrer	*to migrate*

Paroles en action / *Words in action*

Le Canada est un pays formé de terres ancestrales des peuples autochtones qui sont arrivés sur ce continent il y a plusieurs siècles. Il est composé de vastes régions cartographiées par les premiers explorateurs pour ouvrir la voie à un nouvel établissement et à de nouvelles possibilités. Le Canada représente la persuasion et la résolution de ceux et celles qui ont imaginé un grand dominion d'un océan à l'autre. Le Canada représente le dévouement, la créativité et le travail acharné de ses habitants, leur engagement envers la démocratie et leur volonté de pratiquer la coexistence, la tolérance et la justice, et ce dans leur vie de tous les jours.

Le Canada représente la beauté de la nature, abondante des richesse et des bontés de la Terre. C'est le trésor de nos bénédictions, de nos familles et de nos amis, des lieux où nous vivons et des traditions qui nous soutiennent. Le Canada est la patrie adoptée par des gens du monde entier en quête d'un nouveau départ et de la réalisation de leurs rêves les plus chers. Le Canada est un symbole d'espoir pour ceux qui aspirent à la paix, à la fraternité et à la liberté.

Le Canada représente le courage et les réalisations de nos concitoyens de divers horizons qui s'efforcent de changer le cours des choses dans le monde d'aujourd'hui. Ce qui peut être encore plus important, le Canada représente le potentiel illimité de nos enfants dont les cœurs généreux, les aptitudes et les ambitions contribueront à l'édification d'un monde meilleur pour tous.

***Canada is a nation** formed from the ancestral lands of the Indigenous peoples who came to this continent many centuries ago. It is the vast regions charted by early explorers to open the way to new settlement and opportunity. Canada represents the belief and the resolve of those who imagined a great northern dominion from sea to sea. Canada is the dedication, creativity and hard work of its people, their commitment to democracy, and their everyday practice of co-existence, tolerance and fairness.*

Canada is the beauty of nature, abundant with the Earth's riches and goodness. It is the treasure of our blessings, our families and friends, the places where we live and the traditions that sustain us. Canada is the adopted homeland of people from around the world in search of a new beginning and the fulfillment of their most cherished dreams. Canada is a symbol of hope for those who yearn for peace, brotherhood and freedom.

Canada represents the courage and accomplishments of our fellow citizens from many walks of life who are making a difference in the world today. Perhaps more importantly, Canada represents the unbounded potential of our children whose generous hearts, abilities and ambition will contribute to building a better world for all.

Canadian Identity *and* Citizenship

Noms et expressions	***Nouns and phrases***
l'identité *(f)* canadienne	*Canadian identity*
un sentiment d'appartenance *(f)*	*sense of belonging*
un sentiment d'attachement *(m)*	*sense of attachment*
les valeurs *(f)* partagées	*shared values*
un fier patrimoine	*proud heritage*
un citoyen, une citoyenne	*citizen*
les citoyens canadiens	*Canadian citizens*
nos concitoyens	*our fellow citizens*

la citoyenneté canadienne
Canadian citizenship
la cérémonie de citoyenneté
citizenship ceremony
le serment de citoyenneté
oath of citizenship
le certificat de citoyenneté
citizenship certificate
le, la juge de la citoyenneté
Citizenship Judge
Loi sur la citoyenneté
Citizenship Act

la pratique de la citoyenneté	*practice of citizenship*
les aspirations *(f)* en matière de citoyenneté	*citizenship aspirations*
le civisme	*good citizenship, sense of civic responsibility*
le patriotisme	*patriotism*
la loyauté	*loyalty*
l'allégeance *(f)*	*allegiance*

la Semaine de la citoyenneté
Citizenship Week

la preuve de citoyenneté	*proof of citizenship*
la demande de citoyenneté	*application, request for citizenship*
la double citoyenneté	*dual citizenship*
les droits *(m)*	*rights*
les privilèges *(m)*	*privileges*

les devoirs *(m)*	*duties*
les obligations *(f)*	*obligations, duties*
les responsabilités *(f)*	*responsibilities*
une société	*society*
‣ juste	*just society*
‣ multiculturelle	*multicultural society*
‣ tolérante	*tolerant society*
‣ inclusive	*inclusive society*
le multiculturalisme	*multiculturalism*
la composition multiculturelle	*multicultural composition, make-up*
un accommodement raisonnable	*reasonable accommodation*

Loi sur le multiculturalisme canadien
Canadian Multiculturalism Act
Fondation canadienne des relations raciales
Canadian Race Relations Foundation

une mosaïque culturelle	*cultural mosaic*
les communautés *(f)* culturelles	*cultural communities*
la diversité culturelle	*cultural diversity*
une source d'enrichissement *(m)*	*source of enrichment*
les membres à part entière de la société canadienne	*full members of Canadian society*
la pleine participation à la vie canadienne	*full participation in Canadian life*

Verbes pratiques	*Useful verbs*
affirmer	*to affirm, assert, say*
demander	*to ask, request, apply for*
devenir	*to become*
exercer les devoirs	*to exercise duties*
faire prêter serment	*to administer an oath*
faire une demande de	*to apply, make an application for*
jouir des privilèges de la citoyenneté	*to enjoy the privileges of citizenship*
prêter serment	*to take an oath*
réaffirmer	*to re-affirm*
symboliser	*to symbolize*

Paroles en action / *Words in action*

L'identité canadienne, c'est ce que nous sommes ensemble, des citoyens liés par des croyances, une loyauté et une expérience partagées, vivant notre esprit national. C'est notre célébration de l'histoire et des merveilles du Canada ainsi que de la mosaïque culturelle qui constitue sa vitalité et sa promesse.

L'identité canadienne, c'est la conscience que nous profitons des efforts de ceux qui ont construit les fondements de notre démocratie et de notre mode de vie grâce à leur vision, à leurs sacrifices et à leur persévérance. C'est notre appréciation des bienfaits de notre liberté et de notre patrimoine. L'identité canadienne, c'est notre accueil de la collectivité de citoyens qui considèrent le Canada comme leur pays, en ne trébuchant pas sur les différences, mais en y trouvant la force nécessaire pour servir l'intérêt collectif, ce que nous ne pouvons accomplir qu'ensemble.

Notre identité commune nous porte en avant dans le projet historique de l'édification d'une nation afin que nous puissions laisser un digne héritage à ceux qui nous suivront. Les efforts avec lesquels nous relevons les défis de nos jours, et notre réussite à surmonter ces défis, servent à orienter le cap pour que nos enfants et les générations futures puissent être fiers de s'appeler des citoyens du Canada et des Canadiens.

Canadian identity is *who we are together, citizens bound by shared beliefs, loyalties and experience, and living our national spirit. It is our celebration of the story and the wonder of Canada and of the cultural mosaic that is its vitality and promise.*

Canadian identity is knowing that we are standing on the shoulders of those whose vision, sacrifice and perseverance built the foundations of our democracy and way of life. It is our appreciation of the gifts of our inheritance and our freedom. Canadian identity is our full embrace of the community of citizens who call Canada their home, not stumbling over differences but finding strength in serving the greater good that we can only accomplish together.

Our shared identity urges us onward in the historic project of nation-building so that we may leave a worthy legacy for those who will come after us. Our efforts to meet the challenges of our time, and our success in doing so, set the course for our children and future generations to take pride in calling themselves citizens of Canada and Canadians.

Citizen Engagement

Noms et expressions	***Nouns and phrases***
l'engagement *(m)* des citoyens	*citizen engagement, involvement*
la participation publique	*public participation, involvement*
la participation du public	*public participation*
la mobilisation des citoyens	*citizen mobilization, engagement*
le participant, la participante	*participant*
le public, le grand public	*general public*
le groupe d'intérêt	*interest group*
un intéressé, une intéressée	*interested party, stakeholder*
une partie intéressée	*interested party, stakeholder*
un intervenant influent, une intervenante influente	*influential stakeholder*
les intervenants	*stakeholders*
une question de politique publique	*public policy question, issue*
une question stratégique	*policy issue*
un enjeu stratégique	*strategic issue*
la communication ouverte	*open communication*
une interaction	*interaction*
un climat de confiance	*climate of trust, confidence*
le point de vue	*perspective, view, point of view*
la perspective	*perspective, view, point of view*
▸ régionale	*regional perspective*
▸ des citoyens	*citizen point of view*
▸ communautaire	*community perspective*
▸ unique	*unique view, perspective*
la consultation	*consultation*
▸ publique, du public	*public consultation*
▸ en ligne	*online consultation*
une consultation prébudgétaire	*pre-budget consultation*
une période de consultation	*period of consultation*
la période de commentaires publics	*public comment period*
le document de consultation	*consultation document*
le mécanisme de consultation	*consultative mechanism*
un atelier de consultation	*consultation workshop*
une vaste consultation	*broad consultation*

le comité consultatif	*consultation, advisory committee*
le groupe d'experts	*expert group, blue ribbon panel*
une commission d'examen	*review panel*
un processus	*process*
▸ consultatif	*consultative, advisory process*
▸ de consultation	*consultation process*
▸ de consultation en direct	*online consultation process*
▸ de participation du public	*public involvement process*
▸ participatif	*participatory process*
▸ continu	*ongoing, continuous process*
▸ ouvert	*open process*
la tenue des consultations	*holding of consultations*
une table ronde	*roundtable*
une assemblée publique	*public meeting*
une audience publique	*public hearing*
un groupe de concertation	*focus group*
une séance de discussion	*discussion, focus group session*
l'évaluation *(f)* en groupe de discussion	*focus group testing*
la recherche par groupe de discussion	*focus group research*
un groupe de recherche en ligne	*online research panel*
un, une membre du groupe de recherche	*member of the research panel*
un entretien	*discussion, conversation*
une présentation écrite	*written submission*
les commentaires *(m)* des intervenants	*stakeholder comments*
un échange d'information	*exchange of information*
la synthèse	*synthesis*
un document de synthèse	*synthesis document*
la rétroaction	*feedback*
le bien-fondé	*validity*
un large consensus	*broad agreement, consensus*
un large éventail d'opinion	*wide range of opinion*
une divergence d'opinion	*divergence, difference of opinion*
un débat public	*public debate*
un dialogue	*dialogue*
▸ public	*public dialogue*
▸ actif	*active dialogue*
▸ continu	*ongoing dialogue*

une occasion	*opportunity*
une opportunité	*opportunity*
la possibilité	*opportunity, possibility*
une gamme de possibilités *(f)*	*variety of opportunities*
une approche flexible	*flexible approach*
un mécanisme adapté	*suitable mechanism*
une modalité éprouvée	*proven method*
la meilleure façon	*the best way*
le principal moyen	*main, principal means*
la nouvelle technique	*new technique*
un outil pratique	*practical tool*
la boîte à outils	*toolkit*
une proche collaboration	*close collaboration*
le développement conjoint	*joint development*
l'élaboration *(f)* conjointe	*joint development*
les étapes *(f)*	*stages, steps*
une expérience variée	*varied experience*
le point de vue	*point of view*
le commentaire	*comment, commentary*
la portée	*scope*

Verbes pratiques	***Useful verbs***
agir d'une façon transparente	*to act in a transparent manner*
commenter	*to comment on*
conscientiser	*to sensitize, make aware*
consulter de façon ouverte	*to consult openly*
discuter	*to discuss*
échanger	*to exchange*
écouter	*to listen to*
effectuer	*to conduct, carry out, undertake*
enclencher	*to get under way*
encourager	*to encourage*
engager en temps opportun	*to engage, involve on a timely basis*
entamer des consultations	*to start, open consultations*
entreprendre	*to undertake, begin*
être impliqué dans	*to be involved in*
être ouvert à	*to be open to*
exécuter de manière *(f)* efficace	*to carry out effectively*
exprimer	*to express*
faciliter	*to facilitate*
faire connaître publiquement	*to make public*
faire participer	*to engage, involve*

faire une différence	*to make a difference*
impliquer	*to involve, entail*
s'impliquer	*to get involved*
influencer	*to influence*
informer	*to inform, notify, tell, brief*
inviter	*to invite*
jouer un rôle	*to play a role*
mener	*to carry out, conduct, lead*
mettre en branle	*to set in motion*
mettre en commun	*to share*
mettre en évidence	*to highlight, show, demonstrate*
mobiliser	*to mobilize, engage*
participer à	*to participate in*
porter sur	*to focus on, be about*
prendre en compte	*to take into account*
prendre en considération	*to take into consideration*
prendre part à	*to take part in*
procéder en temps utile	*to proceed on a timely basis*
recevoir	*to receive*
rendre public	*to make public*
répondre d'une manière appropriée	*to respond appropriately*
représenter	*to represent*
sensibiliser	*to sensitize, make aware*
solliciter	*to solicit, seek*
tenir compte de	*to take into account*
tenir une consultation publique	*to hold a public consultation*

Paroles en action / *Words in action*

Le 1er juillet, les Canadiens célèbrent la fête du Canada, l'anniversaire de la Confédération en 1867 quand le Canada a assumé sa place parmi les nations libres et démocratiques du monde. À l'occasion de cette journée, les Canadiens réfléchissent sur la signification de la citoyenneté et réaffirment leur fidélité au Canada.

Les Canadiens partagent un lien commun de citoyenneté, qui est le fondement de notre démocratie. La citoyenneté signifie que nous pouvons jouir des privilèges et des bénéfices de notre grand pays, et que nous acceptons sans aucune condition certains devoirs et obligations afin de garantir la vitalité continue de tout ce que le Canada symbolise.

L'engagement des citoyens représente le travail actif de la citoyenneté pour construire une société juste et démocratique. Nos valeurs et notre mode de vie, et nos institutions démocratiques, constituent l'aboutissement des efforts collectifs des citoyens, chaque génération à son tour, pour atteindre les buts communs de l'identité nationale. Le renouvellement de la foi des citoyens dans nos institutions politiques incitera un plus grand nombre de femmes et d'hommes compétents à envisager la vie publique, donnera un nouvel élan à l'ardeur des citoyens à servir le bien commun, et renforcera l'esprit de citoyenneté et notre identité nationale.

On July 1st, *Canadians celebrate Canada Day, the anniversary of Confederation in 1867 when Canada assumed its place among the free and democratic nations of the world. On this day Canadians reflect on the meaning of citizenship and re-affirm their loyalty to Canada.*

Canadians share a common bond of citizenship, which is the foundation of our democracy. Citizenship means that we can enjoy the benefits and privileges of our great nation, and that we will assume without condition certain duties and obligations that will ensure the continuing vitality of all that Canada represents.

Citizen engagement is the active work of citizenship to build a just and democratic society. Our values and way of life, and our democratic institutions, are the achievement of citizens working together, each generation in its turn, to fulfil the common purposes of nationhood. Renewing the faith of citizens in our political institutions will encourage a greater number of competent men and women to consider public life, will give new impetus to citizens' zeal to serve the common good, and will strengthen the spirit of citizenship and our national identity.

Official Languages

Noms et expressions	***Nouns and phrases***
les langues officielles	*official languages*
un pays bilingue	*bilingual country, nation*
l'identité *(f)* culturelle	*cultural identity*
le français	*French*
la langue de Molière	*the language of Molière*
l'anglais *(m)*	*English*
la langue de Shakespeare	*the language of Shakespeare*

Loi sur les langues officielles
Official Languages Act
Commissariat aux langues officielles
Office of the Commissioner of Official Languages

l'emploi *(m)* des langues officielles	*use of official languages*
l'usage *(m)* du français au travail	*use of French at work*
la langue parlée à la maison	*language spoken at home*
la langue utilisée au travail	*language used at work*
la langue	*language*
▸ française	*French, French language*
▸ anglaise	*English, English language*
▸ de travail	*language of work*
▸ seconde	*second language*
▸ de choix	*language of choice*
▸ préférée	*language of choice*
▸ maternelle	*mother tongue*

Charte de la langue française du Québec
Quebec Charter of the French Language

les droits *(m)* linguistiques	*language rights*
la dualité linguistique	*linguistic duality*
la préférence linguistique	*language preference*
le champion ministériel	*departmental champion*
la championne ministérielle	*departmental champion*
la mise en valeur	*development*
une voix forte	*strong voice*

la communauté	*community*
▸ francophone	*Francophone community*
▸ acadienne	*Acadian community*
▸ anglophone	*Anglophone community*
▸ minoritaire	*minority community*
un Québécois, une Québécoise	*Quebecker*
un Acadien, une Acadienne	*Acadian*
un Franco-Manitobain, une Franco-Manitobaine	*Franco-Manitoban*
un Franco-Ontarien, une Franco-Ontarienne	*Franco-Ontarian*
les Canadiens et les Canadiennes	*Canadians*
▸ d'expression française	*French-speaking Canadians*
▸ d'expression anglaise	*English-speaking Canadians*

la communauté minoritaire d'expression française
French-speaking minority community
les deux communautés linguistiques
two linguistic communities
les communautés de langue officielle en situation minoritaire
official language minority communities

les aspirations *(f)*	*aspirations*
la pleine reconnaissance	*full recognition*
un milieu propice	*conducive environment*
l'épanouissement *(m)*	*flourishing, vitality*
la vitalité	*vitality*
la visibilité	*visibility*
une institution fédérale	*federal institution*
une région désignée bilingue	*bilingual-designated region*
un bureau designé bilingue	*bilingual-designated office*
le service au public	*service to the public*
le service bilingue	*bilingual service*
le centre de services bilingues	*bilingual service centre*
un engagement	*commitment*
une obligation	*obligation*
une disposition particulière	*specific provision*
une mesure nécessaire	*necessary measure, action, step*
le bilinguisme	*bilingualism*
la politique du bilinguisme	*bilingualism policy*

un poste bilingue	*bilingual position*
la désignation	*designation*
la dotation bilingue impérative	*bilingual imperative staffing*
une nomination non impérative	*non-imperative appointment*
la prime au bilinguisme	*bilingualism bonus*
le profil linguistique	*language, linguistic profile*
les exigences *(f)* linguistiques	*language requirements*
le niveau linguistique	*language level*
la connaissance de la langue française	*knowledge of French*
les aptitudes *(f)* linguistiques	*language ability, abilities, skills*
la compétence	*skill, ability, competency*
les compétences linguistiques	*language competency, proficiency, skill*
le maintien des compétences linguistiques	*retention of language skills*

Champion des langues officielles
Official Languages champion
Plan ministériel des langues officielles
Departmental Official Languages plan

l'expression *(f)* orale	*speaking, oral expression*
la capacité en lecture	*reading ability*
la compréhension de l'écrit	*writing comprehension*
la communication écrite	*written communication*
la facilité	*fluency, ease, ability*
la formation	*training*
▸ linguistique	*language training*
▸ en langues officielles	*official languages training*

la maîtrise des deux langues officielles
fluency, proficiency in both official languages

le plan de formation linguistique	*language training plan*
l'évaluation *(f)* de la langue seconde	*second language evaluation, testing*
l'évaluation linguistique	*language testing, evaluation*
le test linguistique	*language test, testing*
les résultats *(m)* d'évaluation	*evaluation, test results*
la cote	*score*
une exemption	*exemption*

l'apprentissage *(m)* des langues officielles	*learning of official languages*
l'enseignement *(m)* du français comme langue seconde	*teaching French as a second language*
une école linguistique réputée	*reputable language school*
le cours de langue	*language course*
le professeur, la professeure de langue	*language teacher, professor, instructor*
le rapport	*report*
▸ d'étape	*progress report*
▸ d'enquête	*investigation report*
la réponse officielle	*official response*
le plan d'action	*plan of action*
la traduction	*translation*
le traducteur, la traductrice	*translator*
les interprètes	*interpreters*

Verbes pratiques	***Useful verbs***
améliorer	*to improve*
accroître	*to increase*
s'appliquer à	*to apply to*
atteindre	*to attain, reach, achieve*
se débrouiller en français	*to get by, be able to get by in French*
être à l'aise avec	*to be comfortable, at ease with*
expirer	*to expire*
faire avancer	*to advance, further, move forward*
faire en sorte que	*to ensure, see to it that*
se faire le champion	*to champion*
faire valoir	*to emphasize, highlight*
favoriser	*to encourage, support, contribute to*
maintenir	*to maintain*
maîtriser	*to master*
mettre en valeur	*to champion, develop, enhance*
mettre sur pied	*to establish, set up*
parler couramment	*to speak fluently*
passer un examen	*to write, sit for, complete an exam*
passer avec succès	*to complete successfully, pass*
pratiquer le français, l'anglais	*to practice French, English*
promouvoir	*to promote*
renforcer	*to reinforce*
soutenir	*to support, enhance*
suivre un cours	*to take a course*
traduire	*to translate*
valoriser	*to value, enhance, develop*

Paroles en action / *Words in action*

Le français et l'anglais sont les langues officielles du Canada. Le bilinguisme national est une des caractéristiques qui définissent l'identité canadienne et reflètent les langues, les cultures et les traditions de ceux qui ont façonné notre développement social et politique.

Au moment de la Confédération, la *Loi constitutionnelle de 1867* prévoyait l'emploi du français et de l'anglais au Parlement et devant les tribunaux fédéraux. La proclamation de la *Loi sur les langues officielles* en 1969 visait à faire progresser de diverses façons la reconnaissance et l'emploi du français et de l'anglais comme langues officielles du Canada. Ce qui importe tout autant, cette loi visait à appuyer et renforcer le développement des communautés francophones et anglophones vivant en situation minoritaire.

Depuis 1982, la *Charte canadienne des droits et libertés* a enchâssé dans la Constitution la garantie que le français et l'anglais sont les langues officielles du Canada et de la province du Nouveau-Brunswick. La Charte a établi des principes constitutionnels visant à rendre effectifs les droits linguistiques, par exemple permettre au public de communiquer avec les institutions fédérales et en recevoir des services dans l'une ou l'autre des langues officielles, et à permettre aux citoyens d'exercer le droit à l'instruction de leurs enfants dans la langue de la minorité.

L'épanouissement du français et de l'anglais aide à promouvoir le rêve d'un Canada fort et uni et prêt à saisir son avenir dans un nouveau siècle.

***French and English** are the official languages of Canada. National bilingualism is a defining characteristic of Canadian identity and a reflection of the languages, cultures and traditions of those who shaped our social and political development.*

At the time of Confederation, the Constitution Act, 1867 *provided for the use of French and English in Parliament and in proceedings before federal courts. Proclamation of the* Official Languages Act *in 1969 aimed in a variety of ways to advance the recognition and use of French and English as Canada's official languages. Equally important, the Act aimed to support and strengthen the development of French and English linguistic minority communities.*

Since 1982, the Canadian Charter of Rights and Freedoms *has enshrined in the Constitution the guarantee that French and English are the official languages of Canada and the Province of New Brunswick. The Charter established constitutional principles to give effect to language rights, such as to allow the public to communicate with and receive services from federal institutions in either official language, and to enable citizens to exercise minority language education rights.*

The flourishing of French and English helps to promote the dream of a strong and united Canada ready to seize its future in a new century.

Arts *and* Culture

Noms et expressions	***Nouns and phrases***
les arts *(m)*	*the arts*
▸ de la scène	*performing arts*
▸ du spectacle	*performing arts*
▸ d'interprétation *(f)*	*performing arts*
les beaux-arts	*fine arts*
la communauté artistique	*arts community*

Musée canadien des civilisations
Canadian Museum of Civilization
Musée des beaux-arts du Canada
National Gallery of Canada
Musée des beaux-arts de Montréal
Montreal Museum of Fine Arts

la culture	*culture*
le patrimoine culturel	*cultural heritage*
la politique culturelle	*culture policy*
les organismes *(m)* culturels	*cultural bodies, organizations*
les institutions *(f)* culturelles	*cultural institutions*
les industries *(f)* culturelles	*cultural industries*
la souveraineté culturelle	*cultural sovereignty*

Prix littéraires du Gouverneur général
Governor General's Literary Awards
Prix du Gouverneur général pour les arts de la scène
Governor General's Performing Arts Awards

le musée	*museum, art gallery*
la galerie d'art	*art gallery*
un musée de niveau *(m)* international	*world-class art gallery*
une exposition spectaculaire	*spectacular exhibit, show*
un événement artistique	*artistic event*
l'expression *(f)* artistique	*artistic expression*
la création artistique	*artistic creation*
la réalisation artistique	*artistic achievement*
la qualité artistique	*artistic quality*
l'excellence *(f)* artistique	*artistic excellence*

un, une artiste	*performer*
les artistes de la scène	*performing artists*
les artistes de spectacle	*performing artists*
une installation destinée aux arts de la scène	*performing arts facility*

Les domaines artistiques
Artistic Fields

les arts visuels	*visual arts*
la danse	*dance*
le film, le cinéma et la vidéo	*film, cinema and video*
la radiodiffusion et la télédiffusion	*radio and television broadcasting*
la littérature et l'édition	*literature and publishing*
la musique et la chanson	*music and song*
le théâtre	*theatre*

un chanteur, une chanteuse populaire	*popular singer*
un auteur-compositeur, une auteure-compositrice	*songwriter*
un compositeur, une compositrice	*composer*
la composition	*composition, writing, painting*
un, une artiste peintre	*artist, painter*

un, une artiste de cinéma	*movie actor, actress*
l'acteur, l'actrice	*actor, actress*
le comédien, la comédienne	*actor, actress*

Festival International de Jazz de Montréal
Montreal International Jazz Festival
Festival d'été de Québec
Quebec City Summer Festival
Festival international du film de Toronto
Toronto International Film Festival
Festival folklorique de Winnipeg
Winnipeg Folk Festival

un, une cinéaste célèbre	*well-known filmmaker*
la réalisation cinématographique	*film-making*
un documentaire	*documentary, documentary film*
le cinéma d'animation	*animated movie, film*
un film salué par la critique	*critically acclaimed movie*

la compagnie de danse	*dance company*
la nouvelle génération de danseurs	*new generation of dancers*
la danse moderne	*modern dance*
le directeur, la directrice artistique	*artistic director*

la chorégraphie	*choreography*
le, la chorégraphe	*choreographer*
l'art contemporain	*contemporary art*
l'art autochtone	*Indigenous art*
un écrivain, une écrivaine	*writer*
la création littéraire	*creative writing*
le processus de création	*creative process*
un ouvrage littéraire	*literary work*
une grande œuvre	*a great work*
une œuvre	*work*
▸ créatrice	*creative work*
▸ littéraire	*literary work*
▸ artistique	*artistic work, work of art*
▸ d'art	*work of art*
▸ musicale	*musical work*

Centre national des Arts
National Arts Centre
Conseil des arts du Canada
Canada Council for the Arts
Office national du film du Canada
National Film Board of Canada
Conseil de la radiodiffusion et des télécommunications canadiennes
Canadian Radio-television and Telecommunications Commission

la musique	*music*
▸ classique	*classical music*
▸ populaire	*popular music*
▸ traditionnelle	*traditional music*
▸ folklorique	*folk music*
▸ de la côte Est	*East Coast music*
l'orchestre *(m)* symphonique	*symphony orchestra*
le, la chef d'orchestre	*conductor, orchestra leader*
le groupe rock	*rock band*
le groupe de jazz	*jazz group, band*
un, une interprète de jazz	*jazz performer, singer*
une interprétation	*performance*
le spectacle	*performance*
le concert dans le parc	*concert in the park*
la célébration musicale	*musical celebration*

l'industrie *(f)*	*industry*
▸ musicale	*music industry*
▸ de l'enregistrement *(m)*	*recording industry*

Fiducie du patrimoine ontarien
Ontario Heritage Trust
Centre des arts créatifs de Nepean
Nepean Creative Art Centre

les créateurs	*creators*
la créativité	*creativity*
l'originalité *(f)*	*originality*
l'imagination *(f)*	*imagination*
l'inspiration *(f)*	*inspiration*
la conception	*design*
l'architecture *(f)*	*architecture*
un, une architecte	*architect*

Loi sur la radiodiffusion
Broadcasting Act
Loi sur le droit d'auteur
Copyright Act
Loi sur le statut de l'artiste
Status of the Artist Act

le développement artistique	*artistic development*
les talents *(m)* canadiens	*Canadian talent*
le contenu canadien	*Canadian content*
la propriété étrangère	*foreign ownership*
le droit d'auteur	*copyright*
la protection du droit d'auteur	*copyright protection*
la violation du droit d'auteur	*copyright infringement*
la propriété intellectuelle	*intellectual property*
les droits *(m)* de propriété intellectuelle	*intellectual property rights*

Verbes pratiques	***Useful verbs***
chorégraphier	*to choreograph*
composer	*to compose, write, paint*
créer	*to create*
danser	*to dance*
divertir	*to entertain*
exposer	*to exhibit*

façonner les émotions	*to shape emotions*
filmer	*to film*
imaginer	*to imagine*
inspirer	*to inspire*
interpréter	*to perform*
peindre	*to paint*
produire	*to produce*
publier	*to publish*
rédiger	*to compose, write*
tourner un film	*to film, make a movie*

Paroles en action / *Words in action*

Le Canada possède un riche patrimoine artistique et culturel. Nos artistes, auteurs, interprètes et musiciens expriment par leurs œuvres nos émotions les plus profondes et nos expériences les plus mémorables, nos rêves et nos aspirations les plus nobles, et notre imagination illimitée. Ils racontent l'histoire de notre naissance et de notre arrivée à maturité en tant que peuple et nation.

Leur inspiration est façonnée par le dur travail quotidien des Canadiens et des Canadiennes, par le monde où nous vivons et celui que nous voulons créer. Leur inspiration a des racines dans les rapports que nous entretenons entre nous, dans nos croyances et nos espoirs, dans les privations que nous avons supportées et dans les victoires, grandes et petites, que nous avons célébrées. Ils tirent aussi leur inspiration de la splendeur de la géographie du Canada, de notre amour pour la nature, et de notre émerveillement constant devant la renaissance de chaque saison qui transforme le monde qui nous entoure.

C'est dans l'expression et les aperçus de nos artistes, penseurs et rêveurs que nous touchons aux nombreuses nuances de la signification du Canada. C'est dans leurs œuvres créatives que nous voyons la réflexion de nous-mêmes.

Canada has a *rich artistic and cultural heritage. Our artists, writers, performers and musicians express through their works our deepest emotions and most memorable experiences, our loftiest dreams and aspirations, and our unbounded imagination. They tell the story of our birth and coming of age as a people and a nation.*

Their inspiration is shaped by the everyday toil of Canadians, and by the world we live in and that we want to create. Their inspiration has its roots in our relationship to each other, in our beliefs and hopes, in the hardships we have endured and the victories great and small that we have celebrated. It draws from the splendor of Canada's geography, our love of nature, and our never-ending wonder at the re-birth of every season and its transformation of the world around us.

In the expression and insights of our artists, thinkers and dreamers we touch the many nuances of the meaning of Canada. In their creative works we see the reflection of ourselves.

Public Finance

Noms et expressions	***Nouns and phrases***
les finances *(f)* publiques	*public finance*
les fonds *(m)* publics	*public money, funds*
les deniers *(m)* publics	*public moneys*
les dépenses *(f)* publiques	*public, government spending*
la gestion fiscale	*fiscal management*
la politique fiscale	*tax, fiscal policy*
la planification budgétaire	*fiscal, budget planning*
le cadre financier	*fiscal framework*
les recettes *(f)* générales	*general revenue, revenues*
les recettes fiscales	*tax revenues*
les dépenses *(f)* de programmes *(m)*	*program expenditures*
les dépenses totales du gouvernement	*total government expenditures*
une mesure	*measure*
▸ budgétaire	*budget, budgetary measure*
▸ fiscale	*tax measure*
le plan budgétaire	*budget plan*
la décision budgétaire	*budget decision*
la prise de décision budgétaire	*budget decision-making*
le processus d'approbation *(f)*	*approval process*

Ministre des Finances
Minister of Finance
Ministère des Finances
Department of Finance

la consultation pré-budgétaire	*pre-budget consultation*
les renseignements *(m)* budgétaires	*budget information*
un budget équilibré	*balanced budget*
le huis-clos	*lock-up*
▸ prébudgétaire	*pre-budget lock-up*
▸ des médias	*media lock-up*
le dépôt du budget	*tabling of the Budget*
la lecture du budget	*reading of the Budget*
le débat budgétaire	*Budget debate*

la prévision	*forecast*
▸ économique	*economic forecast*
▸ budgétaire	*budget forecast*
▸ de déficit	*deficit forecast*
▸ moyenne du secteur privé	*average private sector forecast*
les prévisionnistes du secteur privé	*private sector forecasters*
l'énoncé *(m)* économique	*economic statement*
la perspective économique	*economic outlook*
les résultats *(m)* financiers	*financial results*
le solde budgétaire	*budgetary balance*
un excédent budgétaire	*budget surplus*

le Budget
Budget
Loi d'exécution du budget
Budget Implementation Act
Mise à jour économique et financière
Economic and Fiscal Update
La revue financière
The Fiscal Monitor
Stratégie de gestion de la dette
Debt Management Strategy

un déficit	*deficit*
▸ budgétaire	*budgetary deficit*
▸ cumulatif	*cumulative deficit*
▸ récurrent	*recurring deficit*
un surplus	*surplus*
▸ prévu	*forecast, planned surplus*
▸ escompté	*expected surplus*
▸ imprévu	*unforeseen, unexpected surplus*
une réserve	*reserve*
▸ financière	*financial reserve*
▸ pour éventualités *(f)*	*contingency reserve*
la dette	*debt*
▸ publique	*public debt*
▸ accumulée	*accumulated, cumulative debt*
▸ intérieure	*domestic debt*

un emprunt	*borrowing, loan*
les besoins *(m)* d'emprunt	*borrowing needs*
le pouvoir d'emprunt	*borrowing authority*
les emprunts en devises	*foreign currency borrowing*
la gestion de la dette	*debt management*
le poids de la dette	*debt burden, weight of the debt*
le fardeau de la dette	*debt burden*
la charge financière	*financial burden*
le remboursement de la dette	*debt repayment*
le paiement sur la dette	*debt payment, payment on the debt*
la diminution de la dette	*debt reduction*
une nette réduction	*net reduction, decrease, decline*
le service de la dette	*debt servicing*
les frais *(m)* de service de la dette	*debt servicing charges*
les frais d'intérêt	*interest charges*
les paiements *(m)* d'intérêt réduits	*reduced interest payments*
les dépassements *(m)* budgétaires	*overspending*
le contrôle de la fiscalité	*fiscal restraint*
les mesures de rigueur du gouvernement	*government austerity measures*
la rigueur	*austerity*
l'austérité *(f)*	*austerity*
la frugalité	*frugality*

Verbes pratiques	***Useful verbs***
abaisser	*to lower, reduce*
accumuler	*to accumulate*
afficher	*to post, show*
boucler le budget	*to balance the budget*
éliminer	*to eliminate*
équilibrer	*to balance*
être sur la bonne voie	*to be on the right track*
financer	*to fund, finance*
générer des revenus *(m)*	*to raise revenues*
majorer	*to increase*
profiter de	*to take advantage of, benefit from*
réduire	*to reduce, pay down*
refinancer	*to refinance*
régler	*to deal with, pay, settle*
rembourser la dette	*to pay down the debt*
répartir	*to apportion, distribute, spread*
retrancher	*to deduct, take off*

Paroles en action / *Words in action*

Les administrations publiques peuvent tirer des leçons importantes de l'expérience du Canada en matière de gestion des finances publiques. En 1993, un nouveau gouvernement libéral est arrivé au pouvoir à Ottawa. L'une de ses grandes priorités était de maîtriser les dépenses fédérales. L'économie était en récession et les dépenses excessives du gouvernement et la dette croissante gênaient la reprise économique.

Les données du ministère des Finances indiquent que les déficits annuels consécutifs depuis 1970-71 avaient atteint un record de 42 milliards de dollars en 1993-94. La dette publique nette atteignait presque 500 milliards de dollars, et elle continuait de monter. Exprimée en pourcentage du PIB, la dette fédérale était de l'ordre de 67 p. 100. Les frais annuels de service de la dette au montant de 38 milliards de dollars érodaient la capacité du gouvernement de financer des programmes et des services essentiels.

Le gouvernement a établi des objectifs fermes pour réduire les dépenses publiques. Il a fait des compressions profondes des budgets ministériels, a réduit des paiements de transfert aux provinces, et a effectué un vaste examen de programmes visant à repenser le rôle de l'État. Il a exécuté d'importantes réformes structurelles et a réduit les effectifs de la fonction publique. Le gouvernement a surtout engagé le soutien des citoyens ordinaires pour mettre en œuvre son programme visant à rétablir une discipline fiscale aux dépenses gouvernementales.

Les mesures gouvernementales et une économie croissante ont contribué à atteindre un budget équilibré en quatre ans et des budgets équilibrés successifs pour plus d'une décennie. Les excédents budgétaires ont permis au gouvernement de réinvestir dans des programmes essentiels, d'accorder des allégements fiscaux aux Canadiens, et de réduire la dette publique.

***Canada's experience in** managing public finances holds valuable lessons for governments. In 1993, a new Liberal government took office in Ottawa. One of its top priorities was to get control of federal spending. The economy was in recession and government overspending and mounting debt were hampering economic recovery.*

Department of Finance data show that consecutive budget deficits since 1970-71 reached a record $42 billion by 1993-94. The net public debt was approaching $500 billion and climbing. The ratio of federal debt-to-GDP was in the order of 67 percent. Annual debt service costs of about $38 billion were eroding the ability of government to finance essential programs and services.

The government set firm targets to reduce public spending. It made deep cuts to departmental budgets, reduced transfer payments to provinces, and conducted a wide-ranging program review aimed at rethinking the role of government. It undertook significant structural reforms and reduced the size of the Public Service. More importantly, the government engaged the support of ordinary Canadians to implement its program of restoring fiscal discipline to government spending.

Government action and a growing economy led to a balanced budget within four years, and successive balanced budgets for over a decade. Budget surpluses allowed the government to reinvest in essential programs, to provide tax relief to Canadians, and to reduce public debt.

Taxation

Noms et expressions	***Nouns and phrases***
la taxation	*taxation*
la fiscalité	*taxation, tax system*
les lois *(f)* sur l'impôt *(m)*	*tax law, laws*
l'imposition *(f)*	*taxation*
la planification fiscale	*tax planning*
le régime	*regime, system*
▸ fiscal	*taxation, tax system*
▸ d'impôt sur le revenu	*income tax system*
▸ d'imposition	*taxation, tax system*
▸ de crédits fiscaux	*system of tax credits*

Loi de l'impôt sur le revenu
Income Tax Act
Receveur général du Canada
Receiver General for Canada
Fonds consolidé de revenu (le Trésor)
Consolidated Revenue Fund
Agence du revenu du Canada
Canada Revenue Agency
le numéro d'assurance sociale
Social Insurance Number

le pouvoir de taxation	*taxation authority*
la politique fiscale	*tax, fiscal policy*
la législation fiscale	*tax legislation*
les dispositions *(f)* fiscales	*tax provisions*
une proposition fiscale	*tax proposal*
une mesure fiscale	*tax measure*
les mesures d'allégement *(m)* fiscal	*tax relief measures, tax relief*
l'incidence *(f)* fiscale	*tax effect*
les répercussions *(f)* fiscales	*tax implications*
la taxe	*tax*
▸ sur les produits *(m)* et services *(m)*	*goods and services tax*
▸ de vente *(f)* provinciale	*provincial sales tax*
▸ de vente harmonisée	*harmonized sales tax*
▸ sur l'essence *(f)*	*gasoline tax*

un impôt	*tax*
▸ déguisé	*hidden tax*
▸ progressif	*progressive tax*
▸ uniforme	*flat tax*
l'impôt sur le revenu des particuliers	*personal income tax*
l'impôt sur les gains *(m)* en capital	*capital gains tax*
les impôts sur le capital	*capital taxes*
le taux	*rate*
▸ marginal d'imposition	*marginal tax rate*
▸ d'imposition des entreprises	*corporate tax rate*
▸ élevé d'imposition	*high rate of taxation*

Charte des droits du contribuable
Taxpayer Bill of Rights
Plan d'équité fiscale
Tax Fairness Plan

les contribuables	*taxpayers*
l'argent *(m)* des contribuables	*taxpayers' money*
la charge fiscale	*tax burden*
le fardeau fiscal	*tax burden*
l'équité *(f)* fiscale	*tax fairness*
le jour de libération *(f)* fiscale	*"tax freedom" day*
un avantage fiscal	*tax advantage, benefit, break*
la perte fiscale	*tax loss*

l'harmonisation *(f)* de la taxe de vente
sales tax harmonization

l'année *(f)* d'imposition actuelle	*current tax year*
l'année fiscale précédente	*previous, preceding tax year*
le prélèvement fiscal	*tax levy*
la surtaxe	*surtax*
la hausse de taxes	*tax increase*
le gel de taxes	*tax freeze*
la modification d'impôts	*tax change*
la diminution d'impôts	*tax decrease, reduction*
la réduction d'impôts	*tax cut, reduction*
la baisse d'impôts	*lowering of taxes*

les taxes impayées	*unpaid taxes*
le collecteur des impôts	*tax collector*
la perception	*collection*
le recouvrement	*recovery, collection*
la pénalité	*penalty*

Déclaration de revenus
Tax Return

le formulaire de déclaration de revenus	*income tax form*
la date limite	*deadline, due date*
le revenu imposable	*taxable income*
un avantage imposable	*taxable benefit*
la déduction fiscale	*tax deduction*
le crédit d'impôt	*tax credit*
le solde dû	*balance due, owing*
le paiement de l'impôt	*tax payment*
le remboursement de taxes	*tax refund, rebate*
le dépôt direct	*direct deposit*

un incitatif fiscal	*tax incentive*
un abri fiscal	*tax shelter*
le traitement fiscal préférentiel	*preferential tax treatment*

Fédération canadienne des contribuables
Canadian Taxpayers' Federation

une franchise d'impôt	*tax exemption*
une exonération fiscale	*tax exemption*
une exemption	*exemption*

le report de l'impôt	*tax deferral*
l'évitement *(m)* fiscal	*tax avoidance*
l'évasion *(f)* fiscale	*tax evasion*

Verbes pratiques	***Useful verbs***
alléger	*to reduce, lighten*
baisser	*to lower*
calculer	*to calculate*
déclarer	*to declare*
déduire	*to deduct*
demander	*to claim*
éviter	*to avoid*
exonérer de	*to exempt from*
hausser les taxes	*to raise taxes*
imposer	*to tax*

lever des impôts	*to levy taxes*
percevoir des recettes *(f)*	*to collect revenue*
prélever	*to deduct*
préparer	*to prepare*
produire une déclaration de revenus	*to file a tax return*
récupérer	*to recover, collect*
réduire	*to reduce*
rembourser	*to refund, reimburse, repay*
remplir une déclaration	*to fill in, complete a return*
taxer	*to tax, impose a tax or duty*
transmettre par voie *(f)* électronique	*to file electronically*

Paroles en action / *Words in action*

Les administrations publiques génèrent des revenus pour payer les programmes et les services destinés aux citoyens, pour redistribuer la richesse, et pour remplir d'autres obligations et fins publiques qui relèvent de leur compétence.

Les impôts sur le revenu des particuliers constituent la source la plus importante de revenu pour les gouvernements fédéral et provinciaux. De plus, les gouvernements tirent des recettes d'autres sources, par exemple les impôts des entreprises, les taxes de vente, les redevances sur des ressources naturelles, et diverses autres taxes qui varient d'une administration à l'autre. Les administrations provinciales et municipales reçoivent des revenus importants sous forme de paiements de transfert. Cependant, les gouvernements municipaux comptent principalement sur les impôts fonciers. De plus, tous les gouvernements perçoivent des revenus sur les frais d'utilisation.

La capacité et la tolérance des contribuables à payer plus de taxes constituent un frein important aux dépenses publiques. Le Canada a trois niveaux de gouvernement qui prélèvent des taxes, mais c'est toujours le même contribuable qui ressent le fardeau cumulatif de la fiscalité. Les citoyens s'attendent à ce que les gouvernements adoptent une gestion financière prudente. Les représentants élus peuvent payer le prix au moment du scrutin s'ils n'y arrivent pas.

Governments raise revenues *to pay for programs and services for citizens, to redistribute wealth, and to fulfil other obligations and public purposes within their area of jurisdiction.*

Personal income taxes are the largest source of revenue for Canada's federal and provincial governments. They also raise revenues by levying business taxes, sales taxes, natural resource royalties, and various other taxes that vary by jurisdiction. Provincial and municipal governments receive significant revenues in the form of transfer payments. However, property taxes remain the primary source of revenue for municipal governments. As well, all governments collect some revenues from user fees.

An important discipline on public spending is the capacity and tolerance of taxpayers to pay higher taxes. Though Canada has three levels of government that impose taxes, it is always the same taxpayer who feels the cumulative burden of taxation. Citizens expect governments to demonstrate prudent fiscal management. Elected officials may pay a price at the polls if they fail to do so.

The Treasury Board

Noms et expressions	***Nouns and phrases***
le Conseil du Trésor	*Treasury Board*
le Conseil de gestion	*Management Board*
le Secrétariat du Conseil du Trésor	*Treasury Board Secretariat*
un organisme central	*central agency*

Loi sur la gestion des finances publiques
Financial Administration Act
Loi de crédits
Appropriation Act

le plan de dépenses	*expenditure plan*
les plans de dépenses ministériels	*departmental expenditure plans*
l'autorisation *(f)* de dépenses *(f)*	*spending authority*
la provision	*provision*

le, la Secrétaire
Secretary
le Secrétaire délégué, la Secrétaire déléguée
Associate Secretary
le Secrétaire adjoint, la Secrétaire adjointe
Assistant Secretary
un, une analyste de programmes
program analyst
un, une analyste de prévisions budgétaires
Estimates analyst

le cycle annuel du Budget des dépenses	*annual Estimates cycle*
le régime des crédits	*vote structure*
le crédit parlementaire	*Parliamentary appropriation, Vote*
un crédit voté	*voted appropriation*
le processus	*process*
▸ d'établissement du Budget des dépenses	*Estimates process*
▸ des crédits	*Supply process*
les crédits	*Votes, Supply, appropriations*
▸ budgétaires	*budgetary appropriations*
▸ annuels	*annual appropriations*
une affectation annuelle de crédits	*annual appropriation*
les fonds *(m)* pour éventualités	*contingency funds*

les fonds mis de côté dans le budget	*funds set aside in the budget*
les fonds de réserve	*reserve funds*
la réserve	*reserve*
▸ de fonctionnement *(m)*	*operating reserve*
▸ financière	*financial reserve*
▸ pour éventualités *(f)*	*contingency reserve*

Plan des dépenses du gouvernment
Government Expenditure Plan
Budget des dépenses
Estimates
Budget principal des dépenses
Main Estimates
Budget supplémentaire des dépenses
Supplementary Estimates
projet de loi de crédits
Supply bill
les crédits provisoires
Interim Supply
la totalité des crédits
Full Supply
le mandat du Gouverneur général
Governor General's warrant
le mandat spécial
special warrant

une enveloppe budgétaire	*budget envelope*
le niveau de référence *(f)*	*reference level*
une affectation budgétaire	*budget allotment, allocation*
une affectation bloquée	*frozen allotment*
la réaffectation des ressources *(f)*	*reallocation of resources*
les dépenses *(f)*	*spending, expenditures*
▸ budgétaires	*budgetary spending*
▸ législatives	*statutory spending*
▸ ministérielles prévues	*planned departmental spending*
▸ directes de programmes	*direct program spending*
▸ de fonctionnement	*operating expenditures*
▸ d'immobilisations	*capital expenditures*
▸ en immobilisations	*capital spending, expenditures*
▸ en capital	*capital spending*
la réduction de dépenses	*expenditure, spending reduction*
une augmentation de coûts *(m)*	*cost increase*

Public Finance

les besoins *(m)* imprévus	*unexpected requirements, needs*
la latitude nécessaire	*necessary latitude, flexibility*
la souplesse financière	*funding flexibility*
le manque de flexibilité	*lack of flexibility*
l'exercice *(m)*	*fiscal year*
l'exercice financier	*fiscal year*
l'année *(f)* financière	*fiscal, financial year*
le début d'exercice	*start of the fiscal year*
la fin d'exercice	*fiscal year-end*

Rapport sur les plans et les priorités
Report on Plans and Priorities
Rapport ministériel sur le rendement
Departmental Performance Report
Comptes publics
Public Accounts

l'année	*year*
▸ en cours	*current year*
▸ précédente	*previous year*
▸ à venir	*future year*
le secteur d'activité	*business line*
le programme voté	*voted program*
l'information *(f)*	*information*
▸ financière	*financial information*
▸ sur le rendement	*performance information*

Bureau du contrôleur général du Canada
Office of the Comptroller General of Canada
Politique sur le contrôle interne
Policy on Internal Control

un financement	*financing, funding*
▸ stable	*stable financing*
▸ prévisible	*predictable financing*
▸ accru	*increased, higher funding*
une augmentation	*increase*
une diminution	*decrease*
un ajustement	*adjustment, realignment*
un réajustement technique	*technical adjustment*

la péremption	*lapse*
les fonds *(m)* non utilisés	*lapsing funds*
le virement de crédits	*Vote transfer*
le report	*carry forward, reprofiling*
▸ de fonds	*reprofiling of funds*
▸ de fonds du budget de fonctionnement	*operating budget carry forward*

Présentation au Conseil du Trésor
Treasury Board submission

une présentation à venir	*upcoming submission*
une ébauche de la présentation	*draft submission*
le précis	*précis*
un aperçu général	*overview*
le genre de présentation	*type of submission*
un cas	*case*
▸ appendice	*appendix case*
▸ à examiner	*consider case*
▸ à apporter	*carry case*
▸ courant	*routine case*
la seule proposition	*only proposal*
la demande	*request*
les observations *(f)*	*remarks*
la recommandation	*recommendation*
l'approbation *(f)* avec conditions *(f)*	*approval with conditions*
les répercussions *(f)* financières	*financial, cost implications*
le coût prévu	*expected cost*
les fonds *(m)* additionnels	*additional, incremental funding*
les fonds supplémentaires	*incremental funding*
les ressources *(f)* supplémentaires	*additional resources, funding*
la source de financement	*source of funds*
la provenance des fonds	*source of funds*

un compte à fins *(f)* déterminées	*specified purpose account*
un fonds renouvelable	*revolving fund*
une autorisation	*authority, authorization*
▸ de dépenser les recettes	*revenue spending authority*
▸ de crédits nets	*net voting authority*
le recouvrement des coûts	*cost-recovery*
le recouvrement intégral des coûts	*full cost recovery*
les frais *(m)* d'utilisation *(f)*	*user fees*
l'imposition *(f)* des frais d'utilisation	*user charging*
la tarification	*charging*

une initiative — *initiative*
- limitée dans le temps — *time-limited initiative*
- permanente — *on-going initiative*

une lettre — *letter*
- d'accompagnement *(m)* — *cover, covering letter*
- d'appel *(m)* — *call letter*
- de décision *(f)* — *decision letter*
- explicative — *explanatory letter*

Systèmes de contrôle de la gestion et des dépenses au niveau fédéral
Federal Management and Expenditure Control Systems

- Système de gestion des dépenses (SGD)
  Expenditure Management System (EMS)
- Rapport d'étape des dépenses (RED)
  Expenditure Status Report (ESR)
- Cadre de responsabilisation de gestion *(CRG)*
  Management Accountability Framework (MAF)
- Mise à jour annuelle des niveaux de référence (MJANR)
  Annual Reference Level Update (ARLU)
- Architecture des activités de programmes (AAP)
  Program Activity Architecture (PAA)
- Structure de gestion, des ressources et des résultats (SGRR)
  Management, Resources and Results Structure (MRRS)
- Cadre de gestion et de responsabilisation axé sur les résultats (CGRR)
  Results-based Management and Accountability Framework (RMAF)
- Cadre de vérification axé sur les risques (CVAR)
  Risk-Based Audit Framework (RBAF)

la politique administrative — *administrative policy*
une exigence de la politique — *policy requirement*
la directive intérimaire — *interim directive*
les lignes *(f)* directrices — *guidelines*
le principe directeur — *guiding principle*

les règles administratives — *administrative rules*
une exception à la règle — *exception to the rule*
la dérogation — *exemption*

la surveillance — *monitoring, surveillance*
- active — *active monitoring*
- permanente — *ongoing monitoring*
- financière — *financial monitoring, oversight*

la fonction de contrôleur	*comptrollership, comptrollership function*
le contrôleur ministériel	*departmental comptroller*
la fonction moderne de contrôleur	*modern comptrollership*
les principes *(m)* de la fonction moderne de contrôleur	*modern comptrollership principles*
le contrôle financier	*financial control*
le cadre de contrôle	*control framework*
les mesures *(f)* de contrôle	*control measures*
l'assouplissement *(m)*	*loosening*
le resserrement	*tightening, strengthening*

Principes comptables généralement reconnus
Generally Accepted Accounting Principles
Comptables professionnels agrées
Chartered Professional Accountants

la politique comptable	*accounting policy*
les normes *(f)* de comptabilité	*accounting standards*
la méthode de la comptabilité d'exercice	*accrual accounting method*
la gestion de trésorerie	*cash management*
la comptabilité	*accounting*
▸ d'exercice intégrale	*full accrual accounting*
▸ d'exercice modifiée	*modified accrual accounting*
▸ de caisse	*cash accounting*
l'état *(m)* financier vérifié	*audited financial statement*
les rapports *(m)* financiers	*financial reporting*

Verbes pratiques	***Useful verbs***
affecter	*to allocate, commit*
analyser	*to analyze*
s'appliquer à	*to apply to*
approuver	*to approve*
assouplir	*to loosen*
considérer	*to consider*
délivrer	*to issue*
débourser	*to disburse, pay out*
examiner	*to examine, consider, review, look into*
financer	*to finance, fund*
fournir	*to provide*
gaspiller	*to waste*
imputer à, sur	*to charge to, attribute to*

laisser tomber	*to lapse*
mettre de côté	*to set aside*
mettre en application	*to carry out, apply, enforce*
parer aux besoins *(m)* imprévus	*to provide for unforeseen requirements*
porter à l'attention de	*to bring to the attention of*
présenter au Parlement	*to table in Parliament*
rectifier	*to rectify, correct*
remettre	*to submit, present, hand in*
reporter	*to postpone, defer, carry forward*
resserrer	*to tighten, strengthen*
restreindre les dépenses	*to restrain, keep a lid on spending*
surveiller	*to monitor*

Paroles en action / *Words in action*

Le Conseil du Trésor du Canada est un comité du Cabinet établi sous l'autorité de la *Loi sur la gestion des finances publiques*. Ce comité exerce des pouvoirs légaux.

Le président du Conseil du Trésor est l'un des ministres les plus influents du Cabinet qui préside le Conseil du Trésor, lequel se compose de ministres du Cabinet nommés par le premier ministre. Le secrétariat du Conseil du Trésor est un organisme administratif qui appuie le président et le Conseil du Trésor et agit comme un organisme central du gouvernement semblable au Bureau du Conseil privé et au ministère des Finances. Les organismes centraux ont une perspective pangouvernementale.

Le Conseil du Trésor, comme ses équivalents provinciaux, est le conseil de gestion du gouvernement. Il est responsable de l'affectation des ressources pour réaliser les objectifs gouvernementaux, et de l'établissement des politiques, des systèmes et des pratiques de gestion visant à créer une culture d'excellence et de responsabilisation dans la conduite des affaires gouvernementales et dans la prestation des programmes et des services. Le Conseil du Trésor est l'employeur de la plupart des employés du noyau de la fonction publique fédérale.

***The Treasury Board** of Canada is a committee of Cabinet established under authority of the* Financial Administration Act. *It exercises statutory authorities.*

The President of the Treasury Board is a senior Cabinet minister who chairs the Treasury Board, which is composed of Cabinet ministers appointed by the Prime Minister. The Treasury Board Secretariat is an administrative body that supports the President and Treasury Board, and operates as a central agency of government like the Privy Council Office and Department of Finance. Central agencies have a whole-of-government perspective.

The Treasury Board, like its provincial counterparts, is the management board of government. It is responsible for the allocation of resources to achieve government objectives, and for establishing management policies, systems and practices aimed at building a culture of excellence and accountability in the conduct of government business and the delivery of programs and services. The Treasury Board is the employer of most employees in the core federal Public Service.

Program *and* Expenditure Review

Noms et expressions	***Nouns and phrases***
un examen	*review, examination*
▸ des programmes *(m)*	*program review*
▸ des dépenses *(f)*	*expenditure review*
▸ stratégique	*strategic review*
le cadre d'examen	*review framework*
le processus d'examen	*review process*
un processus de réaffectation *(f)*	*reallocation process*
une démarche rigoureuse	*rigorous approach*

le comité d'examen des dépenses
expenditure review committee
les mesures de compression des dépenses
expenditure reduction measures

une période de restrictions *(f)* financières	*time of financial constraint*
un climat d'austérité	*climate of austerity*
un plan d'action	*plan of action*
le réajustement continu	*continuous, ongoing adjustment*
le renouvellement de programme	*program renewal*
la justification	*justification*
les ressources *(f)* limitées	*limited resources*
l'amenuisement des ressources	*shrinking of resources*
le rationnement des ressources	*rationing of resources*
le coût actuel	*current cost*
un meilleur contrôle des coûts	*better cost control*
un meilleur rendement	*better performance*
les économies *(f)*	*savings, economies*
▸ d'efficacité *(f)*	*efficiency savings*
▸ souhaitées	*desired savings*
▸ ciblées	*targeted savings*
▸ d'échelle *(f)*	*economies of scale*
les dépenses *(f)*	*expenditures, spending*
▸ d'administration *(f)*	*administrative spending*
▸ de programme	*program expenditures*
▸ d'immobilisations *(f)*	*capital expenditures*

la restriction salariale	*wage restraint*
la limitation des salaires *(m)*	*salary, wage restraint*
le gel des salaires	*salary freeze*
le contrôle des salaires	*wage control*
une diminution salariale	*wage reduction, rollback*
les mesures *(f)* de compression	*cuts, cutbacks*

Critères d'évaluation
Assessment Criteria

Quant au programme/*Regarding the program*:

- S'agit-il d'un programme ou d'une activité de base?
  Is it a core program or activity?
- Répond-il à une obligation légale?
  Does it meet a legal obligation?
- Est-il essentiel pour la gestion du risque?
  Is it essential for managing risk?
- Répond-il à un besoin évident et urgent?
  Does it serve a real and pressing need?
- Quel est le niveau de satisfaction de la clientèle?
  What is the level of client satisfaction?
- Constitue-t-il une priorité continue?
  Is it a continuing priority?
- Fonctionne-t-il d'une manière efficace et satisfait-il ses objectifs?
  Does it operate efficiently and meet its objectives?
- Optimise-t-il les ressources?
  Does it provide value for money?
- Y a-t-il des moyens plus rentables d'exécuter le programme ou d'atteindre les résultats prévus?
  Are there more cost-effective ways to deliver the program or achieve expected results?
- Y a-t-il un chevauchement des compétences dans ce domaine?
  Is there overlapping jurisdiction in this area?
- Y a-t-il un double emploi d'efforts entre des programmes ou des administrations?
  Is there duplication of effort between programs or jurisdictions?
- Quel est le coût total du programme ou de l'activité?
  What is the overall cost of the program or activity?
- Représente-t-il un coût raisonnable et abordable selon les circonstances actuelles?
  Is the cost reasonable and affordable under current circumstances?

la compression	*reduction, cut, cutback*
▸ des dépenses	*expenditure reduction*
▸ des coûts *(m)*	*cost-cutting*
▸ des effectifs *(m)*	*workforce reduction, downsizing*

une compression générale	*across-the-board cut, reduction*
une réduction supplémentaire	*incremental cut, reduction*
une coupe profonde des services	*deep cut in services*
une réduction de services	*service reduction*
une réduction de personnel	*staff reduction, downsizing*
un réaménagement des effectifs	*workforce adjustment*
l'élimination *(f)* de postes *(m)*	*elimination of positions*
la cessation *(f)* du programme	*ending, suspension of the program*
la fermeture	*closing*
la dissolution	*dissolution, disbanding*
la rationalisation	*streamlining*
l'amélioration *(f)* des processus	*process improvements*
les efficiences *(f)* opérationnelles	*operational efficiencies*
les gains *(m)* d'efficience *(f)*	*efficiency savings, gains*
les pratiques *(f)* non efficientes	*inefficiencies*
l'inefficacité *(f)*	*ineffectiveness, inefficiency*
le gaspillage des fonds de l'État	*waste of public funds*

Verbes pratiques	***Useful verbs***
abolir	*to abolish*
annuler	*to cancel*
s'assurer	*to ensure, make sure, check*
chercher	*to look for*
couper	*to cut*
décider	*to decide, determine*
dépenser prudemment	*to spend wisely*
économiser	*to save*
effectuer	*to conduct, carry out, undertake*
éliminer	*to eliminate*
étudier	*to study, review*
examiner	*to examine, consider, review, look into*
faire en sorte que	*to ensure that*
faire le point	*to take stock, review*
justifier	*to justify*
mettre fin à	*to end, put an end to*
mettre la hache dans	*to cut, put the axe to*
optimiser	*to optimize*
rationaliser	*to streamline, rationalize*
réaffecter	*to reallocate, redeploy*
réallouer	*to reallocate*
recentrer	*to reorient, refocus*

réduire	*to reduce, downsize, cut, cut back*
repenser	*to re-think*
retrancher	*to cut back*
sabrer des postes	*to slash, axe positions*
supprimer	*to eliminate, abolish*
terminer	*to end*

Paroles en action / *Words in action*

C'est une bonne pratique de gestion d'examiner les programmes et les activités de temps à autre afin d'offrir un haut niveau de service aux Canadiens, de réaligner les programmes pour se concentrer sur les priorités les plus importantes, et d'assurer le rapport qualité-prix dans la gestion des ressources.

Un examen de programmes devrait examiner les meilleures données disponibles pour répondre aux questions sur la raison d'être et le rendement du programme, la pertinence continue du mandat, et la justification de la continuité du programme, soit dans sa forme actuelle, soit dans une forme différente, ou de la réduction ou de la suppression du programme.

Pour qu'un programme continue, l'examen devrait déterminer s'il existe une façon plus rentable de l'exécuter ou d'obtenir les résultats escomptés, et quel devrait être le niveau de financement approprié pour le programme par rapport à ses objectifs, son rendement passé et les priorités globales du gouvernement.

L'examen devrait également étudier si d'autres sphères de compétence pourraient jouer un rôle dans le financement ou l'exécution des programmes, y compris par le transfert des pouvoirs; ou s'il existe un rôle pour le secteur privé, notamment au moyen d'une entente contractuelle. Toute proposition de modifications substantielles dans le cadre du programme devrait aborder les avantages, les risques et les conséquences du plan d'action proposé.

It is a good *management practice to review programs and activities periodically to provide a high level of service to Canadians, to realign programs to focus on the highest priorities, and to ensure value for money in the management of resources.*

A program review should look at the best available evidence to answer questions about the program's rationale and performance, the continuing relevance of its mandate, and the case for continuing the program, either in its current or in a different form, or for reducing or terminating the program.

If a program is to continue, the review should determine whether there is a more cost-effective way to deliver the program or to achieve the intended results, and at what level the program should be funded in relation to its objectives and past performance and overall government priorities.

A review should also examine whether there may be a role for other jurisdictions in program funding and delivery, including through the transfer of authorities; or for the private sector, such as through a contractual arrangement. Proposals for substantive program changes should address the advantages, risks and consequences of the proposed course of action.

Public Administration

Noms et expressions	*Nouns and phrases*
l'administration *(f)* publique	*public administration*
la gestion publique	*public management, administration*
les affaires *(f)* publiques	*public affairs*
le secteur public	*public sector*
une institution publique	*public institution*
un agent public, une agente publique	*public official*
le cadre d'exploitation	*operating environment*
l'évolution *(f)* du rôle de l'État	*changing role of government*
l'appareil *(m)* administratif	*administrative machinery*
la capacité administrative	*administrative capacity*
le renforcement des capacités	*capacity building*

La fonction publique
The Public Service

la fonction publique	*Public Service*
▸ fédérale	*federal Public Service*
▸ provinciale	*provincial Public Service*
une institution	*institution*
▸ moderne	*modern institution*
▸ vigoureuse	*vibrant institution*
le noyau de la fonction publique	*core Public Service*
l'image *(f)* de la fonction publique	*image of the Public Service*
le défi	*challenge*
le renouvellement	*renewal*
une réforme fondamentale	*fundamental reform*
la culture sous-jacente	*underlying culture*
le, la fonctionnaire	*public servant, official, government employee*
les fonctionnaires provinciaux	*provincial employees*
les hauts fonctionnaires	*senior officials*

le, la chef de la fonction publique
Head of the Public Service
Loi sur la réforme de la fonction publique
Public Service Reform Act

le processus administratif	*administrative process*
le service de soutien *(m)* administratif	*administrative support service*
la pratique administrative	*administrative practice*
la latitude administrative	*administrative latitude, flexibility*
une erreur administrative	*administrative error*

la bureaucratie — *bureaucracy*
la bureaucratisation — *bureaucratization*
les strates (*f*) de la bureaucratie — *layers of bureaucracy*
la déstratification — *delayering*

Caractéristiques d'une fonction publique professionnelle
Characteristics of a Professional Public Service

- le respect des valeurs fondamentales
  respect for core values
- la gestion fondée sur les principes et un leadership exemplaire
  principle-based management and exemplary leadership
- la prestation de services de haute qualité aux citoyens
  the delivery of high quality services to citizens
- une attitude accessible et obligeante
  approachable and helpful attitude
- une gestion judicieuse de l'argent des contribuables
  prudent management of taxpayers' money
- une main-d'œuvre hautement compétente et représentative de la population canadienne et de sa diversité
  a skilled workforce representative of the Canadian population and its diversity
- la dotation et l'avancement fondés sur la compétence et le mérite
  hiring and promotion based on competence and merit
- l'équité et la transparence dans le marché des biens et des services
  fairness and transparency in contracting for goods and services
- la disponibilité de mécanismes pour régler les différends en matière de décisions administratives
  availability of means to resolve disputes involving administrative decisions
- la consultation publique en matière de politiques et de réglementation, de conception des programmes et d'évaluation
  public consultation on policy and regulatory issues, program design and evaluation
- l'obligation de rendre des comptes aux citoyens par le biais de leurs élus
  accountability to citizens through their elected representatives

un obstacle administratif — *administrative barrier, obstacle*
le fardeau administratif — *administrative burden*
la charge administrative — *administrative burden*
la complexification — *increasing, growing complexity*

la gestion — *management*
- publique — *public management*
- des opérations (*f*) journalières — *management of day-to-day operations*

le management — *management*
la saine gestion — *good, sound management*
l'excellence (*f*) en gestion — *management excellence*

la philosophie de gestion	*management philosophy*
le style de gestion	*style of management*
le style de management	*management style*
le défi de gestion	*management challenge*
une pratique de gestion	*management practice*
une pratique de bonne gestion	*good management practice*
la pratique exemplaire	*best practice*
la microgestion	*micro-management*
la mauvaise gestion	*mismanagement*

Rapport annuel sur l'état de la fonction publique
Annual Report on the State of the Public Service
Semaine nationale de la fonction publique
National Public Service Week
Sondage auprès des fonctionnaires fédéraux
Federal Public Service Employee Survey

la direction	*leadership, management*
la haute direction	*senior, upper management*
le leadership	*leadership*
l'administrateur, l'administratrice	*administrator*
le patron, la patronne	*manager, boss*
les employés du secteur public	*public sector employees*
les employés de l'État	*public employees*
la collectivité fonctionnelle	*functional community*

Institut d'administration publique du Canada
Institute of Public Administration of Canada

une approche pangouvernementale	*whole-of-government approach*
une initiative pangouvernementale	*cross-government initiative*
la gestion horizontale	*horizontal management*
une perspective horizontale	*horizontal perspective*
une initiative horizontale	*horizontal initiative*
le ministère responsable	*responsible, lead department*
une question	*issue, question*
▸ horizontale	*horizontal, cross-cutting issue*
▸ interministérielle	*interdepartmental issue*
▸ intergouvernementale	*intergovernmental, cross-jurisdictional issue*

une meilleure harmonisation	*better harmonization, integration*
la collégialité	*collegiality*
un esprit de collaboration	*spirit of collaboration, cooperation*
la collaboration intersectorielle	*intersectoral collaboration*
une approche collaborative	*collaborative, cooperative approach*
une démarche coopérative	*collaborative, cooperative approach*
la coordination	*coordination*

Contraintes et obstacles administratifs
Administrative Constraints and Barriers

l'inertie *(f)* bureaucratique	*bureaucratic inertia*
la lenteur de la prise de décisions	*slow decision-making*
le manque de pouvoir	*lack of authority*
l'imprécision *(f)* des rôles et responsabilités	*unclear roles and responsibilities*
le chevauchement et le double emploi	*overlap and duplication*
un processus de dotation encombrant	*cumbersome staffing process*
la pénurie de personnel	*shortage of staff*
le roulement de la haute direction	*senior management turnover*
les changements *(m)* organisationnels	*organizational changes*
les silos *(m)* organisationnels	*organizational silos, stovepipes*
le cloisonnement des programmes	*program silos, compartmentalization*
une culture d'aversion *(f)* des risques *(m)*	*culture of risk aversion*
les retards *(m)* et les inefficacités *(f)*	*delays and inefficiencies*
trop de règles *(f)* et de règlements *(m)*	*too many rules and regulations*
un excès d'exigences *(f)* administratives	*excessive administrative demands*
les formalités *(f)* administratives	*administrative procedures, red tape*
les tracasseries *(f)* administratives	*administrative hassles, red tape*
le fardeau de la paperasserie	*paper burden, paperwork, red tape*
les conflits *(m)* organisationnels internes	*organizational conflict, infighting*
un manque de transparence *(f)*	*lack of transparency*

Verbes pratiques	***Useful verbs***
activer	*to activate, speed up, get going*
adapter	*to adapt*
appuyer	*to support*
avancer	*to move forward*
bureaucratiser	*to bureaucratize*
collaborer	*to collaborate, work together, liaise*
comprendre	*to include, comprise, consist of*
contribuer à	*to contribute to*
coordonner	*to coordinate*
se dérouler	*to take place, happen, unfold*
diriger	*to direct, manage, oversee, lead*
englober	*to encompass, include, take in*

évoluer	*to evolve, change*
expédier	*to expedite, advance, facilitate*
initier	*to initiate*
intégrer	*to integrate*
moderniser	*to modernize*
réinventer	*to reinvent*
relever	*to rebuild, restore, raise*
renouveler	*to renew, revive, transform*
servir	*to serve*
soutenir	*to support, sustain, uphold*

Paroles en action / *Words in action*

Le secteur public d'aujourd'hui est un environnement complexe, au rythme rapide et exigeant. Il doit faire face à d'importants défis stratégiques, administratifs et fiscaux. La portée du secteur public s'étend à tous les secteurs au niveau local, national et international. Les services publics améliorent la vie des citoyens et aident à renforcer les communautés.

L'administration publique est une pratique multidisciplinaire fondée sur des valeurs et vouée à renforcer nos institutions publiques, à servir le bien public et à maintenir les idéaux de la démocratie, de la liberté et de la justice. Les personnes qui travaillent au sein de la fonction publique donnent des conseils aux gouvernements élus, reçoivent leurs instructions légales, et exécutent les politiques et les programmes qu'ils approuvent. Le modèle canadien d'une fonction publique professionnelle et non partisane est un exemple pour les gouvernements du monde entier.

Les organismes publics ont besoin de leaders exceptionnels et d'hommes et de femmes dévoués qui croient que le service public est un métier spécial, une vocation à servir leurs concitoyens et leur pays avec un esprit d'intégrité, de justice et de respect, et au meilleur de leurs capacités. C'est un métier consacré au renforcement de nos institutions publiques et de la paix, de l'ordre et du bon gouvernement du Canada.

Today's public sector *is a complex, fast-paced and demanding environment. It must confront significant policy, management and fiscal challenges. The public sector's scope cuts across all sectors at the local, national and international level. Public services improve the lives of citizens and help build strong communities.*

Public administration is a multi-disciplinary and values-based practice dedicated to strengthening our public institutions, serving the public good, and upholding the ideals of democracy, freedom and justice. Those working in public service advise elected governments, take lawful direction from them, and implement the policies and programs they approve. The Canadian model of a professional and politically neutral public service is an example for governments around the world.

Public sector organizations need exceptional leaders and dedicated men and women who believe that public service is a special calling, a vocation to serve their fellow citizens and their country with integrity, fairness and respect, and to the best of their ability. It is a calling dedicated to strengthening our public institutions and the peace, order and good government of Canada.

Authority *and* Accountability

Noms et expressions	***Nouns and phrases***
le pouvoir	*authority, power*
▸ légal	*legal authority, power*
▸ statutaire	*statutory, legal authority*
▸ de décision	*decision-making authority*
▸ de prise de décisions	*decision-making authority*
▸ délégué	*delegated authority*
▸ discrétionnaire	*discretionary authority*
▸ de dépenser	*spending authority*
les pouvoirs	*authorities*
▸ de dotation *(f)*	*staffing authorities*
▸ de passation *(f)* de marchés *(m)*	*contracting authorities*
le fondement législatif	*legislative basis, legal authority*
la compétence légale	*legal, statutory jurisdiction, authority*
l'autorisation *(f)* légale	*legal authorization*

Loi fédérale sur la responsabilité
Federal Accountability Act
Administrateur des comptes
Accounting Officer

la délégation de pouvoirs	*delegation of authority*
la délégation d'autorité *(f)*	*delegation of authority*
la délégation	*delegation*
▸ des autorités financières	*delegation of financial authorities*
▸ des pouvoirs de nomination *(f)*	*delegation of appointment authorities*
▸ du pouvoir de signature *(f)*	*delegation of signing authority*
un instrument de délégation	*delegation instrument*
le niveau de pouvoir	*level of authority*
l'autorisation *(f)* de dépenser	*spending authority*
le cadre décisionnel	*decision-making framework*
la prise de décisions	*decision-making*
▸ efficaces	*effective decision-making*
▸ éthiques	*ethical decision-making*
le, la ministre responsable	*responsible minister*
le pouvoir ministériel	*ministerial authority*

l'autorité *(f)* ministérielle	*ministerial authority*
la responsabilité ministérielle	*ministerial responsibility, accountability*
la responsabilisation ministérielle	*ministerial accountability*
la surveillance ministérielle	*ministerial oversight*
la chaîne de responsabilité	*chain of accountability*
une culture de responsabilité	*culture of accountability*
une crise de responsabilité	*crisis of accountability*
la direction	*top management, leadership*
la gestion supérieure	*senior management*
un haut, une haute fonctionnaire	*senior official*
les rôles *(m)* et les responsabilités	*roles and responsibilities*
les pouvoirs, devoirs *(m)* et fonctions *(f)*	*powers, duties and functions*
une exigence de base	*basic requirement*
une attente particulière	*specific expectation*
une obligation	*responsibility, obligation*
▸ individuelle	*individual responsibility*
▸ collective	*collective responsibility*
l'obligation de s'expliquer	*answerability*
l'obligation *(f)* de rendre compte	*accountability*
l'obligation redditionnelle	*accountability*
le régime	*regime, structure, system, framework*
▸ de responsabilisation	*accountability regime, structure*
▸ de reddition *(f)* de comptes *(m)*	*accountability framework*
▸ de responsabilité	*responsibility, liability, accountability regime*
une relation	*relationship*
▸ de responsabilisation	*accountability relationship*
▸ d'imputabilité *(f)*	*accountability relationship*
▸ de confiance *(f)*	*trust relationship*
une responsabilité	*responsibility, accountability, liability*
▸ personnelle	*personal responsibility*
▸ partagée	*shared accountability*
les responsabilités légales	*legal, statutory responsibilities*
la responsabilité ultime	*ultimate, final accountability*
un énoncé des responsabilités	*statement of responsibilities*
une entente de responsabilité	*accountability agreement*

un accord de responsabilisation	*accountability accord, agreement*
la structure de responsabilisation	*accountability structure*
le processus de responsabilisation	*accountability process*
l'imputabilité *(f)*	*accountability*
▸ ministérielle	*ministerial accountability*
▸ de gestion	*management accountability*
le cadre	*framework, structure*
▸ de responsabilité	*accountability, liability framework*
▸ de responsabilité de gestion	*management accountability framework*
▸ de responsabilisation de gestion	*management accountability framework*
▸ de reddition de comptes	*accountability framework*
▸ redditionnel	*accountability framework*
▸ de gestion	*management framework*
▸ de contrôle	*control framework*
▸ de rapport, de rapports	*reporting framework*
la reddition de comptes au Parlement	*accountability, reporting to Parliament*
le rapport, les rapports au Parlement	*reporting to Parliament*
la communication de l'information au Parlement	*reporting to Parliament*
le système de reddition des comptes	*accountability, reporting system*
un mécanisme	*mechanism*
▸ de responsabilisation	*accountability mechanism*
▸ de reddition de comptes	*accountability mechanism*
▸ de rapport	*reporting mechanism*
l'obligation de faire rapport	*requirement to report*
la déclaration obligatoire	*mandatory reporting*
une obligation légale	*legal obligation, duty, requirement*
les exigences *(f)* de déclaration	*reporting requirements*
les exigences en matière de rapports	*reporting requirements*
l'examen *(m)* public	*public scrutiny*
la surveillance nécessaire	*necessary, appropriate oversight*
la transparence	*transparency, openness*
un manque de transparence	*lack of transparency*
une lacune	*deficiency, shortcoming*
le rendement de gestion	*management performance*
les résultats *(m)* atteints	*results achieved*

Verbes pratiques	***Useful verbs***
accroître	*to increase, enhance*
s'acquitter de	*to discharge, fulfil, carry out*
approuver	*to approve*
assumer la responsabilité	*to take responsibility*
s'assurer	*to ensure, ascertain*
attribuer à	*to attribute to*
autoriser	*to authorize*
avoir conscience de	*to be aware of*
charger	*to assign*
compter sur	*to count on*
conférer	*to confer*
convenir de	*to agree on, concur*
décider	*to decide*
déléguer	*to delegate*
délimiter	*to delineate*
désigner	*to name, designate*
disposer du pouvoir de décision	*to have decision-making authority*
donner l'autorité	*to give, confer authority*
être autorisé	*to be authorized*
être habilité	*to be authorized*
être imputable de	*to be accountable for*
être responsable de	*to be responsible, accountable for*
exercer	*to exercise, fulfil*
expliciter	*to specify*
expliquer	*to explain, account for*
faire en sorte que	*to ensure, see to it that*
faire rapport chaque année à	*to report annually to*
habiliter	*to enable, authorize, empower*
informer	*to inform, notify, tell*
justifier	*to justify*
obliger à	*to obligate, require*
porter à l'attention de	*to bring to the attention of*
préciser	*to specify, explain, outline*
prendre ses responsabilités	*to take, assume responsibility*
recommander	*to recommend*
remplir	*to fulfil, carry out, perform*
rendre compte des progrès	*to report on progress*
rendre compte au Parlement	*to account, report to Parliament*
renforcer	*to strengthen*
répondre à	*to answer, respond to*
responsabiliser quelqu'un	*to make someone responsible*
tenir compte de	*to take account of*
tenir responsable	*to hold responsible, accountable*

Paroles en action / *Words in action*

Dans les grandes bureaucraties gouvernementales, l'application uniforme des politiques, des systèmes et des contrôles administratifs peut entraîner une culture d'aversion du risque et une préoccupation excessive des règles et des processus plutôt qu'une culture qui valorise l'innovation, la prestation de services de qualité, et la haute performance.

Les politiques de gestion et les contrôles administratifs et financiers devraient être fondés sur une bonne connaissance de la raison d'être et des objectifs d'une organisation, sur une évaluation des risques pouvant empêcher de les atteindre, et sur les autorités requises pour s'acquitter de ses responsabilités.

Il vaut la peine de prescrire des politiques et des règles au niveau central qui s'appliquent également à l'ensemble des ministères et des organismes dans un grand réseau gouvernemental, par exemple, pour établir une démarche cohérente et des normes administratives communes. Toutefois, il faut que les différentes organisations aient la souplesse requise pour élaborer des politiques et des pratiques de gestion adaptées à la nature particulière de leurs activités et de leurs exigences opérationnelles uniques.

Les organisations gouvernementales ayant des pouvoirs appropriés feront face à moins d'obstacles fonctionnels, seront axées sur la clientèle, et seront animées par un engagement primordial envers l'excellence dans l'exécution de leur mandat. En retour, les agences centrales et les législatures devraient leur demander de respecter des normes élevées de service et de reddition de comptes.

In large government *bureaucracies, across-the-board application of management policies, systems and controls can create a culture that is risk-averse and preoccupied with rules and procedures rather than a culture that values innovation, the delivery of quality services, and high performance.*

Management policies and financial and administrative controls should be based on a good understanding of an organization's purpose and goals, an assessment of risks to achieving them, and the authorities required to meet its responsibilities.

There is value in centrally-prescribed policies and rules that apply equally to all departments and agencies in a large government system, for example, to establish a consistent approach and common administrative standards. However, individual organizations should have considerable flexibility to develop management policies and practices tailored to the particular nature of their work and their unique operational requirements.

Government organizations with appropriate authorities will face less operational barriers, will be client-oriented, and will be driven by an overriding commitment to excellence in carrying out their mandate. In turn, central agencies and legislatures should hold them to high standards of service and accountability.

Values *and* Ethical Behaviour

Noms et expressions	***Nouns and phrases***
les valeurs *(f)*	*values*
▸ de base	*core, basic values*
▸ fondamentales	*fundamental, core values*
▸ partagées	*shared values*
▸ démocratiques	*democratic values*
▸ professionnelles	*professional values*
l'éthique *(f)*	*ethics*
le comportement éthique	*ethical behaviour*
la gestion éthique	*ethical management*
les principes *(m)* d'éthique	*ethical principles*
les principes directeurs	*guiding principles*
la gestion fondée sur des principes	*principled management*
le code de déontologie	*code of ethics*
le code de conduite	*code of conduct*
les règles *(f)* de conduite claires	*clear rules of conduct*

Code de valeurs et d'éthique de la fonction publique
Values and Ethics Code for the Public Service
Commissaire à l'intégrité du secteur public
Public Sector Integrity Commissioner

une conduite	*conduct*
▸ irréprochable	*irreproachable conduct*
▸ irrégulière	*improper conduct*
les normes *(f)*	*standards, norms*
▸ d'éthique les plus élevées	*highest ethical standards*
▸ de conduite les plus élevées	*highest standards of conduct*
un enjeu éthique	*ethical issue*
une question éthique	*ethical question, issue*
le comportement éthique	*ethical behaviour*
un dilemme éthique	*ethical dilemma*
un examen d'éthique	*ethical review*
un débat éthique	*ethical debate*
une obligation morale	*moral obligation, responsibility*
le devoir éthique	*ethical duty*

l'intérêt *(m)* public	*public interest*
la confiance publique	*public trust, confidence*
un abus	*abuse, breach*
▸ de confiance	*breach of trust*
▸ de pouvoir	*abuse of power, authority*

Valeurs de base
Core values

- être dévoué à servir le bien public
  to be dedicated to serving the public good
- mettre en œuvre avec loyauté toutes les directions stratégiques des ministres et du gouvernement
  to carry out loyally the policy directions of ministers and the government
- s'acquitter des fonctions officielles de façon équitable et impartiale et avec une volonté d'atteindre l'excellence
  to fulfil official duties fairly and impartially and with a commitment to excellence
- dire sans crainte la vérité à ceux qui sont au pouvoir
  to fearlessly speak truth to power
- faire preuve d'un comportement éthique, professionnel et collégial
  to demonstrate ethical, professional and collegial behaviour
- accepter la responsibilité liée à l'exécution des fonctions de son poste
  to accept responsibility for carrying out the duties of one's position
- agir avec honnêteté et intégrité en tout temps
  to act with honesty and integrity at all times
- traiter les autres avec respect et courtoisie
  to treat others with respect and courtesy
- prôner la diversité
  to embrace diversity
- respecter la Constitution, la *Charte canadienne des droits et libertés*, et la primauté du droit
  to respect the Constitution, the Canadian Charter of Rights and Freedoms, *and the rule of law*

une erreur de jugement	*error of judgement*
une grave erreur	*serious mistake, error*
une dérogation	*breach, contravention*
une violation	*violation*
le parjure	*betrayal*
le favoritisme	*favouritism*
un traitement de faveur	*preferential, special treatment*
une faveur personnelle	*personal favour*
une influence déplacée	*improper influence*
le trafic d'influence *(f)*	*influence peddling*

Corporate Leadership

la tricherie	*cheating*
la corruption	*bribery, corruption*
un cadeau compromettant	*compromising gift*
un avantage personnel	*personal benefit, advantage*
un grave préjudice	*serious harm*

un conflit d'intérêts *(m)* — *conflict of interest*
- réel — *real, actual conflict of interest*
- perçu — *perceived conflict of interest*
- potentiel — *potential conflict of interest*

les intérêts — *interests*
- personnels — *personal interests*
- extérieures — *outside interests*

Actes fautifs en milieu de travail
Wrongdoing in the Workplace

un acte fautif présumé	*alleged wrongdoing*
les actes repréhensibles	*wrongdoing*
la divulgation interne	*internal disclosure*
un examen de la divulgation	*disclosure review*
la dénonciation	*whistleblowing*
un dénonciateur	*whistleblower*
un fonctionnaire dénonciateur	*government whistleblower*
la protection des dénonciateurs	*whistleblower protection*
un mécanisme de recours *(m)*	*recourse mechanism*
la résolution	*resolution*
les mesures *(f)* rectificatives	*corrective measures, action*
les mesures de représailles *(f)*	*retaliation, retaliatory measures*
la crainte de représailles	*fear of reprisals*
la peur de représailles	*fear of retaliation, reprisal*
la menace de représailles	*threat of reprisals, retaliation*

Loi sur la protection des fonctionnaires divulgateurs d'actes répréhensibles
Public Servants Disclosure Protection Act

les fonctions *(f)* officielles	*official, public duties*
les affaires *(f)* personnelles	*personal, private affairs*
les activités *(f)* extérieures	*outside activities*

un incident troublant	*troubling incident*
une accusation	*accusation, charge*
une présumée irrégularité	*alleged irregularity*
une explication	*explanation*
une mauvaise excuse	*poor, lame excuse*
un motif raisonnable	*reasonable cause, grounds*

un rapport confidentiel	*confidential report*
une déclaration opportune	*timely declaration*
une obligation	*obligation, duty, responsibility*
une attente	*expectation*

l'obligation de loyauté
duty of loyalty

une allégation	*allegation*
▸ très sérieuse	*very serious allegation*
▸ sans fondement	*unfounded, groundless allegation*
▸ injurieuse	*offensive allegation*
▸ blessante	*hurtful allegation*
l'apparence *(f)*	*appearance*
la perception	*perception*
une perception erronée	*misperception, erroneous perception*
la révélation	*revelation*
les circonstances *(f)*	*circumstances*
▸ actuelles	*current circumstances*
▸ atténuantes	*mitigating, extenuating circumstances*
▸ exceptionnelles	*exceptional circumstances*

le dialogue sur les valeurs et l'éthique
dialogue on values and ethics

une enquête	*inquiry, investigation*
▸ indépendante	*independent inquiry*
▸ complète	*complete, thorough, full investigation*
l'anonymat *(m)*	*anonymity*
la récusation	*recusal*
la spéculation	*speculation*
le consentement	*consent*

Verbes pratiques	***Useful verbs***
accuser	*to accuse*
s'acquitter de	*to fulfil, carry out, discharge*
avouer	*to admit, own up to*
avoir confiance	*to trust*
blâmer	*to blame*
cacher	*to hide, conceal, cover-up*
camoufler les actes *(m)* fautifs	*to conceal, cover-up wrongdoing*
censurer	*to censure*

commettre une erreur	*to make a mistake*
se comporter	*to behave*
se compromettre	*to compromise oneself*
déclarer	*to declare*
dénoncer	*to denounce, expose*
donner l'exemple *(m)*	*to set an example*
diminuer	*to diminish, reduce, detract from*
discréditer	*to discredit*
divulguer	*to disclose, divulge*
éclairer	*to clarify, shed light on*
empêcher les abus	*to stop, prevent abuse*
être assujetti à	*to be subject to*
être conscient de, que	*to be aware of, that*
excuser	*to excuse*
s'excuser	*to apologize*
s'expliquer	*to explain oneself*
faire du favoritisme	*to show favouritism*
faire face à	*to face, confront*
faire pression sur	*to put pressure on*
faire preuve de	*to show*
falsifier	*to falsify, forge*
garder en mémoire	*to keep in mind*
influencer	*to influence*
manquer de respect à l'égard de	*to be disrespectful to, towards*
mettre l'accent *(m)* sur	*to emphasize, focus on, highlight*
officialiser	*to make official, formalize, enshrine*
prêcher par l'exemple	*to lead by example, walk the talk*
prendre conscience de	*to become aware of, realize*
prescrire	*to prescribe, stipulate*
préserver	*to preserve, protect, safeguard*
réaffirmer	*to re-affirm, re-assert*
se récuser	*to recuse onself*
réfuter	*to refute*
réparer	*to rectify, make amends for, restore*
respecter	*to respect, observe, comply with*
restaurer	*to restore*
sauvegarder	*to safeguard, uphold, maintain*
se sentir obligé	*to feel obligated, pressured*
transgresser	*to contravene, disobey, violate*

Paroles en action / *Words in action*

Les personnes qui travaillent au sein de la fonction publique à tous les niveaux du gouvernement, et dans des organismes publics à l'extérieur de l'administration publique centrale, travaillent au nom des citoyens. Elles partagent la mission commune de servir l'intérêt public.

Les Canadiens s'attendent à ce que les employés du secteur public se comportent avec intégrité dans l'exécution de leur travail, soit dans la prestation des services ou dans leur milieu de travail. Cela signifie qu'ils seront équitables, professionnels et responsables dans leurs paroles et leurs gestes, et adhèreront aux normes de conduite éthique les plus élevées. Ils n'auront aucun conflit d'intérêts réel ou perçu, n'accepteront pas de cadeaux ou de pots-de-vin, ne démontreront pas de favoritisme dans l'exécution de leurs devoirs, et respecteront la loi. Les fautes éthiques, les actes répréhensibles et la mauvaise conduite d'un fonctionnaire peuvent projeter une ombre désagréable et persistante sur l'ensemble du secteur public.

Les représentants élus, en particulier, devraient être exemplaires dans leur comportement afin d'instaurer et renforcer la confiance du public dans les institutions publiques et leurs employés.

***Those who work** in public service at all levels of government, and in public organizations outside the core public administration, work on behalf of citizens. They share a common mission of serving the public interest.*

Canadians expect public sector employees to behave with integrity in carrying out their work, whether in the delivery of services to citizens or in working with each other. This means that they will be fair, professional and responsible in their words and actions, and will adhere to the highest ethical standards of conduct. They will have no real or perceived conflicts of interest, will not accept gifts or bribes, will not show favoritism in performing their duties, and will respect the law. An individual's ethical lapses, wrongdoing or misconduct can cast an unpleasant and lingering shadow across the whole public sector.

Elected officials, in particular, should be exemplary in their conduct so as to instill and reinforce public confidence in public institutions and their employees.

Employment Equity *and* Diversity

Noms et expressions	***Nouns and phrases***
l'équité *(f)* en matière d'emploi	*employment equity*
une culture favorable à l'équité	*climate of equity*
l'égalité *(f)* en milieu de travail	*equality in the workplace*

un employeur souscrivant au principe de l'égalité d'accès à l'emploi
equal opportunity employer

un groupe désigné	*designated group*
les membres des groupes désignés	*designated group members*
la diversité	*diversity*
la gestion de la diversité	*managing diversity*
la sensibilisation des employés	*employee awareness*

Les groupes désignés
Designated Groups

les femmes *(f)*	*women*
les peuples autochtones	*Indigenous peoples*
les personnes *(f)* handicapées	*persons with disabilities*
les membres des groupes minoritaires visibles	*members of visible minority groups*

les objectifs *(m)*	*objectives, goals, targets*
▸ d'équité en matière d'emploi	*employment equity goals*
▸ de la diversité	*diversity objectives*
une fonction publique	*Public Service*
▸ représentative	*representative Public Service*
▸ inclusive	*inclusive Public Service*

Loi sur l'équité en matière d'emploi
Employment Equity Act

un effectif diversifié	*diversified staff, workforce*
une main-d'œuvre représentative	*representative workforce*
la représentation	*representation*
la sous-représentation	*under-representation*
les lacunes *(f)* au chapitre de la représentation	*gaps in representation*
la disponibilité externe	*external availability*
un écart	*gap, disparity, difference*
les possibilités *(f)* d'emploi	*employment opportunities*
l'égalité *(f)* des chances	*equal opportunities*

l'auto-identification *(f)* volontaire	*voluntary self-identification*
la déclaration volontaire	*voluntary declaration*
l'appartenance *(f)* à	*membership in, belonging to*
la reconnaissance significative	*meaningful recognition*

Politique sur l'équité en emploi
Employment Equity Policy
Plan ministériel d'équité en matière d'emploi
Departmental Employment Equity Plan
Champion ministériel de la diversité
Departmental diversity champion
Comité de l'équité en matière d'emploi du ministère
Departmental Employment Equity Committee

un milieu propice	*supportive, favourable environment*
les politiques *(f)* et pratiques *(f)* positives	*positive policies and practices*
les pratiques d'embauche	*hiring practices*
une mesure corrective	*corrective action, measure*
les mesures positives	*positive measures*

Conseil national des minorités visibles
National Council of Visible Minorities

la promotion des candidats qualifiés	*promotion of qualified candidates*
l'action *(f)* positive	*positive, affirmative action*
un objectif numérique	*numeric goal*
la discrimination	*discrimination*
▸ raciale	*racial discrimination*
▸ sexuelle	*gender discrimination*
▸ systémique	*systemic discrimination*

Loi canadienne sur les droits de la personne
Canadian Human Rights Act
Commission canadienne des droits de la personne
Canadian Human Rights Commission
Tribunal canadien des droits de la personne
Canadian Human Rights Tribunal

un acte de discrimination	*discrimination, discriminatory act*
les obstacles systémiques	*systemic barriers*
l'accès *(m)*	*access*
l'accessibilité *(f)*	*accessibility*
l'élimination *(f)*	*elimination*

un obstacle	*barrier, obstacle, impediment*
▸ à l'emploi	*employment barrier*
▸ perçu	*perceived impediment*

Politique sur l'obligation de prendre des mesures d'adaptation pour les personnes handicapées dans la Fonction publique fédérale
Policy on the Duty to Accommodate Persons with Disabilities in the Federal Public Service

la tolérance	*tolerance*
l'intolérance *(f)*	*intolerance*
l'ignorance *(f)*	*ignorance*

Verbes pratiques	*Useful verbs*
appartenir à	*to belong to*
auto-identifier	*to self-identify*
se déclarer	*to self-identify, identify oneself*
éliminer	*to eliminate*
encourager	*to encourage*
équilibrer	*to balance*
établir	*to establish*
exclure	*to exclude*
faire partie de	*to belong to, be a member of*
faire des progrès	*to make progress*
favoriser	*to encourage, support, contribute to*
fixer des cibles	*to set targets*
implanter	*to introduce, establish*
instituer	*to institute*
maintenir	*to uphold*
prendre au sérieux	*to take seriously*
recruter	*to recruit*
refléter	*to reflect*
remédier à	*to remedy*
renforcer	*to reinforce, strengthen*
stigmatiser	*to stigmatize*
supprimer	*to eliminate, put an end to*
surveiller	*to monitor*

Paroles en action / *Words in action*

Les organisations du secteur public reçoivent leur financement du trésor public afin d'offrir des services aux Canadiens. Ces organisations croient, tout comme de nombreux citoyens, que leur personnel doit refléter la diversité de la population canadienne. Une organisation qui regroupe une main-d'œuvre diversifiée recrute son personnel à partir d'un plus grand bassin de talent, ce qui contribue à enrichir le milieu de travail et fait avancer les intérêts organisationnels. À la lumière de ce contexte, beaucoup d'organisations publiques examinent de nouveau leurs politiques et leurs pratiques relatives au milieu de travail pour éliminer les barrières au recrutement, à la rétention et à la promotion des membres des groupes visés par l'équité en matière d'emploi.

La poursuite de l'excellence est une caractéristique des organisations hautement performantes. Elle est un engagement impliquant les efforts soutenus de tous les employés. Les organisations qui valorisent la diversité des effectifs – et qui prêchent par l'exemple – reconnaissent la contribution extraordinaire des employés à la culture d'excellence organisationnelle.

Aujourd'hui, on constate une pénurie de travailleurs qualifiés dans de nombreux domaines. Ceux qui sont disponibles – des hommes et des femmes instruits, hautement qualifiés et motivés, et issus de tous les milieux – recherchent des possibilités de carrière auprès des meilleurs employeurs du secteur public et privé. Une organisation hautement performante, c'est-à-dire une organisation qui représente un milieu de travail exceptionnel et qui est reconnue comme chef de file dans son domaine, n'aura aucune difficulté à attirer les personnes les plus compétentes et les plus brillantes. Les bonnes pratiques en matière de diversité soulignent les engagements clés d'une telle organisation.

***Public sector organizations** receive their funding from the public purse to deliver services to Canadians. These organizations believe, as do many citizens, that their staffing should reflect the diversity of Canada's population. An organization with a diversified workforce recruits its employees from the broadest possible talent pool, thereby enriching the workplace and advancing its corporate interests. In this light, many public organizations are re-examining their workplace policies and practices to eliminate barriers to the recruitment, retention and advancement of members of employment equity groups.*

The pursuit of excellence is a hallmark of high-performing organizations. It is a commitment that involves the dedicated efforts of all employees. Organizations that value workforce diversity – and that "walk the talk" – know the extraordinary contribution that their employees make to the organization's culture of excellence.

Today, there is a growing shortage of skilled workers in many fields. Those who are available – well-educated, highly-skilled and motivated men and women from all backgrounds – are searching out career opportunities with the top employers in the public and private sector. A high-performance organization, in other words an organization that is a great place to work and is recognized as a leader in its field, will have no difficulty attracting the best and the brightest people. Good diversity practices underline such an organization's key commitments.

Quality Services

Noms et expressions	*Nouns and phrases*
les services *(m)*	*service, services*
▸ de qualité	*quality services*
▸ axés sur le client	*client-centred service*
▸ à la clientèle	*customer, client service*
▸ aux clients	*client service*
▸ gouvernementaux	*government services*
la qualité du service	*service quality, quality of service*
un organisme axé sur le service	*service-oriented organization*
une orientation vers le client	*client-orientation*
une approche axée sur la clientèle	*client-focussed approach*
le client, la cliente	*client*
un groupe client	*client group*
la clientèle	*clientele, customers, clients*
les besoins *(m)* du client	*client needs*

Institut national de la qualité
National Quality Institute
une enquête sur la satisfaction des clients
client satisfaction survey

un usager, une usagère	*user*
un utilisateur, une utilisatrice	*user*
le, la bénéficiaire	*beneficiary*
le, la prestataire	*beneficiary*
la satisfaction de la clientèle	*client satisfaction*
le taux de satisfaction	*level of satisfaction*
l'insatisfaction *(f)*	*dissatisfaction*
le mécontentement	*dissatisfaction*
un service	*service*
▸ de qualité	*quality service*
▸ de mauvaise qualité	*poor quality service*
▸ adapté aux besoins des clients	*responsive service*
▸ axé sur les besoins des clients	*service directed at client needs*
le service à guichet *(m)* unique	*single window service*
la transformation des services	*service transformation*
l'intégration *(f)* de services	*service integration*

la prestation de services	*service delivery, provision of services*
▸ axée sur les citoyens	*citizen-centred service delivery*
▸ électronique	*electronic service delivery*
▸ continue	*seamless service delivery*
▸ intégrée	*integrated service delivery*
l'offre *(f)* de services	*provision of services*
le prestataire de service	*service provider*
le réseau de prestation de services	*service delivery network*
la prestation intégrée de services	*integrated service delivery*
le modèle de prestation de services	*service delivery model*
le centre de service	*service centre*
la demande	*request, application*
la disponibilité	*availability*
l'accessibilité *(f)*	*accessibility*
un accès facile	*easy access*

Institut des services axés sur les citoyens
Institute for Citizen-Centred Service
Conseil de la prestation des services du secteur public
Public Sector Service Delivery Council

la capacité de répondre aux besoins *(m)* des clients	*responsiveness to client needs*
la réponse aux besoins	*responsiveness*
la réceptivité	*responsiveness*
le temps de réponse	*response time*
la rapidité du service	*timeliness of service*
l'utilité *(f)*	*usefulness*
la fiabilité	*reliability*
l'équité *(f)*	*fairness*
la transparence	*transparency*
le niveau de services	*level of service*
le critère	*criterion*
les normes *(f)*	*standards*
▸ de service	*service standards*
▸ de qualité	*quality standards*
▸ de rendement	*performance standards*
▸ d'accréditation	*accreditation standards*

une qualité	*quality*
▸ exceptionnelle	*exceptional, outstanding quality*
▸ inacceptable	*unacceptable quality*
la gestion de qualité	*quality management*
la gestion de qualité totale	*total quality management*
l'assurance *(f)* de qualité	*quality assurance*
le contrôle de qualité	*quality control*

Centre de services aux entreprises Canada-Manitoba
Canada-Manitoba Business Service Centre

le processus d'accréditation *(f)*	*accreditation, accreditation process*
le programme d'accréditation	*accreditation program*
la norme d'accréditation	*accreditation standard*
un étalon national	*national standard, benchmark*
une analyse comparative	*benchmarking, benchmarking survey*
le point de référence	*benchmark*
les normes de référence	*benchmarks*
une étude de référence	*benchmark study*
l'enquête *(f)* de référence	*benchmark survey*
les données *(f)* de référence	*benchmark data*

Gouvernement en direct
Government On-line

le cybergouvernement	*e-government*
un point d'accès unique	*single point of access*
un accès en ligne, en direct	*online access*
les services *(m)* en direct	*online services*
une demande en direct	*online application*
un service sécuritaire	*secure service*
les liens *(m)* utiles	*useful, helpful links*
le site du Canada	*Canada site*
le portail gouvernemental	*government portal*
un site Web interactif	*interactive Web site*
demander en ligne	*to request online*

le plan d'amélioration continue	*continuous improvement plan*
une amélioration pratique	*practical improvement*
la pratique exemplaire	*best practice*
le code de pratique	*code of practice*
la courtoisie du personnel	*courtesy of staff*
la compétence du personnel	*staff qualifications, competence*

les connaissances *(f)* des employés	*staff, employees' knowledge*
un engagement	*commitment*
▸ à l'excellence	*commitment to excellence*
▸ au service	*commitment to service*
la rétroaction du client	*client feedback*
la suggestion	*suggestion*
une plainte écrite	*written complaint*
un recours formel	*formal appeal*
le règlement des plaintes	*settling of complaints*
la rectification	*correction*

Verbes pratiques	*Useful verbs*
accéder facilement	*to access easily*
accélérer	*to speed up*
accroître	*to increase, enhance*
améliorer	*to improve*
assurer	*to ensure, provide, maintain*
comporter	*to comprise, consist of, include*
corriger	*to correct*
dépasser	*to exceed*
déposer une plainte	*to file, register, make a complaint*
excéder	*to exceed*
exprimer des préoccupations *(f)* à l'égard de	*to express concern about*
faciliter	*to facilitate, enable*
fournir	*to supply, provide*
garantir	*to guarantee*
maintenir	*to maintain, uphold*
mettre à exécution *(f)*	*to carry out*
mettre en application *(f)*	*to put into practice, implement, apply*
offrir	*to deliver, provide*
porter plainte *(f)* quant à, au sujet de	*to file, make a complaint about*
recevoir	*to receive*
rectifier	*to rectify, correct*
régler	*to solve, deal with*
rehausser	*to enhance, increase, raise*
répondre à	*to respond to*
résoudre	*to resolve*
satisfaire	*to satisfy, please, fulfil, meet*
servir	*to serve*
tenir à cœur	*to take to heart*
uniformiser	*to standardize*
viser l'excellence *(f)*	*to aim, strive for excellence*

Paroles en action / *Words in action*

La promesse à nos clients

Nous sommes fiers de nos services et heureux de vous servir dans la langue officielle de votre choix.

Notre engagement est de vous offrir un service de haute qualité, et nous ferons tout en notre pouvoir pour faire en sorte que nos services répondent à vos attentes. Votre satisfaction est notre objectif. Nous vous traiterons avec respect, courtoisie et d'une façon professionnelle, et nous protégerons vos renseignements personnels.

N'hésitez pas à nous informer si vous croyez que nous aurions pu mieux vous servir, à soulever n'importe quelles questions ou à déposer une plainte. Nous apprécions vos suggestions et vos commentaires. Nous répondrons aussitôt que possible à vos questions ou préoccupations, et nous nous efforcerons de les régler à votre satisfaction.

Au plaisir de vous servir.

La gestion et le personnel
Bureau des services à la clientèle

Pledge to our Clients

We take pride in our services and welcome the opportunity of serving you in the official language of your choice.

We are committed to providing you with a high quality of service, and will do everything possible to ensure that our services meet your expectations. Your satisfaction is our objective. We will treat you with respect, courtesy and in a professional manner, and will respect the privacy of your personal information.

Please don't hesitate to tell us if we could have done a better job, or to raise any questions or register a complaint. We welcome your suggestions and comments. We will reply promptly to your enquiries or concerns, and will do our best to resolve matters to your satisfaction.

We look forward to serving you.

The Management and Staff
Office of Client Services

Public Opinion Surveys

Noms et expressions	***Nouns and phrases***
un sondage	*survey, poll*
▸ d'opinion publique	*public opinion survey, poll*
▸ téléphonique	*telephone survey*
▸ en direct	*online survey*
▸ en ligne	*online survey*
une enquête volontaire	*voluntary survey*
la participation volontaire	*voluntary participation*
un vaste sondage pancanadien	*an extensive Canada-wide survey*
le sondage le plus récent	*most recent survey, poll*
les réponses *(f)* au sondage	*survey responses*
les données *(f)* de sondage	*polling data*
les résultats *(m)* des sondages	*polling results, data*
l'opinion *(f)* publique	*public opinion*
les courants *(m)* d'opinion publique	*public opinion trends*
le consensus d'opinion	*consensus of opinion*
la polarisation d'opinion	*polarization of opinion*
l'opinion divisée	*divided opinion*
un large éventail d'opinions	*wide range of opinions*
un enjeu important	*significant issue*
un revirement de l'opinion	*reversal, turnaround in opinion*
un retournement sans précédent	*unprecedented turnaround*
la tendance historique	*historical trend*
une immense différence	*immense, huge difference*
la cote de popularité	*popularity, approval rating*
l'indice *(m)* de popularité	*popularity, approval rating*
l'approbation *(f)*	*approval*
la désapprobation	*disapproval*
une perception négative	*negative perception*
une attitude positive	*positive attitude*
le classement	*ranking*
une majorité de Canadiens	*majority of Canadians*
une minorité	*minority*
la proportion	*proportion*
le pourcentage	*percentage*

le répondant, la répondante	*respondent*
les participants aux enquêtes	*survey participants*
la confidentialité des données	*data confidentiality*
l'anonymat *(m)*	*anonymity*
le respect de la vie privé	*privacy protection*

Les cotes de réponse au sondage
Survey Response Ratings

Êtes-vous d'accord que....?	*Do you agree that....?*
☐ fortement d'accord	*strongly agree*
☐ assez d'accord	*somewhat agree*
☐ ni d'accord ni en désaccord	*neither agree or disagree*
☐ pas vraiment d'accord	*somewhat disagree*
☐ pas du tout d'accord	*strongly disagree*
Quelle est l'importance de....?	*How important is it that....?*
☐ extrêmement important	*extremely important*
☐ assez important	*somewhat important*
☐ plus ou moins important	*neither important or unimportant*
☐ pas très important	*not very important*
☐ pas du tout important	*not at all important*
Quelle est la probabilité que....?	*How likely is it that....?*
☐ très probable	*very likely*
☐ plutôt probable	*somewhat likely*
☐ incertain	*unsure*
☐ plutôt improbable	*somewhat unlikely*
☐ très improbable	*very unlikely*
Veuillez indiquer votre degré de satisfaction à l'égard de....	*Please indicate your level of satisfaction with....*
☐ très satisfait	*very satisfied*
☐ quelque peu satisfait	*somewhat satisfied*
☐ sans opinion	*no opinion*
☐ pas très satisfait	*not very satisfied*
☐ très insatisfait	*very dissatisfied*
Évaluer l'utilité de....	*Rate the usefulness of....*
☐ médiocre	*poor*
☐ moyen	*average*
☐ bon	*good*
☐ très bon	*very good*
☐ excellent	*excellent*
☐ ne sait pas	*don't know*

le taux de réponse	*response rate*
un échantillon aléatoire	*random sample*
la marge d'erreur	*margin of error*
la taille de l'échantillon	*sample size*
un parti pris	*bias*
le niveau de confiance	*level of confidence*
les données statistiques	*statistical data*
la qualité des données	*data quality*
l'intégrité *(f)* des données	*data integrity*
la fiabilité des données	*data reliability*
l'exactitude *(f)* des données	*data accuracy, precision*
une entreprise de recherche	*research firm*
une maison de sondage spécialisée	*specialized polling firm*
le sondeur, la sondeuse	*pollster*

Verbes pratiques	*Useful verbs*
améliorer	*to improve*
approuver	*to approve*
classer	*to rank*
démontrer	*to demonstrate, show*
désapprouver	*to disapprove*
éclaircir	*to shed light on*
effectuer	*to conduct, carry out, undertake*
estimer	*to estimate, judge*
garder l'anonymat	*to remain anonymous*
grimper	*to climb*
indiquer	*to show, point out, indicate*
interroger	*to poll, question*
mener	*to carry out, conduct*
mesurer	*to measure, gauge, assess*
montrer	*to show*
prédire	*to predict*
rapporter	*to report, mention*
répondre à	*to answer, reply, respond to*
révéler	*to reveal, show*
signaler	*to report, indicate*
sonder	*to poll, survey*

Paroles en action / *Words in action*

Les sondages d'opinion publique menés par des entreprises reconnues de recherche sur l'opinion publique sont une source d'information impartiale et fiable sur les attitudes du public par rapport à des enjeux actuels et sur la cote de confiance du public à l'égard du rendement gouvernemental. Les gouvernements et les partis politiques sont hautement sensibles à la perception publique de leur leadership, de leur crédibilité et de leur compétence. Le point de vue des citoyens constitue une contribution de valeur à la prise de décisions publiques et aide à façonner les mesures gouvernementales.

Les gouvernements et les partis de l'opposition comptent sur les membres élus de leur caucus pour représenter les perspectives des électeurs. Les députés écoutent les avis et les intérêts des électeurs quant aux enjeux publics pour les aider à accomplir leur mission. Le caucus du parti du gouvernement, et les membres du gouvernement de la Chambre des communes et du Sénat, peuvent influencer directement les décisions du Cabinet. Les caucus des partis de l'opposition aident à l'élaboration de la position de leur parti sur des questions qui sont devant le Parlement. Les discussions du caucus sont franches, partisanes et confidentielles. Ce qui est dit au caucus reste au caucus.

Le point de vue des citoyens et les résultats des sondages d'opinion publique sont des sources d'information importantes dans le milieu politique très tendu d'aujourd'hui.

Public opinion surveys *conducted by reputable opinion research firms are an unbiased and reliable source of information about public attitudes toward current issues and about public approval ratings of government performance. Governments and political parties are highly sensitive to the public perception of their leadership, credibility and competence. The views of citizens are valuable input to public decision-making, and help shape government actions.*

Governments and opposition parties also look to the elected members of their caucus to represent the views of constituents. Members of Parliament listen to the views and interests of constituents on public issues to help them do their jobs. The government caucus, and government members of the House of Commons and the Senate, can directly influence Cabinet decisions. Opposition caucuses help develop their party's position on matters before Parliament. Caucus discussions are frank, partisan and confidential. What is said in caucus stays in caucus.

The views of citizens, and the results of public opinion surveys, are important sources of information in today's highly charged political environment.

Performance Measurement *and* Evaluation

Noms et expressions	***Nouns and phrases***
la mesure du rendement	*performance measurement*
l'évaluation *(f)* de programme	*program evaluation*
le rendement	*performance, results*
l'objectif de rendement	*performance objective, target*
un indicateur de rendement	*performance indicator*
l'information *(f)* sur le rendement	*performance information*
un bon rendement	*good performance*
la performance	*performance*
un système de mesure de la performance	*performance measurement system*
les indicateurs de la performance	*performance indicators*
une bonne information sur la performance	*good performance information*

Cadre de gestion et de responsabilisation axé sur les résultats
Results-based Management and Accountability Framework

un objectif	*objective, target, goal, purpose*
▸ quantifiable	*quantifiable objective*
▸ réalisable	*achievable, attainable objective*
▸ mesurable	*measurable goal*
le rendement général	*overall performance*
la gestion du rendement	*performance management*
la performance des programmes	*program performance*
la gestion axée sur les résultats	*managing for results*
le but	*goal, aim, purpose*
la raison d'être du programme	*program rationale*

Société canadienne d'évaluation
Canadian Evaluation Society

une évaluation	*evaluation, assessment, measurement*
▸ des progrès *(m)*	*assessment of progress*
▸ à mi-parcours	*mid-term evaluation*
▸ indépendante	*independent assessment*
▸ en profondeur	*in-depth, thorough evaluation*
▸ continue	*ongoing measurement*

une autoévaluation	*self-assessment*
la surveillance permanente	*ongoing monitoring*
la surveillance active	*active monitoring*
la mesure constante	*continuous, ongoing measurement*
le bilan	*review, stock-taking, check-up*
un rapport d'étape	*progress report, status report*
le plan d'évaluation	*evaluation plan, design*
une étude d'évaluation	*evaluation study*
un examen systématique	*systematic review*
une démarche stratégique	*strategic approach*
la méthodologie d'évaluation	*evaluation methodology*
une méthodologie rigoureuse	*rigorous methodology*

Composantes du modèle logique de programme*
Elements of a Program Logic Model*

la raison d'être et le mandat du programme	*program rationale and mandate*
les intrants *(m)*, *p. ex.*, le personnel, les ressources financières, les actifs	*inputs, e.g., people, dollars, assets*
les activités *(f)* du programme	*program activities*
la clientèle/la population cible	*clients/target population*
les extrants *(m)*	*outputs*
les résultats *(m)*	*outcomes, results*
▸ immédiats, à court terme	*immediate, short-term outcomes*
▸ intermédiaires	*intermediate outcomes*
▸ finals, ultimes, à long terme	*final, ultimate, long-term results*

* Incluant la description, les mesures et les sources de données pour tous les intrants, les extrants et les résultats. *Including the description, measures and data sources for all inputs, outputs and results.*

la stratégie	*strategy*
▸ d'évaluation	*evaluation strategy*
▸ de mesure du rendement	*performance measurement strategy*
la réalisation	*conduct, carrying out, completion*
l'impartialité *(f)*	*impartiality*
l'objectivité *(f)*	*objectivity*
la fiabilité	*reliability, accuracy*
l'utilité *(f)*	*use, usefulness, utility*
la question d'attribution *(f)*	*question of attribution*
le lien causal	*causal link*
le critère d'évaluation	*evaluation criterion*
une série de mesures	*series, set of measures*
un bon indicateur	*a good indicator*

un indicateur	*indicator*
▸ des résultats	*results indicator*
▸ de réussite	*success indicator*
la procédure suivie	*procedure followed*
la collecte de, des données	*data collection*
les intervalles *(m)* réguliers	*regular intervals*
une attente	*expectation*
une approche axée sur les résultats	*outcome-based approach*
les meilleurs résultats possibles	*best results possible, optimum results*
la réalisation des buts	*achievement of goals, objectives*
l'atteinte *(f)* de résultats	*achievement of results*
les résultats *(m)* réalisés	*results achieved*
les résultats communiqués	*reported results*
un résultat	*result, outcome*
▸ mesurable	*measurable result*
▸ prévu	*planned, expected, result*
▸ attendu	*expected result*
▸ inattendu	*unexpected, unintended result*
▸ escompté	*expected result, outcome*
▸ décevant	*disappointing result*
une conséquence	*consequence, outcome, result, effect*
▸ directe	*direct result*
▸ indirecte	*indirect result*
▸ souhaitée	*desired outcome*
▸ voulue	*intended, desired outcome*
▸ imprévue	*unintended, unforeseen consequence*
▸ néfaste	*harmful, adverse effect*
une amélioration	*improvement*
un accomplissement	*accomplishment, achievement*
la réalisation	*achievement, accomplishment, completion*
la réussite	*success, achievement*
un succès tangible	*tangible success*
un facteur de succès	*success factor*
un effet bénéfique	*beneficial effect*
les effets à long terme	*long-term effects*
un bénéfice démontrable	*demonstrable benefit, advantage*
une incidence marquée	*marked, significant impact, effect*
une différence significative	*significant, meaningful difference*

les avancées *(f)* concrètes	*tangible, demonstrable progress*
un bon progrès	*good progress*
beaucoup de progrès	*much progress*
peu de progrès	*little progress*
une absence de progrès	*lack of progress*
l'efficacité *(f)*	*effectiveness, efficiency*
le coût-efficacité	*cost-effectiveness*
l'efficience *(f)*	*efficiency*
la pertinence	*relevance*
la preuve empirique	*empirical evidence, proof*
l'information *(f)* la plus fiable	*the most reliable information*
les informations non financières	*non-financial information*
le renseignement quantitatif	*quantitative information*
les renseignements qualitatifs	*qualitative information*
une leçon apprise	*lesson learned*
les leçons à tirer de	*lessons to draw, be learned from*

Verbes pratiques	***Useful verbs***
améliorer	*to improve*
atteindre	*to attain, reach, achieve*
attribuer à	*to attribute to*
comparer	*to compare*
démontrer	*to show, demonstrate, prove*
être sur la bonne voie	*to be on track*
évaluer	*to evaluate, assess*
faire des progrès	*to make progress*
faire le bilan de	*to assess, take stock of*
faire preuve de	*to demonstrate, show*
se fonder sur	*to be based on*
indiquer	*to indicate, show, point out*
juger	*to judge*
mesurer le rendement	*to measure performance*
réaliser	*to realize, carry out, meet, achieve*
rendre compte de	*to account for, answer for, report on*
tirer profit de	*to benefit from*

Paroles en action / *Words in action*

Les dépenses totales des administrations publiques au Canada, moins les paiements pour réduire la dette publique, dépassent de beaucoup le demi-billion* de dollars par année, selon Statistique Canada. En outre, les dépenses publiques ont augmenté à un taux annuel moyen de plus de 5,5 p. 100 ces dernières années. Les gouvernements financent un large éventail de programmes afin de fournir aux Canadiens des avantages sociaux, économiques et environnementaux, et de s'acquitter de leurs obligations légales.

Les contribuables ont le droit d'obtenir des assurances que les programmes fonctionnent bien et qu'ils représentent une utilisation judicieuse des deniers publics. Une fonction d'évaluation indépendante constitue un mécanisme et un outil de politique important pour répondre à ces préoccupations. Elle vise à fournir des détails fiables et objectifs sur le rendement des programmes, ce qui permet d'améliorer le processus décisionnel et la reddition de comptes.

L'évaluation de programmes examine les fondements stratégiques du programme et tire des conclusions sur sa pertinence continue à la lumière de la conjoncture actuelle. Elle examine la conception et la mise en œuvre du programme et évalue ses répercussions et ses effets – à la fois voulus et non voulus – pour tirer des conclusions sur l'efficacité et le rendement global du programme. Une évaluation profonde détermine si le programme offre le meilleur rapport qualité-prix pour les contribuables, et peut identifier des moyens plus rentables pour exécuter le programme ou pour atteindre les résultats attendus.

Les résultats d'une évaluation sont très utiles dans la prise de décision gouvernementale, en particulier pour déterminer si le programme devrait être prolongé, modifié ou aboli.

Total government spending in *Canada, less debt payments, is well in excess of one-half trillion* dollars annually, according to Statistics Canada. As well, public spending has been growing at an annual average rate of more than 5.5 percent in recent years. Governments provide funding for a wide range of programs to produce social, economic and environmental benefits for Canadians and to meet their lawful obligations.*

Taxpayers understandably want assurance that programs are working well and that they are a wise use of public funds. An independent evaluation function is an important mechanism and policy tool to address these concerns. It aims to provide reliable and objective information about program performance to improve decision-making and accountability.

Program evaluation looks at the policy rationale for the program and draws conclusions about its continued relevance in light of current circumstances. It reviews the program design and how the program was implemented, and it assesses its impacts and effects – both intended and unintended – to draw conclusions about the program's effectiveness and overall performance. A thorough evaluation considers whether the program is providing good value for taxpayers, and whether there are more cost-effective ways to deliver the program or to achieve the intended results.

Evaluation results are a valuable input to government decision-making, particularly on extending, modifying or winding down a program.

* Par convention, le ministère fédéral des Finances et Statistique Canada traduisent le terme anglais "*billion*" par « *milliard* » en français, et "*trillion*" par « *billion* ». *Following convention, the federal Department of Finance and Statistics Canada translate the English term* "billion" *as « milliard » in French, and* "trillion" *as « billion ».*

Internal Audit

Noms et expressions	*Nouns and phrases*
la vérification interne	*internal audit, auditing*
le cadre de vérification interne	*internal audit framework*
une vérification	*audit*
▸ de gestion *(f)*	*performance audit*
▸ de l'optimisation *(f)* des ressources	*value-for-money audit*
▸ de conformité *(f)*	*compliance audit*
▸ de suivi	*follow-up audit*

Loi sur le vérificateur général
Auditor General Act
Bureau du vérificateur général
Office of the Auditor General
Rapports du vérificateur général
Auditor General reports
Politique sur la vérification interne du Conseil du Trésor
Treasury Board Policy on Internal Audit
Plan de vérification interne annuel
Annual internal audit plan
Comité ministériel de vérification
Departmental audit committee

un examen	*review, examination*
▸ spécial	*special examination*
▸ de la gestion	*management review*
▸ opérationnel	*operational review*
▸ des systèmes *(m)* et des procédures *(f)*	*review of systems and procedures*
▸ des pratiques *(f)* de gestion	*review of management practices*
une étude de cas	*case study*
les services *(m)* d'assurance	*assurance services*
la bonne gérance	*good stewardship*
la saine gestion	*good, sound management*
la gestion du risque	*risk management*
le cadre de contrôle de la gestion	*management control framework*
le contrôle de la gestion	*management control, oversight*
la surveillance par la direction	*management oversight*
la supervision	*supervision, oversight*

le milieu opérationnel	*operating environment, context*
le cadre d'exploitation	*operating environment*
l'efficacité *(f)* de la gouvernance	*governance effectiveness*
les processus *(m)* opérationnels	*business processes*
le système des contrôles internes	*internal control system*

la qualité	*quality*
▸ de la direction	*quality of management*
▸ du personnel	*quality of staff*
▸ des programmes	*quality of programs*
▸ de la prestation de services	*quality of service delivery*
▸ des contrôles internes	*quality of internal controls*
▸ de l'information	*quality of information*

Cadre de vérification axé sur le risque
Risk-Based Audit Framework

la validité	*validity, soundness*
▸ du cadre de contrôle de gestion	*soundness of the management control framework*
▸ des processus de gestion	*soundness of management processes*
▸ de la stratégie de gestion du risque	*soundness of the risk management strategy*

l'étendue *(f)*	*scope, extent*
la portée	*scope, reach, significance*

le vérificateur, la vérificatrice interne	*internal auditor*
le directeur principal, la directrice principale de la vérification	*audit principal*
l'équipe *(f)* de vérification	*audit team*
le personnel qualifié	*qualified staff*
les normes *(f)* professionnelles	*professional standards*

les questions *(f)* de gestion	*management concerns*
une préoccupation majeure	*major concern*
un problème de longue date	*long-standing problem, issue*
une situation délicate	*sensitive situation*

une entrevue	*interview*
le protocole d'entrevue	*interview protocol*
le calendrier d'entrevue	*interview schedule*
les questions *(f)* d'entrevue	*interview questions*
le questionnaire	*questionnaire*

le dossier de vérification	*audit file*
la piste de vérification	*audit trail*
les critères *(m)* de vérification	*audit criteria*
la documentation du dossier de vérification	*audit documentation*
les feuilles *(f)* de travail	*working papers*

Constatations des vérifications – Source de préoccupation
Audit Findings – Cause for Concern

la faiblesse systémique	*systemic weakness*
l'imprécision *(f)* du mandat	*vague, unclear mandate*
la mauvaise gestion	*mismanagement*
les pratiques *(f)* déficientes de gestion	*deficient management practices*
un échec grave de la direction	*serious management failure*
une orientation et un contrôle insuffisants	*inadequate direction and supervision*
le manque de travail d'équipe	*lack of teamwork*
un milieu de travail malsain	*unhealthy work environment*
un manque de responsabilisation	*lack of accountability*
une absence de surveillance par la direction	*lack of management oversight*
une érosion des contrôles *(m)* financiers	*breakdown of financial controls*
la non-conformité aux politiques administratives	*non-compliance with administrative policies*
le contournement de la politique du Conseil du Trésor	*circumvention of Treasury Board policy*
une violation de la *Loi sur la gestion des finances publiques*	*contravention of the* Financial Administration Act
le mépris des règles *(f)* en matière de marchés publics	*disregard for contracting rules*
les opérations *(f)* douteuses	*questionable transactions*
les paiements *(m)* inappropriés	*improper payments*
les dépenses *(f)* extravagantes	*lavish spending, expenditures*
un détournement de fonds	*misappropriation of funds*
un usage abusif des fonds publics	*misuse of public funds*
les actes *(m)* fautifs potentiels	*possible wrongdoing*
les irrégularités *(f)* en matière de dotation	*staffing irregularities*
la divulgation non autorisée d'information	*unauthorized disclosure of information*

l'échantillonnage *(f)*	*sampling*
la stratégie d'échantillonnage	*sampling strategy*
la méthode d'échantillonnage	*sampling method*
la sélection d'échantillon	*sample selection*

un échantillon	*sample*
▸ aléatoire	*random sample*
▸ représentatif	*representative sample*
la collecte	*collection, gathering*
▸ des documents	*gathering of documents*
▸ de données	*data collection*
les données *(f)* de vérification	*audit data*
la fiabilité des données	*data reliability*
l'analyse *(f)* de données	*data analysis*
l'interprétation *(f)* des données	*data interpretation*
les informations *(f)* pertinentes	*relevant information*
les éléments *(m)* probants	*evidence*
la corroboration	*substantiation*
une observation relative à la vérification	*audit observation*
la constatation la plus importante	*most important finding, observation*
les résultats de la vérification	*audit findings, results*
la conclusion principale	*main conclusion*
la recommandation	*recommendation*
la réponse de la direction	*management response*
le plan de mesures correctives	*corrective action plan*
un examen de suivi	*follow-up review*
les progrès *(m)*	*progress*
▸ satisfaisants	*satisfactory progress*
▸ insatisfaisants	*unsatisfactory progress*

Verbes pratiques	***Useful verbs***
s'assurer	*to ascertain, ensure, check*
se conformer à	*to conform to*
constater	*to find, note*
contourner les règles	*to get around, break the rules*
déterminer	*to determine, establish, assess*
documenter	*to document*
donner suite à	*to follow-up, respond to*
échantillonner	*to sample*
examiner	*to examine, consider, review, look into*
gaspiller	*to waste, squander*
généraliser	*to generalize*
interviewer	*to interview*

nécessiter	*to require, demand, call for*
porter à l'attention de	*to bring to the attention of*
rectifier	*to correct*
remédier	*to remedy*
remettre en question	*to question, challenge*
respecter	*to respect, observe, comply with*
vérifier	*to audit, verify, check*

Paroles en action / *Words in action*

Le comité de vérification est un élément essentiel de la structure de gouvernance des ministères, des organismes et des sociétés d'État. Le bureau de la vérification interne est une fonction du personnel visant à aider l'administrateur général et le comité de vérification à s'acquitter de leurs obligations de surveillance. La vérification interne fournit des conseils sur l'efficacité des systèmes de gestion et de contrôle et le cadre de gestion du risque de l'organisation; de plus, elle avertit la haute direction des risques qui pèsent sur le fonctionnement de l'organisation et qui peuvent, en bout de ligne, limiter ou compromettre son efficacité.

La responsabilité de la direction d'assurer l'excellence du rendement est au cœur d'un système de contrôle. La direction est responsable d'établir les objectifs et les priorités de l'organisation, de fournir une orientation et des instructions au personnel, de répartir les ressources, et de créer un milieu de travail propice à l'accomplissement du mandat et des objectifs de l'organisation.

Une structure efficace de contrôle de la gestion n'entrave pas le rendement de l'organisation mais crée les conditions nécessaires pour assurer la réussite à long terme de l'organisation. Elle inclut tous les éléments qui indiquent comment une organisation doit être gérée pour atteindre ses objectifs publics d'une façon efficace, efficiente et économique, et en accord avec les lois et les politiques qui s'appliquent et les normes d'éthique les plus élevées.

The audit committee *is an essential feature of the governance structure of departments, agencies and Crown corporations. The internal audit office is a staff function that assists the deputy head and audit committee in meeting their oversight obligations. Internal audit provides advice on the effectiveness of the organization's management and control systems and the risk management framework; and it alerts senior management to risks to the organization's operations that may ultimately limit or compromise its effectiveness.*

Management responsibility for performance excellence is at the heart of a control system. Senior management is responsible for establishing the organization's goals and priorities, providing direction and guidance to employees, allocating resources, and creating an environment conducive to fulfilling the organization's mandate and objectives.

An effective management control structure does not hamper an organization's performance but creates necessary conditions to ensure the organization's long-term success. It includes all the elements that constitute how an organization is managed to fulfil its public purposes in an effective, efficient and economical manner, and consistent with applicable laws and policies and the highest ethical standards.

Organizational Renewal

Noms et expressions	Nouns and phrases
le renouvellement organisationnel	*organizational renewal*
le processus de renouvellement	*renewal process*
le renouveau	*renewal*
la vision ministérielle	*departmental, corporate vision*
une vision à long terme	*long-term vision*
l'efficacité *(f)* de l'organisation	*organizational effectiveness*
un ministère de haute performance	*high-performance department*
un organisme à haut rendement	*high-performing organization*
le principal catalyseur	*main catalyst, driver*
les moteurs *(m)* du rendement	*performance drivers*
une organisation	*organization*
▸ très performante	*high-performing organization*
▸ revitalisée	*revitalized organization*
▸ dynamique	*dynamic organization*
▸ décentralisée	*decentralized organization*
le contexte organisationnel	*organizational context*
la culture organisationnelle	*organizational culture*
une culture bureaucratique	*bureaucratic culture*
une culture orientée vers l'innovation	*culture of innovation*
une orientation vers le client	*client-orientation*
le développement organisationnel	*organizational development*
l'examen *(m)* organisationnel	*organizational review*
une analyse organisationnelle	*organizational analysis*
le diagnostic organisationnel	*organizational diagnosis*
les outils *(m)* de diagnostic	*diagnostic tools*
le comité directeur, de direction	*steering committee*
un expert-conseil, une experte-conseil en gestion	*management consultant*
le consultant, la consultante	*consultant*
▸ en gestion	*management consultant*
▸ en développement organisationnel	*organizational development consultant*

la capacité organisationnelle	*organizational capacity*
le rendement organisationnel	*organizational performance*
les attentes *(f)* relatives au rendement	*performance expectations*
l'écart *(m)* entre les attentes et le rendement	*expectations-performance gap*
les possibilités *(f)* d'amélioration	*potential for improvement*
les améliorations *(f)* de services	*service improvements*
l'accroissement *(m)* de la productivité	*productivity increase*
la structure existante	*existing structure*
la restructuration ministérielle	*departmental restructuring*
le projet de réorganisation	*reorganization, reorganization project*
le remaniement ministériel	*departmental reorganization*
le réaménagement du travail	*reorganization of work*
une grande réorganisation	*major reorganization*
une réforme en profondeur	*thorough reform, overhaul*
une révision majeure	*major overhaul*
une refonte complète	*complete overhaul, re-making*
le réalignement	*realignment*
le regroupement	*consolidation*
le fractionnement	*splitting up*
le nouvel organisme	*new organization, agency, body*
la nouvelle organisation	*new organization*
les frontières *(f)* organisationnelles	*organizational boundaries*
l'organigramme *(m)*	*organization chart*
les diverses composantes *(f)*	*various elements*
les paliers *(m)* organisationnels	*organizational levels*
les enjeux *(m)* de gestion	*management issues*
le climat de travail	*work environment*
un point tournant	*turning point*
un nouveau chapitre	*new chapter, beginning*
le positionnement	*positioning*
un repositionnement	*repositioning*
le critère de succès	*success criterion*
la chance de succès	*likelihood, chance of success*
l'ampleur *(f)* de la tâche	*scope, magnitude of the task*
les suggestions *(f)* des employés	*employee input, suggestions*
le groupe de référence des employés	*employee reference group*

le moral des employés	*employee morale*
la participation	*participation, engagement*
‣ des employés	*employee participation*
‣ des intéressés	*engagement of stakeholders*
le bouleversement administratif	*administrative upheaval, disruption*
un certain degré de scepticisme	*a certain, some degree of scepticism*
un cynisme généralisé	*widespread cynicism*
un état de confusion *(f)*	*state of confusion*
la désorganisation	*disorganization*
l'apprentissage *(m)* organisationnel	*organizational learning*
l'inertie *(f)* organisationnelle	*organizational inertia*

Verbes pratiques	***Useful verbs***
aborder	*to broach, address, tackle*
accroître la productivité	*to increase productivity*
adapter	*to adapt*
aligner sur	*to align with*
améliorer	*to improve*
animer	*to lead, run, animate*
bouleverser	*to shake-up, turn upside down*
démanteler	*to dismantle*
désorienter	*to disorient, confuse*
diagnostiquer	*to diagnose*
examiner	*to review, study*
expliquer	*to explain*
faire un diagnostic	*to make, do a diagnosis*
fragmenter	*to break up, split up*
identifier	*to identify*
initier	*to initiate, set in motion*
intégrer	*to integrate*
mettre l'accent sur	*to emphasize*
organiser	*to organize*
orienter	*to orient, position, adjust, turn*
positionner	*to position*
rajeunir	*to modernize, update, rejuvenate*
rationaliser	*to streamline*
réaligner	*to realign*
réaliser	*to realize, carry out, meet, achieve*
rebaptiser	*to rename*
reconnaître	*to recognize, acknowledge*
réduire	*to reduce, cut back*

refaire	*to remake, rebuild, overhaul, renew*
réformer	*to reform, overhaul*
remanier	*to reorganize, modify, revise*
renouveler	*to renew, revive, transform*
réorganiser	*to reorganize*
repenser	*to rethink*
repositionner	*to reposition*
revitaliser	*to revitalize*
scinder	*to divide, split up*
simplifier	*to streamline, simplify*
souligner	*to underline, emphasize, stress*

Paroles en action / *Words in action*

Les organisations du secteur public fonctionnent dans un milieu en évolution constante. Par conséquent, elles devraient examiner périodiquement leur mandat, leurs capacités et leur rendement afin de garantir qu'elles s'acquittent bien de leurs fonctions et qu'elles le font de la manière la plus rentable.

Le renouvellement organisationnel est un processus de gestion du changement visant à repenser et transformer la culture, les capacités et la stratégie d'une organisation pour atteindre les plus hauts niveaux de rendement. On demande: Quel est notre but et notre mission? Quelles sont nos forces et nos faiblesses? Quelles sont les attentes de notre clientèle? Quelle est la qualité de notre rendement? Qu'est-ce qui nous empêche de progresser?

Un projet de renouveau vise à repositionner l'organisation afin d'améliorer la façon dont elle remplira sa vision et son rôle. Le renouvellement réoriente les activités principales et les priorités de l'organisation, augmente la qualité de ses services afin d'améliorer la satisfaction de la clientèle, et investit dans ses gens afin d'assurer qu'elle possède les connaissances, les compétences et les capacités nécessaires pour réaliser sa mission et ses objectifs. Le renouvellement devrait placer une organisation à la fine pointe dans son domaine.

Public sector organizations *operate in a constantly changing environment. They should therefore periodically review their mandates, capabilities and performance to ensure that they are doing the right things and are doing them in the most cost-effective manner.*

Organizational renewal is a change management process that aims to re-think and transform the culture, capabilities and strategy of an organization to achieve higher levels of performance. It asks: What is our purpose and mission? What are our strengths and weaknesses? What do our clients expect of us? How good are we at what we do? What is holding us back?

A renewal project aims to reposition the organization to be the best it can be in fulfilling its vision and role. Renewal re-focuses the organization on its core business and priorities, enhances service quality to improve client satisfaction, and invests in people to ensure that the organization has the right knowledge, skills and capabilities to achieve its mission and goals. Renewal should place an organization at the leading-edge in its field.

Change Management

Noms et expressions	*Nouns and phrases*
la gestion du changement	*change management*
le plan de gestion du changement	*change management plan*
la vision	*vision*
une nouvelle direction	*new direction*
le programme de changement	*agenda for change*
le leadership transformationnel	*transformational leadership*
un changement transformatif	*transformative, transformational change*
une transformation complète	*complete transformation, remaking*
la transformation de l'organisation	*organizational transformation*
le pouvoir	*authority, power*
l'influence *(f)*	*influence*
un leader informel, une leader informelle	*informal leader*
le décideur, la décideuse	*decision-maker*
l'intention *(f)* générale	*overall intent*
l'objectif *(m)* de changement	*change objective*
les résultats *(m)* visés	*intended, expected results*
les conditions *(f)* nécessaires au succès	*conditions for success*
le processus du changement	*change process*
un agent, une agente de changement	*change agent*
la volonté de changement	*commitment to change*
un engagement en matière de changement	*commitment to change*
la résistance au changement	*resistance to change*
un changement	*change*
▸ culturel	*cultural change*
▸ progressif	*incremental, gradual change*
▸ transformationnel	*transformational change*
▸ fondamental	*fundamental, basic change*
▸ d'envergure *(f)*	*far-reaching, ambitious change*
le changement continu	*continuous change*
la modification constante	*constant adjustment*
une série de changements	*a series of changes*
la nécessité de changement	*need for change*
le besoin de changement	*need for change*

les moteurs *(m)* de changement	*change drivers*
le problème	*problem, issue*
la problématique	*overriding issue, issues, problem*
le diagnostic des problèmes	*problem diagnosis*
la solution préférée	*preferred solution*
une solution de rechange	*alternative solution*

Le processus de gestion du changement
Change Management Process

- analyser la problématique et évaluer le besoin de changement
  analyse the issues and assess the need for change
- créer une vision commune de ce que l'organisme veut accomplir
  create a shared vision of what the organization wants to achieve
- assurer le soutien de la haute direction et désigner un champion du changement dans les rangs de la haute direction
  ensure top management support and designate a change champion from among senior management
- élaborer des propositions de changement et prendre des décisions sur la marche à suivre
  develop proposals for change and make decisions on the way ahead
- formuler un plan d'action pour la mise en œuvre
  draw up an implementation action plan
- mettre à disposition une capacité et des ressources suffisantes pour l'exécution du programme de changement
  make available sufficient capacity and resources to carry out the change program
- mettre en œuvre le programme de changement et offrir des résultats préliminaires et concrets
  implement the change program and deliver early and tangible results
- inculquer les changements à la culture organisationnelle
  instill the changes in the organizational culture
- surveiller les progrès et évaluer les résultats
  monitor progress and evaluate results
- apporter tout correctif nécessaire
  make any necessary adjustments

N'oubliez pas - *Remember:*

- de faire participer les parties clés dès le début du processus, p.ex., le personnel, les syndicats, les représentants de la clientèle et des intervenants
  to involve key parties from the beginning of the process, e.g., employees, unions, client and stakeholder representatives
- d'assurer une communication constante et ouverte
  to ensure ongoing and open communication

la consultation	*consultation*
la rétroaction	*feedback*

les principaux intéressés *(m)*	*major stakeholders*
les parties *(f)* intéressées	*stakeholders, interested parties*
les intérêts *(m)* contradictoires	*competing, conflicting interests*
la situation actuelle	*current situation*
une situation donnée	*a given situation*
le statu quo	*status quo*
un environnement	*environment*
▸ complexe	*complex environment*
▸ chaotique	*chaotic environment*
la phase de préparation *(f)*	*preparatory, preparation phase*
la première étape	*first stage*
les étapes à suivre	*steps to follow*
la mise en œuvre	*implementation*
la transition	*transition*
la gestion de transition	*transition management*
le, la leader de transition	*transition leader*
l'équipe *(f)* de transition	*transition team*
le processus de transition	*transition process*
les limites *(f)*	*limitations*
▸ politiques	*political limitations*
▸ administratives	*administrative limitations*
une considération importante	*important consideration*
les répercussions *(f)*	*implications, consequences, effects*
une embûche	*pitfall*
un obstacle	*obstacle, impediment*
la perspective	*perspective, viewpoint*
▸ du ministre, de la ministre	*Minister's perspective*
▸ des employés	*employee perspective*
▸ des syndicats	*perspective of the Unions*
▸ des intéressés externes	*perspective of external stakeholders*
▸ des agences centrales	*perspective of central agencies*
la stratégie	*strategy*
▸ d'engagement	*engagement, participation strategy*
▸ de consultation	*consultation strategy*
▸ d'exécution	*implementation strategy*
▸ de communication	*communications strategy*

la mobilisation du personnel	*staff, employee mobilization*
le moral du personnel	*staff morale*
une période difficile	*difficult period*
l'implantation *(f)* du changement	*introducing, instilling change*
le rythme rapide de changement	*rapid, quick pace of change*
la lenteur du changement	*slow pace of change*
les résultats *(m)* attendus	*expected results*
une attente raisonnable	*reasonable expectation*
les attentes irréalistes	*unrealistic expectations*
l'incidence *(f)* sur le rendement	*impact, effect on performance*
une conséquence inattendue	*unexpected consequence, result*
un impact immédiat	*immediate, direct impact*
les avantages *(m)*	*advantages, benefits*
le progrès	*progress, improvement*
un facteur d'incertitude *(f)*	*element of uncertainty*

Verbes pratiques	***Useful verbs***
adapter à	*to adapt to*
aller de l'avant	*to go forward*
apporter	*to introduce, bring about, make*
avancer	*to advance, bring forward, progress*
changer	*to change*
constituer	*to constitute, make up*
découler	*to ensue, follow, lead to*
se dérouler	*to unfold, develop, happen*
diriger le changement	*to lead change*
entraîner	*to bring about, entail*
entraver	*to impede, hold up, hinder*
évoluer	*to evolve, change, unfold, develop*
faire des changements	*to make changes*
faire progresser	*to move forward, make progress*
formuler	*to draw up, formulate*
gérer les changements	*to manage change*
implanter	*to introduce, establish*
lancer	*to launch, start up, spearhead*
nécessiter	*to necessitate, require, call for*
occasionner	*to cause, bring about, lead to*
s'ouvrir à	*to be open to*
préciser	*to specify, clarify, explain*
se présenter	*to arise, present itself*
progresser	*to make progress, advance*

proposer	*to propose*
résister	*to resist*
secouer	*to shake up*
surmonter	*to overcome, surmount*
transformer	*to transform, remake*

Paroles en action / *Words in action*

Des forces puissantes secouent la société globale et placent un fardeau sans précédent sur les gouvernements alors que ceux-ci essaient de maintenir une qualité de vie élevée, l'ordre économique et la bonne marche de la société.

Les moteurs du changement comprennent la mondialisation, les crises économiques et financières, la dette publique, le réchauffement planétaire, la prolifération du terrorisme, la dépendance au pétrole, les éclosions de maladies infectieuses et une augmentation de la prévalence des maladies chroniques, les progrès scientifiques et technologiques, la croissance de la population et le changement démographique, l'urbanisation, les catastrophes naturelles, la sécheresse et la pénurie alimentaire, et la pauvreté répandue.

La sagesse populaire affirme que la seule constante est le changement. En fait, au XXIe siècle, le changement est omniprésent, implacable et transformateur. De plus en plus, le travail du gouvernement consiste à gérer le changement – à le prévoir, à façonner son orientation et à atténuer ses répercussions, et à aider la société à s'adapter à de nouvelles conditions.

Mais, pourrions-nous demander, à quelles fins? Les défis et les possibilités que présente aux gouvernements et à la société civique la dynamique du changement consistent à bâtir une société tournée vers l'extérieur, plus inclusive et plus viable pour l'ensemble du village mondial.

***Powerful forces are** buffeting global society, making unprecedented demands on governments as they seek to maintain a high quality of life, economic order, and the smooth functioning of society.*

Change drivers include globalization, economic and financial crises, public debt, global warming, the spread of terrorism, dependency on oil, infectious disease outbreaks and the increasing prevalence of chronic illness, scientific and technological advances, population growth and demographic change, urbanization, natural disasters, drought and food shortages, and widespread poverty.

Popular wisdom holds that change is the only constant. Indeed, in the 21st century, change is pervasive, relentless and transformational. The work of government increasingly is to manage change – to anticipate it, to shape its direction and mitigate its effects, and to assist society to adapt to new conditions.

But, we may ask, to what ends? The challenge and opportunity presented by the dynamics of change is for governments and civic society to build a more outward-looking, more inclusive and more sustainable society to benefit the whole global village.

Meetings

Noms et expressions	*Nouns and phrases*
une réunion	*meeting*
▸ interministérielle	*interdepartmental meeting*
▸ d'affaires *(f)*	*business meeting*
▸ à huis clos	*closed-door, in camera meeting*
▸ hebdomadaire	*weekly meeting*
▸ mensuelle	*monthly meeting*
▸ publique	*public meeting*
la prochaine réunion	*next meeting*
une rencontre préparatoire	*pre-meeting, preparatory meeting*
un rendez-vous	*appointment*
un appel conférence	*conference call*
la téléconférence	*teleconference, conference call*
un atelier	*discussion group, workshop*
une séance	*meeting, session*
▸ de travail	*working meeting*
▸ d'information	*information session*
▸ d'orientation	*orientation session*
le comité	*committee*
▸ de gestion *(f)*	*management committee*
▸ de direction *(f)*	*executive committee*
▸ directeur	*steering committee*
▸ consultatif externe	*external advisory committee*
▸ externe d'examen *(m)*	*external review committee*
▸ organisateur	*organizing committee*
▸ interministériel	*interdepartmental committee*
le groupe de travail	*working group*
le mandat	*terms of reference*
l'ordre *(m)* du jour	*agenda*
l'ordre du jour à venir	*forward agenda*
les points *(m)* à l'ordre du jour	*agenda items*
un point supplémentaire	*additional item*
le président, la présidente	*chair, chairperson*
un, une membre du comité	*committee member*
la liste des membres	*membership list*
la composition	*composition*

un participant, une participante	*participant*
la participation	*participation*
l'assistance *(f)* à la réunion	*meeting attendance*
le quorum	*quorum*
la date	*date*
le lieu	*location, place*
la pièce	*room*
la salle de conférence	*boardroom, conference room*
le début	*start*
la durée	*duration, length*
la fin	*end, finish*
le retard	*delay*
un exposé oral	*oral presentation*
la discussion	*discussion*
les délibérations *(f)*	*deliberations, discussion*
le procès-verbal, les procès-verbaux	*minutes of proceedings*
l'approbation *(f)*	*approval*
une rectification	*correction*
le compte rendu	*report, record, proceedings*
▸ de la réunion	*record of meeting*
▸ des délibérations *(f)*	*report of proceedings*
▸ sommaire	*summary report*
le rapport d'étape	*progress report*
les progrès *(m)* réalisés à ce jour	*progress to date*
l'état *(m)* d'avancement du dossier	*status of the issue*
le suivi	*follow-up*
une activité de suivi	*follow-up activity*
un point de suivi	*action item*
les prochaines étapes *(f)*	*next steps*
le rappel	*reminder*
le café	*coffee*
les rafraîchissements *(m)*	*refreshments*
le déjeuner de travail	*working lunch*
le dîner de travail	*working dinner*

Verbes pratiques	***Useful verbs***
ajouter	*to add*

annuler	*to cancel*
approuver	*to approve, ratify*
assister à	*to attend*
commencer	*to start*
constituer	*to constitute, set up, form*
convoquer	*to convoke, convene*
discuter	*to discuss*
donner suite à	*to respond to, follow-up*
faire un exposé	*to give a presentation, talk*
fixer	*to arrange, set*
mener	*to chair, lead, run, manage*
mettre à l'ordre du jour	*to schedule, put on the agenda*
organiser	*to schedule, arrange, organize*
participer à	*to participate in*
présider la réunion	*to chair, preside over the meeting*
remettre à	*to postpone, adjourn until*
reporter	*to postpone, reschedule*
réunir	*to call together, call a meeting*
se réunir	*to meet*
tenir une réunion	*to hold a meeting*

Paroles en action / *Words in action*

Message aux employés

De la part de la direction régionale, j'aimerais vous inviter à une réunion du personnel afin d'échanger des informations et des idées en matière de santé dans notre milieu de travail.

La réunion aura lieu vendredi, le 18 mars, de 10h30 à midi dans la salle de conférence au 2e étage. Nous vous encourageons tous à assister à la réunion. Nous distribuerons à l'avance un rapport traitant des conclusions du dernier sondage effectué auprès du personnel concernant la qualité de notre milieu de travail. Au début de la réunion, il y aura une discussion en panel pour examiner divers points de vue sur les résultats du sondage. Les participants comprendront un membre de l'équipe de gestion, un membre du personnel et un représentant syndical.

Venez nous poser vos questions et offrir vos commentaires et vos idées! En particulier, nous aimerions recevoir vos suggestions pour apporter des améliorations immédiates dans notre milieu de travail et pour élaborer un plan d'action à long terme sur la santé en milieu de travail. En travaillant ensemble, j'ai confiance que nous serons en mesure de créer un milieu de travail plus sain, plus agréable et plus productif.

Directeur régional

Message to Employees

On behalf of regional management, I would like to invite you to a staff meeting to exchange information and ideas about the health of our workplace.

The meeting will be held Friday, March 18, from 10:30 a.m. to noon in the 2nd floor conference room. We encourage everyone to attend. A report will be distributed in advance on the results of the recent employee survey about the quality of our workplace. To start the meeting, there will be a panel discussion to consider various perspectives on the survey results. Participants will include a member of the management team, a staff member and a union representative.

Bring your questions, comments and ideas! We will be especially interested in your suggestions for bringing immediate improvements to our workplace and for developing a longer-term workplace health action plan. By working together, I am confident that we can create a healthier, more enjoyable and more productive workplace.

Regional Director

Departmental Management

Noms et expressions	***Nouns and phrases***
le ministère	*department*
l'échelle ministérielle	*departmental level*
l'administration *(f)* centrale	*head office, headquarters*
la politique ministérielle administrative	*departmental administrative policy*
les besoins *(m)* ministériels	*departmental requirements, needs*
une approche adaptée	*tailored approach*

La hiérarchie administrative ministérielle
Departmental Administrative Hierarchy

▸ le, la sous-ministre	*deputy minister*
▸ le sous-ministre délégué la sous-ministre déléguée	*associate deputy minister*
▸ le sous-ministre adjoint la sous-ministre adjointe	*assistant deputy minister*
▸ le directeur général la directrice générale	*director general*
▸ le directeur général régional la directrice générale régionale	*regional director general*
▸ le directeur exécutif la directrice exécutive	*executive director*
▸ le directeur la directrice	*director*
▸ le directeur régional la directrice régionale	*regional director*
▸ le directeur intérimaire la directrice par intérim	*acting, interim director*
▸ le directeur adjoint la directrice adjointe	*assistant, deputy director*

l'administrateur général	*deputy head*
le, la chef d'organisme	*head of agency*
la nomination	*appointment*
le mandat	*tenure*
la structure ministérielle	*departmental structure*
la filière hiérarchique	*hierarchical, official channels*
la voie hiérarchique	*hierarchical channels*
une relation hiérarchique	*hierarchical relationship*
le comité exécutif	*executive committee*
le comité de la haute direction	*senior management committee*
le comité de gestion supérieure	*senior management committee*

la direction	*leadership, management*
la haute direction ministérielle	*senior departmental management*
la gestion supérieure	*senior management*
les cadres *(m)* supérieurs	*senior officials, executives*
les cadres supérieurs régionaux	*senior regional officials*
les niveaux *(m)* supérieurs	*senior levels*
le fonctionnaire de carrière	*career public servant*
un haut, une haute fonctionnaire	*senior public servant, official*
les hauts responsables	*senior officials*
le, la gestionnaire	*manager*
▸ hiérarchique	*line manager*
▸ de première ligne	*front-line manager*

Opérations régionales
Regional Operations

la région	*region*
le bureau régional	*regional office*
le chef régional	*regional head*
la direction régionale	*regional management*
le comité de gestion régional	*regional management committee*
les collègues régionaux	*regional colleagues*

Conseil régional fédéral
Regional Federal Council

le, la chef de la direction générale	*branch head*
la gestion hiérarchique	*line management*
les travailleurs de première ligne	*front-line workers*
le personnel	*personnel, staff, workforce*
l'effectif *(m)* ministériel	*departmental staff, workforce*
les employés	*employees*
son supérieur, sa supérieure	*his, her superior*
son, sa collègue	*his, her colleague*
son subordonné, sa subordonnée	*his, her subordinate*
le milieu	*milieu, environment*
▸ opérationnel	*operational environment*
▸ de réglementation	*regulatory environment*
un service	*service*
▸ ministériel	*corporate service*
▸ de soutien administratif	*administrative support service*

la gestion	*management*
le management	*management*
les décisions *(f)* en gestion	*management decisions*
la prise de décisions	*decision-making*
le processus de prise de décisions	*decision-making process*
la direction fonctionnelle	*functional direction, leadership*
l'autorité *(f)* fonctionnelle	*functional authority*
la fonction administrative interne	*internal administrative function*
le soutien en gestion	*management support*

Les composantes organisationnelles
Organizational Components

le secteur	*sector*
la direction générale	*branch*
la direction	*directorate*
la division	*division*
la section	*section*
l'unité *(f)* de travail	*work unit*

les exigences *(f)* de fonctionnement	*operational requirements*
les besoins *(m)* opérationnels	*operational needs, requirements*
les principales responsabilités *(f)* opérationnelles	*main operational responsibilities*
une gamme de responsabilités	*wide range of responsibilities*
la prestation de services *(m)* internes	*internal service delivery*
le niveau de service	*level of service*
une entente sur les niveaux de services	*service level agreement*

Verbes pratiques	***Useful verbs***
administrer	*to administer*
constituer	*to establish*
diriger	*to direct, manage, oversee, lead*
exécuter	*to do, carry out, perform, implement*
gérer	*to manage*
mettre en œuvre	*to implement*
moderniser	*to modernize*
parvenir à une decision	*to reach a decision*
prendre en charge	*to take charge*
prendre une décision	*to take, make a decision*
relever directement de	*to report directly to*
superviser	*to supervise, oversee*

Paroles en action / *Words in action*

ArcelorMittal Dofasco est le plus grand producteur d'acier au Canada et un leader dans la sidérurgie nord-américaine. Cette firme est bien connue pour son slogan inspirant: « Notre produit, c'est l'acier. Notre force, ce sont les gens. »

Dans un milieu de travail où les exigences de travail et les nouvelles technologies dominent, nous ne devrions avoir besoin d'aucun rappel que ce sont les employés qualifiés et dévoués qui constituent la force du secteur public. Les fonctionnaires qui travaillent quotidiennement pour accomplir leur tâche améliorent la qualité de vie des Canadiens. La mobilisation du pouvoir des gens – leur engagement, leur compétence, leur créativité et leur ingéniosité – peut être la tâche la plus importante des gestionnaires gouvernementaux.

On crée une organisation hautement performante en montrant à tous les employés comment, ou de quelle façon, leur travail contribue à la réalisation de la mission organisationnelle, et en valorisant la contribution individuelle de chaque employé. Il existe des moyens significatifs et éprouvés de créer une culture d'excellence, par exemple, en traitant les employés avec respect, en écoutant leurs idées, en favorisant un milieu de travail positif, en donnant aux employés l'autorité, la formation et les outils pour faire leur travail, et en reconnaissant les réalisations des employés.

***ArcelorMittal Dofasco** is Canada's largest steel producer and a leader in the North American steel industry. It is well-known for its inspiring slogan, "Our product is steel. Our strength is people."*

In a workplace dominated by work demands and new technologies, we should need no reminder that it is skilled and dedicated employees that constitute the strength of the public sector. The quality of life of Canadians is improved by the public servants who work every day to carry out their duties. Mobilizing the power of people – their commitment, expertise, creativity and resourcefulness – may be the most important task of government managers.

Showing every employee how, or in what ways, their work contributes to the organization's mission, and valuing each employee's contribution, promotes a high-performing organization. Treating employees with respect, listening to their ideas, promoting a positive work environment, giving employees the authority, training and tools to do their jobs, and recognizing their accomplishments are meaningful and proven ways to create a culture of excellence.

Portfolio Management

Noms et expressions	*Nouns and phrases*
le portefeuille	*portfolio*
la gestion du portefeuille	*portfolio management*
le portefeuille du ministre	*Minister's portfolio*
le portefeuille ministériel	*departmental portfolio*
la zone de responsabilité	*area of responsibility*
une orientation commune	*common direction*
une vision cohérente	*coherent, consistent vision*

Organismes fédéraux non ministériels
Federal Non-departmental Bodies

Organismes de service spéciaux/*Special operating agencies*

- Bureau des passeports
  Passport Office
- Garde côtière canadienne
  Canadian Coast Guard

Organismes de service créés par voie législative, aussi désignés « organismes distincts » /*Legislated service agencies, also known as "separate agencies"*

- Agence canadienne d'inspection des aliments
  Canadian Food Inspection Agency
- Agence des services frontaliers du Canada
  Canada Border Services Agency
- Agence Parcs Canada
  Parks Canada Agency

Tribunaux administratifs quasi judiciaires/*Quasi judicial administrative tribunals*

- Commission de l'immigration et du statut de réfugié
  Immigration and Refugee Board
- Office des transports du Canada
  Canadian Transportation Agency
- Bureau de la sécurité des transports du Canada
  Transportation Safety Board of Canada
- Commission nationale des libérations conditionnelles
  National Parole Board
- Conseil canadien des relations industrielles
  Canada Industrial Relations Board

Sociétés d'État/*Crown corporations*

- Monnaie royale canadienne
  Royal Canadian Mint
- Société canadienne d'hypothèques et de logement
  Canada Mortgage and Housing Corporation

un organisme du portefeuille	*portfolio organization*
un organisme autonome	*autonomous body*
l'administrateur *(m)* général	*deputy head*
le, la chef d'organisme	*agency head*
le, la chef de la direction	*chief executive officer*
le premier dirigeant, la première dirigeante	*chief executive officer*
le cadre	*framework*
▸ de gouvernance	*governance framework*
▸ de gestion	*management framework*
▸ de reddition de comptes	*accountability framework*
une entité administrative	*administrative entity*
la forme organisationnelle	*organizational form, structure*
la structure administrative	*administrative structure*
la structure de gouvernance	*governance structure*

Exemples des/ *Examples of*
Différents modes de prestation de services
Alternative Service Delivery

- les nouvelles formes organisationnelles avec des pouvoirs adaptés à leur mandat
  new organizational structures with authorities tailored to their mandate
- le transfert des responsabilités liées à la prestation de services
  devolution of service delivery responsibilities
- le partenariat public-privé
  public-private partnership
- l'impartition des activités non essentielles
  outsourcing of non-core activities
- la sous-traitance des services
  contracting-out of services
- la commercialisation des opérations
  commercialization of operations
- la privatisation des biens
  privatization of assets

le mode de prestation de services	*service delivery method*
les différents modèles *(m)*	*alternative models*
la dévolution des responsabilités	*devolution of responsibilities*
un mécanisme	*mechanism, arrangement*
▸ organisationnel	*organizational arrangement*
▸ de collaboration	*collaborative arrangement*
▸ plus souple	*more flexible mechanism*
▸ novateur	*innovative arrangement*

le mandat	*mandate*
le pouvoir législatif	*legislative power, authority*
les pouvoirs discrétionnaires	*discretion, discretionary authorities*
la législation applicable	*applicable, governing legislation*
la loi	*law, legislation*
▸ constitutive	*constituent, constitutive legislation*
▸ habilitante	*enabling legislation*
▸ d'habilitation	*enabling legislation*
l'autonomie *(f)* opérationnelle	*operational autonomy*
une plus grande latitude	*greater latitude, scope, flexibility*

un établissement public
departmental corporation
une organisation administrative déléguée
delegated administrative organization

le rendement organisationnel	*organizational performance*
l'appareil *(m)* administratif	*administrative machinery, apparatus*
les contraintes *(f)* administratives	*administrative constraints*
la souplesse de gestion	*management flexibility*
le document cadre	*framework document*
le plan	*plan*
▸ d'affaires	*business plan*
▸ d'entreprise	*corporate plan*
▸ de gestion annuel	*annual management plan*
l'analyse *(f)* de rentabilisation	*business case*
la meilleure façon	*best way, means*
la meilleure solution	*best solution*

Verbes pratiques	***Useful verbs***
centraliser	*centralize*
décentraliser	*to decentralize, devolve*
déléguer	*to delegate, devolve*
effectuer	*to conduct, carry out, undertake*
exécuter	*to do, carry out, perform, implement*
mettre en œuvre	*to implement*
privatiser	*to privatize*
respecter	*to respect, observe, comply with*
sous-traiter	*to contract-out*
transférer	*to transfer, devolve*

Paroles en action / *Words in action*

Les organismes gouvernementaux relèvent du Parlement par l'entremise du ministre désigné. Ensemble, les organismes sous la compétence d'un ministre constituent le portefeuille ministériel. Typiquement, les organismes du portefeuille partagent un but public commun et un thème sous-jacent qui donne une cohérence aux divers mandats et structures.

Les ministres ont pour objectif de façonner la politique publique afin d'améliorer les résultats stratégiques et de mieux servir le bien public, en conformité avec le programme du gouvernement. Pour exercer le leadership du portefeuille avec succès, il est primordial qu'un ministre ait une bonne compréhension de ses pouvoirs juridiques et de sa sphère d'influence politique, ainsi que du statut, des mandats et des pouvoirs juridiques des organismes du portefeuille, aussi bien ceux qui sont sous la direction et le contrôle du ministre que ceux qui mènent leurs activités de manière autonome. La capacité de faire avancer le programme stratégique dépend souvent du leadership, de la collaboration, de la volonté et de la détermination politique.

Le sous-ministre, comme conseiller principal du ministre sur tous les aspects du portefeuille, est un allié important pour faire progresser les priorités du ministre et pour naviguer à travers l'appareil et le processus décisionnel du gouvernement.

Government organizations report *to Parliament through their designated minister. Together, the organizations under the purview of a minister constitute the ministerial portfolio. There is typically a common public purpose among portfolio organizations, an underlying theme that gives coherence to a variety of mandates and structures.*

Ministers aim to shape public policy to improve policy outcomes and better serve the public good, consistent with the government's agenda. To exercise portfolio leadership successfully, it is essential that a minister have a good understanding of his or her legal authorities and political sphere of influence, as well as of the legal status, mandates and authorities of portfolio organizations, both those under the minister's direction and control and those at arm's length. The ability to move the policy agenda forward is often a question of leadership, collaboration, and political will and determination.

The deputy minister, as the minister's senior advisor on all aspects of the portfolio, is an important ally in advancing the minister's priorities and navigating the machinery and decision-making process of government.

Crown Corporations

Noms et expressions	***Nouns and phrases***
une société d'État	*Crown corporation*
▸ mère	*parent Crown corporation*
▸ mandataire	*agent Crown corporation*
▸ commercialle	*commercial Crown corporation*
▸ sans but lucratif	*not-for-profit Crown corporation*
une grande société d'État	*major Crown corporation*
une entreprise publique	*public, State-owned, government enterprise*
une filiale à part entière	*wholly-owned subsidiary*

Sociétés d'État
Crown Corporations

- Société canadienne des postes (Postes Canada)
  Canada Post Corporation (Canada Post)
- Société Radio-Canada
  Canadian Broadcasting Corporation
- Société du Musée canadien des civilisations
  Canadian Museum of Civilization Corporation
- Banque du Canada
  Bank of Canada
- Exportation et développement Canada
  Export Development Canada
- Commission de la Capitale nationale
  National Capital Commission
- Construction Défense Canada
  Defence Construction Canada

la constitution en société	*incorporation*
une personne morale	*body corporate*
une entité juridiquement distincte	*legally-distinct entity*
la forme d'organisation en société	*corporate form, structure*
le siège, le siège social	*headquarters, head office*
les statuts *(m)* constitutifs	*articles of incorporation*
les lettres *(f)* patentes	*letters patent*
les règlements *(m)* administratifs	*corporate bylaws*
un mandat	*mandate*
▸ commercial	*commercial mandate*
▸ culturel	*cultural mandate*

le cadre	*framework*
▸ législatif	*legislative, statutory framework*
▸ de gouvernance	*governance framework*
▸ de contrôle et de responsabilisation	*control and accountability framework*
la gouvernance	*governance*
la régie des sociétés	*corporate governance*
la régie d'entreprise	*corporate governance*
la structure d'entreprise	*corporate, business structure*
la structure de gouvernance	*governance structure*
une bonne pratique de gouvernance	*good governance practice*
les pratiques du secteur privé	*private sector practices*
la surveillance	*oversight*
le rôle de surveillance	*oversight role*
le président, la présidente	*president, chairman, chairperson*
le directeur général, la directrice générale	*president, general manager*
le dirigeant principal, la dirigeante principale	*chief executive officer*
le premier dirigeant, la première dirigeante	*chief executive officer*

Loi canadienne sur les sociétés par actions
Canada Business Corporations Act

le, la chef	*chief*
▸ de la direction	*chief executive officer*
▸ de l'exploitation	*chief operating officer*
▸ des opérations	*chief operating officer*
le conseil d'administration	*board of directors*
l'administrateur, l'administratrice	*director*
un directeur indépendant	*independent director*
un mandat renouvelable	*renewable term*
la responsabilité légale	*legal, statutory liability*
le devoir de prudence	*duty of care*
l'obligation *(f)* fiduciaire	*fiduciary duty*
le bureau du conseil	*executive committee*
le conseil de direction	*executive committee*
le comité	*committee*
▸ de direction	*executive committee*
▸ exécutif	*executive committee*
▸ de vérification	*audit committee*

l'intérêt *(m)* public	*the public interest*
l'actionnaire *(m)* fiduciaire	*trustee shareholder*
le seul actionnaire	*only shareholder*
l'actionnariat *(m)*	*shareholders*
le plan d'entreprise	*corporate plan*
la stratégie d'entreprise	*corporate strategy*
le secteur d'activité	*business line*

Organismes d'entreprises opérationnelles de l'Ontario
Operational Enterprise Agencies of Ontario

- Société des loteries et des jeux de l'Ontario
  Ontario Lottery and Gaming Corporation
- Régie des alcools de l'Ontario
  Liquor Control Board of Ontario
- Société ontarienne de gestion des fonds des investisseurs immigrants
  Ontario Immigrant Investor Corporation

les revenus *(m)* annuels	*annual revenue, revenues*
les revenus de placements	*investment income*
les frais *(m)* d'exploitation	*operating expenses, costs*
les dépenses *(f)* de fonctionnement	*operating expenses*
les emprunts *(m)*	*borrowings*
l'assemblée *(f)* publique annuelle	*annual public meeting*
le rapport annuel	*annual report*
le rendement de la société	*corporate performance*
le rendement de l'entreprise	*business performance*
les résultats *(m)* financiers	*financial results, performance*
les états *(m)* financiers vérifiés	*audited financial statements*

Verbes pratiques	***Useful verbs***
se constituer en société	*to incorporate*
régir	*to govern*
rendre compte à	*to report to, be accountable to*
surveiller	*to oversee, monitor*

Paroles en action / *Words in action*

Les entreprises d'État gèrent la prestation des services gouvernementaux sans la direction et la surveillance quotidienne du gouvernement. Au Canada, on désigne les entreprises publiques sous le nom de sociétés d'État. Elles servent l'intérêt public de nombreuses façons, par exemple, comme services publics d'électricité, sociétés de télécommunications et de transports, diffuseurs publics, autorités responsables du logement social, régies des alcools, sociétés d'assurance-automobile, institutions financières et musées.

Les sociétés d'État sont créées selon une législation fédérale ou provinciale. La loi constitutive définit le mandat de la société, sa structure de gouvernance et ses pouvoirs, comme le pouvoir d'adopter des règlements pour l'administration et le contrôle des affaires de la société, et pour embaucher le personnel.

Bien qu'elles soient propriété exclusive de la Couronne, les entreprises publiques sont des entités légales distinctes sous la direction de conseils d'administration nommés par le gouvernement. À ce titre, elles ont une marge de manœuvre plus grande puisqu'elles ne sont pas soumises aux mêmes contrôles financiers, administratifs et de ressources humaines qui s'appliquent aux ministères gouvernementaux. Les sociétés d'État adoptent souvent les pratiques commerciales des sociétés privées. Néanmoins, comme entreprises publiques, elles doivent faire rapport au Parlement ou à l'assemblée législative chaque année sur leur rendement.

State-owned enterprises *manage the delivery of government services without day-to-day government direction and oversight. In Canada, government enterprises are called Crown corporations. They serve the public interest in many ways, for example, as electricity utilities, telecommunications and transportation companies, public broadcasters, public housing authorities, liquor control boards, auto insurers, financial institutions, and museums.*

Crown corporations are created by federal or provincial legislation. The constituent legislation sets out a corporation's mandate, governance structure and powers, such as the power to make by-laws for the administration and control of the affairs of the corporation, and for hiring staff.

While they are wholly owned by the Crown, government enterprises are distinct legal entities under the direction of boards of directors appointed by the government. As such, they have greater freedom to operate as they are not subject to the same financial, administrative and personnel controls that apply to government departments. Crown corporations often adopt the business practices of private companies. However, as government enterprises, they must report annually to Parliament or the legislature on their performance.

Program Management

Noms et expressions	*Nouns and phrases*
la gestion de programme	*program management*
le, la responsable du programme	*program authority*
le personnel responsable du programme	*program staff*
l'autorisation *(f)* du programme	*program authority*
le but du programme	*program goal, purpose*
l'objet *(m)* principal	*main purpose*
la finalité première	*primary, central aim, objective, purpose*
les objectifs *(m)* du programme	*program objectives*
les fins *(f)* du programme	*aims, purposes of the program*
le cadre	*framework*
▸ de gestion	*management framework*
▸ de programme	*program framework, structure*
la conception de programme	*program design*
l'élaboration *(f)* de programme	*program development*
le choix du modèle d'exécution *(f)*	*choice of delivery model*
la latitude régionale	*regional flexibility*
les besoins *(m)* locaux	*local needs*
le remaniement du programme	*program modification, redesign*
la restructuration du programme	*program restructuring, redesign*
la refonte du programme	*program redesign*
le lancement du programme	*program launch, start*
les activités *(f)* de démarrage *(m)*	*start-up activities*
l'exécution *(f)* de programme	*program implementation, delivery*
la mise en œuvre de programme	*program implementation*
la mise à exécution	*carrying out, running*
le fonctionnement permanent	*ongoing operation, running*
un programme	*program*
▸ national	*national program*
▸ régional	*regional program*
▸ de contributions	*contributions program*
▸ pilote	*pilot program*
▸ controversé	*controversial program*
le genre de programme	*kind, type of program*
les exigences *(f)* opérationnelles	*operational requirements*

les besoins *(m)* opérationnels	*operational requirements, needs*
les opérations *(f)* quotidiennes	*day-to-day operations*
une activité d'exploitation *(f)*	*operational activity*
le budget de fonctionnement	*operating budget*
les coûts *(m)* de fonctionnement	*operating costs*

Responsabilités de la direction
Management Responsibilities

- le leadership organisationnel et la prise de décisions
  organizational leadership and decision-making
- la planification stratégique et de fonctionnement, et l'élaboration de politiques
  strategic and operational planning and policy development
- l'organisation du travail
  organization, structure of work
- la gestion des ressources financières
  management of financial resources
- le recrutement, la formation et la gestion des ressources humaines
  recruitment, training and management of human resources
- la direction de l'exécution de programmes et de l'administration
  directing program delivery and administration
- les communications continues et ouvertes avec le personnel, la clientèle et les intéressés
  ongoing and open communications with staff, clients and stakeholders
- la surveillance et le contrôle de tous les domaines de responsabilité
  oversight and control of all areas of responsibility
- la mesure du rendement, les rapports et la responsabilisation
  performance measurement, reporting and accountability

les frais *(m)*	*costs, expenses*
▸ de démarrage	*start-up costs*
▸ de fonctionnement	*operating, running costs*
▸ de main-d'œuvre	*labour costs*
le manuel de fonctionnement	*operating manual*
les procédures *(f)* opérationnelles normalisées	*standard operating procedures*
les lignes *(f)* directrices de programme	*program guidelines*
la production des rapports *(m)* de gestion	*management reporting*
les rapports de la direction	*management reporting*
l'obligation *(f)* de rendre des comptes	*accountability*

Verbes pratiques	***Useful verbs***
améliorer	*to improve, enhance*
chapeauter	*to head up, oversee*

exécuter	*to do, carry out, perform, implement*
gérer	*to manage*
mettre en œuvre	*to implement*
réaliser	*to carry out, meet, achieve*
veiller à	*to attend to, look after*

Paroles en action / *Words in action*

Le milieu de la prestation des services dans les organismes publics devrait être à l'avant-garde de la modernisation du secteur public, d'une révolution revitalisée de la qualité, et d'une campagne en faveur de l'excellence du rendement et de l'innovation.

Les personnes qui travaillent tous les jours avec les clients de programmes savent souvent mieux que quiconque dans quelle mesure le programme fonctionne, dans quelle mesure les services répondent aux besoins des clients, et comment améliorer la satisfaction des clients. Ce sont ces personnes qui sont souvent les plus à même de trouver des moyens d'améliorer la qualité et l'efficience de leur milieu de travail. Les possibilités les plus prometteuses pour un changement significatif peuvent très bien se trouver dans les bureaux régionaux et locaux qui sont plus près de la clientèle et des employés directement touchés par les changements proposés.

Les bureaux de première ligne devraient être des laboratoires d'innovation visant à démontrer les meilleures façons d'offrir les services aux clients, d'améliorer la productivité et de promouvoir la santé en milieu de travail. Les gestionnaires de première ligne devraient disposer de la responsabilité et du pouvoir discrétionnaire de mettre en œuvre des changements visant à favoriser l'excellence du rendement dans l'ensemble de l'organisme. En travaillant ensemble, les gestionnaires et les employés peuvent concevoir des moyens pratiques et novateurs pour améliorer la prestation des services et pour assurer un milieu de travail productif et axé sur la clientèle. Une approche basée sur la collaboration permet d'obtenir des résultats extraordinaires.

The service delivery *environment in public organizations should be at the cutting edge of public sector modernization, a re-invigorated quality revolution, and the drive to performance excellence and innovation.*

Those who work every day with program clients often know best how well the program is working, how well services are meeting client needs, and how to improve client satisfaction. Staff in a workplace often know best how to improve the quality and efficiency of their work environment. The greatest promise for meaningful change may well be found at regional and local offices that are closest to the client and to the employees most directly affected by any proposed changes.

Front-line offices should be laboratories for innovation to demonstrate better ways to deliver client service, improve productivity, and promote workplace health. Front-line managers should have the responsibility and discretion to implement changes to promote performance excellence throughout the organization. By working together, managers and employees can develop practical and innovative ways to improve service delivery and ensure a client-focused and productive workplace. A collaborative approach allows the possibility of achieving extraordinary results.

Project Management

Noms et expressions	*Nouns and phrases*
le projet	*project*
la gestion de projet	*project management*
la raison d'être du projet	*rationale for, purpose of the project*
les exigences (f) opérationnelles	*business requirements*
le cadre	*framework*
▸ de gestion du projet	*project management framework*
▸ de contrôle du projet	*project control framework*
un outil de gestion de projet	*project management tool*
la structure du projet	*project structure*
le cycle de vie (f) du projet	*project life cycle*
le ministère parrain	*sponsoring department*
le ministère commanditaire	*sponsoring department*
le mandat	*mandate*
un objectif défini clairement	*clearly-defined objective*
une portée limitée	*limited, restricted scope*
l'envergure (f)	*scope, range, scale*

un grand projet de l'État
Major Crown project
le Bureau de gestion des grands projets
Major Projects Management Office

un projet	*project*
▸ gérable	*manageable project*
▸ d'informatique	*IT project*
▸ d'immobilisation	*capital project*
▸ pilote	*pilot project*
le, la responsable de projet	*project authority*
le promoteur de projet	*project sponsor*
le, la chef de projet	*project leader*
le, la gestionnaire de projet	*project manager*
l'agent, l'agente de projet	*project officer*
l'équipe (f) de projet	*project team*
le, la chef d'équipe	*team leader*
un, une membre de l'équipe de projet	*project team member*
le travail d'équipe	*teamwork*

une solide relation de travail	*strong working relationship*
les solides relations de travail	*strong working relations*
l'entente *(f)* de projet	*project agreement*
le profil de projet	*project profile*
l'environnement *(m)* de projet	*project environment*
la planification de projet	*project planning*
les tâches *(f)*	*tasks, work*
le budget	*budget*
la qualité des extrants	*quality of output*
le délai *(m)*	*time, time frame*

la charte du projet
project charter
l'analyse de rentabilisation *(f)* approuvée
approved business case

le plan d'exécution révisé	*revised implementation plan*
l'approbation *(f)* de principe	*approval in principle*
l'accord *(m)* de principe	*agreement, approval in principle*
une décision de principe	*decision in principle*
un examen de diligence *(f)* raisonnable	*due diligence review*
les facteurs *(m)* critiques de succès	*critical success factors*
les chances *(f)* de succès	*likelihood of success*
une analyse	*analysis*
▸ détaillée	*detailed analysis*
▸ du problème	*analysis of the problem*
▸ de faisabilité	*feasibility analysis*
▸ des risques	*risk analysis*
▸ des coûts	*cost analysis*
une évaluation	*evaluation, assessment*
▸ des besoins	*needs assessment*
▸ des capacités	*capacity evaluation*
la conduite du projet	*running, management of the project*
la coordination du projet	*project coordination*
le contrôle du projet	*project control*
le plan de travail *(m)*	*work plan*
l'horaire *(m)* de travail	*work schedule*

Les phases des projets
Project Phases

Chaque phase d'un projet comprend certaines des tâches suivantes:
Every phase of a project includes tasks such as the following:

Le démarrage du project/*Project initiation*

- l'énoncé du problème à résoudre, la décision d'établir un projet, les attentes du projet, la désignation des responsabilités du projet
  identifying the problem to be solved, the decision to establish a project, project expectations, assignment of responsibility for the project

La planification et la conception du projet/*Project planning and design*

- l'établissement des objectifs et l'étendue du projet et la charte des responsabilités, l'analyse de faisabilité, l'évaluation des risques, l'identification des tâches à accomplir et l'horaire de travail, les estimations de la durée du projet, des coûts et des exigences budgétaires, les besoins en dotation, les exigences en matière de biens et de services, et l'autorisation finale du projet
  establishing project goals and scope and charter of responsibilities, feasibility analysis, risk assessment, task definition and work schedule, estimates of project duration, costs and budgetary requirements, staffing needs, goods and services requirements, final project approval

L'exécution du projet/*Project implementation*

- la dotation, la formation du personnel et l'orientation du projet, la clarification des rôles et responsabilités du personnel, l'approvisionnement en biens et en services
  staffing, staff training and project orientation, clarifying roles and responsibilities of project staff, procurement of goods and services
- la mise en œuvre des activités et des tâches du projet
  carrying out project activities and tasks
- la gestion des travaux, la surveillance des progrès, la gestion des dépenses, la gestion du risque, le contrôle de la qualité et la production de rapports sur les progrès
  managing the work, monitoring progress, expenditure management, risk management, quality control, and progress reporting

L'achèvement et la clôture du projet/*Project completion and close-out*

- l'approbation du client en matière de la réalisation du projet, la célébration de la réussite, la reconnaissance du travail de l'équipe, le rapprochement budgétaire et la vérification, le transfert du personnel et des biens, le rapport d'achèvement du projet, la finalisation des tâches administratives
- *client sign-off on project completion, celebrating success, team recognition, budget reconciliation and audit, transfers of personnel and assets, project completion report, finalize paperwork*

L'examen du projet après son achèvement/*Post-project review*

- l'évaluation et la vérification du projet, l'analyse des leçons apprises
  project evaluation and audit, analysis of lessons learned

une activité clé	*key activity*
les activités à réaliser	*activities to be carried out*
les tâches *(f)* à accomplir	*tasks, work to be completed*
les principaux jalons *(m)*	*major milestones*
le diagramme Gantt	*Gantt chart*
le calendrier	*schedule, time frame*
▸ d'activités	*schedule of activities*
▸ de mise *(f)* en œuvre	*implementation schedule*
▸ des événements *(m)* clés	*time frame for key events*
un échéancier réaliste	*realistic timetable, schedule*
une échéance fixée	*fixed, firm deadline, due date*
la date cible	*target date*
la date limite	*deadline, due date*
la durée estimative	*estimated duration*
la charge de travail	*workload*
les retards *(m)*	*delays*
le dérapage de temps	*slippage in time*
la prolongation	*extension*

le rapport d'étape
progress, status report
les obligations en matière de production de rapports
reporting requirements

les éléments *(m)* livrables du projet	*project deliverables*
les produits *(m)* livrables du projet	*project deliverables*
les résultats *(m)* prévus	*expected results, outcomes*
la mise en œuvre	*implementation*
le début	*beginning, start*
le lancement	*launch, start-up*
la mise en marche	*start-up*
le déroulement du projet	*course, roll-out of the project*
le bon déroulement	*smooth course, progress*
la surveillance	*monitoring, oversight*
le contrôle de la qualité	*quality control*
la réalisation	*carrying out, completion*
la fin de projet	*project end, ending*
la date d'achèvement	*completion date*
le plan de clôture de projet	*project close-out plan*

la logistique du projet	*project logistics*
le support logistique	*logistical support*
le financement	*financing*
la budgétisation	*budgeting*
le coût total prévu	*total projected cost*
la prévision de liquidité *(f)*	*cash-flow projection*
une contrainte financière	*financial constraint*
un obstacle majeur	*major obstacle*
une circonstance imprévisible	*unforeseen circumstance*
les compromis *(m)*	*trade-offs, compromises*

Verbes pratiques	***Useful verbs***
achever	*to complete, finish*
amorcer	*to begin, initiate, start*
atteindre	*to attain, reach, achieve*
atténuer	*to mitigate, alleviate, limit*
clarifier	*to clarify*
conduire	*to conduct, run, manage, lead*
consister en	*to consist of*
constituer	*to constitute, set up*
contrôler	*to control, check, monitor*
définir clairement	*to define clearly*
démarrer	*to start, get under way, get started*
effectuer	*to conduct, carry out, undertake*
élaborer	*to develop*
entreprendre	*to undertake, begin*
établir les priorités *(f)*	*to establish priorities, prioritize*
exécuter	*to do, carry out, perform, implement*
faire des progrès *(m)*	*to make progress*
faire en sorte que	*to ensure, see to it that*
formaliser	*to formalize*
gérer	*to manage*
initier	*to initiate, introduce*
mettre au point	*to finalize*
passer en revue	*to review, inspect*
piloter	*to run, manage, steer*
préciser	*to specify, clarify, explain*
prévoir	*to plan, schedule, provide for*
progresser	*to advance, make progress, advance*
prolonger	*to extend*
réajuster	*to readjust*
réaliser avec succès *(m)*	*to successfully fulfil, carry out*
structurer	*to structure*

superviser	*to supervise, oversee*
surveiller	*to supervise, oversee, monitor*
tenir à jour	*to keep up-to-date*
terminer	*to complete, finish, end*

Paroles en action / *Words in action*

Une approche de gestion de projet peut être utile pour l'exécution des différents types d'activités du secteur public, qu'il s'agisse de l'installation d'un système informatique, de la gestion d'un processus de passation de marchés, de la conduite d'une consultation publique, de la mise en œuvre d'une réorganisation ou du lancement d'un nouveau programme. Chaque fois qu'une activité vise à atteindre un objectif ou un résultat bien défini, qu'elle a des dates de début et de fin précises, et qu'elle doit être achevée dans les délais et dans les limites budgétaires, on peut la gérer comme un projet.

La saine gestion de projet commence par une compréhension complète de la raison d'être et de la portée du projet proposé. Ces éléments définissent le sujet du projet, le besoin auquel il répond, et la définition des tâches à accomplir et d'ici quelle date, pour atteindre les objectifs du projet. La clarté de la portée permet l'élaboration du budget et du calendrier du projet, et la précision des ressources humaines, du matériel et de l'équipement requis.

La gestion réussie d'un projet est à la fois une science et un art. Elle exige les connaissances et les compétences techniques nécessaires pour planifier, organiser et exécuter un projet, ainsi que des aptitudes de leadership, de gestion des personnes, de communication efficace, et de résolution créative des problèmes.

A project management *approach can be useful for carrying out many kinds of public sector activities, whether installing a computer system, managing a contracting process, conducting a public consultation, implementing a reorganization or launching a new program. Whenever an activity aims to achieve a well-defined objective or result, has a clear beginning and end date, and must be completed on time and within budget, it can be managed like a project.*

Good project management starts with a full understanding of the purpose and scope of the proposed project. These specify what the project is about, the need to which it responds, and the definition of the work to be accomplish, and by when, to meet the project objectives. Clarity of scope allows development of a project budget and schedule, and specification of the people, materials and equipment required.

Successful project management is both science and art. It involves knowledge and technical skills to plan, organize and carry out a project, as well as leadership abilities and skills in people management, effective communications, and creative problem-solving.

Corporate Planning

Noms et expressions	***Nouns and phrases***
la planification	*planning*
▸ d'entreprise *(f)*	*corporate planning*
▸ stratégique	*strategic planning*
▸ opérationnelle	*operational planning*
▸ de fonctionnement *(m)*	*operational planning*
▸ d'activités	*business planning*
▸ régionale	*regional planning*
le plan	*plan*
▸ d'entreprise	*corporate plan*
▸ stratégique	*strategic plan*
▸ opérationnel	*operational, business plan*
▸ d'exploitation	*operational plan*
▸ de fonctionnement	*operational plan*
▸ d'affaires	*corporate, business plan*
▸ d'activités	*business plan*
l'orientation *(f)* stratégique	*strategic direction*
les orientations futures	*future directions*
le cadre d'action	*framework for action*
une démarche intégrée	*integrated approach*
l'horizon *(m)* de planification	*planning horizon*
l'année *(f)* à venir	*the year ahead*
les trois à cinq prochaines années	*the next three to five years*
une perspective pluriannuelle	*multi-year perspective*
le processus de planification	*planning process*
la période de planification	*planning period*
le cycle annuel de planification	*annual planning cycle*
la réunion annuelle de planification	*annual planning meeting*
un examen semestriel	*mid-year review*
les tâches *(f)* de planification	*planning tasks*
les diverses étapes *(f)*	*various steps*
un élément clé	*key element, component*
le point de départ	*starting point*
une analyse stratégique	*strategic analysis*
le contexte organisationnel	*organization context, background*
l'environnement *(m)* externe	*external environment*

Les composantes du cadre de planification	***Elements of a Planning Framework***
La raison d'être	***Why we exist***
l'énoncé de mission et la vision à long terme	*mission statement and long-term vision*
le mandat légal	*legal mandate*
les principes *(m)* directeurs et les valeurs *(f)*	*guiding principles and values*
L'analyse de l'environnement	***Environmental scan***
l'analyse *(f)* de la situation actuelle	*analysis of current situation*
les tendances *(f)*, les enjeux *(m)*	*trends and issues*
les forces *(f)*, les points forts	*strengths, strong points*
les faiblesses *(f)*, les points faibles	*weaknesses*
les menaces *(f)* et les risques *(m)*	*threats and risks*
les défis *(m)* et les possibilités *(f)*	*challenges and opportunities*
le point de vue	*view, perspective*
▸ de la clientèle	*client views*
▸ des intéressés	*stakeholder views*
▸ du personnel	*staff, employee perspective*
Les orientations stratégiques	***Strategic directions***
les priorités *(f)*	*priorities*
les objectifs *(m)* stratégiques	*strategic objectives*
la stratégie de gestion des changements	*change management strategy*
le leadership et la régie	*leadership and governance*
la prise de décision	*decision-making*
La mise en œuvre	***Implementation***
l'élaboration *(f)* des plans *(m)* d'action	*development of action plans*
le financement	*funding*
la stratégie de communications	*communications strategy*
les rôles *(m)* et responsabilités *(f)*	*roles and responsibilities*
la formation	*training*
le déroulement des initiatives *(f)* prévues	*roll-out of planned initiatives*
le soutien opérationnel	*operational support*
les mesures *(f)* incitatives du personnel	*employee incentives*
La réalisation des résultats	***Achieving results***
la supervision et le contrôle	*oversight and control*
les cibles *(f)* et les jalons *(m)* clairs	*clear targets and milestones*
la mesure du rendement	*performance measurement*
l'évaluation *(f)* des résultats	*evaluation of results, outcomes*
L'amélioration continue	***Continuous improvement***
l'engagement *(m)* continu de la direction	*ongoing engagement of senior management*
les rapports *(m)* d'étape	*progress reporting*
le suivi	*follow-up*
la résolution des enjeux	*resolution of issues*
les récompenses *(f)* et la reconnaissance	*rewards and recognition*
la mise à jour des plans et priorités	*updating of plans and priorities*

les zones *(f)*	*areas*
▸ de force	*strengths, areas of strength*
▸ de vulnérabilité	*areas of vulnerability, weaknesses*
les différentes perspectives *(f)*	*various perspectives*
un environnement en évolution	*changing environment*
les espérances *(f)* des clients	*client expectations*
la perception des intéressés	*stakeholder perceptions*
les opinions *(f)* d'experts	*expert opinion*
la boule de cristal	*crystal ball*
un exercice d'établissement des priorités	*priority-setting exercise*
la priorité globale	*overall priority*
la priorité de premier plan	*top, highest priority*
les priorités *(f)* conflictuelles	*conflicting priorities*
un schéma directeur	*blueprint, plan*
l'essentiel *(m)* du plan	*main thrust, essence of the plan*
un volet de la stratégie	*part of the strategy*
le thème	*theme*
la stratégie	*strategy*
▸ à court terme	*short-term strategy*
▸ à moyen terme	*medium-term strategy*
▸ à long terme	*long-term strategy*
un défi	*challenge*
▸ de gestion	*management challenge*
▸ organisationnel	*organizational challenge*

Verbes pratiques	***Useful verbs***
anticiper	*to anticipate*
atteindre	*to attain, reach, achieve*
décrire	*to describe*
définir	*to define, set out*
énoncer	*to state, set out*
entraîner	*to entail, bring about, lead to*
envisager	*to envisage, imagine, consider*
établir	*to establish, set out*
favoriser	*to encourage, support, contribute to*
fixer des priorités	*to establish, determine priorities*
formuler	*to formulate*
mettre à jour	*to update*
mettre à exécution	*to carry out*
mettre au point	*to develop, finalize*

orienter	*to direct, steer, guide*
planifier	*to plan*
préciser	*to specify, clarify, explain*
procéder à	*to conduct, carry out, start*
réagir à	*to react, respond to*

Paroles en action / *Words in action*

L'une des plus importantes responsabilités de la haute direction de n'importe quelle organisation est d'énoncer une vision et une orientation claires pour toute l'organisation – la voie de l'avenir. Ceci est l'essence même de la planification ministérielle,* qu'on appelle aussi parfois planification stratégique ou planification d'affaires.

Le plan d'affaires, ou le plan d'activités, donne l'élan au programme de gestion du changement. Il énonce les défis de gestion auxquels fait face l'organisation et les mesures qu'elle entend prendre pour les relever. Le plan présente les objectifs, les priorités et les résultats prévus de l'organisation pour la période de planification, habituellement de trois à cinq ans; il indique aussi les stratégies et les programmes que l'organisation mettra en œuvre pour mener à bien son mandat.

De plus, le plan d'affaires présente le niveau des ressources nécessaires pour atteindre les objectifs et les résultats prévus pour lesquels les ministères demanderont l'autorisation du Parlement. À l'échelle fédérale, le Rapport sur les plans et les priorités (RPP), déposé chaque année au Parlement, est utilisé à cette fin.

Tous les employés devraient pouvoir faire un lien entre leurs propres tâches et la mission générale et les objectifs de l'organisation. Ce n'est qu'avec les efforts soutenus et l'engagement des employés qu'une organisation peut réussir.

* ou « la planification d'entreprise » dans le contexte des établissements publics (*departmental corporations*) et des sociétés d'État (*Crown corporations*).

***One of the most** important responsibilities of any organization's top management is to set out a clear vision and direction for the whole organization – the way ahead. This is the essence of corporate planning, sometimes also called strategic or business planning.*

The business plan drives the change management agenda. It describes the management challenges facing the organization and how it will meet them. The plan sets out the organization's goals, priorities and planned results over the planning period, usually three to five years, and it shows the strategies and programs that the organization will implement to successfully carry out its mandate.

As well, the business plan sets out the level of resources required to achieve the goals and planned results for which departments will seek parliamentary authority. At the federal level, the Report on Plans and Priorities (RPP), which is tabled annually in Parliament, serves this purpose.

All employees should be able to make a clear link between their own work and the overall mission and goals of the organization. It is only by the dedicated efforts and commitment of its employees that an organization can succeed.

Policy Development

Noms et expressions	*Nouns and phrases*
l'élaboration *(f)* des politiques	*policy development*
le processus d'élaboration des politiques	*policy development process*
la mise au point de politiques	*policy development*
les différentes étapes *(f)*	*different, various stages*
la formulation des politiques	*policy formulation*
la conception de politique	*policy design*
l'actualisation *(f)*	*updating*
les orientations *(f)* stratégiques	*policy direction, directions*
l'orientation globale des politiques	*overall policy direction*
la décision politique	*policy decision*
la décision stratégique	*policy decision*
le résultat stratégique	*policy outcome*

Forum des politiques publiques
Public Policy Forum
Institut de recherche en politiques publiques
Institute for Research on Public Policy
Centre canadien de politiques alternatives
Canadian Centre for Policy Alternatives
Réseaux canadiens de recherche en politiques publiques
Canadian Policy Research Networks

le programme de politique	*policy agenda*
l'établissement *(m)* du programme	*agenda-setting*
l'alignement *(m)* avec les priorités politiques	*alignment with political priorities*
le programme stratégique de recherche sur les politiques	*policy research agenda*
l'énoncé *(m)* de politique	*policy statement*
l'objectif *(m)* de la politique	*policy objective*
l'environnement *(m)* politique	*policy environment*
la politique	*policy*
▸ actuelle	*current policy*
▸ publique	*public policy*
▸ gouvernementale	*government policy*
▸ en matière de commerce	*trade policy*
▸ sur la vie privée	*privacy policy*
▸ environnementale	*environmental policy*

les avis *(m)*	*advice, views, opinions*
les conseils *(m)* stratégiques	*policy advice*
les conseils en matière de politiques	*policy advice*
les conseils d'expert	*expert advice*
un expert, une experte en politique	*policy expert*
un dossier controversé	*controversial file, dossier, issue*
un souci réel	*real concern*
la préoccupation la plus pressante	*most pressing, urgent concern*
la problématique	*overriding issue, issues, problem*
la définition du problème	*problem definition, identification*
l'énoncé *(m)* du problème	*statement of the problem*
une question	*question, issue*
▸ stratégique	*policy issue*
▸ horizontale	*horizontal, cross-cutting issue*
le principal enjeu	*main issue*
la gestion des enjeux	*issues management*
la définition d'enjeux	*issue identification*
les considérations *(f)* stratégiques	*policy, strategic considerations*
le facteur décisif	*decisive factor*
les facteurs à prendre en considération	*factors to take into consideration*
le cadre	*framework*
▸ politique	*policy framework*
▸ stratégique	*policy, strategic framework*
▸ analytique	*analytic framework*
une analyse	*analysis*
▸ rigoureuse	*rigorous analysis*
▸ approfondie	*thorough, in-depth analysis*
▸ superficielle	*superficial analysis*
le fondement analytique	*analytic basis*
une perspective horizontale	*horizontal perspective, view*
une compréhension approfondie	*full, thorough understanding*
les pour et les contre	*the pros and cons*
les avantages *(m)*	*advantages, benefits*
les désavantages *(m)*	*disadvantages, drawbacks*
les inconvénients *(m)*	*disadvantages, drawbacks*
le mérite relatif	*relative merit*

un outil de politique	*policy instrument*
un instrument stratégique	*policy instrument*
le mécanisme préféré	*preferred mechanism*
la proposition	*proposal*
la prémisse	*premise*
l'optique *(f)*	*perspective, viewpoint*
un choix extrêmement difficile	*extremely difficult choice*
la préférence	*preference*
le statu quo	*status quo*

Considérations d'ordre stratégique
Policy Considerations

la nature et l'ampleur *(f)* du problème	*nature and extent of the problem*
le choix du moment et l'urgence *(f)*	*timing and urgency*
l'intérêt *(m)* public	*public interest*
l'opinion *(f)* des citoyens	*views of citizens*
les obligations *(f)* légales	*legal obligations*
le rôle du gouvernement	*role of government*
le champ de compétence	*area of jurisdiction*
le programme politique	*political agenda*
les priorités *(f)* gouvernementales	*government priorities*
l'engagement *(m)* ministériel	*ministerial commitment*
l'importance *(f)* intergouvernementale	*intergovernmental significance*
les obligations internationales	*international obligations*
les répercussions *(f)* de la Charte	*Charter implications*
les conséquences *(f)* environnementales	*environmental consequences*
les risques *(m)* de l'inaction	*risks of inaction*
l'efficacité *(f)* des efforts *(m)* actuels	*effectiveness of current efforts*
les résultats *(m)* stratégiques escomptés	*expected policy outcomes*
les options stratégiques	*policy options*
le choix des outils d'intervention	*instrument choice*
le coût et la capacité financière	*cost and financial capacity*

l'option *(f)*	*option, choice*
▸ la plus viable	*most viable option*
▸ préconisée	*recommended option*
la préconisation	*recommendation*
la recommandation	*recommendation*
une solution	*solution*
▸ de rechange	*alternative solution*
▸ canadienne	*made-in-Canada solution*

le document	*paper*
▸ de discussion	*discussion paper*
▸ de travail	*working paper*
▸ d'orientation	*position paper*
la recherche sur les politiques	*policy research*
l'exécution *(f)* de la politique	*policy implementation*
la surveillance des politiques	*policy monitoring*
l'évaluation *(f)* de politique	*policy evaluation*

Verbes pratiques	***Useful verbs***
aborder	*to broach, address, tackle*
analyser	*to analyse*
avancer	*to advance, bring forward*
concevoir	*to design*
conseiller	*to counsel, advise, recommend*
considérer	*to consider*
convaincre	*to convince, persuade*
critiquer	*to criticize, assess, examine*
déconseiller	*to advise against*
écarter	*to rule out, turn down, dismiss*
élaborer	*to develop*
entreprendre	*to undertake*
examiner	*to examine, consider, review, look into*
exposer	*to explain, set out*
faire avancer	*to advance, further, move forward*
faire valoir	*to emphasize, highlight*
favoriser	*to encourage, support, contribute to*
informer	*to inform, brief, notify, tell*
mettre en avant	*to advance, put forward*
s'occuper de	*to address, deal with, take care of*
offrir d'autres options	*to offer, present other options*
opter pour, entre	*to opt for, choose among*
parrainer	*to sponsor, propose*
penser à	*to think about*
persuader	*to persuade*
peser le pour et le contre	*to weigh the pros and cons*
préférer	*to prefer*
prendre en considération	*to take into consideration*
proposer	*to propose, put forward*
recommander	*to recommend*
relever	*to take up, address, meet*
repenser	*to rethink*
soulever une question	*to bring up, raise an issue*
viser à	*to aim at, be directed at*

Paroles en action / *Words in action*

Le premier ministre et le Cabinet établissent le programme stratégique et les priorités du gouvernement. Ceux-ci sont présentés dans le Discours du trône au début d'une nouvelle session du Parlement. Le premier ministre donne à chaque ministre une lettre de mandat au moment de leur nomination. La lettre de mandat précise les moyens spécifiques par lesquels on s'attend à ce qu'un ministre contribuera à la réalisation des objectifs du gouvernement.

Le ministère et les autres organismes du portefeuille appuient le ministre dans l'exécution de ses responsabilités ministérielles. Les fonctionnaires et le sous-ministre du ministère, qui est le conseiller principal du ministre quant à toutes les questions qui relèvent du portefeuille, donnent au ministre des conseils stratégiques de façon professionnelle et impartiale, et préparent les documents du Cabinet nécessaires. De plus, le ministre obtient des conseils et des commentaires en matière de politique de la part du caucus du gouvernement, des comités parlementaires, des comités consultatifs, des groupes d'intérêt, des citoyens et de diverses autres sources. L'élaboration de bonnes politiques n'est pas une réaction impulsive aux événements mais un processus réfléchi et délibéré qui prend le temps de bien la faire.

C'est à la fonction publique d'exécuter fidèlement les instructions stratégiques des ministres et du gouvernement, et de le faire de manière professionnelle et sans aucun favoritisme ou préjugé politique. Les politiques et les programmes du gouvernement sont destinés à l'ensemble des citoyens, peu importe leurs opinions politiques.

The Prime Minister *and Cabinet establish the policy agenda and priorities of the government. These are set out in the Speech from the Throne at the beginning of a new session of Parliament. The Prime Minister issues individual mandate letters to ministers at the time of their appointment. The mandate letter sets out specific ways in which a minister will be expected to contribute to achieving the government's objectives.*

The department and other portfolio organizations support the minister in carrying out his or her ministerial responsibilities. Public servants and the department's deputy minister, who is the minister's senior advisor on all matters related to the portfolio, give the minister professional and impartial policy advice, and prepare required Cabinet documents. The minister also receives advice and input from the government caucus, parliamentary committees, advisory committees, interest groups and citizens, and various other sources. Good policy development is not a knee-jerk reaction to events but a thoughtful and deliberate process that takes time to do it right.

The Public Service is expected to carry out faithfully the policy directions of ministers and the government, and to do so in a professional manner and without favoritism or political bias. Government policies and programs are intended for all citizens, regardless of their political views.

Public Communications

Noms et expressions	*Nouns and phrases*
la communication publique	*public communications*
les médias *(m)* de communication	*communications media*
les médias sociaux	*social media*

Relations avec les médias
Media Relations

la personne-ressource pour les médias	*media contacts*
le contact pour les médias	*media contact*
un avis aux médias	*media advisory, notice*
le communiqué de presse	*press release*
la conférence de presse	*press conference*
le point de presse	*media availability, scrum*
une séance d'information pour les médias	*media briefing*
une séance à huis clos	*closed-door meeting*
le huis-clos à l'intention des médias	*media lock-up*
la demande de renseignements des médias	*media inquiry*
une entrevue téléphonique	*telephone interview*
un entretien télévisé	*televised interview*
l'attention *(f)* des médias	*media attention*
la couverture médiatique	*media coverage*
la transcription des propos	*transcript of remarks*
le suivi médiatique	*media monitoring, follow-up*
la surveillance des médias	*media monitoring*
les coupures *(f)* de presse	*press clippings*
une analyse des médias	*media analysis*
une question des médias	*media question*
la demande médiatique	*media request*
les infocapsules *(f)*	*media lines*
une tempête médiatique	*media storm*
un éclaircissement	*clarification*
la rectification	*correction*
la limitation des dégâts	*damage control*
accorder une entrevue aux médias	*to grant a media interview*
contacter	*to contact*
écouter attentivement	*to listen carefully*
traiter avec les médias	*to deal with the media*

le porte-parole ministériel	*departmental spokesperson*
la porte-parole désignée	*designated spokesperson*
l'attaché, l'attachée de presse	*press secretary*
le, la journaliste	*journalist*

le plan de communication	*communications plan*
la stratégie de communication	*communications strategy*
le message clé	*key message*
les points *(m)* saillants	*highlights*
le dossier de presse	*press kit*
la trousse d'information	*information kit*
le dossier d'information	*information package*
la fiche d'information	*backgrounder, fact sheet*
une présentation multimédia	*multimedia presentation*

La publicité gouvernementale
Government Advertising

la sensibilisation publique	*public awareness*
le niveau de sensibilisation	*level of awareness*
l'auditoire *(m)* cible	*target audience*
le groupe ciblé	*targeted group*
une zone ciblée	*target, targeted area*
une campagne	*campaign*
▸ médiatique	*media campaign*
▸ de marketing *(m)* social	*social marketing campaign*
▸ publicitaire	*publicity, advertising campaign*
▸ de publicité	*publicity, advertising campaign*
la gestion de la publicité	*advertising management*
les activités *(f)* publicitaires	*advertising activity*
l'espace *(m)* publicitaire	*advertising space*
le plan d'achat médias	*media buy plan*
la planification créative	*creative planning*
la rédaction	*writing, drafting*
la production	*production*
la mise à l'essai	*pre-testing*
l'évaluation *(f)* en groupes de discussion	*focus group testing*

Agence de coordination du placement média
Agency of Record for media placement

le bureau de presse	*press office*
un breffage des médias	*media, press briefing*
un breffage de presse	*press, media briefing*
un breffage technique	*technical briefing*
une annonce	*announcement*
▸ officielle	*official announcement*
▸ publique	*public announcement*
▸ à venir	*forthcoming announcement*
▸ imminente	*imminent, impending announcement*

une déclaration officielle	*official statement*
un discours important	*major, important speech, address*
les relations (*f*) publiques	*public relations*
la firme de relations publiques	*public relations firm, company*
une offensive de relations publiques	*public relations offensive*
le dégagement	*release*
un embargo total	*total embargo*
les médias électroniques	*electronic media*
la télévision	*television*
la radio	*radio*
la presse	*press*
la presse écrite	*print media*
le journal français	*French newspaper*
le quotidien torontois	*Toronto daily, daily newspaper*
une histoire inexacte	*inaccurate story*
un récent développement	*recent development*
le scénario	*story line*
une publication officielle	*official publication*
la brochure	*brochure, booklet*

Verbes pratiques	***Useful verbs***
affirmer	*to say, claim, assert*
annoncer	*to announce*
clarifier	*to clarify*
commenter publiquement	*to comment publicly on*
communiquer directement	*to communicate directly*
confirmer	*to confirm*
déclarer	*to state*
dévoiler	*to unveil, reveal, disclose, uncover*
dire	*to say, tell*
divulguer	*to disclose, divulge*
émettre	*to issue, send out*
faire connaître	*to announce*
informer	*to inform, tell*
médiatiser	*to turn into a media event*
mettre l'accent sur	*to emphasize, focus on, highlight*
nier catégoriquement	*to deny categorically*
produire	*to produce*
prononcer un discours	*to deliver a speech*
publier	*to publish, release*
rapporter	*to report*

rectifier immédiatement	*to correct immediately*
rédiger	*to write, draft*
réfuter	*to refute, deny*
réitérer	*to reiterate, repeat*
rendre public	*to make public, release*
renseigner	*to inform*
souligner	*to emphasize, stress*
stipuler	*to state, stipulate, specify*

Paroles en action / *Words in action*

Le Canada est éminemment respecté à l'échelle internationale pour l'intégrité et la qualité de son administration publique. Les organismes du secteur public sont orientés vers les citoyens, novateurs et bien gérés. Les employés du secteur public soutiennent la primauté du droit et travaillent afin d'améliorer la qualité de vie des Canadiens et la vitalité de nos institutions démocratiques. Ils sont extrêmement fiers de leur travail. Une fonction publique professionnelle et impartiale est indispensable pour servir les intérêts des Canadiens.

Les communications publiques font partie intégrante de l'administration publique d'aujourd'hui. Elles offrent des renseignements aux citoyens sur les programmes et les services gouvernementaux, expliquent les politiques gouvernementales, et permettent de consulter le grand public sur les enjeux stratégiques. Des communications ouvertes et des relations médiatiques positives jouent un rôle important pour renforcer le lien entre les citoyens et leurs gouvernements, et pour maintenir la confiance du public dans le processus démocratique.

Les Canadiens peuvent être très fiers des organismes du secteur public canadien qui sont de calibre mondial, et des gens dévoués qui travaillent au sein du secteur public – les fonctionnaires, les enseignantes et enseignants, les infirmières et infirmiers, les scientifiques, les militaires et beaucoup d'autres. La réussite du Canada est due en grande partie à leur contribution. C'est une histoire qui mérite d'être racontée.

***Canada is highly** respected internationally for the integrity and quality of its public administration. Public sector organizations are citizen-oriented, innovative and well-managed. Public sector employees support the rule of law and work to improve the quality of life of Canadians and the vitality of our democratic institutions. They take tremendous pride in their work. A professional and non-partisan public service is indispensable to serving the interests of Canadians.*

Public communications are integral to today's public administration. They inform citizens about programs and services, explain government policies, and consult the public about policy issues. Open communications and positive media relations play an important role in strengthening the link between citizens and their governments, and in maintaining public confidence in the democratic process.

Canadians can be proud of Canada's world-class public sector organizations, and of the dedicated people who work in the public sector – public servants, teachers, nurses, scientists, military men and women, and many others. Their contribution is an important reason for Canada's success. It is a story worth telling.

Financial Management

Noms et expressions	*Nouns and phrases*
la gestion	*management*
▸ financière	*financial management*
▸ des ressources	*resource management*
▸ des dépenses	*expenditure management*
l'administration *(f)* financière	*financial administration*
le cadre de gestion financière	*financial management framework*
l'environnement *(m)* opérationnel	*operating environment*
le contexte opérationnel	*operating context*
les conseils *(m)* financiers	*financial advice*
la stratégie financière	*financial strategy*
les systèmes *(m)* financiers	*financial systems*
la politique financière	*financial policy*
la législation financière	*financial legislation*
les pouvoirs *(m)* financiers	*financial authorities*

Loi sur la gestion des finances publiques
Financial Administration Act

la fonction de contrôleur	*comptrollership*
le contrôleur ministériel	*departmental comptroller*
l'agent principal à temps plein des finances	*senior full-time financial officer*
l'agente principale des finances	*senior financial officer*
l'agent financier principal	*senior financial officer*
l'agente financière principale	*senior financial officer*
un titre professionnel comptable	*professional accounting designation*
le centre de coût	*cost centre*
le centre de responsabilité	*responsibility centre*
le, la gestionnaire	*manager*
le gestionnaire du centre de responsabilité	*responsibility centre manager*
l'exercice *(m)*	*fiscal year*
▸ financier	*fiscal year*
▸ budgétaire	*fiscal year*
▸ actuel	*current fiscal year*
▸ en cours	*current fiscal year*
▸ à venir	*the coming fiscal year*
▸ dernier	*last fiscal year*

l'année *(f)* financière	*fiscal year*
l'année budgétaire	*Estimates year*
le premier trimestre	*first quarter*
le dernier trimestre	*last quarter*
le financement des services *(m)* votés	*A-base funding*
un ajustement des services votés	*A-base adjustment*
un examen des services votés	*A-base review*
le budget	*budget*
▸ de dépenses	*expenditure budget*
▸ de fonctionnement	*operating budget*
▸ salarial	*salary budget*
▸ en immobilisations	*capital budget*
▸ des investissements	*capital budget*
les dollars *(m)* en salaire	*salary dollars*
une enveloppe salariale	*salary envelope*
une année-personne	*person-year*
un équivalent temps plein (ETP)	*full-time equivalent (FTE)*
le programme de dépenses	*expenditure plan*
le niveau de référence	*reference level*
le crédit annuel	*annual appropriation*
une affectation budgétaire	*budget allotment, allocation*
une allocation	*allocation*
la réaffectation ministérielle	*departmental reallocation*
la redistribution	*reallocation*
une répartition plus équitable	*fairer, more equitable distribution*
la budgétisation selon le rendement	*performance budgeting*
la latitude budgétaire	*budget flexibility*
l'analyse *(f)* des ressources	*resource analysis*
l'affectation *(f)* des ressources	*allocation of resources*
les ressources *(f)* disponibles	*available resources*
la réserve annuelle	*annual reserve*
la réserve de fonctionnement	*operating reserve*
un engagement	*commitment*
▸ financier	*financial commitment*
▸ prévus	*planned commitment*
les contraintes *(f)* budgétaires	*budget, financial constraints*
les pressions *(f)* financières	*financial pressures*

l'examen *(m)* des pressions internes	*internal pressures review*
l'établissement *(m)* des priorités	*priority-setting*
une priorité financière	*funding priority*

Dépenses de voyage et d'accueil
Travel and Hospitality Expenditures

l'autorisation *(f)* de voyager	*travel authority, authorization*
les arrangements *(m)* de voyage	*travel arrangements*
un voyage d'affaires	*business trip*
les voyages d'affaires	*business travel, trips*
le voyage par avion	*air travel*
la classe d'affaires	*business class*
la classe économique	*economy class*
le voyageur, la voyageuse	*traveller*
l'hébergement *(m)*	*accommodation*
les repas *(m)*	*meals*
un repas d'affaires	*business meal, lunch, dinner*
les activités *(f)* d'accueil	*hospitality*
une avance de voyage	*travel advance*
les frais *(m)* de déplacement	*travel expenses*
les dépenses *(f)*	*expenses, expenditures*
▸ de voyage	*travel expenses*
▸ d'accueil	*hospitality expenditures*
▸ raisonnables	*reasonable expenses*
une indemnité	*allowance*
▸ quotidienne	*daily, per diem allowance*
▸ de faux frais	*incidental expense allowance*
une réclamation de voyage	*travel claim*
le coût réel	*actual cost*
les circonstances *(f)* exceptionnelles	*exceptional circumstances*
la demande d'indemnité	*expense claim*
le reçu	*receipt*
le remboursement	*reimbursement*
coûter	*to cost*
encourir	*to incur*
être en déplacement	*to be on travel status*
justifier	*to justify*
réclamer des frais	*to claim expenses*
rembourser	*to reimburse*
voyager	*to travel*

Directive du Conseil du Trésor sur les voyages d'affaires
Treasury Board Travel Directive
Service des voyages du gouvernement
Government Travel Service

le niveau de financement actuel	*current level of funding*
un financement à court terme	*short-term funding*
le sous-financement	*under-funding*
une insuffisance de ressources	*insufficient, inadequate resources*
un manque de ressources	*resource shortfall*
les dépenses *(f)*	*expenditures, spending*
▸ de salaires	*salary expenditures*
▸ de fonctionnement	*operating expenditures*
▸ en capital secondaires	*minor capital expenditures*
▸ discrétionnaires	*discretionary spending*
▸ obligatoires	*mandatory, non-discretionary spending*
▸ admissibles	*eligible expenditures*
▸ prévues	*planned spending*
le dépassement budgétaire	*overspending, over-expenditure*
les fonds *(m)* inutilisés	*unused funds*
les fonds intérimaires	*interim funds, funding*
une exigence immédiate	*immediate requirement*
une augmentation progressive	*gradual increase*
une compression budgétaire	*fiscal restraint*
une réduction des dépenses	*expenditure reduction*
un gel des dépenses	*spending freeze*
une coupure budgétaire	*budget cut*
le rendement financier	*financial performance*
la situation financière	*financial situation*
les renseignements *(m)* financiers	*financial information*
le rapprochement mensuel	*monthly reconciliation*
le rapport financier trimestriel	*quarterly financial report*
la mise à jour	*update*
la prévision	*forecast*
la meilleure estimation	*best estimate*
le solde disponible	*free balance*
le surplus	*surplus*
le déficit	*deficit*
un écart	*variance, difference*
la variance	*variance*
le calcul	*calculation*
un rajustement technique	*technical adjustment*

la fin de l'exercice	*fiscal year-end*
les dépenses *(f)* de fin d'exercice	*year-end spending*
les crédits *(m)* périmés	*lapsed appropriation, lapsing funds*
l'annulation *(f)* de fonds	*lapsing funds*

le report du budget de fonctionnement
operating budget carry forward

la formule de financement	*funding formula*
le prélèvement ministériel	*departmental levy*
le soutien intégré	*corporate support*

les frais *(m)*	*costs, fees, charges, expenses*
▸ de personnel	*workforce costs*
▸ généraux	*corporate overhead costs*
▸ non admissibles	*ineligible expenses*

les coûts *(m)* administratifs	*administrative costs*
la surfacturation	*over-billing, overcharging*
une somme maximale	*maximum amount*
un montant supplémentaire	*additional amount*

Les opérations comptables
Accounting Operations

- la tenue des comptes du ministère
  maintain departmental accounts
- la vérification et l'autorisation des opérations financières
  verify and authorize financial transactions
- l'émission des paiements
  issue payments
- la perception de revenus
  collect revenues
- l'exercice de la surveillance financière
  exercise financial oversight
- la tenue de l'instrument de délégation des pouvoirs de signature en matière financière
  maintain the delegation of financial signing authorities instrument

l'agent, l'agente comptable
accounting officer

les créditeurs *(m)*	*accounts payable*
le versement	*payment, installment*
le mode de paiement	*method of payment*
le décaissement	*disbursement*
le remboursement de dépenses	*reimbursement of expenses*

le pouvoir	*authority*
▸ d'engager	*commitment authority*
▸ de dépenser	*spending authority*
▸ de payer	*payment authority*
le contrôle financier	*financial control, oversight*
le cadre de contrôle	*control framework*
un système de contrôle efficace	*effective control system*
un mécanisme de contrôle	*control, oversight mechanism*
un meilleur contrôle des coûts	*better cost control, oversight*
les mesures *(f)* de contrôle des coûts	*cost control measures*
le contrôle des engagements	*commitment control*
le, la comptable	*accountant*
une firme comptable	*accounting firm*
la comptabilité financière	*financial accounting*
la comptabilité d'exercice	*accrual accounting*
la comptabilité de caisse	*cash accounting*
les principes *(m)* comptables	*accounting principles*
les pratiques *(f)* comptables	*accounting practices*

Verbes pratiques	***Useful verbs***
affecter	*to allocate*
allouer	*to allocate*
calculer	*to calculate, plan, work out*
compenser	*to compensate, offset*
comptabiliser	*to record, post*
contrôler	*to control*
coûter cher	*to cost a lot, be expensive*
dépenser des fonds	*to spend money*
estimer	*to estimate*
financer	*to fund, finance*
imputer à, sur	*to charge to*
indemniser	*to indemnify, compensate*
mettre à jour	*to update, bring up to date*
payer	*to pay*
prévoir	*to forecast*
réaffecter	*to re-profile*
rembourser	*to reimburse*
reporter	*to carry forward*
résoudre	*to resolve*
sous-estimer	*to under-estimate*
surestimer	*to over-estimate*

totaliser	*to total, add up to*
transférer	*to transfer*
verser	*to pay*

Paroles en action / *Words in action*

On s'attend à ce que les gestionnaires du secteur public exercent une gérance prudente des ressources financières sous leur autorité. La gestion financière n'est pas une fin en soi, mais le moyen d'assurer l'exécution des programmes et la prestation des services.

Au cours des années, l'administration fédérale a donné aux gestionnaires une plus grande marge de manœuvre pour réaliser les objectifs de programme et gérer leurs opérations de manière efficace. Citons par exemple le remplacement des budgets par objet de dépenses par les budgets de fonctionnement qui comprennent les salaires du personnel, les dépenses de fonctionnement et les dépenses en capital secondaires. Les gestionnaires ont le pouvoir d'affecter des ressources selon leurs budgets de fonctionnement approuvés de manière à mieux servir les exigences des programmes. Un autre exemple est celui de la politique permettant aux gestionnaires de reporter sur l'exercice suivant une partie de leurs budgets de fonctionnement non dépensés en fin d'exercice. Cette politique vise à réduire la dépense des fonds inutilisés à des fins non essentielles à la fin de l'exercice.

Étant donné que c'est le Parlement qui donne l'approbation des plans de dépenses ministériels, il faut que les ministères et les organismes fournissent une reddition de comptes en détail au Parlement quant à l'utilisation des ressources et les résultats obtenus.

Public sector managers *are expected to exercise careful stewardship of the financial resources under their authority. Financial management is not an end in itself but the means to deliver programs and services.*

Over the years, the federal government has given managers greater flexibility to achieve program objectives and manage their operations efficiently. An example is the change from line item budgets to operating budgets that include staff salaries and operating and minor capital expenditures. Managers have the authority to allocate resources within their approved operating budgets in the way that will best serve program requirements. Another example is the policy allowing managers to carry forward to the next fiscal year a portion of their unspent operating budgets at fiscal year-end. This policy aims to reduce non-essential spending of unused funds at fiscal year-end.

Because departmental spending plans are approved by Parliament, departments and agencies must provide a detailed accounting to Parliament for how resources were used and the results achieved.

Risk Management

Noms et expressions	***Nouns and phrases***
la gestion du risque	*risk management*
la gestion intégrée du risque	*integrated risk management*
la politique de gestion du risque	*risk management policy*
la stratégie de gestion du risque	*risk management strategy*
les pratiques *(f)* de gestion du risque	*risk management practices*

le profil de risque de l'organisation
corporate risk profile
Agent principal de gestion des risques
Chief Risk Officer
Cadre de gestion intégrée du risque
Integrated Risk Management Framework
Comité de gestion des risques
Risk Management Committee

l'évaluation *(f)* du risque	*risk assessment*
les méthodes *(f)* d'évaluation du risque	*risk assessment methods*
la communication du risque	*risk communication*
le risque	*risk*
▸ de préjudice *(m)*	*risk of harm, damage, wrong, loss*
▸ de blessure *(f)*	*risk of injury*
▸ juridique	*legal risk*
▸ pour la santé	*health risk*
▸ pour la sécurité	*security, safety risk*
▸ écologique	*environmental risk*

Description du risque
Describing Risk

un risque	*risk*
▸ réel	*actual risk*
▸ perçu	*perceived risk*
▸ émergeant	*emerging risk*
▸ évitable	*avoidable risk*
▸ grave	*serious risk*
▸ élevé	*heightened risk*
▸ croissant	*increased, growing risk*
un facteur de risque	*risk factor*
le genre de risque	*type of risk*
le niveau du risque	*level of risk*

la perception des risques	*perception of risk*
l'exposition *(f)* au risque	*risk exposure*

les risques	*risks*
▸ stratégiques	*policy risks*
▸ opérationnels	*operational risks*
▸ associés au projet	*project risks*

Services juridiques
Legal Services

un avis juridique	*legal opinion*
les conseils *(m)* juridiques	*legal advice*
une obligation légale	*legal obligation, duty*
une conséquence juridique	*legal consequence*
la négligence	*negligence*
la responsabilité	*liability*
▸ éventuelle	*potential liability*
▸ civile	*civil liability*
▸ criminelle	*criminal liability*
▸ de la Couronne	*Crown liability*
le litige	*lawsuit, litigation*
une procédure en matière de litige	*litigation proceedings*
une question litigieuse	*disputed question, contentious issue*
une action en justice	*legal action*
la poursuite judiciaire	*legal proceedings, legal action*
une contre-poursuite	*countersuit*
le procès	*legal action, proceedings, trial*
un recours collectif	*class action lawsuit*
une victoire juridique	*legal victory*
les dommages *(m)* exemplaires	*exemplary damages*
une indemnisation	*indemnification, compensation*
les frais *(m)* de justice	*court costs*
les frais juridiques	*legal fees*
alléguer	*to allege*
intenter	*to institute*
poursuivre	*to sue*
soutenir	*to assert, claim, maintain*

le conseiller, la conseillère juridique
Legal Counsel

l'analyse *(f)*	*analysis*
▸ des risques	*risk analysis*
▸ de la vulnérabilité	*vulnerability analysis*

la stratégie d'atténuation du risque	*risk mitigation strategy*
la réduction des risques	*risk reduction*
la diligence nécessaire	*due, reasonable care*
la diligence raisonnable	*due diligence*
un examen de diligence raisonnable	*due diligence review*
un processus	*process*
▸ de diligence raisonnable	*due diligence process*
▸ de contrôle préalable	*due diligence process*
une menace potentielle	*potential threat*
la possibilité	*possibility*
la probabilité	*probability, likelihood*

Approche ministérielle à la gestion du risque
Corporate Approach to Managing Risk

- prendre au sérieux la possibilité du risque
  take the possibility of risk seriously
- se préparer aux imprévus
  prepare for the unexpected
- obtenir l'investissement et le leadership de la haute direction
  secure senior management buy-in and leadership
- désigner une personne responsable de la gestion du risque
  put someone in charge of risk management
- établir une structure et un processus de gestion du risque
  establish a risk management structure and process
- mener une évaluation exhaustive des risques
  conduct a comprehensive risk assessment
- cerner, évaluer et classer les risques et les vulnérabilités
  identify, assess and rank risks and vulnerabilities
- élaborer un plan d'action et attribuer les rôles et les responsabilités
  develop an action plan and assign roles and responsibilities
- faire participer et former le personnel clé
  involve and train key personnel
- mettre à l'épreuve les préparatifs
  test readiness
- mettre à jour le plan s'il y a lieu
  update the plan when warranted
- rester vigilant
  remain, stay vigilant

la tolérance à l'égard du risque	*risk tolerance*
le degré de tolérance	*degree of tolerance*
l'évitement *(m)* des risques	*risk avoidance*
la prise de risques	*risk-taking*

la précaution	*precaution*
la prise de décisions avec précaution	*precautionary decision-making*
le principe de précaution	*precautionary principle*
l'approche () de précaution	*precautionary approach*
une mesure de précaution	*precautionary measure*
l'obligation *(f)* de diligence	*duty of care*
la norme de prudence	*standard of care*
la violation	*violation, breach*
la confiance du public	*public confidence, trust*
les renseignements *(m)* crédibles	*credible information*
la perte de crédibilité	*loss of credibility*

Verbes pratiques	*Useful verbs*
accroître	*to increase*
analyser le risque	*to analyse the risk*
arriver	*to happen*
atténuer	*to mitigate, alleviate, limit*
compromettre	*to compromise, put at risk*
contrôler	*to control*
définir	*to define, specify*
diminuer	*to reduce*
éliminer	*to eliminate*
équilibrer	*to balance*
estimer	*to estimate*
évaluer systématiquement	*to assess, evaluate systematically*
éviter	*to avoid*
exercer une diligence raisonnable	*to exercise due diligence*
évaluer la menace	*to assess, evaluate the threat*
faire preuve de diligence raisonnable	*to demonstrate due diligence*
gérer les risques	*to manage risk*
identifier	*to identify*
limiter	*to limit*
menacer	*to threaten*
minimiser	*to minimize*
prendre des risques	*to take risks*
réduire	*to reduce*
risquer	*to risk*

Paroles en action / *Words in action*

Les organisations gouvernementales sont créées pour faire progresser l'intérêt public. Un grand nombre d'entre elles comportent un mandat statutaire en matière de gestion du risque pour le public, p.ex., la sécurité publique, la défense nationale, la santé et la protection de l'environnement.

Chaque organisation met en œuvre un système de contrôles internes pour s'assurer qu'elle reste sur la bonne voie dans la réalisation de ses objectifs d'intérêt public; et pour fournir l'assurance raisonnable aux responsables que l'organisation fonctionne de manière efficace et éthique. Le cadre de contrôle interne constitue un outil de premier plan dans la gestion du risque pour le public et pour l'organisation, ou risque interne.

Le cadre de contrôle de gestion inclut: une structure administrative pour attribuer clairement les rôles, responsabilités et pouvoirs au sein de l'organisation; des renseignements actuels sur le mandat prescrit par la loi, et sur les buts et les engagements de l'organisation, formulés de façon aisément compréhensible pour tous les employés; un système efficace de gestion du rendement; et des politiques et des procédures progressistes en matière d'administration, de finances et de gestion des ressources humaines pour appuyer les opérations de programmes et la surveillance administrative.

L'évaluation des risques aide les organisations à établir un équilibre approprié entre le contrôle excessif et l'insuffisance de contrôle. Un excès de contrôle pourrait nuire à la prestation de services de qualité, pourrait décourager l'innovation, et pourrait menacer la capacité d'attirer et de conserver un personnel qualifié. Un contrôle trop faible pourrait compromettre l'atteinte des objectifs et priorités de l'organisation, l'efficacité administrative et la responsabilisation.

Government organizations *are established to advance the public interest. Many have a legal mandate to manage public risk, e.g., public safety, national defence, health and environmental protection.*

Every organization implements a system of internal controls to keep it on track in fulfilling its public purposes; and to provide reasonable assurance to those in charge that the organization is running efficiently and in an ethical manner. The internal control framework is an essential tool for managing both public risk and organizational or internal risks.

The management control framework includes: an organizational structure that assigns clear roles, responsibilities and authorities within the organization; up-to-date information about the organization's legislated mandate, goals and commitments that is understood by all employees; an effective performance management system; and progressive administrative, financial and human resource policies and procedures to support program operations and administrative oversight.

Risk assessment helps organizations to establish an appropriate balance between excessive control and too little control. Too much control could harm the delivery of quality services, discourage innovation, and threaten the ability to attract and retain qualified staff. Too little control could compromise the achievement of organizational objectives and priorities, administrative efficiency and accountability.

Grants *and* Contributions

Noms et expressions	***Nouns and phrases***
une subvention	*grant, subsidy*
une subvention conditionnelle	*conditional grant*
une subvention de fonctionnement	*operating grant*
une contribution	*contribution*
le programme de contributions	*contribution program*
l'autorisation *(f)* et le mandat du programme	*program authority and mandate*
les modalités *(f)*	*terms and conditions*
une entente de contribution	*contribution agreement*
un accord de contribution	*contribution agreement*
le, la responsable du programme	*program officer, authority*

la politique sur les paiements de transfert
transfer payments policy

le guide du requérant	*guide for applicants*
la formule de demande	*application, application form*
le formulaire de demande	*application, application form*
un système de demande en ligne	*online application system*
la demande	*application, submission, request, call*
▸ de financement	*request for funding*
▸ de propositions	*call for proposals*
un appel de propositions	*call for proposals, solicitation*
un appel d'offres	*call for proposals*
la sollicitation de propositions	*call, request, solicitation for proposals*
le processus de sollicitation de projets	*project solicitation process*
la période de sollicitation	*solicitation period*
la date de clôture	*closing date*
un concours spécial	*special competition*
un processus concurrentiel	*competitive process*
les critères *(m)*	*criteria*
▸ de sélection	*selection criteria*
▸ d'admissibilité	*eligibility criteria*
▸ de projet	*project criteria*
▸ de programme	*programme criteria*

L'élaboration des propositions de projet
Developing Project Proposals

Organisme parrain	***Sponsoring organization***
le nom et le statut juridique	*name and legal status*
la structure organisationnelle	*organizational structure*
les antécédents *(m)*	*previous history*
le mandat et les buts *(m)* organisationnels	*mandate and organizational goals*
l'expertise *(f)* et la capacité actuelle	*current expertise and capacity*
les réalisations *(f)* récentes	*recent accomplishments*
Sommaire du projet	***Project summary***
Description du projet	***Projet description***
le titre du projet	*project title*
la raison d'être du projet	*purpose of the project*
la justification du projet	*rationale, justification for the project*
les objectifs *(m)* du projet	*project objectives*
les résultats *(m)* attendus	*expected outcomes, results*
les activités *(f)* principales	*major activities*
les groupes *(m)* ou participants *(m)* cibles	*target groups or participants*
les produits *(m)* livrables du projet	*project deliverables*
les avantages *(m)* immédiats prévus	*direct expected benefits*
les autres avantages indirects	*other indirect benefits*
la durée du projet	*project duration*
les étapes *(f)* clés	*key milestones*
le plan de travail détaillé	*detailed workplan*
les dispositions *(f)* en matière de surveillance et d'évaluation du projet	*provisions for project monitoring and evaluation*
le plan et les critères *(m)* d'évaluation	*evaluation plan and criteria*
Budget détaillé du projet	***Detailed project budget***
les coûts *(m)* directs des activités	*direct activity costs*
les salaires *(m)* et les avantages *(m)* sociaux	*wages and employee benefits*
les dépenses *(f)*	*costs, expenses*
▸ de fonctionnement non salariales	*non-salary operating costs*
▸ admissibles en immobilisation	*eligible capital costs*
les autres sources *(f)* de financement	*other sources of financing*
la possibilité de partage des coûts	*possibility of cost-sharing*
Soutien communautaire	***Community support***
les partenaires communautaires	*community partners*
les contributions *(f)* en espèces	*monetary contributions*
les contributions en nature	*in-kind contributions*
la participation des bénévoles	*volunteer involvement*
les lettres *(f)* d'appui	*letters of support*

le processus de sélection	*selection process*
les réviseurs	*reviewers*
les évaluateurs	*assessors*

le comité	*committee*
▸ de sélection	*selection committee*
▸ d'examen *(m)* des projets	*project review committee*
▸ de révision *(f)* des projets	*project review committee*
l'admissibilité *(f)*	*eligibility*
le, la bénéficiaire admissible	*eligible recipient, beneficiary*
la dépense admissible	*eligible expense, expenditure*
le coût non admissible	*ineligible cost*
les frais *(m)* de fonctionnement	*operating costs*
le financement de base	*core funding*
la priorité de financement	*funding priority*
la diligence raisonnable	*due diligence*
l'examen de la diligence raisonnable	*due diligence review*
un processus de contrôle préalable	*due diligence process*

Cadre de gestion et de responsabilisation axé sur les résultats
Results-based Management and Accountability Framework
Cadre de vérification axé sur le risque
Risk-Based Audit Framework

l'acceptation *(f)*	*acceptance*
le rejet	*rejection*
l'approbation *(f)*	*approval*
la lettre d'engagement	*commitment letter*
le montant autorisé	*approved, authorized amount*
le calendrier des paiements	*payments schedule, timing*
l'échéancier *(m)*	*schedule*
un paiement anticipé	*advance payment*
le versement anticipé	*advance payment*
un projet pluriannuel	*multi-year project*
la durée	*duration, length, term*
la prolongation	*time extension*
la modification	*amendment*
un amendement	*amendment*

Verbes pratiques	***Useful verbs***
approuver	*to approve*
autoriser	*to authorize*
contribuer à	*to contribute to*
demander de	*to apply for, request*
effectuer	*to conduct, carry out, undertake*

examiner les propositions	*to review proposals*
exiger	*to require*
modifier	*to amend*
octroyer	*to award, grant*
présenter une demande	*to apply, submit an application*
prolonger	*to extend*
sélectionner	*to select*
solliciter	*to solicit, seek*

Paroles en action / *Words in action*

Les administrations publiques emploient un large éventail et une combinaison d'instruments pour réaliser leurs objectifs stratégiques. Le choix de l'instrument dépend des objectifs et de la philosophie politique du gouvernement ainsi que des considérations juridiques, administratives et financières.

Parmi les instruments de politique on retrouve, entre autres: le leadership ministériel, la législation et les règlements, la prestation directe des programmes et services, des mesures fiscales, des programmes de paiements de transfert, l'engagement des citoyens, des campagnes de sensibilisation publique, les marchés publics, et la propriété publique. Les subventions et contributions sont un choix populaire d'instruments de politique parce qu'elles permettent aux gouvernements d'orienter les fonds vers des groupes cibles d'une manière facile sans exiger de grandes bureaucraties pour administrer ces programmes. En outre, les gouvernements reçoivent souvent une reconnaissance immédiate après avoir annoncé le financement d'un projet, bien avant que les résultats du projet soient atteints.

La perspective de mise en œuvre fait partie intégrante de l'élaboration réussie d'une politique, car elle démontre le lien essentiel entre la fin et les moyens. Cette perspective explique la façon dont les instruments de politique peuvent contribuer le mieux à l'atteinte des objectifs stratégiques, et elle établit les fondements de l'évaluation de l'efficacité ultime des mesures gouvernementales.

Governments use a *wide range and mix of instruments to achieve policy objectives. The choice of instrument depends on a government's political philosophy and goals as well as legal, administrative and financial considerations.*

Policy instruments include, among others: ministerial leadership, legislation and regulations, direct delivery of programs and services, tax measures, transfer payment programs, citizen engagement, public awareness campaigns, government contracting, and public ownership. Grants and contributions are a popular choice of instrument because they allow governments to direct funding easily to target groups without requiring large bureaucracies to administer these programs. Moreover, governments often receive immediate recognition for making funding announcements, well before project outcomes are achieved.

The implementation perspective is an integral aspect of successful policy development as it shows the essential link between ends and means. It explains how policy instruments can best contribute to the achievement of policy objectives, and establishes the basis for ultimately evaluating the effectiveness of government action.

Government Procurement

Noms et expressions	***Nouns and phrases***
les marchés publics	*government procurement*
les achats *(m)* publics	*government procurement*
les achats écologiques	*green procurement*
le plan d'achats	*procurement plan*

Règlement sur les marchés de l'État
Government Contracts Regulations
Politique sur les marchés du Conseil du Trésor
Treasury Board Contracting Policy
Loi sur les achats publics du Nouveau-Brunswick
Public Purchasing Act of New Brunswick

l'approvisionnement *(m)*	*procurement, supply*
la politique d'approvisionnement	*procurement policy*
le processus d'approvisionnement	*procurement process*
les activités *(f)* d'approvisionnement du gouvernement	*government procurement*
l'acquisition *(f)* militaire	*military procurement, supply*
la passation de contrats	*contracting*
la passation de marchés	*contracting*
la passation de marchés de biens	*contracting for goods*
la passation des marchés de services	*contracting for services*

La passation de marchés publics
Government Contracting

le processus de passation de marchés	*contracting process*
les normes *(f)* en matière de passation de contrats	*contracting standards*
les procédures *(f)* à l'égard de la passation des contrats	*contracting procedures*
les responsabilités *(f)* en matière de passation de marchés	*contracting responsibilities*
les bonnes pratiques *(f)* en matière de passation de marchés	*good contracting practice*

la gestion de marchés	*contract management*
la gestion des contrats	*contract management*
les lignes *(f)* directrices contractuelles	*contracting guidelines*

le pouvoir	*authority*
▸ en matière d'approvisionnement	*procurement authority*
▸ en matière de passation de marchés	*contracting authority*
▸ de conclure des marchés	*authority to enter into contracts*
▸ de passation de marchés en cas d'urgence	*emergency contracting authority*
la délégation du pouvoir	*delegation of authority*
▸ de passer un marché	*delegation of contracting authority*
▸ de signature	*delegation of signing authority*
un agent, une agente	*officer*
▸ d'approvisionnement	*procurement officer*
▸ de négociation des contrats	*contracting officer*
▸ de gestion du matériel	*materiel management officer*
l'autorité *(f)* contractante	*contracting authority*
l'autorité contractuelle	*contracting authority*
la personne déléguée	*delegated individual*
son autorisation *(f)*	*his, her authorization*

Organismes de services communs
Common Service Organizations

le service obligatoire	*mandatory service*
un service facultatif	*optional service*
l'optionalité *(f)*	*optionality*
la réquisition de biens et services	*requisition for goods and services*
l'approvisionnement *(m)* de biens *(m)*	*goods procurement*
l'approvisionnement de services	*procurement for services*
un arrangement en matière d'approvisionnement	*supply arrangement*
les exigences *(f)* contractuelles	*contracting requirements*
les exigences relatives aux marchés	*contracting requirements*
l'énoncé *(m)* de besoins	*statement of requirements*
les plafonds *(m)* des marchés	*contracting limits*
le fractionnement de marché	*contract splitting*
le marché	*contract, contracting*
▸ de services	*service contract, contracting for services*
▸ de biens	*goods contract*
▸ de construction	*construction contract*
▸ en cas d'urgence	*emergency contracting*

un marché	*contract*
▸ concurrentiel	*competitive contract*
▸ à fournisseur unique	*sole source contract*
▸ prescrit	*directed contract*
un contrat	*contract*
▸ de biens	*goods contract*
▸ de service	*service contract*
▸ abrégé	*short form contract*
▸ détaillé	*long form contract*
▸ signé	*signed contract*
la signature du contrat	*contract signing*
l'obligation *(f)* contractuelle	*contractual obligation*
une entente contractuelle	*contract*
le dossier du contrat	*contract file*

Processus simplifié de passation de marchés
Simplified Contracting Process

la définition des exigences	*requirements definition*
l'énoncé *(m)* des travaux	*statement of work*
la stratégie d'approvisionnement	*procurement strategy*
l'appel *(m)* d'offres	*call for proposals*
l'évaluation *(f)* des soumissions	*bid evaluation*
la sélection d'entrepreneur	*contractor selection*
la préparation du marché	*contract preparation*
l'examen *(m)* du marché	*contract review*
l'approbation *(f)* du marché	*contract approval*
l'adjudication *(f)* du marché	*contract award, awarding of contract*

la concurrence	*competition*
le concurrent, la concurrente	*competitor*
un avantage concurrentiel	*competitive advantage*
le processus	*process*
▸ concurrentiel	*competitive process*
▸ de soumissions	*bidding, submission, tender process*
▸ d'appel à la concurrence	*competitive bidding process*
▸ d'appel d'offres concurrentiel	*competitive bidding process*
le processus de sélection *(f)* transparent	*transparent selection process*
la transparence	*transparency*
un accès libre	*free, open access*
le système d'invitations *(f)* ouvertes	*open bidding system*

les possibilités *(f)* de marché	*contracting opportunities*
les conditions *(f)* du marché	*contract terms*
une exigence obligatoire	*mandatory requirement*
les spécifications *(f)*	*specifications*
la demande de propositions	*request for proposals*
une proposition	*proposal*
▸ détaillée	*detailed proposal*
▸ non sollicitée	*unsolicited proposal*

Service électronique d'appels d'offres du gouvernement
Government Electronic Tendering Service
le préavis d'adjudication de contrat
Advance Contract Award Notice

une offre	*offer, tender, bid*
une offre à commandes	*standing offer*
une commande subséquente à une offre à commandes	*call-up against a standing offer*
un appel d'offres	*call for bids, bidding, solicitation, tender, tendering*
▸ concurrentiel	*competitive bidding*
▸ en régime de concurrence	*competitive bidding*
▸ par voie électronique	*electronic bidding*
la procédure d'appel d'offres	*solicitation procedure*
un contrat sans appel d'offres	*untendered contract*
une exception	*exception*

Ombudsman de l'approvisionnement
Procurement Ombudsman

une soumission	*tender, bid*
▸ externe	*external bid*
▸ interne	*in-house bid*
la demande de soumissions	*solicitation for bids*
les règles *(f)* de jeu équitables	*level playing field*
le document d'invitation à soumissionner	*bid document*
un, une soumissionnaire	*bidder*
une conférence des soumissionnaires	*bidders' conference*
la liste des soumissionnaires	*bidders list*

une échéance ferme	*firm deadline, due date*
la date limite	*deadline, due date*
la date de clôture	*closing date*
le cautionnement	*bond*
▸ de soumission	*bid bond*
▸ d'exécution	*performance bond*
l'examen *(m)* des contrats	*contract review*
un mécanisme d'examen distinct	*separate review mechanism*
les critères *(m)* d'évaluation	*evaluation criteria*
l'évaluation *(f)* financière	*financial evaluation*
la liste de vérification	*checklist*
la conformité	*compliance*

le comité d'examen des contrats/des marchés
contract review committee

l'approbation *(f)*	*approval*
l'annulation *(f)*	*cancellation*
l'attribution *(f)* de contrat	*awarding the contract*
le meilleur rapport qualité-prix	*best value for money*
l'offre la plus basse	*lowest bid*
le mérite technique le plus élevé	*highest technical merit*
une qualité supérieure	*superior quality*
une exigence minimale	*minimum, minimal requirement*
le nombre maximal de points	*maximum number of points*
une cote numérique	*numeric, point rating*
la note la plus élevée	*highest score*
la justification	*justification*
la diligence raisonnable	*due diligence*
la prudence	*prudence*
la probité	*probity*
un prix	*price*
▸ compétitif	*competitive price*
▸ concurrentiel	*competitive price*
les économies *(f)* d'échelle	*economies of scale*
l'établissement *(m)* des coûts	*costing*
un élément de coût	*cost element*

la liste de fournisseurs	*source list, list of suppliers*
la préapprobation	*pre-approval*
la présélection	*pre-selection, shortlisting*
la préqualification	*pre-qualification*
un candidat préqualifié	*pre-qualified candidate*

une relation employeur-employé
employer-employee relationship

un fournisseur	*supplier, vendor*
▸ qualifié	*qualified supplier*
▸ préqualifié	*pre-qualified supplier*
▸ admissible	*eligible supplier*
▸ compétent	*qualified vendor*

une entreprise	*company, firm, business*
les entrepreneurs, les entrepreneuses	*contractors, businesspeople*
les firmes *(f)* concurrentes	*competing firms*
les détaillants *(m)*	*retailers*

Activités de gestion du cycle de vie des biens
Life Cycle Asset Management Activities

l'acquisition *(f)*	*acquisition, purchase*
l'utilisation *(f)*	*use*
la réparation et l'entretien	*repair and maintenance, upkeep*
la réfection	*upgrading, refurbishment, repair*
la remise en état	*refurbishment, retrofit, rehabilitation*
la rénovation	*renovation, refurbishing, retrofit*
la restauration	*restoration*
la modernisation	*upgrading*
le transfert	*transfer*
l'entreposage *(m)*	*storage, warehousing*
l'aliénation *(f)* de biens	*asset disposal*
la vente	*sale*
le don	*donation*
le remplacement	*replacement*

le sous-traitant	*subcontractor*
la sous-traitance	*subcontracting, outsourcing, contracting-out*
une tierce partie	*third party*

l'approbation *(f)*	*approval*
la prolongation	*time extension*
le non-renouvellement	*non-renewal*

la gestion	*management*
▸ des biens	*asset management*
▸ du matériel	*materiel management*
▸ du parc automobile	*fleet management*

la gestion du cycle de vie des biens
asset life cycle management
le coût complet du cycle de vie des biens
asset life cycle cost, costing

le système de gestion des biens	*asset management system*
les utilisateurs *(m)* finals	*end-users*
les biens *(m)*	*assets, goods*
▸ matériels	*physical assets*
▸ de la Couronne	*Crown assets*
▸ de grande valeur	*high value assets*
▸ de faible valeur	*low value assets*
▸ excédentaires	*surplus assets*

Institut canadien d'approvisionnement et de gestion du matériel
Canadian Institute for Procurement and Materiel Management

le matériel	*equipment, material*
les véhicules *(m)*	*vehicles*
une commande importante	*large order*
la livraison opportune	*timely delivery*
la facture	*invoice*
un compte en souffrance	*overdue account*
un paiement anticipé	*advance payment*

le bon d'achat local
local purchase order

la carte	*card*
▸ de crédit	*credit card*
▸ d'acquisition	*acquisition card*
▸ d'achat	*acquisition card*
une transaction	*transaction*
▸ autorisée	*authorized transaction*
▸ frauduleuse	*fraudulent transaction*

Verbes pratiques	*Useful verbs*
accorder sans appel d'offres	*to award without tenders, competition*
accroître la concurrence	*to increase competition*
acheter	*to buy, purchase*
acquérir	*to acquire*
aliéner des biens	*to dispose of goods*
annuler	*to cancel, nullify*
attribuer	*to award, assign*
choisir	*to choose*
commander	*to order, commission*
conclure un marché	*to enter into, conclude a contract*
concurrencer	*to compete*
contester	*to contest, dispute, challenge*
contracter	*to contract, enter into a contract*
demander des soumissions	*to solicit bids*
déposer une soumission	*to submit a bid*
évaluer objectivement	*to evaluate, assess objectively*
facturer	*to invoice, charge for*
faire affaire avec	*to do business with*
faire l'acquisition de	*to acquire, purchase*
faire ou faire faire	*to make or buy*
faire une offre	*to make a bid, offer*
fournir	*to provide, supply*
justifier	*to justify*
modifier	*to amend*
obtenir la meilleure valeur	*to achieve best value*
prendre en considération	*to take into consideration*
présélectionner	*to pre-select, shortlist*
procurer	*to purchase, buy*
qualifier	*to qualify*
remporter le marché	*to win the contract*
répondre à	*to respond to*
sélectionner	*to select*
solliciter	*to solicit, seek*
soumissionner	*to bid on, tender for*
sous-traiter	*to subcontract, contract out*

Managing Operations

Paroles en action / *Words in action*

Les ministères gouvernementaux et les autres organismes publics dépendent des fournisseurs du secteur privé pour obtenir un grand nombre de biens et services dont ils ont besoin pour appuyer les exigences opérationnelles et de programme. Le secteur public du Canada dépense des milliards de dollars chaque année pour l'approvisionnement. Par conséquent, la gestion de la chaîne d'approvisionnement est une compétence critique pour l'administration publique d'aujourd'hui.

Un cadre de lois et règlements, de politiques, de directives et lignes directrices, et de procédures administratives régit les marchés publics afin de s'assurer qu'il existe un processus d'adjudication des marchés ouvert et équitable. La concurrence est une caractéristique centrale de « l'approvisionnement intelligent » qui sert à stimuler la qualité, favoriser l'innovation, et réduire les coûts. Le processus d'appel d'offres garantit l'intégrité des acquisitions de l'État, protège l'intérêt public, et permet l'optimisation des ressources.

Les marchés publics constituent un instrument de politique important. Ils appuient directement les petites et grandes entreprises, et peuvent être un stimulant important pour le développement économique régional. L'approvisionnement écologique est un moyen concret pour aider à créer une société viable.

***Government departments** and other public bodies rely on private suppliers to obtain many of the goods and services they need to support program and operational requirements. The Canadian public sector spends billions of dollars on procurement every year. As a result, supply chain management is a critical competency for today's public administration.*

Government procurement is governed by a framework of laws and regulations, policies, directives and guidelines, and administrative procedures to ensure that the awarding of contracts is done through a fair and open process. Competition is a hallmark of "smart procurement" as it drives quality, promotes innovation, and reduces costs. The competitive process ensures the integrity of government procurement, protects the public interest, and provides value for money.

Government purchasing is an important policy instrument. It directly supports small and large businesses, and can be an important stimulus for regional economic development. Green procurement is a practical way to help create a more sustainable society.

Real Property *and* Facilities

Noms et expressions	***Nouns and phrases***
les biens(*m*) immobiliers	*real property*
les biens immobiliers fédéraux	*federal real property*
les immeubles (*m*) fédéraux	*federal real property*
la politique immobilière	*real property policy*
la gestion immobilière	*property, real property management*
l'évaluation (*f*) immobilière	*property, real estate appraisal*
la gestion des installations	*facilities management*
l'agent (*m*), l'agente (*f*) de gestion des installations	*facilities manager*
une installation	*facility, building*
▸ louée	*leased facility*
▸ appartenant à l'État	*Crown-owned facility*
▸ municipale	*municipal facility*
▸ privée	*private facility*
▸ d'entreposage (*m*)	*storage, warehouse facility*

Loi sur les immeubles fédéraux
Federal Real Property Act
Code national de prévention des incendies
National Fire Code
Code national du bâtiment du Canada
National Building Code
Loi sur les subventions aux municipalités
Municipal Grants Act

le bureau	*office*
un édifice gouvernemental	*government building*
les bâtiments (*m*) publics	*public buildings*
les immeubles (*m*) à bureaux	*office buildings*
un immeuble inoccupé	*unoccupied building*
un établissement	*establishment, building*
un équipement	*facility, plant*
un complexe administratif	*administrative complex*
un entrepôt	*warehouse*
l'espace (*m*) d'entreposage	*warehousing, storage space*
la garde des biens immobiliers	*custody of real property*

le ministère — *department*
- client — *client department*
- locataire — *tenant department*
- gardien — *custodial department*

les locaux *(m)* — *space, premises, accommodations*
- à bureaux — *office space, accommodations*
- appartenant à l'État — *Crown-owned space*

les paiements tenant lieu d'impôts fonciers
payments in lieu of taxes

la construction — *building, construction*
l'achat *(m)* — *buying, purchase*
la propriété — *ownership*
la location commerciale — *commercial leasing*

un occupant, une occupante — *occupant*
le, la locataire — *tenant*

le contrat de location — *lease, lease agreement*
- à court terme — *short-term lease*
- à long terme — *long-term lease*

plusieurs baux *(m)* à long terme — *several long-term leases*
une convention de bail-achat — *lease-purchase arrangement*

l'autorité responsable de l'immeuble
Responsible Building Authority

le logement — *accommodations*
les lieux *(m)* — *premises*
le lieu de travail — *workplace*
le poste de travail — *work station*

le plan — *plan*
- d'aménagement — *accommodations plan*
- des installations — *facilities plan*
- de déplacement — *relocation plan*

l'espace *(m)* de travail — *workspace*
l'espace requis — *amount of space required*
les besoins *(m)* d'espace — *space requirements*
l'attribution *(f)* de l'espace — *space allocation*
les espaces existants — *existing space*

les besoins *(m)* opérationnels	*operational needs, requirements*
les exigences *(f)* de fonctionnement	*operational requirements*
les coûts *(m)* à long terme	*long-term costs*
l'option *(f)* la plus économique	*most economical option*
un usage correct	*proper use*
l'inspection *(f)*	*inspection*
les spécifications *(f)*	*specifications*
la norme ratifiée	*approved standard*
une formule standard	*standard formula*

Aménagement et entretien des biens immobiliers
Fit-up and Maintenance of Real Property

l'aménagement *(m)*	*fit-up*
la santé et la sécurité	*health and safety*
la sécurité	*safety, security*
le chauffage	*heating*
la climatisation	*air conditioning*
la ventilation	*ventilation*
l'éclairage *(m)*	*lighting*
le câblage électrique	*electrical wiring*
la plomberie	*plumbing*
les installations sanitaires	*washroom facilities*
les lignes *(f)* de communication	*communication lines*
les mesures *(f)* antibruit	*noise control*
la peinture	*painting*
le revêtement de sol	*flooring*
l'entretien *(m)*	*upkeep, maintenance*
le nettoyage	*cleaning*
les rénovations *(f)*	*renovations*
les réparations *(f)*	*repairs*
l'entretien *(m)* des terrains	*grounds upkeep, maintenance*

les immobilisations *(f)*	*capital, fixed assets*
le fonds en capital	*capital fund, budget, money*
les fonds d'immoblisations	*capital funds*
le financement en immobilisations	*capital funding*
les dépenses *(f)* en immobilisations	*capital expenditures*
un projet d'immobilisation	*capital project*
un investissement	*investment*
une acquisition	*acquisition*
la préservation des immobilisations	*asset preservation*

la réinstallation	*relocation*
le déménagement	*relocation, move*
la compagnie de déménagement	*moving company*
l'état *(m)*	*state, condition*
le plan d'entretien	*maintenance plan*
les frais *(m)* d'entretien	*maintenance, upkeep costs*

le plan d'immobilisation à long terme
long-term capital plan

la dépréciation	*depreciation*
l'obsolescence *(f)*	*obsolescence*
la désuétude	*disuse, obsolescence, rust-out*
les coûts *(m)* de remplacement	*replacement cost*
les services *(m)*	*service, services*
▸ de construction *(f)*	*construction services*
▸ d'architecture *(f)* et de génie *(m)*	*architectural and engineering services*

Les architectes et les ingénieurs
Architects and Engineers

un architecte	une architecte	*architect*
un ingénieur civil	une ingénieure civile	*civil engineer*
un ingénieur mécanicien	une ingénieure mécanicienne	*mechanical engineer*
un ingénieur chimique	une ingénieure chimique	*chemical engineer*
un ingénieur électricien	une ingénieure électricienne	*electrical engineer*
un ingénieur informatique	une ingénieure informatique	*computer engineer*

un projet de construction	*building, construction project*
un site rénové	*renovated site*
les coûts d'aménagement	*fit-up costs*
le mobilier	*furniture*
l'ergonomie *(f)*	*ergonomics*
l'environnement *(m)* bâti	*built environment*
les bâtiments *(m)* écologiques	*green buildings*
la gérance environnementale	*environmental stewardship*
la gestion environnementale	*environmental management*
une vérification de conformité environnementale	*environmental compliance audit*

Verbes pratiques	***Useful verbs***
acquérir	*to acquire, purchase, buy*
aménager	*to fit-up*
conclure un contrat de location	*to lease, enter a lease agreement*

se conformer à	*to conform to*
construire	*to construct, build*
déménager	*to move, relocate*
déplacer	*to move, transfer*
déprécier	*to depreciate*
effectuer	*to conduct, carry out, undertake*
entretenir	*to maintain, look after*
louer	*to lease*
réaménager	*to redevelop, refit*
remplacer	*to replace*
rénover	*to renovate*
réparer	*to repair, restore, remediate*

Paroles en action / *Words in action*

Il existe toutes sortes d'édifices publics, par exemple, des législatures, des palais de justice, des musées, des écoles, des aérogares, des laboratoires et des immeubles à bureaux. Tous les édifices publics servent un but particulier pour lequel ils doivent être bien adaptés et bien situés. Règle générale, les édifices publics doivent se conformer à d'autres buts et exigences, tels que stimuler l'économie locale, accroître la présence et la visibilité du gouvernement, permettre au public un accès facile, fournir un milieu de travail sécuritaire, et maximiser l'efficacité énergétique.

L'attrait esthétique des bâtiments publics est une considération importante quant à leur conception. La construction d'un bâtiment public est une occasion de réaménager ou revitaliser une ville ou un quartier, de restaurer un point d'intérêt exceptionnel pour l'usage et l'admiration des générations présentes et futures, ou de présenter l'architecture canadienne et son imagination et génie artistique.

Dans la conception et la construction des immeubles publics, les décideurs gouvernementaux devraient être axés non seulement sur la fonctionnalité et les coûts mais aussi sur la création d'un héritage audacieux et durable qui célèbre le Canada et son peuple.

There are all *kinds of public buildings, e.g., legislatures, court houses, museums, schools, airport terminals, laboratories and office buildings. Every public building serves a particular purpose for which it must be well-suited and well-situated. Public buildings must usually also satisfy other goals or requirements, such as to boost the local economy, increase government presence and visibility, permit easy public access, provide a safe work environment, and maximize energy efficiency.*

The aesthetic appeal of public buildings is an important design consideration. The construction of a public building might be an opportunity to redevelop or revitalize a city or neighborhood, to restore a unique landmark that current and future generations will use and admire, or to showcase Canadian architecture and its imagination and artistic genius.

In the design and construction of public buildings, government decision-makers should focus not only on functionality and cost but also on the creation of bold and lasting legacies that celebrate Canada and its people.

Information Management

Noms et expressions	***Nouns and phrases***
la gestion	*management*
▸ de l'information *(f)*	*information management*
▸ du savoir	*knowledge management*
▸ des documents	*records management*

le dirigeant principal de l'information
la dirigeante principale de l'information
Chief Information Officer
Bibliothécaire et Archiviste du Canada
Librarian and Archivist of Canada
Bibliothèque et Archives Canada
Library and Archives Canada
Commissaire à l'information
Information Commissioner
Commissaire à la protection de la vie privée
Privacy Commissioner

la société de l'information	*information society*
le renseignement	*information, intelligence*
la mémoire institutionnelle	*corporate, institutional memory*
les actifs *(m)* d'information	*information assets*
les fonds *(m)* de renseignements	*information holdings, collection*
une lacune d'information	*information gap*
les informations supplémentaires	*additional information*

Loi sur l'accès à l'information
Access to Information Act
Loi sur la protection des renseignements personnels
Privacy Act
Règlement sur la protection des renseignements personnels
Privacy Regulations
Loi sur la protection des renseignements personnels
et des documents électroniques
Personal Information Protection and Electronic Documents Act
Loi sur la protection de l'information
Security of Information Act
Loi sur la Bibliothèque et les Archives du Canada
Library and Archives Canada Act

la sécurité des renseignements	*security of information*
la désignation de sécurité	*security designation*

la classification de sécurité	*security classification*
la cote de sécurité	*security classification, rating*
la protection accrue	*enhanced protection*
la confidentialité	*confidentiality*

les renseignements	*information*
▸ classifiés	*classified information*
▸ personnels	*personal information*
▸ protégés	*protected information*
▸ publics	*public information*

On parle de la gestion des documents
Speaking of Records Management

la création	*creation*
la modification	*modification, change*
la collecte	*collection*
l'acquisition *(f)*	*acquisition*
le classement	*filing*
la classification	*classification*
l'archivage *(m)*	*filing, archiving, storage*
la manutention	*handling*
le transfert	*transfer*
la réception	*receipt*
le partage de l'information	*information sharing*
l'échange *(m)* de renseignements	*exchange of information*
la divulgation	*release, disclosure*
la conservation	*preservation, retention*
la préservation	*preservation, protection*
la sauvegarde	*safeguarding*
le maintien	*retention*
l'entreposage *(m)*	*storing, warehousing*
le stockage	*storage*
l'enlèvement *(m)*	*removal*
la disposition	*disposal*
la destruction	*destruction*

Bureau de première responsabilité
Office of Primary Interest

l'information *(f)*	*information*
▸ classifiée	*classified information*
▸ confidentielle	*confidential information*
▸ de nature délicate	*sensitive information*
▸ précise	*accurate information*
▸ digne de confiance	*trustworthy information*

un document	*record, document*
▸ archivistique	*archival record*
▸ authentique	*authentic, original document*
▸ de mémoire institutionnelle	*corporate memory record*
▸ électronique	*electronic record*
▸ essentiel	*essential, vital record*
▸ éphémère	*transitory record*
▸ non censuré	*uncensored document*
▸ numérique	*digital record*
▸ papier	*paper record*

la tenue de documents	*record keeping*
les documents de toutes sortes	*all kinds, types of records*
la documentation existante	*existing documentation*
le patrimoine documentaire	*documentary heritage*
les archives *(f)*	*archives*

Classification de sécurité des documents
Security Classification of Documents

le niveau	*level:*
▸ protégé	*protected*
▸ confidentiel	*confidential*
▸ secret	*secret*
▸ très secret	*top secret*

la numérisation	*digitization*
les technologies *(f)* numériques	*digital technologies*
le format électronique	*electronic format*
un outil électronique	*electronic tool*
le système de classification des documents	*records classification system*

l'autorisation *(f)* de disposer	*disposition authority*
le programme pour disposer des documents	*records disposition program*
le cycle de vie des documents	*records life cycle*
le calendrier de conservation des documents	*records retention schedule*
le délai de conservation	*retention period*

la valeur	*value*
▸ archivistique	*archival value*
▸ historique	*historical value*
▸ opérationnelle	*business, operational value*

la divulgation intégrale	*full disclosure*
une requête frivole	*frivolous request*
une exception	*exception*

une exemption particulière	*special exemption*
le système de traitement des plaintes	*complaint handling system*
une évaluation des capacités	*capacity check, assessment*
une auto-évaluation	*self-assessment*

La vie privée
Privacy

les droits *(m)* à la vie privée	*privacy rights*
une demande d'accès à l'information	*access to information request*
une évaluation préliminaire	*preliminary assessment*
les renseignements *(m)* personnels	*personal information*
les questions *(f)* liées à la protection des renseignements personnels	*privacy concerns*
le droit d'accès à l'information	*right of access to information*
une demande d'accès	*access request*
les exigences *(f)* légales	*legal requirements*
la garantie	*safeguard*
une utilisation non autorisée	*unauthorized use*
la mauvaise utilisation	*misuse, improper use*
la divulgation	*release, disclosure*
▸ des renseignements	*release of information*
▸ non autorisée	*unauthorized disclosure*
▸ sans consentement	*disclosure without consent*
▸ illicite	*unlawful disclosure*
la communication des renseignements	*release, communication of information*
la conservation	*retention*
le consentement	*consent*
une violation	*violation, breach*

Évaluation des facteurs relatifs à la vie privée
Privacy Impact Assessment
Fichier de renseignements personnels
Personal Information Bank

Verbes pratiques	*Useful verbs*
accumuler	*to accumulate, pile up*
acquérir	*to acquire*
amonceler	*to accumulate, pile up*
archiver	*to archive, file*
cataloguer	*to catalogue*
classer	*to file, classify*
classifier	*to classify*
consentir à	*to consent to*
conserver	*to keep, retain, preserve*
déchiqueter	*to shred*

déclasser	*to declassify, downgrade*
demeurer accessible	*to remain accessible*
désigner	*to designate*
détruire	*to destroy*
disposer de	*to dispose of*
divulguer	*to disclose, divulge, release*
échanger	*to exchange*
entreposer d'une façon sécuritaire	*to store in a secure manner*
garder secret	*to keep secret*
heurter	*to go against, run counter to, violate*
manutentionner	*to handle*
partager	*to share*
préserver	*to preserve, protect, safeguard*
protéger	*to protect*
rendre public	*to make public*
respecter	*to respect, observe, comply with*
retenir les renseignements	*to withhold information*
sauvegarder	*to safeguard*
transférer	*to transfer, convey*
transmettre électroniquement	*to send electronically*
violer	*to violate*

Paroles en action / *Words in action*

Les mesures visant à assurer l'accès du public aux renseignements du gouvernement et la protection des renseignements personnels représentent des progrès importants au chapitre de l'évolution des droits démocratiques au Canada. La transparence de l'administration publique et le respect de la vie privée sont des caractéristiques fondamentales d'une société démocratique.

Le Parlement a adopté la *Loi sur l'accès à l'information* en 1983. Elle donne aux citoyens un droit d'accès à l'information détenue par les institutions du gouvernement fédéral, et elle exige que les exceptions nécessaires quant aux droits d'accès soient limitées et précises, conformément aux dispositions de la loi.

La *Loi sur la protection des renseignements personnels*, également adoptée en 1983, vise à protéger la vie privée des particuliers en matière de renseignements personnels détenus par les institutions fédérales et à assurer le droit de toute personne à consulter ses renseignements personnels. La *Loi sur la protection des renseignements personnels et les documents électroniques* a été adoptée en 2000. Cette loi édicte le cadre juridique pour la protection des renseignements personnels dans le contexte de la collecte, de l'utilisation et de la communication légitimes des renseignements personnels par des organisations du secteur privé engagées dans des activités commerciales.

En tant qu'agents du Parlement, les commissaires à l'information et à la protection de la vie privée sont respectivement les gardiens des valeurs de transparence et d'ouverture du gouvernement, et de la protection des renseignements personnels. Les commissaires veillent toujours à prévenir toute érosion des droits conférés aux citoyens par la loi.

***Measures to ensure** public access to government information and the protection of privacy, or personal information, represent important advances in the development of democratic rights in Canada. Government transparency and respect for personal privacy are hallmarks of a democratic society.*

Parliament passed the Access to Information Act *in 1983. It gives citizens the right to access information held by federal government institutions, and requires that necessary exceptions to the right of access should be limited and specific, as set out in the Act.*

The Privacy Act, *also passed in 1983, aims to protect the privacy of individuals in relation to personal information about themselves that is held by federal institutions, and to ensure the right of every person to access their personal information. The* Personal Information Protection and Electronic Documents Act *was adopted in 2000. It sets out the legal framework for the protection of privacy in the context of the legitimate collection, use and communication of personal information by private sector organizations conducting commercial activities.*

As officers of Parliament, the Information and Privacy Commissioners are, respectively, the guardians of the values of government transparency and openness and of personal privacy. They are ever vigilant to prevent any erosion of the legislated rights of citizens.

Information Technology

Noms et expressions	*Nouns and phrases*
la technologie de l'information *(f)*	*information technology*
la technologie Web	*Web technology*
les nouvelles technologies	*new technology, technologies*
la révolution technologique	*technology revolution*
l'intelligence *(f)* artificielle	*artificial intelligence*
l'administration *(f)* de réseaux	*network administration*
l'administrateur, l'administratrice du système	*system administrator*
l'informatique *(f)*	*computer science*
un ingénieur, une ingénieure en logiciels	*software engineer*
la programmation informatique	*computer programming*
un milieu de travail réseauté	*networked workplace*
un milieu sans fil	*wireless environment*
la technologie sans fil	*wireless technology*
les communications *(f)* sans fil	*wireless communication*
les appareils *(m)* intelligents	*smart devices*

le droit de se connecter
the right to connect

l'ère *(f)* informatique	*computer age*
l'informatisation *(f)*	*computerization*
le cyberespace	*cyberspace*
le cybergouvernement	*cybergovernment*
le service informatique	*informatics, computer service*
un programme informatique	*computer program*
la compétence en informatique	*computer literacy*
la haute technologie	*high tech*
une solution technologique	*technology solution*
la fonctionnalité	*functionality*
une entreprise de technologie	*technology, computer company*
un environnement ouvert	*open environment*
le réseau	*network*
▸ local	*local area network*
▸ informatique	*computer network*
▸ d'entreprise	*corporate network*
▸ de la prochaine génération	*next-generation network*

le réseautage	*networking*
la connexion de réseau	*network hookup, connection*
la connectivité	*connectivity*
l'interconnectivité *(f)*	*interconnectivity*
une interface utilisateur	*user interface*

La navigation sur Internet*
Surfing the Internet

le surf sur Internet *(m)*	*surfing the Internet*
l'Internet des objets	*the Internet of Things*
l'accès à Internet	*Internet access*
un accès	*access*
▸ illimité	*unlimited access*
▸ à distance	*remote access*
le service Internet haute vitesse	*high-speed Internet access*
le fournisseur de services Internet	*Internet service provider*
une connexion Internet à haute vitesse	*high-speed Internet connection*
un branchement sans fil	*wireless connection*
l'utilisation *(f)* d'Internet	*Internet use*
l'utilisateur, l'utilisatrice d'Internet	*Internet user*
un, une internaute	*Web surfer*
le navigateur Web	*Web, Internet browser*
la navigation sur Internet	*browsing, surfing the Internet*
le moteur de recherche	*search engine*
la barre de navigation	*navigation bar*
la page d'accueil	*home page*
l'écran *(m)* de démarrage	*start-up screen*
la messagerie instantanée	*instant messaging*
le site Web	*Web site*
le lien au site Web	*Web site link*
un hyperlien	*hyperlink*
le téléchargement	*downloading*
le partage de fichiers	*file sharing*
la webcam	*webcam*
une émission diffusée sur le Web	*webcast*
accéder à Internet	*to access the Internet*
cliquer sur	*to click on*
connecter	*to connect, log on*
naviguer sur Internet	*to surf, browse the Internet*
surfer sur Internet	*to surf the Internet*
télécharger	*to download*
utiliser Internet	*to use the Internet*

* C'est une pratique courante en français d'utiliser le mot *Internet* avec ou sans l'article défini. *It is common practice in French to use the word* Internet *with or without the definite article.*

la technologie à large bande	*broadband technology*
le service à large bande	*broadband service*
l'accès à large bande	*broadband access*
un ordinateur	*computer*
▸ central	*mainframe computer*
▸ de table, de bureau	*desktop computer*
▸ personnel	*personal computer*
▸ portable, portatif	*laptop, notebook, portable computer*
un adaptateur	*adapter*
la batterie	*battery*
le modem interne	*internal modem*
le disque dur externe	*external hard drive*

Le soutien technique
Technical Support

le problème technique	*technical problem*
une difficulté technique	*technical difficulty*
l'assistance *(f)* technique	*technical assistance, support*
le technicien, la technicienne informatique	*computer technician*
le centre d'appels	*call centre*
le service sur place	*on-site service*
le temps d'attente	*waiting time*
le dépannage	*troubleshooting*
le diagnostic	*diagnosis*
la réparation d'ordinateurs	*computer repair*
le remplacement	*replacement*
un projet de mise à niveau	*upgrade project*
l'entretien *(m)*	*maintenance, upkeep*
une interruption complète	*complete shutdown*

le courriel	*e-mail*
un message courriel	*e-mail message*
le courrier électronique	*e-mail*
le système de courriers électroniques	*e-mail system*
l'usage *(m)*	*use*
les utilisateurs de réseaux	*network users*
le guide de l'utilisateur	*user guide*
le nom d'utilisateur	*user name*
le mot de passe	*password*
l'installation *(f)*	*installation*
la configuration	*configuration*

une nouvelle application	*new application*
le logiciel d'application	*application software*
un ancien système	*legacy system*
la mise à niveau du système ministériel	*corporate system upgrade*
un système	*system*
▸ d'information de gestion	*management information system*
▸ critique à la mission	*mission-critical system*
▸ opérationnel	*business, operating system*
une application	*application*
▸ en réseau	*network application*
▸ de base de données *(f)*	*database application*
▸ protégée	*secure application*
▸ de poste de travail	*desktop application*
l'infrastructure *(f)*	*infrastructure*
▸ de la technologie d'information	*information technology infrastructure*
▸ de TI	*IT infrastructure*
▸ du réseau	*network infrastructure*
l'icône *(f)*	*icon*
le panneau de configuration	*control panel*
la mémoire	*memory*
les logiciels *(m)* d'ordinateur	*computer software*
le matériel d'ordinateur	*computer hardware*
le matériel informatique	*computer equipment*
un composant	*component*
une mise à jour automatique	*automatic update*
un document	*document*
les données	*data*
le centre de données	*data centre*
un fichier	*file*
une copie de secours	*backup copy*
le terminal	*terminal*
le serveur	*server*
le processeur	*processor*
la carte à mémoire	*memory card*
la carte graphique	*graphics board*
le moniteur d'ordinateur	*computer monitor*
un écran plat	*flat screen*

une imprimante	*printer*
▸ numérique	*digital printer*
▸ laser	*laser printer*
la résolution	*resolution*
la cartouche d'impression	*print cartridge*

L'usurpation d'identité
Identity Theft

la sécurité de l'Internet	*Internet security*
une connexion sûre	*secure connection*
les logiciels *(m)* de protection	*security software*
les logiciels espions	*spyware*
la révélation de renseignements	*disclosure of information*
une atteinte à la vie privée	*invasion of privacy*
le pourriel	*spam*
le filtre anti-pourriel	*spam filter*
le pollupostage	*spamming, spamming activities*
les polluposteurs *(m)*	*spammers*
la loi anti-pourriel	*anti-spam law, legislation*
l'application *(f)* des mesures anti-pourriel	*anti-spam enforcement*
le hameçonnage	*phishing*
les hameçonneurs *(m)*	*phishers*
une tentative de hameçonnage	*phishing attempt*
un courriel hameçon	*phishing e-mail*
un courriel légitime	*legitimate e-mail*
un message électronique importun	*unwanted e-mail*
la fraude	*fraud*
les artistes de la fraude	*scam artists*
une activité illicite	*illicit, illegal activity*
les fins *(f)* non autorisées	*unauthorized purposes*
un faux site Web	*fake Web site*
une fausse déclaration	*false statement*
la vulnérabilité	*vulnerability*
bloquer	*to block*
contourner	*to evade, circumvent, bypass*
décourager	*to discourage, deter*
effacer	*to delete*
filtrer	*to filter*
tromper	*to deceive, mislead, trick*
voler	*to steal*

la vitesse	*speed*
l'accélération	*speeding up*
la souplesse	*flexibility*

la capacité	*capacity*
la capacité d'adapter	*adaptability*
le piratage informatique	*hacking*
la piraterie	*piracy*
un virus informatique	*computer virus*
le logiciel antivirus	*anti-virus software*
un pare-feu	*firewall*
un ver informatique	*computer worm*
un cheval de Troie	*Trojan horse*

Verbes pratiques	***Useful verbs***
accéder	*to access, reach*
accélérer	*to accelerate, speed up*
activer	*to activate*
adapter	*to adapt*
allumer	*to turn on*
bloguer	*to blog*
cliquer deux fois	*to double-click*
configurer	*to configure*
développer	*to develop*
diagnostiquer	*to diagnose*
dissuader	*to deter*
emmagasiner	*to store in*
entretenir	*to maintain*
envoyer par courriel	*to e-mail*
établir une connexion	*to establish a connection*
éteindre	*to switch, turn off*
être en dérangement	*to be out of order, not working*
faire interface	*to interface*
imprimer	*to print*
informatiser	*to computerize*
installer	*to install*
interconnecter	*to interconnect*
numériser	*to scan*
pirater	*to hack into*
relier	*to link up*
rester allumé	*to stay on*
sauvegarder des données	*to back-up data*
sortir la prochaine version	*to release the next version*
texter	*to text*
transformer	*to transform*
utiliser	*to use*
vérifier	*to verify, ascertain*

Paroles en action / *Words in action*

Dans la société de l'information d'aujourd'hui, les technologies de l'information et des communications sont les moteurs d'une transformation sociale et économique mondiale. Nous constatons la présence et les conséquences de la technologie dans la vie quotidienne – chez nous, dans l'entreprise et le secteur public, dans les écoles et les hôpitaux, et sur le marché.

Il est facile d'être enchanté par les merveilles des nouvelles technologies. Elles éveillent notre imagination et refaçonnent notre mode de vie, le milieu de travail et la façon dont le monde fonctionne. Elles nous permettent de travailler plus intelligemment et elles ont créé de nouvelles façons d'interagir les uns avec les autres. De plus, les nouvelles technologies ont rendu possibles des progrès scientifiques incroyables et l'exploration de l'espace.

Toutefois, les répercussions ultimes sur l'humanité et la société des changements omniprésents apportés par les technologies sont en grande partie inconnues. Par exemple, dans quel genre de société voulons-nous vivre, et quel genre de société créons-nous en réalité? Quel est le rôle de la technologie pour façonner notre avenir à tous? Devrions-nous nous inquiéter des progrès technologiques qui pourraient mener la société dans des directions incertaines et non éprouvées? Quelle sera la place de la personne, et de nos valeurs et convictions, et de l'intérêt public dans le nouveau monde qui évolue?

Nous ferions bien de nous rappeler que les nouvelles technologies ne sont pas une fin en soi mais devraient contribuer au mieux-être de l'humanité et servir les intérêts primordiaux de notre société planétaire.

In today's information *society, information and communications technologies are driving a global social and economic transformation. We experience the presence and the impact of technology in everyday life – at home, in business and government, in schools and hospitals, and in the marketplace.*

It is easy to be enamoured by the marvels of new technologies. They stimulate our imagination and are re-shaping how we live, how we work and how the world operates. They let us work smarter and have created new ways to interact with one another. As well, new technologies have made possible incredible scientific advances and the exploration of space.

Yet the ultimate consequences of pervasive technology-driven change for man and society are largely unknown. For example, what kind of society do we want to live in and what kind of society are we actually creating? What role should technology play in shaping our common future? Should we be concerned about technological developments that may take society in uncertain and untested directions? What will be the place of the individual, and our values and beliefs, and the public good in the new world that is unfolding?

We would do well to remind ourselves that new technologies are not ends in themselves but should contribute to the greater good of mankind and the interests of our global society.

People Management

Noms et expressions	*Nouns and phrases*
la gestion des personnes	*people management*
les compétences (*f*) en gestion des personnes	*people management skills*
l'entregent	*people skills*
un employeur de choix	*employer of choice*
un milieu de travail de choix	*workplace of choice*
l'effectif (*m*)	*staff, workforce*
le personnel	*personnel, staff, workforce*
les membres du personnel	*staff members*
un employé, une employée[4]	*employee*
les employés	*employees, staff*
▸ administratifs	*administrative employees*
▸ de soutien	*support staff*
▸ professionnels	*professional staff*
le supérieur immédiat	*immediate supervisor*
la supérieure immédiate	*immediate supervisor*
le superviseur, la superviseure	*supervisor*
la supervision	*supervision*
les hauts fonctionnaires	*senior public servants*
les cadres (*m*) supérieurs	*senior executives, managers*
les cadres de direction	*senior executives, managers*
le groupe de direction	*executive group*
le personnel de direction	*executive staff*
le poste de cadre supérieur	*executive position*
son occupation (*f*)	*his, her occupation, job*
son métier (*m*)	*his, her occupation, trade, profession, skill, experience*
sa profession	*his, her profession, occupation*
une carrière professionnelle	*professional career*
les aspirations (*f*) professionnelles	*professional, career aspirations*
le cheminement professionnel	*career path*

---

4 In many parts of the text, the masculine form of « *employé* » is used for ease of reference. Note that adjectives used with the masculine noun « *employé* » or the feminine « *employée* » must agree in gender and number with the noun.

le choix de carrière	*career choice*
les perspectives *(f)* de carrière	*career prospects, opportunities*
les possibilités *(f)* de carrière	*career opportunities*

Qualités d'une bonne gestion des personnes
Attributes of Good People Management

- établir les orientations et les priorités du lieu de travail
  establish workplace direction and priorities
- présenter les rôles et les attentes de travail de façon claire
  set out clear roles and work expectations
- déléguer les responsabilités de façon appropriée
  delegate responsibilities in an appropriate manner
- favoriser un milieu de travail de confiance, de collaboration, et axé sur les clients
  foster a trusting, collaborative and client-centred work environment
- inspirer l'engagement des employés à la poursuite de l'excellence des services
  inspire employee commitment to service excellence
- agir toujours avec intégrité et respect pour les autres
  always act with integrity and respect for others
- communiquer avec le personnel d'une façon sincère et opportune
  communicate with staff in a sincere and timely manner
- motiver les employés et les aider à s'adapter aux exigences et circonstances qui évoluent constamment
  motivate employees and help them to adapt to constantly changing demands and circumstances
- encourager la participation du personnel en milieu de travail
  promote staff involvement in the workplace
- faire preuve de soutien sincère aux employés et respecter leur besoin de concilier les obligations familiales et professionnelles
  show genuine support for employees and respect their need to balance work and family responsibilities
- promouvoir l'apprentissage continu et appuyer le développement des plans de carrière des employés
  promote continuous learning and support employee career development
- être accessible et écouter attentivement
  be approachable and listen well
- reconnaître la contribution et les réussites des employés
  recognize employees for their contributions and success
- donner la rétroaction de façon constructive
  give constructive feedback
- travailler bien avec un personnel divers
  work well with a diverse workforce
- donner l'exemple de relations interpersonnelles positives
  set an example of positive interpersonal relations
- avoir le sourire et un bon sens de l'humour
  have a smile and a good sense of humour

l'esprit *(m)* d'équipe	*team spirit*
le moral des employés	*employee morale*
la satisfaction du personnel	*employee satisfaction*
le contexte opérationnel	*operating environment*
une atmosphère de confiance	*environment based on trust*
la qualité de vie au travail	*quality of working life*

Le processus de gestion du rendement des cadres supérieurs
Performance Management Process for Executives

- établir un contrat de rendement au début de l'année avec tous les cadres
  establish a performance contract at the start of the year with all executive employees
- élaborer les objectifs, les résultats escomptés et les critères de mesure du rendement
  set out goals, expected results and criteria to measure performance
- surveiller les progrès périodiquement et fournir la rétroaction
  monitor progress periodically and provide feedback
- mettre à jour l'entente de rendement si nécessaire
  update the performance agreement when necessary
- participer à un dialogue honnête pour évaluer les résultats à la fin de l'année
  engage in an honest dialogue to assess year-end results
- présenter une recommandation de cote de rendement au comité d'examen ministériel
  recommend a performance rating to the departmental review committee
- pour les cadres admissibles, calculer et distribuer la rémunération de rendement et l'augmentation économique qui s'applique
  calculate and distribute the applicable performance pay and economic increase for eligible executives

un travail exigeant	*demanding work*
une solide éthique *(f)* du travail	*strong work ethic*
les heures *(f)* de travail prolongées	*long hours of work*
la gestion du rendement	*performance management*
l'appréciation *(f)* du rendement	*performance appraisal, assessment*
l'évaluation *(f)* du rendement du personnel	*employee performance assessment*
le cadre d'examen du rendement	*performance review framework*
la discussion sur le rendement	*performance discussion*
la motivation	*motivation, incentive*
une mesure incitative	*incentive*
la rémunération à risque	*at-risk pay*
une augmentation économique	*economic increase*

la période	*period*
▸ d'évaluation	*assessment period*
▸ d'examen	*review period*
▸ de révision	*review period*
un engagement	*commitment*
▸ clé	*key commitment*
▸ permanent	*ongoing commitment*

Les échelles de cotes du rendement
Performance Rating Scales

Une échelle de trois points	***Three-point scale***
La qualité de son travail	*The quality of his, her work*
☐ a dépassé les attentes	*exceeded expectations*
☐ a répondu pleinement aux attentes	*fully met expectations*
☐ n'a pas répondu aux attentes	*did not meet expectations*
Une échelle de cinq points	***Five-point scale***
Le rendement a été	*Performance has been*
☐ exceptionnel	*outstanding*
☐ supérieur	*superior*
☐ entièrement satisfaisant	*fully satisfactory*
☐ satisfaisant avec réserve	*satisfactory with reservation*
☐ insatisfaisant	*unsatisfactory*

le critère d'évaluation	*assessment criterion*
les mesures *(f)* du rendement	*performance measures*
une attente en matière de rendement	*performance expectation*
la réalisation	*achievement, completion*
la rétroaction	*feedback*
▸ continue	*continuous feedback*
▸ constructive	*constructive feedback*
▸ positive	*positive feedback*
▸ ascendante	*upward feedback*
un effort	*effort*
▸ médiocre	*poor, mediocre effort*
▸ solide	*good, solid effort*
son travail exemplaire	*his, her exemplary work*
son engagement inébranlable	*his, her unwavering commitment*
sa contribution considérable	*his, her tremendous contribution*
ses conseils *(m)* judicieux	*his, her wise counsel, advice*
son attitude *(f)* positive	*his, her positive attitude*

la reconnaissance des employés	*employee recognition*
un gros merci!	*a big thank you!*
le prix d'excellence	*award of excellence*
le prix de mérite	*merit award*
le maintien en poste	*retention*
la planification de la relève	*succession planning*

Diversification des formes d'emploi
Alternative Work Arrangements

un horaire variable	*flexible schedule, working hours*
la flexibilité des heures de travail	*flexible working hours*
le télétravail	*telework*
le partage du travail	*work-sharing*
le travail à temps partiel	*part-time employment*
une semaine de travail comprimée	*compressed work week*
les congés *(m)* auto-financés	*self-funded leave*
les congés avec étalement du revenu	*leave with income averaging*

un problème	*problem, issue*
▸ lié au travail	*work-related problem*
▸ sous-jacent	*underlying issue*
une mesure disciplinaire	*disciplinary action*
une réprimande écrite	*written reprimand*
la sanction administrative	*administrative sanction*
la suspension	*suspension*
▸ provisoire	*temporary suspension*
▸ avec solde	*suspension with pay*
▸ sans solde	*suspension without pay*
la mise à pied	*suspension*
le congédiement	*dismissal, discharge*

Verbes pratiques	*Useful verbs*
accomplir	*to accomplish*
accorder	*to give, award*
améliorer	*to improve*
apprécier	*to appraise, assess*
avoir confiance en	*to have confidence in*
avoir de l'entregent	*to have people skills*
avoir l'esprit d'équipe	*to have team spirit, be a team player*
contester	*to challenge, question*
corriger	*to correct*

diriger	*to direct, manage, oversee, lead*
discuter	*to discuss*
écouter	*to listen, listen to*
élaborer	*to develop, set out*
encourager	*to encourage*
établir	*to establish*
évaluer	*to assess, evaluate*
examiner	*to examine, consider, review, look into*
faciliter	*to facilitate*
favoriser	*to encourage, support, contribute to*
féliciter	*to congratulate*
fixer	*to set, fix, determine*
gérer	*to manage, direct*
intégrer	*to integrate*
louer	*to commend, praise*
manifester	*to demonstrate*
mériter	*to deserve, merit*
mettre en pratique	*to put into practice*
motiver	*to motivate*
nier	*to deny*
se pencher sur	*to look into*
préserver	*to safeguard, preserve, protect*
proposer	*to propose*
réaliser	*to realize, carry out, meet, achieve*
reconnaître	*to recognize*
recourir à	*to have recourse to, appeal to*
régler les différends	*to resolve, settle disputes*
regretter	*to regret*
remédier	*to remedy, to make good*
remercier	*to thank*
résoudre le problème	*to resolve the problem*
respecter	*to respect, observe, comply with*
superviser	*to supervise, oversee*
tenir compte	*to take into account*
trouver une solution	*to find a solution*

Paroles en action / *Words in action*

La tâche la plus fondamentale de la gestion est peut-être la réalisation des buts organisationnels grâce aux efforts d'autres personnes. Ceci demande l'établissement de la raison d'être et des objectifs de l'organisation, l'affectation de responsabilités précises à toutes les unités de travail, et le recrutement d'une main-d'œuvre compétente et motivée. Il faut également offrir au personnel une orientation, de la formation, des pouvoirs et les outils nécessaires pour s'acquitter de ses fonctions. De plus, il faut créer un milieu de travail positif où chaque employé peut contribuer de son mieux à la réalisation des buts organisationnels.

Le dévouement du personnel à la mission de l'organisation est un facteur déterminant du succès des organisations du secteur public. C'est le devoir de premier plan de la direction de créer un milieu qui favorise l'engagement personnel de chaque employé à la mission, et qui encourage une culture de travail en équipe et de collaboration afin d'assurer un sentiment commun des objectifs d'intérêt public. Un tel milieu mobilise les compétences, les forces et la créativité de tous les employés.

La synergie qui se produit lorsque des personnes travaillent ensemble augmente les capacités et le rendement de l'organisation entière, et offre la possibilité d'accomplir des choses extraordinaires pour les citoyens canadiens.

It is perhaps *the most fundamental task of managing to achieve organizational goals through the efforts of others. This requires setting out the purpose and objectives of the organization, assigning clear responsibilities to every work unit, and hiring a skilled and motivated workforce. It also requires providing staff the direction, training, authority and tools required to carry out their duties. Moreover, it requires creating a positive work environment where every employee can make his or her best contribution to achieving the organization's goals.*

A workforce that is dedicated to the organization's mission is a key determinant of success for public sector organizations. A foremost duty of management is to create an environment that fosters every employee's personal commitment to the mission and promotes a culture of teamwork and collaboration to ensure a shared sense of public purpose. Such an environment harnesses the ability, strengths and creativity of all employees.

The synergy that occurs when people work together raises the capacity and performance of the whole organization, giving it the potential to achieve extraordinary things for Canadians.

Workplace Health *and* Safety

Noms et expressions	***Nouns and phrases***
la santé du milieu de travail	*workplace health*
la santé au travail	*occupational health*
la santé psychologique	*psychological health*
le bien-être des employés	*well-being of employees*
les maladies *(f)* professionnelles	*work-related illness*
la sécurité au travail	*workplace safety, security*
la sûreté en milieu de travail	*workplace safety, safety in the workplace*
un milieu de travail	*workplace, work environment*
▸ harmonieux	*harmonious workplace*
▸ sain	*healthy workplace*
▸ productif	*productive work environment*
▸ sécuritaire	*safe, secure workplace*
▸ sûr	*safe work environment*

Code canadien du travail
Canada Labour Code
Loi sur la santé et la sécurité au travail de l'Ontario
Ontario Occupational Health and Safety Act
Commission des accidents du travail du Manitoba
Workers Compensation Board of Manitoba

un lieu de travail	*workplace, work site*
▸ sain	*healthy workplace*
▸ agréable	*pleasant, enjoyable workplace*
▸ à risque élevé	*high-risk workplace*
le bien-être des employés	*employee well-being*
le climat de travail	*working environment*
un esprit de camaraderie	*spirit of camaraderie, friendship*
le soutien	*support*
un traitement équitable	*fair treatment*
la pression du travail	*pressure of work*
la charge de travail	*workload*
un bourreau de travail	*workaholic*
l'épuisement professionnel	*burnout*
le stress négatif	*negative stress*
le niveau de stress	*level of stress*

la gestion du stress	*stress management*
les coûts du stress	*cost of stress*
les conséquences *(f)* humaines	*human consequences*
la santé mentale	*mental health*
un trouble psychologique	*psychological disorder, trouble, turmoil*
la détresse psychologique	*psychological distress*
l'anxiété *(f)*	*anxiety*
la dépression	*depression*
un absentéisme *(m)* chronique	*chronic absenteeism*
une absence de trois jours	*three-day absence*

La conciliation travail-famille
Work-Family Balance

la vie	*life*
▸ familiale	*family life*
▸ personnelle	*personal life*
▸ active	*work, working life*
▸ professionnelle	*professional life*
les obligations familiales	*family obligations*
les responsabilités	*responsibilities*
▸ parentales	*parental, parenting responsibilities*
▸ sociales	*family, social responsibilities*
▸ professionnelles	*professional responsibilities*
le conflit travail-famille	*work-family conflict*
un équilibre raisonnable	*reasonable balance*
la compréhension	*understanding*
la flexibilité	*flexibility*
flexibiliser	*to make more flexible*
concilier	*to reconcile, balance*
équilibrer	*to balance*

les politiques de conciliation travail-famille
family-friendly policies

une perte de productivité	*loss of productivity*
une productivité médiocre	*poor, substandard productivity*
le roulement du personnel	*staff turnover*
le roulement excessif	*high turnover*
le taux de roulement du personnel	*rate of staff turnover*
un faible taux d'attrition *(f)*	*low rate of attrition*
un problème	*problem, issue*
▸ personnel	*personal problem*
▸ interpersonnel	*interpersonal problem*
▸ sous-jacent	*underlying issue*

les relations *(f)* interpersonnelles médiocres — *poor interpersonal relations*
une préoccupation liée au travail — *work-related concern, issue*
une dispute — *dispute, conflict*
une plainte — *complaint*
une allégation — *allegation*

toute forme de harcèlement *(m)* — *harassment of any kind*
l'inconduite *(f)* sexuelle — *sexual misconduct*
l'intimidation *(f)* — *bullying, intimidation*
l'humiliation *(f)* — *humiliation*
la violence verbale — *verbal abuse*
la menace de violence *(f)* — *threat of violence*

un comportement — *behaviour, conduct*
- nuisible — *hurtful behaviour*
- menaçant — *threatening behaviour*

Mécanismes de recours administratifs
Administrative Recourse Mechanisms

le superviseur direct — *immediate supervisor*
la haute direction — *senior, upper management*
le conseiller en ressources humaines — *human resources advisor*
l'unité des relations de travail — *labour relations unit*
le représentant syndical — *union representative*
le programme d'aide aux employés — *employee assistance program*
le bureau de divulgation interne — *internal disclosure office*
l'ombudsman ministériel — *departmental ombudsman*
le mode alternatif de résolution des conflits — *alternative dispute resolution*

un incident récent — *recent incident*
une situation particulière — *specific situation*
la victime — *victim*
l'auteur *(m)* présumé — *alleged perpetrator*

le traitement — *handling*
le recours — *recourse, remedy*
un examen impartial — *impartial review*
une enquête indépendante — *independent investigation, inquiry*

le conflit en milieu de travail — *workplace conflict*
la gestion des conflits — *conflict management*
la résolution des conflits — *conflict resolution*
le règlement des différends — *dispute resolution*
les règles *(f)* de base — *ground rules*

la référence	*referral*
une personne-ressource	*resource person*
une tierce partie neutre	*neutral third party*
la voie formelle	*formal route, channels, means, way*
un processus informel	*informal process*
le service	*service*
▸ de counselling	*counselling service*
▸ de référence	*referral service*
un service	*service*
▸ confidentiel	*confidential service*
▸ volontaire	*voluntary service*
la bonne foi des parties	*good faith of the parties*
les intérêts *(m)*	*interests*
les besoins *(m)*	*needs*
le résultat souhaité	*desired, hoped for result*
une solution satisfaisante	*satisfactory solution*

Comité de santé et de sécurité au travail
Workplace Health and Safety Committee
Conseil canadien de la sécurité
Canada Safety Council
Centre canadien d'hygiène et de sécurité au travail
Canadian Centre for Occupational Health and Safety

la médiation	*mediation*
une séance de médiation	*mediation session*
les règles de base	*ground rules*
les conditions *(f)* de travail	*working conditions*
▸ flexibles	*flexible working conditions*
▸ non sécuritaires	*unsafe working conditions*
▸ inadmissibles	*unacceptable working conditions*
les normes *(f)*	*standards*
▸ de travail	*labour standards*
▸ d'emploi	*employment standards*
un espace sécuritaire	*safe space*
le programme de sécurité	*safety program*
les pratiques *(f)* opérationnelles sûres	*safe operating practices*
une culture de la sécurité	*culture of safety*
la prévention	*prevention*

la blessure au travail	*work-related injury*
un accident de travail	*work accident, injury*
le système de sécurité	*security system*
le service de sécurité	*security service*
la politique sur la sécurité	*security policy*
le niveau de sécurité	*level of security*
un risque pour la sécurité	*safety, security risk*
une menace sur la sécurité	*security threat*
une évaluation de sécurité	*safety, security assessment*

La planification en cas d'urgence
Emergency Planning

- la planification de la continuité des opérations gouvernementales
  planning for the continuity of government operations
- une évaluation des menaces et des risques
  threat and risk assessment
- l'atténuation des menaces et des risques
  threat and risk mitigation
- le plan de continuité des activités
  business continuity plan
- le plan d'intervention en situation d'urgence
  emergency response plan
- la gestion des incidents
  incident management
- le système d'appoint en cas d'urgence
  emergency backup system
- le plan d'urgence
  contingency plan
- la planification de reprise des activités
  business resumption planning

une infraction à la sécurité	*security breach*
une grave défaillance	*serious failure, breakdown*
un canular	*hoax*
une mesure de précaution	*precaution, precautionary measure*
une mesure de sécurité	*safety, security measure, precaution*
un agent, une agente de sécurité	*security officer*
le gardien de sécurité	*security guard*
la caméra de surveillance	*surveillance camera*
la politique sur la sécurité	*safety, security policy*
le manuel de sécurité	*security manual*
un bulletin de sécurité	*security bulletin*

les opérations *(f)* de sécurité	*security operations*
les exigences *(f)* de sécurité	*security requirements*
une habilitation de sécurité	*security clearance*
le filtrage de sécurité	*security screening*
une vérification	*check*
▸ de la fiabilité	*reliability check*
▸ de sécurité	*security check*
le contrôle de l'accès	*access control*
un accès autorisé	*authorized access*
la carte électronique d'accès	*electronic access card*
la carte d'identité	*identity, ID card*
la carte-photo	*photo ID card*
le laisser-passer de sécurité	*security pass*
une interruption	*interruption*
une perturbation	*disruption*
l'élaboration *(f)* des contingences *(f)*	*contingency development*
les préparations *(f)*	*preparations, preparedness*
le regain d'activités	*resumption of activities*
la reprise	*resumption*
le rétablissement	*recovery*
une situation d'urgence	*emergency situation*
la sortie de secours	*emergency exit*
l'évacuation *(f)*	*evacuation*
un colis	*package*
▸ suspect	*suspicious package*
▸ laissé sans surveillance	*package left unattended*

Verbes pratiques	***Useful verbs***
améliorer	*to improve*
diminuer	*to reduce*
éliminer	*to eliminate*
empêcher	*to prevent, stop*
encourager	*to encourage, promote*
étouffer	*to hush up, keep quiet*
être vigilant	*to be vigilant*
évacuer	*to evacuate*
harceler	*to harass*
implanter	*to establish*
informer	*to inform*

intimider	*to intimidate*
investir dans	*to invest in*
menacer	*to threaten*
mettre en place	*to establish, put in place*
offrir un soutien	*to offer, provide support*
perturber	*to disrupt*
protéger	*to protect*
rapporter	*to report*
renforcer	*to strengthen*
répondre à	*to address, respond to*
rétablir	*to restore, re-establish*
sécuriser	*to secure*
traiter de	*to handle, deal with*

Paroles en action / *Words in action*

Le milieu de travail est une communauté humaine. Tout milieu de travail se nourrit des interactions positives entre collègues, et entre les employés et leurs supérieurs. La plupart des gens aiment travailler avec d'autres et s'efforcent de bien s'entendre. Leur attitude donne le ton au milieu de travail.

Une organisation hautement performante est axée sur les personnes. Tout employé est un membre apprécié de l'équipe et contribue de façon significative à l'atteinte de la mission et des objectifs de l'organisation. Un effectif de haute performance assure un bon moral et un taux élevé de satisfaction parmi les employés. Cet effectif se distingue par une culture axée sur les besoins du client, l'excellence de ses services et ses réalisations hors du commun.

Les personnes occupant des postes de leadership doivent démontrer par leurs paroles et par leurs actes le dévouement, l'intégrité et les normes de conduite élevées que l'organisation attend de tous les employés. Il faut que tous les employés comprennent bien comment leur comportement renforce l'organisation et élève son niveau de rendement, ou entrave son succès. Leur objectif devrait être de créer un milieu de travail formidable – « un milieu de travail de choix ».

***The workplace is** a human community. Any workplace thrives on positive interaction among colleagues and between employees and their superiors. Most people enjoy working with others and strive to get along. Their attitude sets the tone for the workplace.*

A high-performing organization is people-oriented. Every employee is a valued member of the team and contributes in a meaningful way to the achievement of the organization's mission and goals. A high-performance workforce has good morale and a high level of employee satisfaction. It stands out for its client orientation, service excellence and outstanding results.

Those in positions of leadership should demonstrate by their words and actions the dedication, integrity and high standards of conduct that are expected of all employees. Everyone should understand how their behaviour either strengthens the organization and raises its level of performance, or impedes its success. Creating a great workplace – "a workplace of choice" – should be the goal of everyone in the workplace.

Human Resources

Noms et expressions	*Nouns and phrases*
les ressources *(f)* humaines	*human resources*
le domaine des ressources humaines	*human resources field*
la gestion des ressources humaines	*human resource management*

le cadre de gestion des ressources humaines
human resource management framework
une approche de dotation adaptée aux exigences ministérielles
a staffing approach tailored to departmental requirements

le, la spécialiste en ressources humaines	*human resource specialist*
le praticien, la praticienne des ressources humaines	*human resource practitioner*
le dossier de personnel	*personnel file*

La fonction des ressources humaines
Human Resources Function

la planification des ressources humaines	*human resource planning*
les conseils experts *(m)* à la direction	*expert advice to management*
le soutien en gestion stratégique, p.ex.,	*strategic management support, e.g.,*
▸ la transformation de l'entreprise	*business transformation*
▸ le développement organisationnel	*organizational development*
▸ le réaménagement des effectifs	*workforce adjustment*
le recrutement	*recruitment*
la dotation	*staffing*
la classification	*classification*
les relations *(f)* de travail	*staff, labour relations*
les négociations *(f)* collectives	*collective bargaining*
les services *(m)* de la rémunération	*compensation services*
le perfectionnement du personnel	*staff development*
la gestion des initiatives connexes, p.ex.,	*management of related initiatives, e.g.,*
▸ les langues *(f)* officielles	*official languages*
▸ l'équité *(f)* en matière d'emploi	*employment equity*
▸ la reconnaissance des employés	*employee recognition*

un employé	*employee*
▸ nommé pour une période indéterminée	*permanent, indeterminate employee*
▸ à temps plein	*full-time employee*
▸ nommé pour une durée déterminée	*term employee*
▸ occasionnel	*casual employee*

le nouvel employé, la nouvelle employée	*new employee*
tous les employés	*all employees*

les salariés	*employees, salaried employees*
les travailleurs saisonniers	*seasonal workers*
les étudiants d'été	*summer students*
le, la stagiaire	*intern, trainee*

Loi sur la modernisation de la fonction publique
Public Service Modernization Act
Loi sur l'emploi dans la fonction publique
Public Service Employment Act

l'employeur *(m)*	*employer*
un employeur distinct	*separate employer*
le régime d'employeur	*employer regime*
l'emploi *(m)*	*employment, work*
mon emploi	*my work, job, employment*
mon, ma job	*my job*
le boulot	*work, job*
le travail à temps plein	*full-time work*

Commission de la fonction publique du Canada
Public Service Commission of Canada
Réseau du leadership
Leadership Network
Tribunal de la dotation de la fonction publique
Public Service Staffing Tribunal

un emploi	*employment, job, work*
▸ à temps plein	*full-time job*
▸ permanent	*permanent employment*
▸ occasionnel	*casual employment*
▸ d'été	*summer job*

Association professionnelle des cadres supérieurs
de la fonction publique du Canada
Association of Professional Executives of the Public Service of Canada

les possibilités *(f)* d'emploi	*employment opportunities*
les perspectives *(f)* d'emploi	*employment opportunities, prospects*
les occasions *(f)* d'emploi	*employment opportunities*
un nouveau poste à temps plein	*new full-time position*
la description de poste	*position description*
les autres postes semblables	*other similar positions*
le, la titulaire du poste	*incumbent of the position*

un poste	*position*
▸ exigeant	*demanding, challenging position*
▸ à temps plein	*full-time position*
▸ vacant	*vacant position*
▸ de première ligne	*front-line position*
▸ administratif	*administrative position*
▸ de direction	*management position*
la classification de poste	*position classification*
la norme de classification	*classification standard*
le pouvoir de classification	*classification authority*

Les mesures de dotation
Staffing Actions

la nomination	*appointment*
▸ permanente	*permanent appointment*
▸ indéterminée	*indeterminate appointment*
▸ à temps plein	*full-time appointment*
▸ d'une durée déterminée	*term appointment*
▸ intérimaire	*acting appointment*
la prolongation d'une période déterminée	*term extension*
la promotion	*promotion*
la mutation latérale	*lateral transfer, deployment*
le détachement	*secondment*
l'affectation *(f)*	*assignment*
la réaffectation	*reassignment*
un échange	*interchange*
la mise en disponibilité	*leave of absence*

le groupe professionnel	*occupational group*
la catégorie de direction	*executive category*
les groupes exclus	*excluded groups*
les groupes de relève	*feeder groups*
le mérite	*merit*
le principe du mérite	*merit principle*
la compétence	*competence, competency, skill*
le favoritisme	*favouritism*
le népotisme	*nepotism*
le recrutement extérieur	*external, outside hiring*
les pratiques *(f)* de recrutement	*recruitment practices*
le salon des carrières	*career fair*
le cabinet de recrutement des cadres	*executive search firm*
le chercheur de têtes	*headhunter, executive search specialist*

une agence de placement temporaire	*temporary help, placement agency*
la demande d'emploi	*job application*
le résumé	*résumé, curriculum vitae*
le curriculum, curriculum vitae	*résumé, curriculum vitae*
l'énoncé *(m)* de qualités	*statement of qualifications*
les qualifications *(f)* professionnelles	*professional qualifications*

Titres des postes
Position Titles

l'agent *(m)*, l'agente *(f)*	*officer*
▸ des services à la clientèle	*client services officer*
▸ de programme	*program officer*
▸ d'administration	*administrative officer*
▸ d'évaluation	*evaluation officer*
▸ de commerce	*commerce officer*
▸ du service extérieur	*foreign service officer*
▸ des affaires consulaires	*consular affairs officer*
▸ de l'immigration	*immigration officer*
▸ des services frontaliers	*border services officer*
▸ de négociation des contrats	*contracting officer*
▸ des approvisionnements	*procurement officer*
▸ de projet	*project officer*
l'agent principal, l'agente principale	*senior officer*
▸ de projet	*senior project officer*
▸ d'administration	*senior administrative officer*
le conseiller, la conseillère	*advisor*
▸ en ressources humaines	*human resources advisor*
▸ en communications	*communications advisor*
▸ en relations avec les médias	*media relations advisor*
le conseiller principal, la conseillère principale en politique	*senior policy advisor*
le coordonnateur, la coordonnatrice de programmes	*program coordinator*
l'analyste *(m,f)*	*analyst*
▸ de la politique	*policy analyst*
▸ des programmes	*program analyst*
▸ des finances	*financial analyst*
l'adjoint administratif, l'adjointe administrative	*administrative assistant*
l'adjoint exécutif, l'adjointe exécutive	*executive assistant*
l'administrateur, l'administratrice	*administrator*
le, la gestionnaire	*manager*

le candidat qualifié, la candidate qualifiée	*qualified candidate, applicant*
le répertoire de candidats qualifiés	*list of qualified candidates*

le répertoire de candidats	*applicant inventory*
la préqualification	*prequalification*
un mécanisme d'intégration	*bridging mechanism*
le bassin	*pool*
▸ de recrutement	*recruitment pool*
▸ de postulants	*pool of applicants*
▸ de candidats préqualifiés	*pool of pre-qualified candidates*

Aspects des qualités personnelles
Dimensions of Personal Suitability

la fiabilité	*reliability, dependability*
un jugement sain	*sound judgement*
la discrétion	*discretion*
la confiance en soi	*self-confidence*
un esprit d'initiative	*initiative*
un esprit de décision	*decisiveness*
une attitude positive	*positive attitude*
le travail d'équipe	*teamwork*
une orientation vers le client	*client orientation*
une orientation vers les résultats	*results-oriented*
la faculté d'adaptation	*adaptability*
la souplesse	*flexibility*
une solide capacité de travail	*hard-working*
la capacité de travailler sous pression	*ability to work under pressure*
les bonnes relations *(f)* interpersonnelles	*good interpersonal relations*
des normes *(f)* d'éthique élevées	*high ethical standards*
un esprit respectueux des opinions et croyances des autres	*respectful of others' opinions and beliefs*

le processus	*process*
▸ d'embauche	*staffing, hiring process*
▸ d'orientation	*referral process*
▸ de sélection	*selection process*
▸ de nomination	*appointment process*
un processus	*process*
▸ interne	*internal process*
▸ externe	*external process*
▸ annoncé	*advertised process*
▸ non annoncé	*non-advertised process*
l'embauche *(f)*	*hiring*
▸ à court terme	*short-term hiring*
▸ d'une durée indéterminée	*indeterminate hiring*

le plan de dotation	*staffing plan*
un régime de dotation plus souple	*more flexible staffing regime*
une demande de dotation	*staffing request*
un gel de dotation	*staffing freeze*

la dotation	*staffing*
▸ d'un poste vacant	*staffing a vacant position*
▸ anticipée	*anticipatory staffing*
▸ accélérée	*fast-track staffing*

Programme de recrutement postsecondaire
Post-Secondary Recruitment Program

un concours	*competition*
▸ ouvert	*open competition*
▸ fermé	*closed competition*

un avis	*notice*
▸ d'emploi	*notice of job opportunity*
▸ de postes vacants	*notice of vacancy*
▸ de dotation	*staffing notice*
▸ de nomination	*notice of appointment*

Exigences scolaires
Educational Requirements

- un baccalauréat d'une université reconnue
  bachelor's degree from a recognized university
- un diplôme universitaire, préférablement une maîtrise
  university degree, preferably at the Master's level
- une spécialisation dans un domaine relié au poste
  specialization in a field related to the position
- l'admissibilité à une désignation professionnelle reconnue
  eligibility for a recognized professional designation
- un agencement acceptable d'études pertinentes, de formation liée au travail et/ou d'expérience équivalente
  an acceptable combination of relevant education, job-related training and/or equivalent experience

la zone de sélection	*area of selection*
l'admissibilité *(f)*	*eligibility*
les critères *(m)* d'admissibilité	*eligibility criteria, requirements*
les critères de présélection	*screening requirements*

un affichage	*posting*
la date de fermeture	*closing date*

People Management

le profil — *profile*
- du poste — *position profile*
- de sélection — *selection profile*

la description — *description*
- du poste — *position, job description*
- des tâches — *work description*
- de travail — *work description*

L'énoncé des critères de mérite
Statement of Merit Criteria

Qualifications *(f)* essentielles — ***Essential qualifications***
- la scolarité — *education*
- l'expérience *(f)* — *experience*
- les connaissances *(f)* — *knowledge*
- les capacités *(f)* nécessaires pour effectuer le travail — *abilities necessary to perform the work*
- les aptitudes linguistiques — *language proficiency*
- les qualités *(f)* personnelles — *personal suitability*

Qualifications constituant un atout — ***Asset qualifications***
- les qualités souhaitables liées aux études, à l'expérience et aux connaissances
  desirable qualifications related to education, experience and knowledge

Exigences *(f)* opérationnelles, p.ex., — ***Operational requirements***, e.g.,
- la flexibilité en ce qui trait aux heures *(f)* de travail — *flexibility regarding working hours*
- le consentement à voyager — *willingness to travel*

Besoins *(m)* organisationnels, p.ex., — ***Organizational needs***, e.g.,
- les objectifs *(m)* relatifs à l'équité *(f)* en matière d'emploi — *employment equity objectives*

Conditions *(f)* d'emploi, p.ex., — ***Terms and conditions of employment***, e.g.,
- la cote de sécurité — *security clearance*
- un permis de conduire valide — *valid driver's license*

Citoyenneté, p.ex., — ***Citizenship***, e.g.,
- la préférence sera accordée aux citoyens canadiens
  preference will be given to Canadian citizens

une expérience — *experience*
- importante — *significant experience*
- approfondie — *extensive experience*
- pertinente — *relevant experience*
- récente — *recent experience*

une vaste expérience — *extensive experience*
un manque d'expérience — *lack of experience*

une entrevue d'embauche	*staffing, job interview*
un entretien récent	*recent interview*
le jury, les jurys de sélection *(f)*	*selection panel, panels*
le, la membre du jury de sélection	*selection board member*
un examen écrit	*written exam*
la vérification des références	*reference check*
une affectation intérimaire	*acting assignment*
la notification de nomination	*appointment notification*

Les niveaux d'études
Educational Qualifications

un diplôme	***degree***
▸ en administration publique	*in public administration*
▸ en administration des affaires	*in business administration*
▸ en commerce	*in commerce*
▸ en droit	*in law*
▸ en communication	*in communications*
▸ en sciences de l'informatique	*in computer science*
la spécialisation	***specialization***
▸ en services humains	*in human services*
▸ en économie	*in economics*
▸ en sciences politiques	*in political science*
▸ dans une discipline scientifique pertinente	*in a relevant scientific discipline*
▸ dans un domaine connexe	*in a related field*
▸ en toute autre spécialité reliée au poste	*in any other speciality related to the position*

la nomination	*appointment*
▸ sans concours	*appointment without competition*
▸ intérimaire	*acting appointment*
une offre d'emploi	*job, employment offer*
▸ pour une durée indéterminée	*offer of indeterminate employment*
▸ conditionnelle	*conditional job offer*
▸ « sur-le-champ »	*"on-the-spot" job offer*
la période probatoire	*probationary period*
la période de stage	*probationary period*
le recours	*recourse*
un mécanisme de recours	*recourse mechanism*
un appel	*appeal*
le droit d'appel	*right of appeal*

le réaménagement des effectifs *(m)*	*workforce adjustment*
la réduction d'effectif	*work force reduction*
la suppression de postes	*elimination, abolition of positions*
un employé excédentaire	*surplus employee*
une offre d'emploi raisonnable	*reasonable job offer*
la sécurité d'emploi	*job, employment security*
la garantie d'un emploi	*job guarantee*
le congédiement prévu	*expected dismissal, layoff*
la destitution immédiate	*immediate dismissal*
le licenciement d'emploi	*work lay-off, dismissal, redundancy*
le préavis de licenciement	*layoff, termination notice*
la mise en disponibilité	*lay-off*
un avis de mise en disponibilité	*lay-off notice*
la notification	*notification*
la démission abrupte	*sudden resignation*
l'indemnité *(f)* de départ	*severance pay, payment*

Verbes pratiques	***Useful verbs***
affecter	*to assign*
attirer	*to attract*
avoir de l'expérience	*to have experience*
classifier	*to classify*
combler	*to fill*
congédier	*to dismiss, lay off*
démissionner	*to resign*
déployer	*to deploy*
dresser	*to establish, set up*
embaucher	*to hire*
engager	*to hire*
entrer en fonction	*to take up one's position*
être en détachement	*to be on secondment*
être admissible à	*to be eligible for*
évaluer	*to assess*
mettre à pied	*to suspend*
muter	*to transfer, deploy*
nommer d'ici	*to appoint by*
occuper	*to occupy, fill*
offrir	*to offer*
muter	*to transfer, deploy*
passer une entrevue	*to have an interview*
postuler	*to apply, apply for*
pourvoir	*to fill*

se présenter à une entrevue	*to come to an interview*
qualifier	*to qualify*
réaffecter	*to redeploy*
recruter	*to recruit*
remettre sa démission	*to submit his, her resignation*
renvoyer	*to dismiss, fire*
réprimander	*to reprimand*
sélectionner	*to select*
suivre un stage probatoire	*to be on probation*
suspendre	*to suspend*

Paroles en action / *Words in action*

Les employés dévoués représentent les services gouvernementaux auprès du public. Ils sont nos concitoyens qui contribuent à la communauté et travaillent dur dans la carrière de leur choix. La main-d'œuvre du secteur public représente les nombreuses cultures qui constituent la richesse de la mosaïque humaine qui constitue le Canada. Ses membres respectent les principes énoncés dans la Constitution et les valeurs enchâssées dans la *Charte canadienne des droits et libertés.*

Les organismes du secteur public offrent des programmes et services qui visent à améliorer le niveau de vie des Canadiens et à favoriser le développement démocratique, social et économique du Canada. Leur raison d'être est de servir le bien commun. Leur travail touche la vie de tous les Canadiens et tous les aspects de la société canadienne. Effectivement, dans cette ère d'interdépendance mondiale, leur travail dépasse souvent nos frontières nationales, contribuant à l'édification d'un monde plus sûr et plus équitable, et d'un avenir durable au profit de toute l'humanité.

Le dévouement et les efforts des personnes qui travaillent au sein du gouvernement contribuent énormément à nos réussites nationales et à notre qualité de vie.

***Dedicated employees are** the public face of government service. They are our fellow citizens, contributing members of the community who work hard in their chosen career. The public sector workforce represents the many cultures that make up the rich human mosaic that is Canada. Its members uphold the principles set out in the Constitution and the values enshrined in the* Canadian Charter of Rights and Freedoms.

Public sector organizations deliver programs and services to improve the standard of living of Canadians and promote the democratic, social and economic development of Canada. Their ultimate purpose is to serve the common good. Their work touches all Canadians and all facets of Canadian society. Indeed, in this age of global interdependence, their work often reaches well beyond our national borders, contributing to building a safer and fairer world and a sustainable future for the benefit of all mankind.

The dedication and efforts of all those who work in government contribute enormously to our national achievements and our quality of life.

Labour Relations

Noms et expressions	***Nouns and phrases***
les relations (*f*) de travail	*labour relations*
les relations syndicales-patronales	*union-management relations*
le droit du travail	*labour law*
la co-détermination	*co-development*
une approche conjointe	*joint approach*
les efforts (*m*) conjoints	*joint efforts*

Loi sur les relations de travail dans la fonction publique
Public Service Labour Relations Act
Commission des relations de travail dans la fonction publique
Public Service Labour Relations Board
Conseil canadien des relations industrielles
Canada Industrial Relations Board

le syndicat	*union*
les syndicats des employés du secteur public	*public sector employee unions*
une organisation syndicale	*employee, labour organization, union*
les employés (*m*) syndiqués	*unionized employees*
les employés exclus	*excluded employees*
les exclusions (*f*) des postes de direction	*managerial exclusions*

Alliance de la fonction publique du Canada
Public Service Alliance of Canada
Institut professionnel de la fonction publique du Canada
Professional Institute of the Public Service of Canada
Association canadienne des employés professionnels
Canadian Association of Professional Employees
Syndicat des employés de la fonction publique de l'Ontario
Ontario Public Service Employees Union
Syndicat canadien de la fonction publique
Canadian Union of Public Employees
Union des employés de la Defense nationale
Union of National Defence Employees

le mouvement ouvrier	*labour movement*
un milieu de travail syndiqué	*unionized environment*
la syndicalisation	*unionization*
l'accréditation (*f*)	*certification*
les travailleurs, les travailleuses	*workers*
un adhérent syndical, une adhérente syndicale	*union member*

l'adhésion *(f)* syndicale	*union membership*
l'affiliation *(f)* syndicale	*union affiliation*
les cotisations *(f)* syndicales obligatoires	*compulsory union dues*
la hausse des cotisations	*dues increase*

Conseil national mixte
National Joint Council

le chef syndical, la chef syndicale	*union leader*
les syndicalistes *(mf)*	*union officials*
le conseil exécutif national	*national executive committee*
la section locale du syndicat	*union local*
une assemblée générale	*general meeting*
l'agent *(m)* négociateur	*bargaining agent*
l'unité *(f)* de négociation	*bargaining unit*
le délégué syndical, la déléguée syndicale	*union representative*
les délégués syndicaux	*union representatives*

Droits fondamentaux des travailleurs
Workers' Basic Rights

- le droit au travail
  the right to work
- le droit de gagner sa vie
  the right to earn a living
- le droit aux conditions de travail sûres
  the right to safe working conditions
- la liberté de former un syndicat
  freedom to form a union
- le droit aux négociations collectives
  the right to bargain collectively
- le droit de grève
  the right to strike

le négociateur gouvernemental, la négociatrice gouvernementale	*government negotiator*
le représentant patronal, la représentante patronale	*employer representative*
le représentant du personnel	*staff, employee representative*
une démarche	*approach*
▸ collaborative	*collaborative approach*
▸ de confrontation	*adversarial approach*
une approche de collaboration	*collaborative approach*

la convention collective	*collective agreement*
les négociations *(f)* collectives	*collective bargaining*
la reprise de la négociation collective	*return to collective bargaining*
le comité de négociation collective	*collective bargaining committee*

Interruptions de travail
Work Disruption

un conflit salarial	*salary dispute*
un conflit de travail	*labour dispute*
une manifestation légale	*lawful demonstration*
un ralentissement de travail	*work slowdown*
un arrêt de travail	*work stoppage*
un débrayage légal, illégal	*legal, illegal work stoppage*
un vote de grève	*strike vote*
un mandat de grève	*strike mandate*
la menace d'une grève	*threat of a strike*
les mesures *(f)* de grève	*strike action*
la grève du zèle	*work-to-rule*
une grève	*strike*
▸ légale, illégale	*lawful, unlawful strike*
▸ rotative	*rotating strike*
▸ d'un jour	*one-day strike*
▸ sauvage	*wildcat strike*
▸ générale	*general strike*
un ordre de grève	*strike call*
un avis de grève	*strike notice*
la journée de grève	*strike day*
les employés en grève	*striking employees*
le, la gréviste	*striker*
les briseurs *(m)* de grève	*strikebreakers, scabs*
les travailleurs *(m)* de remplacement	*replacement workers*
le piquetage	*picketing*
la ligne de piquetage	*picket line*
le piquet de grève	*picket, picket line*
aller en grève	*to go on strike*
être en grève	*to be on strike*
faire grève	*to strike*
faire du piquetage	*to picket*
franchir le piquet de grève	*to cross the picket line*

Comité de grève ministériel
Departmental Strike Committee

un avis de négocier	*notice to bargain*
la table des négociations	*bargaining, negotiating table*
une première ronde de pourparlers	*first round of talks*

une série de négociations	*round of bargaining, negotiations*
le dernier cycle de négociations	*last round of bargaining, negotiations*
une période de négociations intenses	*period of intense bargaining*
la reprise des discussions	*resumption of talks, discussions*
les demandes *(f)* syndicales	*union demands*
l'équipe *(f)* syndicale de négociation	*union bargaining, negotiating team*
le négociateur, la négociatrice	*negotiator*
le mandat de négociation	*bargaining, negotiating mandate*
la position de négociation	*bargaining, negotiating position*
les négociations raisonnées	*interest-based bargaining, negotiations*

On parle d'offres
Speaking of Offers

une offre	*offer*
▸ acceptable	*acceptable offer*
▸ inacceptable	*unacceptable offer*
▸ raisonnable	*reasonable offer*
▸ inférieure	*lower offer*
▸ plus intéressante	*better offer*
▸ révisée	*revised offer*
▸ finale	*final offer*
▸ pécuniaire	*monetary offer*
▸ de dernière minute	*last minute offer*
l'offre la plus récente	*most recent offer*
une offre plus avantageuse	*better offer*
une meilleure offre	*better offer*
la meilleure offre	*best offer*
une contre-offre	*counter-offer*
la dernière offre patronale	*employer's final offer*
la proposition finale	*final proposal*
une nouvelle demande	*new demand*
un ultimatum final	*final ultimatum*
un compromis acceptable	*acceptable compromise*

le côté	*side*
▸ syndical	*union side*
▸ patronal	*management side*
la partie syndicale	*bargaining agent side, labour*
la partie patronale	*employer side, management*
la médiation	*mediation*
une séance de médiation	*mediation session, meeting*
un médiateur, une médiatrice	*mediator*

la conciliation	*conciliation*
le concilateur, la conciliatrice	*conciliator*
l'arbitrage *(m)*	*arbitration, adjudication*
▸ obligatoire	*compulsory arbitration*
▸ exécutoire	*binding arbitration*
▸ non exécutoire	*non-binding arbitration*
un, une arbitre	*adjudicator, arbitrator*
les services *(m)* d'arbitrage	*adjudication, arbitration service*
une audience d'arbitrage	*adjudication, arbitration hearing*
le processus d'arbitrage	*adjudication, arbitration process*
une procédure d'arbitrage	*adjudication, arbitration proceeding*
une décision arbitrale	*adjudication, arbitral award*
une enquête	*fact finding*
un enquêteur indépendant, une enquêteuse indépendante	*independent fact finder*

Service fédéral de médiation et de conciliation
Federal Mediation and Conciliation Service

le lock-out	*lockout*
une injonction judiciaire	*court injunction*
une ordonnance judiciaire	*court order*
une loi de retour au travail	*back-to-work legislation*
les préparatifs de grève	*strike preparations*
le niveau de préparation	*level of preparedness*
le centre de grève	*strike centre*
les surveillants *(m)* des piqueteurs	*picket monitors*

Comité consultatif sur le maintien en poste et la rémunération du personnel de direction
Advisory Committee on Senior Level Retention and Compensation

les services *(m)* essentiels	*essential services*
un poste désigné	*designated position*
les employés désignés	*designated employees*
un avis de désignation	*notice of designation*
un signe de bonne foi *(f)*	*sign of good faith*
le facteur décisif	*deciding factor*
une étape cruciale	*crucial stage*
une impasse	*impasse*

la rémunération	*compensation, remuneration, pay*
une disposition non pécuniaire	*non-monetary provision*
une concession salariale	*salary concession*
un rajustement du coût de la vie	*cost-of-living adjustment*

L'équité, la parité salariale
Pay Equity

le régime d'équité salariale	*pay equity plan*
la mise en œuvre de la parité salariale	*pay equity implementation*
les inégalités *(f)* de salaire	*salary, wage inequities*
la disparité salariale	*salary disparity*
la comparaison	*comparison*
la discrimination salariale	*salary discrimination*
un acte discriminatoire	*discriminatory practice*
la valeur du travail	*value of work*
la justice	*fairness*
l'examen *(m)* judiciaire	*judicial review*
l'audience *(f)* du Tribunal	*Tribunal hearing*
la décision du Tribunal	*Tribunal ruling*
un règlement équitable	*fair settlement*
l'écart *(m)* salarial	*salary, wage gap*
l'indemnisation *(f)* pour les pertes salariales	*compensation for lost wages*
le redressement de salaire	*salary correction*
le rattrapage salarial	*salary catch-up*
la période de rétroactivité	*retroactive period*
un paiement forfaitaire rétroactif	*retroactive lump sum payment*
la méthodologie	*methodology*
le calcul	*calculation*
un employé, une employée admissible	*eligible employee*
éliminer les disparités salariales	*to eliminate wage disparities*

le droit au salaire égal pour un travail de valeur égale
the right to equal pay for work of equal value
Loi sur l'équité dans la rémunération du secteur public
Public Sector Equitable Compensation Act
Tribunal des droits de la personne
Human Rights Tribunal

une augmentation	*increase*
▸ de salaire	*wage, salary, pay increase*
▸ salariale	*salary increase*
▸ économique	*economic increase*

la hausse de salaire	*wage, salary increase*
une baisse salariale	*wage decrease*
la restriction salariale	*wage restraint*

le gel de salaire	*salary freeze*
une réduction salariale	*salary cut, reduction, rollback*
une pratique déloyale de travail	*unfair labour practice*
le règlement des différends	*dispute resolution*
un document d'entente	*memorandum of agreement*
une entente de principe	*tentative agreement, settlement, deal*
un règlement	*settlement, resolution*
▸ salarial	*wage settlement*
▸ provisoire	*tentative settlement*
un accord	*agreement, settlement*
▸ provisoire	*tentative agreement*
▸ de principe	*tentative agreement, agreement in principle*
▸ salarial	*salary, wage settlement*
un point saillant	*key feature*
la rétroactivité	*retroactivity*
la durée	*duration, length, term*
la ratification	*ratification*
le scrutin de ratification	*ratification vote*
l'acceptation *(f)*	*acceptance*
le rejet	*rejection*
la date	*date*
▸ de signature	*date of signing*
▸ d'entrée en vigueur	*effective date*
▸ d'effet	*effective date*
▸ d'expiration	*expiry date*

Verbes pratiques	***Useful verbs***
accepter à l'unanimité	*to accept unanimously*
s'accorder	*to agree*
adhérer à un syndicat	*to belong to, be a member of a union*
aller en grève	*to go on strike*
arbitrer	*to adjudicate, arbitrate*
arriver à	*to arrive at, reach, come to*
cesser	*to cease, stop, break off*
compromettre	*to compromise*
conclure une entente	*to reach, conclude an agreement*
déclencher	*to trigger, launch, start*
demander	*to ask, request, apply for*

demeurer optimiste	*to remain optimistic*
déposer un grief	*to lodge a grievance*
devenir membre de	*to join, become a member of*
dresser un piquet de grève	*to set up, erect a picket line*
durer indéfiniment	*to last indefinitely*
être d'accord	*to agree, be in agreement*
être en position de grève légale	*to be in a legal strike position*
être sans contrat de travail	*to be without a work contract*
expirer	*to expire*
faire des concessions	*to make concessions*
faire des progrès	*to make progress*
faire tout effort *(m)* raisonnable	*to make all reasonable efforts*
geler	*to freeze*
imposer	*to impose*
mettre aux voix	*to put to a vote*
mettre fin à	*to end, put an end to*
mettre sur la table	*to put on the table*
négocier collectivement	*to bargain, negotiate collectively*
occasionner	*to cause, bring about, lead to*
offrir	*to offer*
parvenir à une entente provisoire	*to reach a tentative settlement*
se présenter au travail	*to report to work*
ratifier	*to ratify*
rattraper	*to catch up*
régler	*to settle*
rejeter	*to reject*
retourner au travail	*to return to work*
reprendre des négociations	*to resume bargaining, negotiations*
rompre les négociations	*to break off negotiations*
rouvrir les négociations	*to re-open negotiations*
soumettre au vote	*to submit to a vote*
stopper	*to stop, halt*
tenir un vote de grève	*to hold a strike vote*
travailler	*to work*
trouver un compromis	*to find, reach a compromise*

Paroles en action / *Words in action*

Dans une société libre et démocratique, le droit des travailleurs de s'organiser et de négocier collectivement est garanti par la constitution ou est protégé dans la loi, comme c'est le cas au Canada. Les syndicats sont un moyen légitime pour les travailleurs d'obtenir des salaires plus élevés, la protection de l'emploi et de meilleures conditions de travail et, en fin de compte, d'atteindre une meilleure qualité de vie.

Le droit de grève est un élément fondamental des négociations collectives. Le but d'un vote de grève est de protester contre l'offre de l'employeur dans des négociations contractuelles. Il vise à tirer profit de la force de la détermination collective des membres du syndicat pour faire valoir la nécessité d'un règlement équitable. Un vote de grève est un témoignage puissant de la solidarité des travailleurs. Quand des agents négociateurs tiennent un vote de grève, les employés du secteur public doivent établir un équilibre entre leurs propres intérêts, leurs engagements professionnels, et les conditions économiques et fiscales plus vastes. Ils doivent reconnaître que les gouvernements feront face à des pressions publiques pour assurer les services essentiels.

Les syndicats ont joué un rôle important dans plusieurs pays pour faire progresser la démocratie et les droits de la personne, et pour promouvoir des normes de travail améliorées, des lieux de travail plus sûrs, et d'autres mesures visant à bâtir une société juste et bienveillante.

In a free and *democratic society, the right of workers to organize and bargain collectively is guaranteed by the constitution or is protected by law, as is the case in Canada. Labour unions are a legitimate means for workers to secure higher wages, employment protection and better working conditions, and ultimately to achieve a better quality of life.*

The right to strike is fundamental to collective bargaining. The purpose of a strike vote is to protest the employer's offer in contract negotiations. It seeks to leverage the strength of union members' collective resolve to press for a fair settlement. A strike vote is a powerful expression of worker solidarity. When bargaining agents hold a strike vote, public sector employees must balance their own interests with their professional commitments and with broader economic and fiscal conditions. They understand that governments will face public pressure to maintain essential public services.

Labour unions have played a valuable role in many countries to advance democracy and human rights, and to advocate for improved labour standards, safer workplaces, and other measures to build a just and caring society.

Pay *and* Benefits

Noms et expressions	***Nouns and phrases***
la rémunération	*pay, remuneration, compensation*
▸ globale	*total, overall compensation*
▸ au rendement	*performance pay*
▸ à risque	*at-risk pay*
▸ non salariale	*non-salary compensation*
▸ des cadres supérieurs	*executive compensation*
▸ d'intérim	*acting pay*
la politique de rémunération	*compensation policy*
les pratiques *(f)* de rémunération	*compensation practices*
la structure de rémunération	*compensation structure*
le conseiller, la conseillère en rémunération	*compensation advisor*
l'administration *(f)* des traitements	*salary administration*

Les avantages sociaux des employés
Employee Benefits

les dispositions *(f)*	*provisions*
▸ de congé	*leave provisions*
▸ de service extérieur	*foreign service provisions*
▸ de réaménagement des effectifs	*workforce adjustment provisions*
le régime	*plan*
▸ de pension	*pension plan*
▸ de soins de santé	*health care plan*
▸ de soins dentaires	*dental care plan*
▸ d'assurance-invalidité	*disability insurance plan*
le remboursement	*reimbursement*
▸ des frais de déplacement	*travel expense reimbursement*
▸ des frais de réinstallation	*reimbursement of relocation costs*
une indemnité	*allowance*
▸ d'instruction	*education allowance*
▸ de poste isolé	*isolated post allowance*

le salaire	*salary, wage, pay*
▸ annuel	*annual salary*
▸ de base	*base salary*
▸ initial	*starting salary*
▸ d'entrée	*starting, entry salary*
un traitement concurrentiel	*competitive salary*
une révision de traitement	*salary revision*
un rajustement rétroactif	*retroactive adjustment*
les avantages *(m)* sociaux	*benefits, employee benefits*

la paie	*pay, wages*
le jour de paie	*payday*
le chèque de paie	*paycheque*
le taux	*rate*
▸ de rémunération	*rate of pay*
▸ annuel	*annual rate*
▸ mensuel	*monthly rate*
▸ horaire	*hourly rate*
l'échelle *(f)* salariale	*salary scale, range*
le niveau	*step*
la somme	*amount*
le montant	*amount*

Régime de soins de santé de la fonction publique
Public Service Health Care Plan
Régime de soins dentaires de la fonction publique
Public Service Dental Care Plan
Régime d'assurance-invalidité de la fonction publique
Public Service Disability Insurance Plan
Régime d'assurance pour les cadres de gestion de la fonction publique
Public Service Management Insurance Plan

une augmentation	*increase*
▸ de salaire	*salary, pay increase*
▸ retroactive	*retroactive increase*
▸ économique	*economic increase*
la majoration de rendement	*performance increase*
la prime de rendement	*performance award*
la comparabilité	*comparability*
une indemnité	*allowance, payment*
▸ provisoire	*terminable allowance*
▸ de recrutement	*recruitment allowance*
▸ de maintien en poste	*retention allowance*
▸ de départ	*severance pay*
la journée de travail ordinaire	*ordinary workday*
la semaine de travail normale	*regular work week*
l'horaire *(m)* de travail	*working hours, work schedule*
l'horaire flexible	*flexible hours*
les heures *(f)* de travail	*hours of work, working hours*

les heures supplémentaires	*overtime, overtime hours*
le jour de congé	*day off*
un jour férié payé	*paid statutory holiday*
une journée fériée	*statutory holiday*
les congés (*m*) annuels accumulés	*accumulated vacation leave*
les vacances (*f*) estivales	*summer vacation*
une absence autorisée	*authorized absence*
la demande de congé	*leave request*
la demande de congé de maladie	*request for sick leave*
le certificat médical	*medical certificate*
les obligations (*f*) familiales	*family obligations*
les circonstances (*f*) exceptionnelles	*exceptional circumstances*

Types de congés
Types of Leave

le congé annuel	*annual, vacation leave*
le congé de maladie	*sick leave*
le congé de maternité	*maternity leave*
les congés parentaux	*parental leave*
le congé de décès	*bereavement leave*
un jour de congé personnel	*day of personal leave*
une journée de bénévolat	*day of volunteer leave*
le congé payé	*paid leave, leave with pay*
le congé non payé, non rémunéré	*unpaid leave, leave without pay*
le congé auto-financé	*self-funded leave*

les crédits (*m*) de congé	*leave credits*
les crédits de congé acquis	*earned leave credits*
le relevé des crédits de congé	*statement of leave credits*
le paiement des crédits de congés annuels inutilisés	*cash-out of unused vacation credits*
un paiement forfaitaire	*lump-sum payment*
le calcul	*calculation*

Verbes pratiques	***Useful verbs***
accumuler	*to accumulate*
acquérir	*to earn, gain, acquire*
autoriser	*to authorize*
calculer	*to calculate*
déduire	*to deduct*
être rétroactif	*to be retroactive*
fixer	*to fix, set*
gagner	*to earn*

payer	*to pay*
rembourser	*to reimburse*
rémunérer	*to compensate, pay*
s'appliquer à	*to apply to*
verser	*to pay*

Paroles en action / *Words in action*

Tous les secteurs de l'économie sont en concurrence pour recruter des employés qualifiés. Les politiques de rémunération concurrentielle sont un moyen important pour attirer et retenir une main-d'œuvre hautement qualifiée requise pour la prestation des services publics. L'intérêt public commande de maintenir un effectif du secteur public stable et compétent.

Les organismes du secteur public fonctionnent dans un milieu syndiqué. Des règlements négociés doivent porter sur la comparabilité salariale entre les secteurs public et privé pour des groupes professionnels semblables. En ce qui concerne les administrateurs généraux des ministères, les dirigeants des sociétés d'État, et le groupe de la direction, le Conseil du Trésor fédéral demande conseil auprès d'un comité consultatif externe afin d'orienter sa stratégie de rémunération. La rémunération au rendement doit constituer une composante essentielle de la rémunération globale des cadres supérieurs et des professionnels au sein du secteur public afin de créer une culture favorisant l'excellence du rendement.

Les salaires qu'offre le secteur public sont financés par les revenus fiscaux perçus par les gouvernements. Les contribuables, qui se considèrent souvent comme des « actionnaires » du gouvernement, s'attendent du secteur public qu'il fasse preuve aussi bien d'équité que de retenue dans ses politiques de rémunération – un équilibre difficile à trouver au cours de la négociation collective.

All sectors of *the economy are in competition for skilled employees. Competitive compensation policies are an important way to attract and retain the highly qualified workforce required to deliver public services. Maintaining a stable and competent public sector workforce is in the public interest.*

Public sector organizations operate in a unionized environment. Negotiated settlements should reflect wage comparability between the public and private sectors for similar occupational groups. For heads of departments and Crown corporations, and the executive group, the federal Treasury Board seeks advice from an external advisory committee to guide its compensation strategy. Performance pay should be an essential component of executive and professional compensation throughout the public sector to create a culture of high performance.

Public sector salaries are paid out of tax revenues collected by governments. Taxpayers, who often see themselves as the "shareholders" of government, expect the public sector to exercise both fairness and restraint in its compensation policies – a difficult balance to achieve in labour negotiations.

Continuous Learning

Noms et expressions	***Nouns and phrases***
l'apprentissage *(m)*	*learning*
▸ continu	*continuous learning*
▸ organisationnel	*organizational learning*
une organisation apprenante	*learning organization*
le champion, la championne de l'apprentissage	*learning champion*
le centre d'apprentissage	*learning centre*
la culture de l'apprentissage	*learning culture*
la stratégie de l'apprentissage	*learning strategy*
l'évaluation *(f)* des besoins	*needs assessment*
les besoins *(m)*	*needs, requirements*
▸ individuels	*individual needs*
▸ en matière de formation	*learning needs*

Programme Cours et affectations de perfectionnement
Career Assignment Program
Programme de perfectionnement accéléré des cadres supérieurs
Accelerated Executive Development Program
Échanges Canada
Interchange Canada

un apprenant, une apprenante	*learner*
le plan d'apprentissage personnel	*personal learning plan*
l'apprentissage individualisé	*tailored, personalized learning*
la courbe d'apprentissage	*learning curve*
le style d'apprentissage	*learning style*
le curriculum d'apprentissage	*learning curriculum*
le téléapprentissage	*telelearning*
les ressources d'apprentissage en ligne	*e-learning resources*
un événement d'apprentissage	*learning event*
un outil d'apprentissage	*learning tool*
l'acquisition *(f)* des connaissances	*knowledge acquisition*
la connaissance	*knowledge*
le savoir	*knowledge*
le savoir-faire	*expertise, know-how*
la capacité	*capacity, ability*
une aptitude	*ability, aptitude, talent*

la compétence	*competency, competence, skill*
▸ de base	*core competency*
▸ requise	*required competency*
▸ spécialisée	*specialized skill*
les compétences	*competencies*
▸ fondamentales	*core competencies*
▸ en gestion	*management competencies*
▸ managériales	*management competencies*
▸ en leadership	*leadership competencies*

Domaines des compétences en gestion
Areas of Management Competency

- des compétences en leadership et en gestion stratégique et horizontale
  leadership, and strategic and horizontal management skills
- des compétences en planification et en élaboration de politiques et de programmes
  skills in planning and policy and program development
- des compétences en gestion de programmes, d'opérations de prestation de services, et de responsabilités administratives
  skills in managing programs, service delivery operations and administrative responsibilities
- des compétences en gestion de ressources humaines et en perfectionnement des carrières du personnel
  skills in people management and the career development of employees
- des compétences en travail d'équipe, en formation d'alliances, et en gestion des relations avec les collègues, les partenaires, les clients et les intervenants
  skills in teamwork, building alliances, and relationship management with colleagues, partners, clients and stakeholders
- une capacité intellectuelle et novatrice, une concentration sur les résultats, et une capacité à s'adapter à des circonstances changeantes
  intellectual and innovative capacity, focus on results, and ability to adapt to changing circumstances
- d'excellentes compétences en communications et en relations humaines
  excellent communications and human relations skills
- des compétences personnelles, p.ex., un comportement fondé sur des principes, fiable, consciencieux, prévenant envers les autres, et motivé par l'importance accordée à l'excellence et au service à la clientèle
  personal competencies, e.g., principled behaviour, reliable, hard-working, thoughtful of others, and driven by a commitment to excellence and client service

le répertoire des compétences	*skills inventory*
le domaine de compétence	*area of competence, qualification*
le niveau de compétence	*skill level*
un effectif compétent	*skilled workforce*

la carrière	*career*
la gestion de carrière	*career management*
le counseling de carrière	*career counselling*
le centre de carrière	*career centre*
la croissance professionnelle	*professional growth*
l'avancement *(m)*	*advancement*
le progrès	*progress, improvement, advancement*
le parcours professionnel	*career path*
le chemin de la carrière	*career path*
la gestion des talents	*talent management*
un fort potentiel en matière de leadership	*strong leadership potential*
le potentiel	*potential*
▸ de gestion	*management potential*
▸ de direction	*executive potential*
le cheminement	*progression, advancement, path*
▸ professionnel	*career, career path*
▸ de carrière	*career path, advancement*

École de la fonction publique du Canada
Canada School of Public Service

un programme	*program*
▸ de stages	*internship program*
▸ de stagiaires en gestion	*management trainee program*
▸ de perfectionnement en leadership	*leadership development program*
▸ ministériel d'orientation *(f)*	*departmental orientation program*
▸ de mentorat	*mentoring program*
le mentorat	*mentoring*
le mentor	*mentor*
le coaching	*coaching*
le réseautage	*networking*
une affectation interministérielle	*interdepartmental assignment*
le perfectionnement	*development*
▸ de carrière	*career development*
▸ professionnel	*professional, career development*
▸ en gestion	*management development*
▸ en leadership	*leadership development*
▸ des cadres supérieurs	*executive development*

le développement	*development*
▸ professionnel	*professional, career development*
▸ personnel	*personal development*
une séance d'orientation	*orientation session*
la liste de contrôle de l'orientation	*orientation checklist*
la formation	*training*
▸ sur place	*in-service training*
▸ en matière de diversité	*diversity training*
▸ en informatique	*computer training*
▸ en cours d'emploi	*on-the-job training*
▸ en milieu de travail	*on-the-job training*
▸ en ligne	*online training*
▸ linguistique	*language training*

Communauté nationale des gestionnaires
National Managers' Community

une possibilité de formation	*training opportunity*
une séance de formation	*training session*
l'entraînement *(m)*	*training, coaching, practice*
un exercice d'entraînement	*training exercise*
une activité d'apprentissage	*learning activity*
l'apprentissage à distance	*distance learning*
un enseignement structuré	*formal education, instruction*
une expérience pratique	*practical, hands-on experience*
un cours	*course*
▸ de formation	*training course*
▸ d'une durée de deux jours	*two-day course*
l'inscription *(f)*	*registration, enrolment*
le congé d'études	*education leave*

Verbes pratiques	***Useful verbs***
acquérir	*to acquire, gain*
animer	*to animate, lead, run*
apprendre	*to learn*
appuyer	*to support*
cibler	*to target*
découvrir	*to discover*
développer	*to develop*
se faire le champion	*to champion*

imiter	*to emulate*
individualiser	*to personalize, tailor, customize*
inscrire	*to register*
offrir	*to offer*
participer à	*to participate in, contribute to*
perfectionner	*to develop, improve*
prendre part à	*to take part in*
profiter de	*to take advantage of, benefit from*
promouvoir	*to promote*
rajeunir	*to rejuvenate*
stimuler	*to stimulate*

Paroles en action / *Words in action*

Dans l'économie du savoir, l'apprentissage peut faire la différence entre le succès et l'échec. On pourrait considérer l'apprentissage comme l'acquisition, le développement et l'application des nouvelles connaissances et compétences afin d'atteindre des niveaux plus élevés de rendement. L'investissement dans l'apprentissage profite aux employés et, finalement, à l'ensemble de l'organisation.

Un nombre croissant d'organisations ont nommé un agent principal de l'apprentissage, ou un champion de l'apprentissage, afin de diriger l'élaboration et l'exécution d'une stratégie d'apprentissage. La stratégie définit les activités d'apprentissage prévues pour aider l'organisation à atteindre ses objectifs et ses priorités stratégiques. L'objectif le plus important de la stratégie d'apprentissage vise à établir une culture d'apprentissage au sein de toute l'organisation. Une culture d'apprentissage renforce la capacité de l'organisation à atteindre l'excellence du service et de l'innovation, et vise à inspirer les employés à contribuer à la réalisation de résultats remarquables.

Une organisation d'apprentissage met à profit les talents et l'engagement de tous ses employés pour améliorer l'organisation. Elle croit en son personnel et reconnaît que sa contribution est la raison de son succès.

***In the knowledge** economy, learning can make the difference between success and failure. We might think of learning as the acquisition, development and application of new knowledge and competencies to attain higher levels of performance. Investing in learning benefits individual employees and ultimately the whole organization.*

A growing number of organizations have appointed a chief learning officer or learning champion to lead the development and implementation of a learning strategy. The strategy sets out planned learning activities to help the organization achieve its strategic goals and priorities. The most important goal of the learning strategy is to build a learning culture throughout the organization. A learning culture strengthens the organization's capacity for service excellence and innovation, and aims to inspire employees to contribute to the achievement of outstanding results.

A learning organization engages the talents and commitment of all its employees to make the organization better. It believes in its people and recognizes that their contribution is the reason for its success.

Retirement

Noms et expressions	*Nouns and phrases*
la retraite	*retirement*
▸ anticipée	*early retirement*
▸ obligatoire	*mandatory retirement*
la planification de la retraite	*retirement planning*
l'âge *(m)* de la retraite	*retirement age*
le retraité, la retraitée	*retiree*
les pensionnés	*pensioners*
le style de vie à la retraite	*retirement lifestyle*

Loi sur la pension de la fonction publique
Public Service Superannuation Act
Régime de pension de la fonction publique
Public Service Pension Plan
Caisse de retraite de la fonction publique
Public Service Superannuation Fund

la sécurité à la retraite	*retirement security*
la pension de retraite	*retirement pension, superannuation*
une pension de base	*basic pension*
la caisse de retraite	*pension, retirement fund*
le fonds de pension	*pension fund*
les obligations *(f)* futures liées aux régimes de retraite	*future pension obligations*
les prestations *(f)* de retraite	*retirement, pension benefits*
le revenu de retraite	*retirement income*
le fractionnement du revenu de pension	*pension income splitting*
l'allocation *(f)* aux survivants	*survivors' allowance*
les économies *(f)* de retraite	*retirement savings*
un régime de pension	*pension, retirement plan*
▸ agréé	*registered pension plan*
▸ fédéral	*federal pension plan, superannuation*
▸ provincial	*provincial pension plan*
▸ privé	*private pension plan*
le régime de retraite	*pension, retirement plan*
un régime à cotisations déterminées	*defined contribution plan*
un régime à prestations déterminées	*defined benefit plan*
un régime à prestations cibles	*target benefit plan*

le, la bénéficiaire	*recipient*
le, la prestataire	*recipient*
une pension	*pension*
▸ réduite	*reduced pension*
▸ intégrale	*full pension*
▸ différée	*deferred pension, annuity*
la transférabilité des pensions	*pension portability*
l'admissibilité *(f)* à une pension	*pension eligibility*
les conditions *(f)* d'admissibilité	*qualifying, eligibility conditions*
l'âge *(m)* d'admissibilité	*age of eligibility*
la cotisation obligatoire	*mandatory contribution*
la contribution de l'employeur	*employer contribution*

Régime de pension d'employeur
Employer-sponsored pension plans
Régime de pensions du Canada
Canada Pension Plan
Régime des rentes du Québec
Quebec Pension Plan
Sécurité de la vieillesse
Old Age Security
Supplément de revenu garanti
Guaranteed Income Supplement
Régime enregistré d'épargne-retraite
Registered Retirement Savings Plan

le service ouvrant droit à pension	*pensionable service*
les années *(f)* de service	*years of service*
les cinq années consécutives les mieux payées	*five best paid consecutive years*
le traitement annuel moyen	*average annual salary*
le salaire moyen	*average salary*
la formule	*formula*
le calcul	*calculation*
le service antérieur	*prior service*
le rajustement annuel du coût de la vie	*annual cost-of-living adjustment*
une augmentation	*increase*
l'indexation *(f)*	*indexation*
la protection contre l'inflation	*inflation protection*
le taux d'inflation *(f)*	*inflation rate*

le transfert de pension	*pension transfer*
le transfert des années de service	*service transfer*
un accord de transfert de pension	*pension transfer agreement*
la coordination des prestations	*coordination of benefits*

Verbes pratiques	*Useful verbs*
compenser	*to offset*
cotiser à	*to contribute to*
être admissible à la retraite	*to be eligible for retirement*
être à la retraite	*to be retired*
indexer	*to index*
opter pour	*to opt for*
planifier la retraite	*to plan retirement*
prendre la retraite	*to retire*
se préparer	*to prepare oneself*
recevoir	*to receive*
travailler plus longtemps	*to work longer*

Paroles en action / *Words in action*

Le vieillissement de la population du Canada incite les gouvernements à repenser les politiques et programmes nécessaires pour répondre aux besoins de la société canadienne dans les années futures. Les tendances démographiques exigeront des solutions prospectives afin d'aborder des questions telles que le manque de main-d'œuvre qualifiée, le rôle et les défis de l'immigration, la demande accrue de services de santé et le financement des soins de santé, la viabilité des régimes de pension publics, et la réduction des recettes de l'État.

En 2006, le rapport du Sénat, *La bombe à retardement démographique: Atténuer les effets des changements démographiques au Canada*, a recommandé un dialogue national « en vue d'élaborer une stratégie pancanadienne cohérente – et globale – permettant de relever les défis de l'évolution démographique et, plus particulièrement, du vieillissement de la population canadienne ». En s'inspirant des plus récentes données de recensement et du témoignage d'experts, le rapport remarque que l'espérance de vie des hommes et des femmes continue d'augmenter. De plus, bien qu'il y ait un déclin du taux de natalité à l'échelle mondiale, cette tendance est encore plus prononcée au Canada.

Selon le rapport, la migration internationale est actuellement la principale source de croissance démographique au Canada et elle pourrait bientôt expliquer tout l'accroissement de la population si la fécondité demeure faible. Bien qu'essentielle, l'immigration n'est qu'un des outils pour faire face aux défis que représentent les changements démographiques pour le Canada.

Le Canada est à la veille d'un changement de la population sans précédent. Les mesures gouvernementales qui visent à soutenir une population croissante et productive dans les années à venir joueront un rôle crucial pour déterminer la qualité de vie et la prospérité économique des générations futures.

The aging of *Canada's population is prompting governments to re-think the policies and programs required to meet the needs of Canadian society in the years ahead. Population trends will require forward-looking solutions to address such issues as skilled labour shortages, the role and challenges of immigration, growing demand for health services and health care financing, the sustainability of public pension plans, and shrinking government revenues.*

In 2006, the Senate report, The Demographic Time Bomb: Mitigating the Effects of Demographic Change in Canada, *called for a national dialogue "to develop a coherent – and comprehensive– nationwide strategy to address the challenges of demographic change and, specifically, an ageing Canadian population." Drawing on the most recent census data and expert testimony, the report notes that life expectancy for men and women is continuing to increase. Moreover, while there is a global decline in birth rates, this trend is even more pronounced in Canada.*

According to the report, international migration is now the main source of population increase in Canada and may soon account for all population growth if fertility rates remain low. Immigration will be only a partial though vital tool to address the demographic challenges facing Canada.

Canada stands at the threshold of an unprecedented population shift. Government actions to support a growing and productive population in the years to come will play a crucial role in determining the quality of life and economic prosperity of future generations.

The Economy

Noms et expressions	***Nouns and phrases***
l'économie *(f)*	*economy*
▸ du savoir	*knowledge economy*
▸ intérieure	*domestic economy*
▸ locale	*local economy*
▸ sociale	*social economy*
▸ mondiale	*world economy*
▸ clandestine	*hidden, underground economy*
▸ souterraine	*underground economy*
une économie	*economy*
▸ chancelante	*failing, flagging economy*
▸ en évolution	*changing economy*
▸ novatrice	*innovative economy*
▸ ouverte	*open economy*
▸ plus compétitive	*more competitive economy*
▸ prospère	*prosperous economy*
▸ robuste	*strong, robust, vigorous economy*
▸ surchauffée	*over-heated economy*
▸ refroidissante	*cooling economy*
la nouvelle économie	*the new economy*
la cyberéconomie	*cybereconomy*
les nouvelles réalités *(f)* économiques	*new economic realities*
le moteur principal de l'économie	*main economic engine, driver*
la compétitivité	*competitiveness*
la vie économique du pays	*economic life of the country*
l'union *(f)* économique du Canada	*Canadian economic union*
l'état *(m)* de l'économie	*state of the economy*
la situation économique	*economic situation*
les facteurs *(m)* fondamentaux de l'économie	*economic fundamentals*
la mise à jour économique	*economic update*
la perspective économique	*economic outlook*
la mondialisation	*globalization*
la globalisation	*globalization*
la politique	*policy*
▸ économique	*economic*
▸ fiscale	*fiscal policy*
▸ macroéconomique	*macroeconomic policy*

l'offre *(f)* et la demande globales	*global supply and demand*
l'incertitude *(f)* à l'échelle mondiale	*global uncertainty*
le bien-être économique	*economic well-being*
les avantages *(m)* économiques	*economic benefits*
la prospérité future	*future prosperity*
le front économique	*economic front*
la réforme économique	*economic reform*

Indicateurs économiques
Economic indicators

le solde du compte courant	*current account balance*
la balance des paiements	*balance of payments*
la balance commerciale	*trade balance*
les recettes *(f)* d'exportation	*export earnings*
la valeur des importations	*value of imports*
le taux	*rate*
▸ de croissance du PIB réel	*real GDP growth rate*
▸ de chômage	*unemployment rate*
▸ de participation à la main-d'œuvre	*labour force participation rate*
▸ d'inflation	*rate of inflation*
▸ d'épargne personnelle	*personal savings rate*
▸ d'intérêt préférentiel	*prime lending rate*
▸ de change	*exchange rate*
les bénéfices *(m)* des sociétés	*corporate profits*
la création d'emplois	*job creation*
les investissements *(m)* des entreprises	*business investment*
la demande de logements	*housing demand*
les mises *(f)* en chantier	*housing starts*
les dépenses *(f)* de consommation	*consumer spending*
les ventes *(f)*	*sales*
▸ de maisons	*housing sales*
▸ d'automobiles	*motor vehicle sales*
le commerce de détail	*retail trade*
la prévision de croissance économique	*economic growth forecast*
l'indice *(m)* des prix	*price index*
▸ à la consommation	*consumer price index*
▸ des logements neufs	*new housing price index*
la dette publique nette	*net public debt*
le ratio de la dette au PIB	*debt-to-GDP ratio*

la prévision économique	*economic forecast*
la prévision semestrielle	*semi-annual forecast*
le scénario le plus probable	*most likely scenario*

l'évolution *(f)* économique	*economic change*
le progrès économique	*economic progress*
la réussite économique	*economic success*
une plus grande sécurité économique	*greater economic security*
la performance économique	*economic performance*
une excellente performance	*excellent performance*
une piètre performance	*poor, mediocre performance*
un indicateur avancé	*leading indicator*
une analyse	*assessment, analysis*
▸ optimiste	*optimistic assessment*
▸ prudente	*prudent, cautious assessment*

Banque mondiale
World Bank
Fonds monétaire international (FMI)
International Monetary Fund (IMF)
Organisation de coopération et de développement économiques (OCDE)
Organization for Economic Cooperation and Development (OECD)

le présent trimestre	*present, current quarter*
le premier trimestre	*first quarter*
le deuxième trimestre	*second quarter*
le troisième trimestre	*third quarter*
le dernier trimestre	*last quarter*
les résultats *(m)* trimestriels	*quarterly results*
les données du premier trimestre	*first-quarter data*
la première moitié de l'année	*first half of the year*
les résultats semestriels	*semi-annual, half-year results*
les données *(f)* désaisonnalisées	*seasonally-adjusted data*
les variations *(f)* saisonnières	*seasonal variations, fluctuations*
la base annuelle	*annual basis*
la moyenne nationale	*national average*
l'activité *(f)* économique	*economic activity*
les hauts *(m)* et les bas *(m)* de l'économie	*highs and lows of the economy*
les cycles *(m)* économiques	*economic cycles*
les fluctuations *(f)* cycliques	*cyclical fluctuations*
la baisse cyclique	*cyclical downturn*
le ralentissement temporaire	*temporary slowdown, downturn*
la fin du cycle	*end of the cycle*

la vigueur sous-jacente	*underlying strength*
une expansion soutenue	*sustained expansion, growth*
une expansion supérieure aux prévisions	*stronger-than-expected growth*

L'instabilité économique mondiale

Global Economic Instability

une crise	*crisis, turmoil*
▸ financière	*financial crisis*
▸ économique	*economic turmoil, crisis*
▸ du crédit	*credit crisis*
le système	*system*
▸ financier mondial	*global financial system*
▸ bancaire	*banking system*
une faillite bancaire	*bank, banking failure*
une évaluation de la solvabilité	*solvency assessment*
un ralentissement important	*severe downturn, slowdown*
une récession mondiale	*global recession*
la dégringolade économique	*economic collapse*
l'incertitude *(f)* à l'échelle mondiale	*global uncertainty*
les fondements *(m)* économiques	*economic fundamentals*
la reprise économique	*economic recovery, rally, revival*
le redressement économique	*economic turnaround*
la stimulation budgétaire	*fiscal stimulus*
la stimulation économique	*economic stimulus*
le programme de stimulation	*stimulus program*
le plan de sauvetage	*rescue plan*
un plan de renflouage financier	*financial bail-out plan, package*
une mesure temporaire	*temporary measure*
les mesures sans précédent	*unprecedented action, measures*
une solution symbolique	*band-aid solution*
la réglementation financière	*financial regulation*
les réformes *(f)* du secteur financier	*financial sector reforms*
maintenir le cap	*to stay, maintain the course*
menacer	*to threaten*
recouvrer	*to recover*
renflouer	*to bail out*
soutenir	*to support, prop up*
stimuler	*to stimulate*

Plan d'action économique

Economic Action Plan

Conseil consultatif sur l'économie

Economic Advisory Council

une forte expansion	*strong expansion, boom*
le boom économique	*economic boom*

Domestic Policy

le principal moteur de l'expansion	*main driver of growth*
une forte demande	*strong, high demand*
un refroidissement de la demande	*softening demand*
une faible demande	*weak demand*
un affaiblissement de la demande	*weakening of demand*
la demande	*demand*
▸ intérieure	*domestic demand*
▸ extérieure	*foreign demand*
▸ mondiale	*world-wide demand*
une correction attendue	*expected correction*
une correction passagère	*passing, temporary correction*
le pire de la correction du marché	*the worst of the market correction*
un léger ajustement	*slight adjustment*
la volatilité à court terme	*short-term volatility*
le rebond	*recovery*
le rebondissement de la demande	*revival of demand*
les perspectives de croissance	*growth prospects*
la prévision de croissance	*growth forecast*
la croissance économique	*economic growth*
une croissance	*growth*
▸ robuste	*strong growth*
▸ faible	*weak growth*
▸ négative	*negative growth*
▸ soutenue	*sustained growth*
▸ rapide	*rapid growth*
▸ stagnante	*stagnant growth*
le rythme de croissance	*rate of growth*
le rythme annuel	*annual rate*
un taux trimestriel	*quarterly rate*
la productivité	*productivity*
la croissance de la productivité	*productivity growth*
les gains *(m)* de productivité	*productivity gains*
la hausse mensuelle	*monthly rise, increase, gain*
les hausses consécutives	*consecutive increases*
la tendance à la hausse	*upward trend*
une augmentation	*rise, increase*
la montée	*rise, escalation, climb*

la remontée significative	*significant rise, recovery*
une ascension ininterrompue	*uninterrupted, nonstop rise, climb*
la progression économique	*economic advance*
une légère avancée	*light advance*

Le développement économique régional
Regional Economic Development

le développement régional	*regional development*
la croissance économique régionale	*regional economic growth*
une région à faible taux de croissance	*slow growth region*
une région désavantagée	*disadvantaged region*
les régions les plus pauvres	*the poorest regions*
les disparités *(f)* régionales	*regional disparities*
la diversité régionale	*regional diversity*
la configuration économique	*economic makeup*
les circonstances *(f)* économiques	*economic circumstances*
une possibilité de développement	*development opportunity*
un débouché économique	*economic opportunity, prospect*
les besoins *(m)* économiques	*economic needs*
un climat propice	*favourable, conducive climate*
un nouvel investissement viable	*viable new investment*
un avantage comparatif	*comparative advantage*
les avantages socioéconomiques	*socio-economic benefits*
une incidence directe	*direct effect, impact*
les répercussions *(f)* régionales	*regional effects*
les retombées *(f)*	*benefits, spin-offs, effects*
▸ régionales	*regional benefits*
▸ industrielles	*industrial spin-offs*
les leviers *(m)* économiques	*economic levers*
les moyens *(m)*	*means*
s'adapter à	*to adapt to*
créer	*to create*
favoriser	*to encourage, support, contribute to*
fournir	*to provide*
mobiliser	*to mobilize*
résoudre	*to resolve*

un essor sans précédent	*unprecedented boom, expansion*
l'essor économique	*economic development, expansion*
le risque de surchauffe *(f)*	*risk of overheating*
la bulle économique	*economic bubble*
la bulle immobilière	*housing bubble*

le ralentissement mondial	*world-wide slowdown, slump*
la décélération	*slowing down, slowdown*

la pause	*pause*
la stagnation	*stagnation*
la fin du boom	*end of the boom*
la diminution	*reduction, decrease*
le fléchissement	*drop, weakening*
la baisse	*drop, decline, fall*
un abaissement	*lowering*
une légère décroissance	*light decline, decrease*
un déclin imprévu	*unexpected decline*
la chute	*fall, plunge*
le recul	*fall, decline*
une détérioration accrue	*further deterioration*
la faiblesse	*weakness*
l'affaiblissement *(m)* de la demande	*weakening demand*
un problème structurel	*structural problem*

Diversification de l'économie de l'Ouest Canada
Western Economic Diversification Canada
Agence de promotion économique du Canada atlantique
Atlantic Canada Opportunities Agency
Société d'expansion du Cap-Breton
Enterprise Cape Breton Corporation

un élan à la baisse	*downward momentum*
un atterrissage en douceur	*soft landing*
un signe de détresse	*sign of distress*
un choc économique	*economic shock*
la diversification économique	*economic diversification*
une activité économique avantageuse	*beneficial economic activity*
une retombée directe	*direct consequence, effect*
le marché intérieur	*domestic market*
les marchés étrangers	*foreign markets*
les marchés financiers mondiaux	*world financial markets*
les tendances *(f)* du marché mondial	*world market trends*
un climat économique positif	*positive economic climate*
l'appréhension *(f)*	*apprehension, anxiety, fear*
l'assurance *(f)*	*assurance, confidence*
le regain de confiance	*renewal, revival of confidence*

la confiance	*confidence, trust*
▸ des investisseurs	*investor confidence*
▸ des entreprises	*business confidence*
le capital étranger	*foreign capital*
l'accumulation de capital	*capital accumulation*
la circulation des capitaux	*capital circulation*
les coûts *(m)* d'emprunt	*borrowing costs*
la cote de crédit	*credit rating*
la liquidité	*liquidity*
la banque	*bank*
une grande banque canadienne	*major Canadian bank*
la banque centrale	*central bank*
les banquiers *(m)*	*bankers*
le système bancaire	*banking system*
le secteur bancaire	*banking sector*

Banque du Canada
Bank of Canada
Loi sur la Banque du Canada
Bank of Canada Act
le gouverneur, la gouverneure
Governor
le sous-gouverneur, la sous-gouverneure
Deputy Governor

une institution	*institution*
▸ bancaire	*banking institution*
▸ financière	*financial institution*
les marchés *(m)*	*markets*
▸ financiers	*financial markets*
▸ monétaires	*money markets*
▸ des changes	*foreign exchange markets*
le secteur financier	*financial sector*
le crédit	*credit*
la monnaie	*currency*
la politique monétaire	*monetary policy*
l'action *(f)* monétaire	*monetary action*
le système monétaire international	*international monetary system*
la masse monétaire	*money supply*

les billets *(m)* de banque	*bank notes*
les billets de banque contrefaits	*counterfeit money, banknotes*
la fausse monnaie	*fake, counterfeit money*
la contrefaçon	*counterfeiting, forgery*
les mesures *(f)* contre la contrefaçon	*anti-counterfeiting measures*
le huard	*the loonie*
le dollar canadien	*Canadian dollar*
la devise canadienne	*Canadian currency*
la force du huard	*strength of the loonie*
la vigueur du dollar	*strength of the dollar*
la hausse du dollar	*rise of the dollar, rising dollar*
l'appréciation *(f)* du dollar	*rise, appreciation of the dollar*
le recul de la devise	*currency decline*
l'assouplissement *(m)*	*easing*
la dépréciation	*depreciation*
une pression à la baisse	*downward pressure*

Surintendant des institutions financières
Superintendent of Financial Institutions
Bureau de l'actuaire en chef
Office of the Chief Actuary
Société d'assurance-dépôts du Canada
Canada Deposit Insurance Corporation

les emprunts en devises	*foreign currency borrowings*
le cours des devises étrangères	*foreign exchange rate*
le taux de change	*exchange, foreign exchange rate*
le, les prix	*price, prices*
la hausse des prix	*rise, hike in prices, rising prices*
la montée des prix	*rise in prices*
le renchérissement des prix	*rise, increase in prices*
la stabilité des prix	*price stability*
l'instabilité *(f)*	*volatility*
les mesures *(f)* de contrôle	*controls, control measures*
le contrôle des salaires *(m)* et des prix	*wage and price controls*
le programme de lutte contre l'inflation	*anti-inflation program*
la désinflation	*disinflation*
l'hyperinflation *(f)*	*hyperinflation*
la déflation	*deflation*
une spirale déflationniste	*deflationary spiral*

l'intervention *(f)*	*intervention*
le resserrement monétaire	*monetary tightening*
une crise monétaire	*monetary crisis*
la dévaluation	*devaluation*

La maîtrise de l'inflation
Controlling Inflation

l'inflation *(f)*	*inflation*
▸ réelle	*actual inflation*
▸ sous-jacente	*core inflation*
▸ de base	*core inflation*
une inflation	*Inflation*
▸ basse	*low inflation*
▸ élevée	*high inflation*
un niveau	*level*
▸ bas, faible	*low level*
▸ stable	*stable level*
▸ prévisible	*predictable level*
le taux annuel d'inflation	*annual rate of inflation, inflation rate*
la fourchette cible	*target range*
la cible d'inflation	*inflation target*
la cible de maîtrise de l'inflation	*inflation control target*
le régime de ciblage de l'inflation	*inflation targeting regime*
les craintes *(f)* inflationnistes	*inflationary fears*
le risque d'inflation	*risk of inflation*
la menace inflationniste	*inflationary threat*
la tension inflationniste	*inflationary pressure*
les inquiétudes *(f)* inflationnistes	*inflationary worries*
le contrôle de l'inflation	*inflation control*
une croissance non inflationniste	*non-inflationary growth*
l'expansion *(f)* non inflationniste	*non-inflationary expansion*
les effets *(m)* de l'inflation	*inflationary effects*
le cycle inflationniste d'expansion et de ralentissement	*inflationary "boom-and-bust" cycle*

Rapport sur la politique monétaire
Monetary Policy Report

le taux	*rate*
▸ directeur	*key interest, policy rate*
▸ du financement à un jour	*overnight rate*
▸ de base des prêts bancaires	*prime lending, borrowing rate*
▸ préférentiel	*preferred rate*
le relèvement des taux d'intérêt	*rise, raising of interest rates*
une augmentation modeste	*modest increase, hike*

un taux stable	*stable rate*
la variation	*variation, fluctuation, change*
la fluctuation	*fluctuation*
un point de base	*basis point*
le taux d'intérêt	*interest rate*
▸ à court terme	*short-term interest rate*
▸ à moyen terme	*medium-term interest rate*
▸ à long terme	*long-term interest rate*
l'économiste *(mf)* en chef	*chief economist*
l'économiste principal *(m)*	*senior economist*
la plupart des économistes	*most economists*
le marché	*market*
▸ boursier	*stock exchange, market*
▸ financier	*financial, stock market*
▸ des actions *(f)*	*equity market*
▸ des obligations *(f)*	*bond market*

la Bourse de Toronto (le TSX)
Toronto Stock Exchange (the TSX)
l'indice composite du Nasdaq (le Nasdaq)
Nasdaq Composite Index (the Nasdaq)
le Dow Jones
the Dow Jones

un marché	*market*
▸ cyclique	*cyclical market*
▸ haussier	*bull, bullish market*
▸ à la hausse	*rising, bull market*
▸ d'ours *(m)*	*bear market*
▸ surévalué	*over-valued market*
le placement	*investment, investing*
les placements	*investments*
la stratégie de placement	*investment strategy*
les investissements étrangers	*foreign investments*
les dépenses *(f)* d'investissement	*investment, capital spending*
l'investissement *(m)*	*investing, investment*
le climat d'investissement	*investment climate*
le courtier, la courtière en valeur mobilières	*stockbroker*
le boursier, la boursière	*stockbroker*

un investisseur, une investisseuse	*investor*
les investisseurs étrangers	*foreign investors*
les investisseurs institutionnels	*institutional investors*
les boursicoteurs *(m)*	*small investors*
la protection des investisseurs	*investor protection*

La réglementation de l'industrie des valeurs mobilières
Securities Regulation

les marchés *(m)* financiers	*financial, capital markets*
les marchés de capitaux	*capital markets*
les valeurs *(f)* mobilières	*securities*
l'industrie *(f)* des valeurs mobilières	*securities industry*
les lois *(f)* sur les valeurs mobilières	*securities laws*
le cadre de réglementation	*regulatory framework*
l'autorité *(f)* provinciale en valeurs mobilières	*provincial securities regulator*
les organismes *(m)* d'autoréglementation	*self-regulating organizations*
un organisme commun de réglementation des valeurs mobilières	*common securities body, regulator*
un organisme national unique	*single national body*
un processus harmonisé	*harmonized process, approach*
le plan de transition	*transition plan*
le bureau de transition	*transition office*
le système de réglementation des valeurs mobilières	*securities regulatory system*
un système de passeport	*passport system*
la surveillance	*oversight*
une application rigoureuse	*rigorous enforcement, application*
un système	*system*
▸ fragmenté	*fragmented system*
▸ rationalisé	*streamlined system*
une efficacité accrue	*greater efficiency*
le coût de conformité	*compliance cost*
une lacune systémique	*systemic shortcoming, deficiency*
un obstacle	*obstacle, barrier, impediment*
rationaliser	*to streamline*
uniformiser	*to standardize*

Commission des valeurs mobilières de l'Ontario
Ontario Securities Commission
Autorité canadienne de réglementation des valeurs mobilières
Canadian Securities Regulatory Authority

l'ouverture *(f)* des marchés	*opening of the markets*
la fermeture	*closing*
les prix en fermeture	*closing prices, prices on closing*

le prix	*price*
▸ des actions	*price of stocks*
▸ d'ouverture	*opening price*
▸ de clôture	*closing price*

Les finances personnelles
Personal Finances

le budget	*budget*
le revenu disponible	*disposable income*
le compte bancaire	*bank account*
le solde bancaire	*bank balance*
les économies *(f)*	*savings*
les frais *(m)* de subsistance	*living expenses*
les dépenses *(f)*	*spending*
la charge de dette *(f)*	*debt load*
l'emprunt *(m)*	*loan*
le remboursement d'emprunt	*loan repayment*
un emprunt hypothécaire	*mortgage*
le versement hypothécaire	*mortgage payment*
la période d'amortissement	*amortization period*
le crédit	*credit*
la carte de crédit	*credit card*
le taux d'intérêts	*interest rate*
le paiement d'intérêts	*interest payment*
le paiement mensuel minimal	*minimum monthly payment*
la difficulté financière	*financial difficulty*
le plan financier	*financial plan*
la planification financière	*financial planning*
la sécurité financière	*financial security*
le conseiller financier, la conseillère financière	*financial advisor*
le conseiller, la conseillère en placement	*investment advisor*
acheter	*to buy, purchase*
économiser	*to save*
emprunter	*to borrow*
épargner	*to save*
payer de l'intérêt	*to pay interest*

Agence de la consommation en matière financière du Canada
Financial Consumer Agency of Canada

un nouveau record de clôture	*new closing record*
les gains *(m)* records	*record gains, profits, earnings*
les pertes *(f)*	*losses*
la prise de profits *(m)*	*profit-taking*

la correction boursière	*stock market correction*
le krach boursier	*stock market crash*
le glissement	*downturn, slide*
la baisse des marchés	*market downturn*
le risque croissant	*growing risk*
les transactions *(f)*	*trading*
les pratiques *(f)* commerciales déloyales	*unfair trading practices*
le délit d'initié	*insider trading*
une société cotée en bourse	*publicly-traded corporation, company*
une entreprise cotée en bourse	*publicly-traded company*
un, une actionnaire	*shareholder*
l'actionnariat *(m)*	*the shareholders*
la valeur pour les actionnaires	*shareholder value*
l'assemblée *(f)* annuelle des actionnaires	*annual shareholders' meeting*
les résultats *(m)* financiers	*financial results*

Obligations d'épargne du Canada
Canada Savings Bonds
Bons du Trésor
Treasury bills

une action	*share, stock*
le cours de l'action	*share price*
les actions canadiennes	*Canadian stocks, equities*
les actions étrangères	*foreign equities*
les fonds *(m)* publics	*government securities*
la valeur au marché	*market value*
la valeur marchande	*commercial value*
un dividende d'actions	*share dividend*
le fractionnement d'actions	*stock splitting*
une stock-option	*stock option*
l'attribution *(f)* des stock-options	*awarding of stock options*
les valeurs *(f)*	*stocks, securities*
les valeurs les plus performantes	*best performing stocks*
un rendement satisfaisant	*satisfactory return*
le fonds d'investissement	*investment fund*
le fonds commun de placement	*mutual fund*
la société de fonds communs de placement	*fund management company*

Verbes pratiques	***Useful verbs***
abaisser	*to lower*
accélérer	*to accelerate, speed up*
accroître	*to increase*
affaiblir	*to weaken*
augmenter	*to improve, grow*
avancer	*to advance, move forward, progress*
baisser	*to lower, fall*
corriger	*to correct*
couper	*to cut*
décliner	*to decline*
décrocher	*to lose ground, fall behind, stall*
demeurer inchangé	*to remain unchanged*
dépasser	*to exceed, surpass, overtake*
se détériorer	*to deteriorate, worsen*
dévaluer	*to devalue*
diminuer	*to reduce, decrease, lower*
enregistrer des gains	*to record, show gains*
être en expansion	*to grow, expand*
être en hausse	*to be on the increase, rising*
faire un placement	*to invest, make an investment*
gagner	*to earn, gain*
garder	*to keep, maintain*
grimper	*to climb*
hausser	*to increase, grow, raise*
investir judicieusement dans	*to invest wisely in*
laisser inchangé	*to leave unchanged*
perdre confiance	*to lose confidence*
plonger	*to drop, sink, plunge, plummet*
prêter	*to lend*
prévoir	*to forecast, expect, plan*
progresser	*to advance, gain, move up*
ralentir	*to slow down*
rebondir	*to bounce back, rebound*
reculer	*to recede, decline, lose ground*
réduire	*to reduce, lower, cut, scale down*
refroidir	*to cool down*
remonter	*to climb back up, come back*
resserrer	*to tighten*
sous-estimer	*to underestimate*
stabiliser	*to stabilize*
surchauffer	*to overheat*
surclasser	*to outperform*
tomber	*to drop, fall*
varier	*to vary, fluctuate*

Paroles en action / *Words in action*

Les grandes influences à l'échelle de la planète dominent les économies nationales dans le cadre mondial d'aujourd'hui. La crise financière et le ralentissement économique des années 2008 et 2009 – qui ont provoqué la plus grave récession mondiale qui soit intervenue depuis la Grande Dépression – illustrent l'intégration et l'interdépendance économique des nations, et leur vulnérabilité collective.

Selon les analystes du marché, la cause immédiate de la crise mondiale était l'effondrement du marché des prêts hypothécaires à risque et l'éclatement de la bulle immobilière aux États-Unis. L'industrie financière américaine était mal réglementée et l'économie, à la fois affaiblie par un niveau excessif de la dette et la hausse des prix de l'énergie. Avec le recul, on pourrait dire que les responsables n'ont pas reconnu les indicateurs d'une situation de crise potentielle. À la lumière de l'ampleur de la crise, les gouvernements ont dû prendre des mesures sans précédent pour soutenir des secteurs en difficulté, pour stimuler l'économie et la création d'emplois, et pour protéger les chômeurs. Les gouvernements ont également introduit de nouvelles mesures pour éviter des crises financières semblables à l'avenir.

Avec le temps, les économies émergent de la récession – différentes mais aussi plus fortes. Une économie robuste demeure compétitive sur le marché mondial, attire des investissements et s'adapte aux nouvelles circonstances. Elle génère de la croissance, crée des emplois et de la richesse, et donne lieu à des améliorations du niveau de vie. Les industries saines sont le moteur de notre économie. Elles sont animées par des entrepreneurs et des innovateurs audacieux – des gens qui possèdent la vision, la confiance et la capacité de créer de la valeur. Les bouleversements économiques passés soulignent que les gouvernements jouent un rôle essentiel dans un système économique fondé sur les principes du libre marché.

In today's world*, global forces dominate national economies. The financial crisis and economic slowdown of 2008-2009 – which caused the most severe worldwide recession since the Great Depression – illustrate the economic integration and interdependence of nations, and their collective vulnerability.*

According to economic commentators, the immediate cause of the global turmoil was the collapse of the sub-prime mortgage market and the inflated real estate bubble in the United States. The U.S. financial industry was poorly regulated and at the same time the economy was weakened by excessive debt and high energy prices. With hindsight, it may be said that those responsible ignored the warning signs of a potential crisis. As the extent of the crisis became clear, governments had to take unprecedented measures to support ailing industries, stimulate the economy and job creation, and protect the unemployed. Governments also introduced new measures to prevent similar financial crises in the future.

In time, economies come out of recession – changed but also stronger. A robust economy is competitive in a global marketplace, attracts investment and adapts to new circumstances. It generates growth, creates jobs and wealth, and leads to improvements in the standard of living. Healthy industries are the engine of our economy. They are driven by bold entrepreneurs and innovators – people with the vision, confidence and ability to create value. Past economic crises underline that governments perform an essential role in an economic system based on free-market principles.

Employment *and* Housing

Noms et expressions	***Nouns and phrases***
l'emploi *(m)*	*employment, jobs*
les occasions *(f)* d'emploi	*employment, job opportunities*
le plein emploi	*full employment*
un emploi à temps plein	*full-time job*
un emploi fixe	*steady, permanent job*
une garantie d'emploi	*job guarantee*
la sécurité d'emploi	*job security*
les chiffres *(m)* de l'emploi	*employment figures*
la croissance de l'emploi	*employment growth*
la progression de l'emploi	*employment growth*
la hausse de l'emploi	*rising employment*
la perte d'emploi	*job loss, loss of jobs*

Entente sur le développement du marché du travail
Labour Market Development Agreement
Programme des conseils sectoriels
Sector Council Program
Programme des normes interprovinciales Sceau rouge
Interprovincial Standards Red Seal Program

les emplois	*jobs*
▸ bien rémunérés	*well-paying, highly-paid jobs*
▸ de col bleu	*blue collar jobs*
▸ de col blanc	*white collar jobs*
▸ nouvellement créés	*newly-created jobs*
le travail	*work*
▸ à temps plein	*full-time work*
▸ à temps partiel	*part-time work*
▸ par quarts	*shift work*
la création d'emploi	*job creation*
▸ à court terme	*short-term job creation*
▸ à long terme	*long-term job creation*
le marché du travail	*labour market*
▸ local	*local labour market*
▸ régional	*regional labour market*

la population active	*labour force*
la demande de main-d'œuvre	*labour force demand*
la mobilité de la main d'œuvre	*labour, labour force mobility*
la participation au marché du travail	*labour force attachment*
une main-d'œuvre	*workforce, labour force, labour*
▸ qualifiée	*skilled workforce*
▸ rémunérée	*paid workforce*
le travailleur, la travailleuse	*worker*
un travailleur saisonnier	*seasonal worker*

Emplois d'été Canada
Canada Summer Jobs
Programme de travailleurs étrangers temporaires
Temporary Foreign Worker Program

les travailleurs	*workers, workforce*
▸ canadiens	*Canadian workers, working Canadians*
▸ instruits	*well-educated workforce*
▸ expérimentés	*experienced workers*
▸ hautement qualifiés	*highly-skilled workers*
▸ peu qualifiés	*low-skilled workers*
▸ d'usine	*factory workers*
▸ de quarts	*shift workers*
le, la commis de bureau	*office worker*
les commis, employés de bureau	*office workers*

Congrès du travail du Canada
Canadian Labour Congress

la planification des ressources humaines	*human resource planning*
l'évaluation *(f)* des besoins	*needs assessment*
la formation d'emploi	*job training*
le perfectionnement des compétences	*skills development*
les métiers spécialisés	*skilled trades*
les gens de métier qualifiés, spécialisés	*skilled tradespeople*
un travailleur certifié	*certified tradesperson*
un certificat de compétences	*proficiency certificate*
le système d'apprentissage	*learning system*
l'apprentissage *(m)*	*apprenticeship*
les nouveaux apprentis	*new apprentices*

le travail indépendant	*self-employment*
les travailleurs indépendants	*self-employed persons, self-employed*
le permis de travail	*work permit*
une offre d'emploi	*job offer*

Programme d'assurance-emploi
Employment Insurance Program

le taux de chômage régional	*regional unemployment rate*
le secteur du marché du travail	*labour market area*
une région économique	*economic region*
les perspectives *(f)* d'emploi	*employment opportunities*
un manque de travail	*shortage of work*
un emploi assurable	*insurable employment*
la rémunération assurable	*insurable earnings*
les cotisations *(f)* à l'assurance-emploi	*employment insurance premiums*
les prestations *(f)* d'assurance-emploi	*employment insurance benefits*
les prestations régulières	*regular benefits*
les prestations spéciales	*special benefits*
l'admissibilité *(f)*	*eligibility*
la période de référence	*qualifying period*
une période d'attente non payée	*unpaid waiting period*
la demande	*claim*
un, une prestataire	*claimant*
un, une bénéficiaire	*beneficiary*
la réforme de l'assurance-emploi	*Employment Insurance reform*
les inégalités *(f)* régionales	*regional inequities*
une norme nationale minimale	*minimum national standard*
assurer l'impartialité *(f)*, la justice	*to ensure fairness*
avoir droit aux prestations	*to qualify for benefits*
être admissible	*to be eligible*
être disponible pour travailler	*to be available to work*
garantir l'équité *(f)*	*to ensure equity, fairness*

Loi sur l'assurance-emploi
Employment Insurance Act
Commission de l'assurance-emploi
Employment Insurance Commission

la pénurie de main-d'œuvre	*labour shortage*
un manque de travailleurs compétents	*shortage of skilled workers*
l'employabilité *(f)*	*employability*
les compétences *(f)* relatives à l'employabilité	*employability skills*
les normes *(f)* de compétence	*occupational standards*

un salaire juste	*fair wage, pay*
le salaire minimum	*minimum wage*

un salaire minimum vital	*living wage*
un salaire adéquat	*adequate, sufficient salary*
les frais *(f)* de subsistance	*living costs*
la rémunération horaire	*hourly earnings*
la subvention salariale	*wage subsidy*
la prime au travail	*work subsidy, allowance*
le travail non rémunéré	*unpaid work*
les mesures *(f)* actives d'emploi	*active employment measures*
la recherche d'emploi	*job search*

Société canadienne d'hypothèques et de logement
Canada Mortgage and Housing Corporation

le chômage	*unemployment*
▸ structurel	*structural unemployment*
▸ de longue durée	*long-term unemployment*
▸ conjoncturel	*cyclical unemployment*
le niveau de chômage	*level of unemployment*
le taux de chômage	*unemployment rate*
les chômeurs *(m)*	*the unemployed*
une mise à pied	*layoff*
l'habitation *(f)*	*housing*
le logement	*housing*
le logement social	*social housing*
les habitations à faible coût	*low-cost housing*

Loi sur la location à usage d'habitation (Ontario)
Residential Tenancies Act of Ontario
Commission de la location immobilière
Landlord and Tenant Board

le marché	*market*
▸ de l'habitation	*housing market*
▸ du logement	*housing market*
▸ du logement locatif	*rental housing market*
▸ immobilier	*housing, real estate market*
un acheteur, une acheteuse de maison	*home buyer*
les acheteurs d'habitations	*home buyers*
le prix des maisons *(f)*	*price of houses*
le prix des logements	*price of housing*

une hypothèque	*mortgage*
un prêt hypothécaire	*mortgage loan*
le taux hypothécaire	*mortgage rate*
le secteur d'habitation	*housing industry, sector*
la demande d'habitation	*housing demand*
la disponibilité	*availability*
le taux d'inoccupation des logements	*housing vacancy rate*
la pénurie de logements	*housing shortage, lack of housing*
le ralentissement immobilier	*real estate slowdown*
le marché locatif	*rental market*
la construction résidentielle	*residential construction*
les logements *(m)*	*residential housing*
le lotissement résidentiel	*housing subdivision*
un ensemble résidentiel	*housing subdivision*
un ensemble de logements abordables	*affordable housing project*
un parc d'habitations à loyer modique	*low-rent housing development*
un logement décent	*adequate, decent housing*
les logements surpeuplés	*over-crowded housing*
les logements abordables	*affordable housing*
un manque de logements abordables	*lack, shortage of affordable housing*
la crise du logement locatif	*rental housing crisis*
le programme de logement à but non lucratif	*non-profit housing program*
une coopérative d'habitation	*housing co-operative*
l'hébergement *(m)*	*housing, accommodation*
les frais *(m)* d'hébergement	*accommodation costs, expenses*
le loyer	*rent*
le contrôle des loyers	*rent control*
le, la locataire	*tenant*
le locateur, la locatrice	*landlord, landlady*

Verbes pratiques	***Useful verbs***
acheter	*to buy*
bâtir	*to build*
construire	*to construct, build*
être admissible à	*to be eligible for*
être au chômage	*to be unemployed*
être employé	*to be employed*
être sans emploi	*to be without work*

faire une demande d'emploi	*to apply for a job*
hypothéquer	*to mortgage*
louer	*to rent*
percevoir	*to collect*
postuler un emploi	*to apply for a job*
prêter	*to lend*
recevoir une offre d'emploi	*to receive a job offer*

Paroles en action / *Words in action*

En tant que nation commerçante, la croissance économique et la prospérité du Canada dépendent dans une large mesure de la réussite de notre commerce extérieur. Notre économie est liée inextricablement à l'économie mondiale. L'expérience a démontré que ce qu'il advient de l'économie détermine les perspectives d'emploi. La situation de l'emploi est en train de changer dans de nombreux secteurs pour s'adapter aux marchés mondiaux, à l'incertitude économique, aux nouvelles technologies, et à une concurrence serrée de travailleurs qualifiés dans un marché du travail de plus en plus petit.

Pour réussir dans la nouvelle économie, les travailleurs doivent être instruits et avoir une passion pour l'apprentissage durant toute leur vie. Ils doivent également être mobiles, flexibles et très motivés. Ceux et celles qui ont les connaissances et les compétences en demande sur le marché, la volonté de réussite, et l'aptitude et la capacité d'adaptation auront donc l'avantage dans le contexte économique du XXIe siècle.

Il existe des raisons de croire que le Canada sera confronté à d'éventuelles pénuries de main-d'œuvre en raison de la faiblesse du taux de natalité et des départs à la retraite de la génération du baby-boom. Un tel scénario posera un défi extraordinaire pour les chefs de file de l'industrie et les décideurs gouvernementaux. En même temps, ce scénario créera des possibilités de carrière presque illimitées pour les gens sur le marché du travail.

As a trading *nation, Canada's economic growth and prosperity depend to a great extent on the success of our foreign trade. Our economy is inextricably tied to the global economy. Experience has shown that what happens to the economy determines employment prospects. The employment picture is changing in many industries as they adjust to global markets, economic uncertainty, new technologies, and tight competition for skilled workers in a shrinking labour market.*

To help them succeed in the new economy, workers should be well-educated and have a passion for learning throughout their lifetime. They should also be mobile, flexible and highly motivated. Those with marketable knowledge and skills, the drive to succeed, and the attitude and ability to adapt, will have the advantage in the economic environment of the 21st century.

There is reason to believe that Canada will face future workforce shortages due to a lower birth rate and the retirement of the baby boom generation. Such a scenario will be an extraordinary challenge for industry leaders and government decision-makers. It will also create almost unlimited career opportunities for those in the labour market.

Industry *and* Trade

Noms et expressions	*Nouns and phrases*
l'industrie *(f)* canadienne	*Canadian industry*
l'exploitation *(f)* industrielle	*industrial development*
le développement industriel	*industrial development*
le commerce	*trade, commerce*
▸ mondial	*world trade*
▸ hémisphérique	*hemispheric trade*
▸ bilatéral	*bilateral trade*
▸ interprovincial	*interprovincial trade*
▸ intérieur	*internal trade*
▸ de gros	*wholesale trade*
▸ de détail	*retail trade*
▸ électronique	*e-commerce, electronic commerce*

le délégué commercial, la déléguée commerciale
Trade Commissioner
Service des délégués commerciaux du Canada
Canadian Trade Commissioner Service
Banque de développement du Canada
Business Development Bank of Canada
Exportation et développement Canada
Export Development Canada

le libre-échange	*free trade*
les échanges *(m)* commerciaux	*trade, trading*
un accroissement du commerce	*increased trade*
les règles *(f)*	*rules*
▸ commerciales justes	*fair trade rules*
▸ exécutoires	*enforceable, binding rules*
un obstacle au commerce intérieur	*internal trade barrier*
la libéralisation des échanges	*trade liberalization*
la libéralisation du commerce	*trade liberalization*
le commerce libéralisé	*liberalized trade*
les données *(f)* sur le commerce	*trade data*
une nation commerçante	*trading nation*
une mission commerciale	*trade mission*
les débouchés *(m)* commerciaux	*trade, business prospects*
une foire commerciale	*trade fair*

un excédent commercial	*trade surplus*
le déficit commercial	*trade deficit*
la balance commerciale	*trade balance*
la politique	*policy*
▸ industrielle	*industrial policy*
▸ d'investissement	*investment policy*
▸ commerciale extérieure	*foreign trade policy*
▸ sectorielle	*sectoral policy*
▸ de compensation	*offset policy*
les industries *(f)*	*industries*
▸ primaires	*primary industries*
▸ manufacturières	*manufacturing industries*
les fabricants *(m)*	*manufacturers*
▸ pharmaceutiques	*drug manufacturers*
▸ de véhicules automobiles	*car, auto manufacturers*
▸ ontariens	*Ontario manufacturers*
le parc commercial	*business park*
le parc industriel	*industrial park*
l'activité *(f)* manufacturière	*manufacturing activity*
les constructeurs *(m)* automobiles	*car makers, manufacturers*
un produit	*product*
les produits manufacturiers	*manufacturing products*
les producteurs *(m)* étrangers	*foreign producers*
une province productrice	*producing province*
la production	*production*
la capacité de production	*production capacity*
les coûts *(m)* de production	*production costs*
les frais *(m)* de production	*production costs, expenses*
la main-d'œuvre	*labour*
la machinerie	*machinery*
le matériel	*equipment, material*
l'équipement *(m)*	*equipment, material*
la modernisation de l'équipement	*equipment modernization*
une installation industrielle	*industrial plant, facility*
une usine d'assemblage	*assembly plant*
une usine de montage de voitures	*auto assembly plant, factory*
la chaîne de montage	*assembly line*

la concurrence mondiale	*global competition*
le marché mondial	*global market, marketplace*
les forces *(f)* du marché	*market forces*
le marché libre	*free market*
la philosophie du marché	*market philosophy*
le capitalisme	*capitalism*

Les secteurs d'activité économique
Sectors of Economic Activity

la biotechnologie	*biotechnology*
l'agriculture *(f)*	*agriculture, farming*
les arts *(m)* et les industries culturelles	*arts and culture*
le commerce	*trade*
les communications *(f)*	*communications*
la construction	*construction*
l'énergie *(f)*	*energy*
l'extraction *(f)* minière	*mining*
la fabrication	*manufacturing*
l'hébergement *(m)*	*housing, accommodations*
l'industrie *(f)*	*industry*
▸ aérospatiale	*aerospace industry*
▸ agroalimentaire	*agri-food industry*
▸ des aliments *(m)* et des boissons *(f)*	*food and beverages industry*
▸ de l'automobile *(f)*	*automotive industry*
▸ du bois et du papier	*wood and paper industry*
▸ pharmaceutique	*pharmaceutical industry*
▸ de la radiodiffusion	*broadcasting industry*
▸ du spectacle	*entertainment industry*
▸ des voyages *(m)* et d'accueil *(m)*	*travel and hospitality industry*
la pêche	*fishing*
les secteurs *(m)* bancaires et des assurances	*banking and insurance*
les services *(m)*	*service, services*
▸ d'enseignement *(m)*	*education*
▸ immobiliers	*real estate*
▸ publics et l'administration *(f)* publique	*public services and administration*
▸ professionnels et techniques	*professional and technical services*
▸ sociaux et communautaires	*social and community services*
les soins *(m)* de santé	*health care*
les technologies *(f)* de l'information	*information technology*
le tourisme	*tourism*
le transport	*transportation*

une économie de marché	*market economy*
une économie mixte	*mixed economy*

les forces *(f)* du marché	*market strengths*
une lacune du marché	*market shortcoming, deficiency*
une déficience du marché	*market shortcoming, deficiency*
l'abus *(m)* du marché	*market abuse*
le comportement anticoncurrentiel	*anti-competitive behaviour*
le dirigeant, la dirigeante d'entreprise	*business leader*
les dirigeants d'entreprises	*business leaders*
le, la chef de file de l'industrie	*industry leader*
le représentant, la représentante du secteur	*industry representative*
l'association *(f)* de l'industrie	*industry association*
l'association sectorielle nationale	*national industry association*
les intervenants *(m)* du secteur	*industry stakeholders*

Conseil canadien des chefs d'entreprise
Canadian Council of Chief Executives
Association des banquiers canadiens
Canadian Bankers' Association
Association canadienne de l'industrie de la chimie
Chemistry Industry Association of Canada
Association canadienne des compagnies d'assurances de personnes
Canadian Life and Health Insurance Association
Association de l'industrie touristique du Canada
Tourism Industry Association of Canada
Manufacturiers et Exportateurs du Canada
Canadian Manufacturers and Exporters
Fédération canadienne de l'entreprise indépendante
Canadian Federation of Independent Business
Chambre de commerce du Canada
Canadian Chamber of Commerce

le secteur	*sector, industry*
▸ privé	*private sector, industry*
▸ bancaire	*banking sector*
▸ manufacturier	*manufacturing industry*
▸ industriel	*industrial sector*
▸ des ressources	*resource sector*
les secteurs traditionnels	*traditional industries*
les industries émergentes	*emerging industries*
une industrie viable sur le plan économique	*economically viable industry*
la concurrence	*competition*
une concurrence accrue	*greater competition*

les lois *(f)* sur la concurrence	*competition laws*
un marché concurrentiel	*competitive marketplace*
un environnement hautement concurrentiel	*highly competitive environment*
la compétitivité globale	*global competitiveness*
la liberté de concurrencer	*freedom to compete*
les tarifs *(m)* réduits	*lower prices*
un plus grand choix	*greater choice*
une position concurrentielle	*competitive position*
un avantage concurrentiel	*competitive advantage*
un avantage compétitif	*competitive advantage*
la concurrence déloyale	*unfair competition*

Accord sur le commerce intérieur
Agreement on Internal Trade
Accord sur le commerce, les investissements et la mobilité de la main-d'œuvre
Trade, Investment and Labour Mobility Agreement
Accord de libre-échange nord-américain (ALENA)
North American Free Trade Agreement (NAFTA)
Accord économique et commercial global entre le Canada et l'Union européenne (AECG)
Canada-European Union Comprehensive Economic and Trade Agreement (CETA)
Accord de Partenariat transpacifique global et progressiste (PTPGP)
Comprehensive and Progressive Agreement for Trans-Pacific Partnership (CPTPP)

un marché de premier plan	*important market*
les marchés émergents	*emerging markets*
l'accès *(m)* aux marchés	*market access*
l'ouverture *(f)* des marchés	*opening of markets*

Tribunal canadien du commerce extérieur
Canadian International Trade Tribunal
Accord général sur les tarifs douaniers et le commerce
General Agreement on Tariffs and Trade
Accord relatif aux marchés publics de l'Organisation mondiale du commerce
World Trade Organization Agreement on Government Procurement
Organisation mondiale du commerce
World Trade Organization

un pays exportateur	*exporting country*
un exportateur canadien	*Canadian exporter*
une licence d'exportation	*export permit, license*
le financement d'exportation	*export financing*
les marchés d'exportation	*export markets*

le marché d'importation	*import market*
le commerce d'importation	*import trade*
un importateur	*importer*
les importations *(f)* étrangères	*foreign imports*
un produit importé	*imported product*
la réglementation en matière d'importation	*import regulations*

Le tourisme
Tourism

l'industrie *(f)*	*industry*
▸ touristique	*tourism industry, tourism*
▸ hôtelière	*hotel industry*
▸ du divertissement	*entertainment industry*
la main-d'œuvre touristique	*tourism workforce*
la saison touristique	*tourism season*
un guide touristique	*tour guide*
un attrait touristique	*tourist attraction*
l'écotourisme *(m)*	*eco-tourism*
le voyage	*trip, voyage*
une destination étrangère	*foreign destination*
un, une touriste	*tourist*
les visiteurs *(m)* étrangers	*foreign visitors*
la première visite	*first visit*
les projets *(m)* de voyage	*travel plans*
l'itinéraire *(m)*	*itinerary, route*
l'agent, l'agente de voyages	*travel agent*
le voyagiste	*tour operator*
le marketing	*marketing*
la promotion	*promotion*
faire une croisière	*to take, go on a cruise*
prendre des vacances *(f)*	*to take, go on vacation*
partir en voyage	*to take, go on a trip*
voyager	*to travel*

Stratégie nationale en matière de tourisme
National Tourism Strategy
Commission canadienne du tourisme
Canadian Tourism Commission
Conseil canadien des ressources humaines en tourisme
Canadian Tourism Human Resource Council

les produits de base	*raw materials, commodities*
les matières *(f)* premières	*primary commodities*
la valeur ajoutée	*value added*
le commerce des services *(m)*	*trade in services*
le commerce de marchandises	*merchandise trade*

la fabrication au Canada	*Canadian manufacturing*
les marchandises *(f)* fabriquées	*manufactured goods*
les produits *(m)* fabriqués au Canada	*goods made in Canada*
les produits *(m)* industriels	*industrial products*
les biens *(m)* de consommation	*consumer goods*
les livraisons *(f)*	*deliveries, shipments*
les stocks *(m)* de produits	*product inventories*

L'initiative de la Porte et du Corridor de l'Asie-Pacifique
Asia-Pacific Gateway and Corridor Initiative

la relation commerciale	*trade relationship*
les relations commerciales	*trade relations*
un partenaire commercial	*trading, business partner*
les obligations *(f)* commerciales	*trade obligations*
les pourparlers *(m)* commerciaux	*trade talks, negotiations*
les négociations *(f)* multilatérales commerciales	*multilateral trade negotiations*
le prochain cycle de négociations	*next round of negotiations*
une entente	*agreement*
▸ commerciale	*trade agreement*
▸ de libre-échange	*free trade agreement*
▸ bilatérale	*bilateral agreement*
▸ de principe	*agreement in principle*

Loi sur la concurrence
Competition Act
Bureau de la concurrence
Competition Bureau
Commissaire de la concurrence
Commissioner of Competition

la libéralisation des marchés mondiaux	*liberalizing world markets*
l'accès *(m)* aux marchés	*access to markets*
le protectionnisme	*protectionism*
le dumping	*dumping*
l'étiquetage *(m)* de l'origine des produits	*product-of-origin labelling*
le subventionnement	*subsidization, subsidizing*
les paiements *(m)* de subventions	*subsidy payments*
un produit subventionné	*subsidized commodity*

Les négociations sur le bois d'œuvre
Softwood Lumber Negotiations

l'industrie *(f)* forestière	*forest, forestry industry*
les compagnies *(f)* canadiennes	*Canadian companies*
le marché américain	*American market*
la dispute sur le bois d'œuvre	*softwood lumber dispute*
un différend commercial	*trade dispute*
les mesures *(f)* de rétorsion commerciale	*retaliatory trade measures*
les pénalités *(f)* sévères	*harsh, severe penalties*
les droits *(m)*	*duties, taxes, fees*
▸ de coupe	*stumpage fees*
▸ punitifs	*punitive duties*
▸ compensatoires	*compensatory, countervailing duties*
une entente commerciale	*trade agreement*
les termes *(m)* de l'entente	*terms of the agreement*
un accord négocié	*negotiated settlement*
le projet d'accord	*draft agreement*
les quotas *(m)* à l'exportation	*export quotas*
la concession	*concession*
les modifications *(f)* de dernière minute	*last minute changes*
un préavis de résiliation	*notice of termination, cancellation*
une offre	*offer*
▸ raisonnable	*reasonable offer*
▸ inacceptable	*unacceptable offer*
la date limite	*deadline*
un compromis potentiel	*potential compromise*
le texte intégral de l'entente	*full text of the agreement*
le texte juridique	*legal text*
la mise en œuvre de l'entente	*implementation of the agreement*
arriver à un accord	*to reach a settlement*
céder	*to give in, yield*
conclure les négociations	*to conclude negotiations*
convaincre	*to convince*
mettre fin à	*to end, put an end to*
modifier	*to modify, amend*
opposer	*to oppose*
rejeter	*to reject*
rembourser	*to reimburse*

une subvention	*subsidy, grant*
▸ aux prix	*price subsidy*
▸ à l'exportation	*export subsidy*
▸ interdite	*prohibited subsidy*
▸ qui fausse les échanges	*trade-distorting subsidy*

un obstacle commercial restrictif	*restrictive trade barrier*
une barrière non tarifaire	*non-tariff barrier*
une restriction injuste	*unfair restriction*
les restrictions à l'exportation	*export restraints*
les effets *(m)* négatifs	*negative, adverse effects*
la menace de préjudice *(m)*	*threat of injury, harm*
le recours commercial	*trade remedy*
la sanction commerciale	*trade sanction*
une taxe à l'importation	*import tax*
l'application *(f)* des droits	*application of duties*

Groupe spécial chargé du règlement des différends
Dispute Settlement Panel

une querelle commerciale	*trade dispute, quarrel*
la contestation	*challenge*
le litige commercial	*trade litigation*
les parties *(f)* en litige	*litigants*
les poursuites *(f)* judiciaires	*legal proceedings*
un mécanisme	*mechanism*
▸ de contestation	*dispute mechanism*
▸ de règlement des différends	*dispute resolution mechanism*
▸ extraordinaire	*special mechanism*
un organisme de règlement des différends	*dispute settlement body*
la procédure de règlement des différends	*dispute settlement procedure*
une décision favorable	*favourable ruling, decision*
une détermination préliminaire	*preliminary finding*

les mesures *(f)*	*measures, action*
▸ protectionnistes	*protectionist measures*
▸ de sauvegarde	*safeguard action*
▸ commerciales	*trade actions, measures*
▸ compensatoires	*countervail action, countervailing measures, offset measures*
▸ de représailles	*retaliatory measures*
les droits *(m)*	*duties*
▸ antidumping	*anti-dumping duties*
▸ de sortie	*export duties*
un entrepreneur, une entrepreneuse	*entrepreneur, businessperson*
l'entrepreneuriat *(m)*	*entrepreneurship*
la compétence entrepreneuriale	*entrepreneurial skill*
l'esprit *(m)* entrepreneurial	*entrepreneurial spirit*
l'esprit d'entreprise	*entrepreneurial spirit*

l'appui *(m)* des entreprises	*business support*
le démarrage d'une entreprise	*business start-up*
l'étape *(f)* du démarrage	*start-up phase*
l'aide *(f)* financière au démarrage	*start-up financing, financial assistance*
l'entreprise	*business*
l'entreprise privée	*private enterprise, business*
la grande entreprise	*big business*
la petite entreprise	*small business*
l'exploitation *(f)* de l'entreprise	*operating, running the business*

Loi canadienne sur les sociétés par actions
Canada Corporations Act

le, la chef de l'entreprise	*business leader*
un homme, une femme d'affaires	*businessman, business woman*
le monde d'entreprise	*business world*
le milieu d'affaires	*business environment*
la gestion en entreprise	*business management*
le plan	*plan*
▸ d'entreprise	*corporate plan*
▸ d'affaires	*corporate, business plan*
▸ d'activités	*business plan*
le modèle d'affaires	*business model*
une opportunité d'affaires	*business opportunity*
le développement des affaires	*business development*
l'expansion *(f)* des affaires	*business expansion*
une décision d'affaires	*business decision*
l'analyse *(f)* de rentabilisation	*business case*
les intérêts *(m)* commerciaux	*business, commercial interests*
la stratégie commerciale	*business strategy*
une entreprise	*company, firm, business*
▸ privée	*private business*
▸ manufacturière	*manufacturing business*
une petite entreprise	*a small business*
les moyennes entreprises	*medium-sized businesses*
une compagnie pharmaceutique	*pharmaceutical company*
une grande société	*large corporation*
une firme canadienne	*Canadian firm*

les détaillants *(m)*	*retailers*
le, la propriétaire d'une entreprise	*business owner*
la propriété étrangère	*foreign ownership*
la société étrangère	*foreign company*
la multinationale étrangère	*foreign multinational*
la filiale canadienne	*Canadian subsidiary*
le capital de risque	*venture, risk capital*
les capitaux *(m)*	*capital*
le fonds de roulement	*working capital*
les prêteurs *(m)* étrangers	*foreign lenders*

Les intérêts stratégiques des entreprises
Strategic Corporate Interests

- fournir des produits et services de haute qualité à la clientèle
  provide high quality products and services to customers
- agir conformément à l'éthique et exercer une concurrence équitable sur le marché
  act ethically and compete fairly in the marketplace
- créer une valeur commerciale, assurer la rentabilité, et soutenir les meilleurs intérêts des actionnaires
  create business value, ensure profitability, and support the best interests of shareholders
- assurer l'intégrité des relations avec les consommateurs et le public
  ensure integrity in consumer and public relations
- établir et sauvegarder une image publique estimée et crédible
  establish and safeguard a respected and credible public image
- démontrer un engagement à la responsabilité sociale de l'entreprise
  demonstrate commitment to corporate social responsibility and accountability
- être un employeur de bonne réputation
  be a good employer
- se conformer aux pratiques respectueuses de l'environnement
  adhere to sound environmental practices
- respecter les lois et règlements régissant l'entreprise
  respect the laws and regulations governing the enterprise

l'autofinancement *(m)*	*self-financing*
le financement provisoire	*bridge funding, financing*
la participation en capital	*equity position, stake*
une coentreprise	*joint venture*
les actifs *(m)*	*assets*
les biens *(m)*	*goods, assets, property*
les immobilisations *(f)*	*capital, fixed assets*

le plan de restructuration	*restructuring plan*
une compagnie restructurée	*restructured company*
la viabilité commerciale	*commercial viability*
la délocalisation	*relocation*
un partenariat stratégique	*strategic partnership*
la fusion	*merger*
un projet de fusion	*merger plan*
une offre publique d'achat	*takeover bid*
une offre d'achat hostile	*hostile takeover bid*
la tentative de prise de contrôle	*attempted takeover*
une prise de contrôle	*takeover*
▸ étrangère	*foreign takeover*
▸ par des intérêts *(m)* étrangers	*foreign takeover, takeover by foreign interests*
la propriété étrangère	*foreign ownership*
les restrictions à la propriété	*ownership restrictions*
une entreprise étrangère	*foreign company*
l'investissement *(m)* étranger	*foreign investment*
la vente	*sale*
une acquisition	*acquisition*
le feu vert	*green light*
le feu rouge	*red light*
la consolidation de l'industrie	*industry consolidation*
une concentration excessive	*excessive concentration*
une situation de monopole	*monopoly, monopoly situation*
une entente de non-concurrence	*non-compete, non-competition agreement*
un paiement de non-concurrence	*non-compete payment*
le résultat net	*bottom line*
les profits *(m)* et les pertes *(f)*	*profits and losses*
les solides résultats *(m)*	*solid, strong results*
la rentabilité	*profitability, return*
la rentabilité des investissements	*return on investment*
le retour sur investissements	*return on investment*
le profit	*profit*
les profits records	*record profits*

une baisse des profits	*lowering of profits*
la marge bénéficiaire	*profit margin*
les bénéfices *(m)* des entreprises	*business, corporate profits*
un bénéfice net	*net profit*
la hausse des bénéfices	*rising profits*

Les fiducies de revenu
Income Trusts

une fiducie de revenu *(m)* — *income trust*

une entreprise constituée sous forme de fiducie de revenu — *a company constituted, structured as an income trust*

la conversion en fiducie	*trust conversion*
un avantage financier	*financial advantage*
les rendements *(m)* plus élevés	*higher returns*
le versement de distribution des revenus	*income distribution payment*
les dividendes *(m)* versés aux actionnaires	*dividends paid to shareholders*
le statut d'exemption *(f)* d'impôts	*tax-exempt status*
l'évitement *(m)* fiscal	*tax avoidance*
les économies *(f)* d'impôt d'entreprise	*corporate tax savings*
un traitement fiscal favorable	*favourable tax treatment*
la perte des revenus fiscaux	*loss of tax revenue*
la valeur boursière	*market value*
niveler le terrain de jeu fiscal	*to level the tax playing field*

le rendement	*return, performance*
le taux de rendement	*rate of return*
un rendement de 3,8 %	*return of 3.8%*
le faible rendement	*weak productivity, poor performance*
la productivité	*productivity*

Association des consommateurs du Canada
Consumers' Association of Canada

les revenus *(m)* d'exploitation	*business income*
les dépenses *(f)* d'exploitation	*operating expenses, expenditures*
une perte d'exploitation	*operating loss*
une créance irrécupérable	*bad debt, unrecoverable claim*
la faillite commerciale	*business failure, bankruptcy,*
les créanciers *(m)*	*creditors*
les consommateurs *(m)*	*consumers*
les dépenses *(fpl)* de consommation	*consumer spending*
les produits *(m)* de consommation	*consumer products*
la protection des consommateurs	*consumer protection*

la plainte de consommateur	*consumer complaint*
un mécanisme de traitement des plaintes	*complaints mechanism*
l'aide *(f)* aux entreprises	*business assistance*
l'aide gouvernementale	*government assistance*
le programme d'aide financière	*financial assistance program*
une contribution remboursable	*repayable contribution*
une garantie de prêt	*loan guarantee*

Verbes pratiques	*Useful verbs*
accéder aux marchés	*to access markets*
accroître la concurrence	*to increase, enhance competition*
acquérir	*to acquire, buy*
bloquer	*to block*
commercialiser	*to market*
concurrencer	*to compete*
consolider	*to consolidate*
demeurer concurrentiel, rentable	*to remain competitive, profitable*
devenir plus concurrentiel	*to become more competitive*
enregister	*to record*
être concurrentiel	*to be competitive*
être dans les affaires	*to be in business*
être subventionné	*to be subsidized*
exercer une concurrence équitable	*to compete fairly*
exploiter une entreprise	*to operate, run a business*
exporter	*to export*
fabriquer	*to make, manufacture*
faire affaire avec	*to do business with*
faire le commerce	*to trade*
faire du bénéfice	*to make a profit*
fausser	*to distort*
importer	*to import*
libéraliser	*to liberalize*
manufacturer	*to manufacture*
offrir	*to offer, bid*
parvenir à une entente	*to come to an agreement*
porter plainte contre	*to bring a complaint against*
produire	*to produce*
refinancer	*to refinance*
rendre plus concurrentiel	*to make more competitive*
saisir l'occasion *(f)*	*to seize the opportunity*
subventionner	*to subsidize*
vendre	*to sell*

Paroles en action / *Words in action*

L'économie canadienne est diversifiée et bien gérée, et elle contribue à un niveau de vie élevé. Notre réussite économique est dirigée par le secteur des entreprises et tire parti des efforts du gouvernement, des collèges communautaires et des universités, des syndicats, des organisations non gouvernementales et des citoyens ordinaires. Ceux et celles qui excellent dans ce qu'ils font contribuent à l'excellence du rendement et de la prospérité du Canada.

Notre capacité d'affronter avec succès la concurrence sur les marchés mondiaux découle de nombreux avantages que nous possédons, notamment: un système universel d'écoles publiques et d'institutions postsecondaires de calibre mondial; un secteur des entreprises compétitif; de vastes relations commerciales avec de nombreux pays; une main-d'œuvre hautement qualifiée; une abondance de ressources naturelles; des infrastructures modernes de communication et de transport; d'importants investissements publics et privés en recherche et en développement; des régimes d'impôts et de réglementation équitables; un système universel de soins de santé et un programme national d'assurance-emploi; des normes exhaustives en matière de travail et d'environnement; des gouvernements démocratiques stables qui font preuve de responsabilité budgétaire; et une fonction publique professionnelle et impartiale.

Le Canada est bien placé pour répondre aux défis extraordinaires que pose la transformation économique en une économie mondiale durable – une économie fondée sur le savoir, axée sur la technologie, et façonnée par un engagement profond à l'éthique de la responsabilité sociale et écologique.

The Canadian economy *is diversified and well-managed, and contributes to a high standard of living. Our economic success is led by business and builds on the efforts of government, community colleges and universities, trade unions, non-government organizations and ordinary Canadians. Those who excel at what they do contribute to Canada's performance excellence and prosperity.*

Our ability to compete successfully in the global marketplace derives from many advantages, among them: a universal public school system and world-class post-secondary institutions; a competitive business sector; extensive trade relations with other nations; a highly-skilled workforce; an abundance of natural resources; modern communications and transportation infrastructure; significant public and private investment in research and development; fair tax and regulatory regimes; a universal health care system and national employment insurance plan; comprehensive labour and environmental standards; stable democratic governments that are fiscally responsible; and a professional and non-partisan public service.

Canada is well-positioned to meet the extraordinary challenges of economic transformation to a sustainable global economy – an economy that is knowledge-based, technology-driven, and shaped by a profound commitment to the ethic of social and environmental responsibility.

Poverty *and* Social Development

Noms et expressions	***Nouns and phrases***
la pauvreté	*poverty*
l'extrême pauvreté	*extreme poverty*
la pauvreté des enfants	*child poverty*
la pauvreté infantile	*child poverty*
les pauvres	*the poor, poor people*
les enfants *(m)* pauvres	*poor children*
les familles *(f)* les plus pauvres	*poorest families*
un groupe défavorisé sur le plan économique	*economically-disadvantaged group*
le caractère de la pauvreté	*nature of poverty*
l'ampleur *(f)*	*extent, scope, magnitude*
le taux de pauvreté	*rate of poverty*
le cycle de la pauvreté	*cycle of poverty*
le cercle vicieux de la pauvreté	*poverty trap*
les victimes de la pauvreté	*victims of poverty*

Organisation nationale anti-pauvreté
National Anti-Poverty Organization
Conseil canadien de développement social
Canadian Council on Social Development
Conseil national du bien-être social
National Council of Welfare
Conseil de planification sociale d'Ottawa
Social Planning Council of Ottawa
Société de logement communautaire d'Ottawa
Ottawa Community Housing Corporation

l'appauvrissement *(m)*	*impoverishment*
la privation	*deprivation*
le désespoir	*despair, desperation, hopelessness*
la survie	*survival*
les coûts *(m)* associés à la pauvreté	*costs associated with poverty*
les effets *(m)* directs pour les familles pauvres	*direct effects on poor families*
les conséquences (f) les plus grandes pour la société	*broader societal consequences*
les besoins *(m)* fondamentaux	*basic needs*
les premières nécessités *(f)*	*basic needs, necessities*
une nourriture suffisante	*sufficient food*

le rationnement de la nourriture	*food rationing*
la faim	*hunger*
la banque alimentaire	*food bank*
la banque d'alimentation	*food bank*
le programme scolaire de nutrition	*school nutrition program*
un niveau de vie	*standard of living*
▸ suffisant	*adequate standard of living*
▸ décent	*decent, reasonable standard of living*

Loi visant à lutter contre la pauvreté et l'exclusion sociale du Québec
Act to combat poverty and social exclusion (Quebec)

le revenu	*income*
le revenu disponible	*disposable income*
un revenu adéquat	*adequate income*
un revenu minimum convenable	*acceptable minimum income*
l'écart des revenus	*income gap*
la répartition du revenu	*distribution, redistribution of income*
la redistribution du revenu	*income redistribution*
le faible revenu	*low income*
un revenu fixe	*fixed income*
les revenus des ménages	*household income*
un ménage à faible revenu	*low-income household*
une famille à revenu élevé	*high-income family*

le seuil de pauvreté
poverty line
les seuils de faible revenu de Statistique Canada
Statistics Canada low income cut-offs
Indice de la pauvreté humaine
Human Poverty Index

les mesures *(f)* de soutien du revenu	*income support measures*
le supplément de revenu	*income supplement*
le filet de sécurité sociale	*social safety net*
l'aide *(f)* sociale	*social assistance, welfare*
les prestataires de l'aide sociale	*welfare recipients*
la dépendance envers l'aide sociale	*welfare dependency*
le piège de l'aide sociale	*welfare trap*

les prestations *(f)* d'aide sociale	*welfare payments*
le taux de prestations	*benefit rate*
les taux d'aide sociale	*welfare rates*
les règles *(f)* d'admissibilité	*eligibility rules*
l'admissibilité *(f)*	*eligibility*
▸ fondée sur les besoins	*needs-tested eligibility*
▸ fondée sur le revenu	*income-tested eligibility*
l'assistance *(f)* sociale	*social assistance*
la compression aux prestations d'aide sociale	*welfare cut, cut in welfare benefits*
le resserrement des règles d'admissibilité	*tightening of eligibility rules*
la réforme de l'aide sociale	*social assistance reform*

Allocation canadienne pour enfants
Canada Child Benefit

le soutien financier	*financial support*
l'aide financière	*financial assistance*
l'aide au revenu	*income assistance*
le supplément de revenu	*income supplement*
la sécurité	*security*
▸ sociale	*social security*
▸ financière	*financial security*
▸ du revenu	*income security*
les faiblesses *(f)* systémiques	*systemic deficiencies*
le système de sécurité sociale	*social security system*
le salaire vital	*living wage*
un salaire suffisant	*adequate wage, salary*
le taux du salaire minimum	*minimum wage rate*
la hausse du salaire minimum	*rise in the minimum wage*
un travail rémunérateur	*gainful work*
les travailleurs *(m)* les moins payés	*lowest paid workers*
les personnes *(f)* les plus vulnérables	*the most vulnerable*
la classe moyenne	*middle class*
les riches	*the rich, wealthy people*
la richesse nationale	*national wealth*
la redistribution de la richesse	*redistribution of wealth*

le logement convenable	*decent, adequate housing*
les logements abordables	*affordable housing*
les conditions *(f)* d'habitation	*housing, living conditions*
un abri d'urgence	*emergency shelter*
un, une sans-abri	*homeless person*
les sans-abri, les sans-logis	*homeless people, the homeless*
le problème des sans-abri	*the homelessness issue, problem*
la réduction de l'itinérance	*reducing homelessness*
le développement social	*social development*
les conditions *(f)* socio-économiques	*social and economic conditions*
la prospérité économique	*economic prosperity*
la disparité économique	*economic disparity*
l'inégalité *(f)* croissante	*growing difference, disparity*
l'inégalité des chances	*inequality of opportunity*

Stratégie des partenariats de lutte contre l'itinérance
Homelessness Partnering Strategy

la justice sociale	*social justice*
les droits *(m)* sociaux	*social rights*
le contrat social	*social contract*
la politique sociale	*social policy*
le programme social	*social program*
les normes *(f)* nationales	*national standards*
les dépenses *(f)* sociales	*social expenditures*
les investissements *(m)* sociaux	*social investments*
le progrès social	*social progress*
le capital social	*social capital*
le capital humain	*human capital*
le potentiel humain	*human potential*

Pacte international relatif aux droits économiques, sociaux et culturels
International Covenant on Economic, Social and Cultural Rights

le rôle du gouvernement	*role of government*
les valeurs *(f)* nationales partagées	*shared national values*
le tissu social du pays	*social fabric of the country*
une société	*society*
▸ bienveillante	*caring society*
▸ plus humaine	*more compassionate society*
▸ juste	*just society*

les inégalités *(f)* économiques	*economic disparities, inequities*
l'État-providence	*the welfare state*
les conditions *(f)* sociales	*social conditions*
un problème social	*social problem*
l'inclusion *(f)* sociale	*social inclusion*
l'exclusion *(f)* sociale	*social exclusion*
un groupe marginalisé	*marginalized group*

la bonne société
the good society

la réduction	*reduction*
la diminution	*reduction, decrease*
l'élimination *(f)*	*elimination*
la persistance	*persistence*
le bien-être social	*social welfare*
les services *(m)* sociaux	*social services*
le travail social	*social work*
le travailleur social, la travailleuse sociale	*social worker*
une étude sociologique	*sociological study*

Verbes pratiques	***Useful verbs***
abolir	*to abolish*
améliorer	*to improve*
appauvrir	*to impoverish*
s'appauvrir	*to become, grow poorer*
causer	*to cause*
combattre	*to combat*
contrer	*to counter*
éliminer	*to eliminate*
éradiquer	*to eradicate*
se loger	*to find accommodation*
louer	*to rent*
lutter contre la pauvreté	*to fight poverty*
marginaliser	*to marginalize*
persister	*to persist*
redistribuer	*to redistribute*
réduire	*to reduce*
remédier	*to remedy*
répondre à	*to respond to*
subsister	*to subsist, live on*
tenir compte de	*to take account of*
vivre dans la pauvreté	*to live in poverty*

Paroles en action / *Words in action*

La pauvreté demeure un défi de taille pour l'ensemble de la société canadienne. Nous pouvons faire plus – et nous devons faire mieux – pour atténuer la pauvreté et pour répondre aux besoins des familles à faible revenu, surtout dans les collectivités autochtones. Beaucoup de Canadiens estiment que la persistance de la pauvreté chronique au Canada, un des pays les plus riches du monde, est incompréhensible et inacceptable.

La pauvreté impose un fardeau énorme sur la vie des personnes pauvres lorsqu'elles sont confrontées aux défis de satisfaire leurs besoins de base. Les personnes qui vivent dans la pauvreté ou avec un revenu inadéquat subissent beaucoup d'épreuves quotidiennes ainsi qu'une espérance de vie plus courte, des taux de mortalité infantile et de décrochage scolaire plus élevés, un risque plus élevé de maladie, et plus de stress sur l'unité familiale. La pauvreté sape l'énergie humaine et brise le moral, elle mine la dignité humaine, et elle représente un gaspillage de potentiel humain.

Les causes de la pauvreté sont sans doute complexes et les solutions seront coûteuses. Néanmoins, un engagement sincère de promouvoir la justice sociale exige des efforts soutenus et la coopération de toutes les personnes qui peuvent faire une différence pour réduire et abolir un jour la pauvreté parmi nous. L'existence de la pauvreté nous appauvrit tous.

Poverty remains a *formidable challenge for the whole of Canadian society. We can do more – and we must do better – to alleviate poverty and respond to the needs of low income families, especially in Indigenous communities. Many Canadians find it incomprehensible and unacceptable that chronic poverty persists in Canada, one of the wealthiest countries in the world.*

Poverty imposes a great burden on the lives of those who are poor as they struggle to meet their basic needs. Those living in poverty or with inadequate income face many everyday hardships, as well as shorter life expectancy, higher infant mortality and school dropout rates, higher risk of sickness, and more stress on the family unit. Poverty saps human energy and breaks the human spirit, it erodes human dignity and is a waste of human potential.

No doubt, the causes of poverty are complex and the solutions will be costly. Nevertheless, a genuine commitment to social justice demands the sustained efforts and cooperation of all those who can make a difference in reducing and ultimately abolishing poverty in our midst. The existence of poverty makes us all poorer.

Children *and* Families

Noms et expressions	***Nouns and phrases***
la famille	*family*
la vie de famille	*family life*
une famille	*family*
▸ unie	*close, loving family*
▸ dysfonctionnelle	*dysfunctional family*

Les étapes de la vie
Life Stages

la naissance	*birth*
la petite enfance	*infancy*
l'enfance	*childhood*
l'adolescence *(f)*	*adolescence*
l'âge *(m)* adulte	*adulthood*
la cinquantaine	*middle age*
la vieillesse	*old age*
la mort	*death*

son père	*his, her father*
sa mère	*his, her mother*
son enfant *(mf)*	*his, her child*
son fils	*his, her son*
sa fille	*his, her daughter*
le chemin de la vie	*pathway of life*
le passage d'une étape à l'autre	*passage from one stage to another*

Sommet mondial pour les enfants
World Summit for Children
Plan d'action national pour les enfants
National Children's Agenda
Convention relative aux droits de l'enfant
Convention on the Rights of the Child

le développement	*development*
▸ de la jeune enfance	*early childhood development*
▸ physique	*physical development*
▸ affectif	*emotional development*
▸ intellectuel	*intellectual development*
▸ moral	*moral development*
▸ sain	*healthy development*

le petit garçon, la petite fille	*little boy, girl*
les enfants d'âge scolaire	*school age children*
les jeunes	*youth, young people*
un adolescent, une adolescente	*teenager, adolescent*
le, la célibataire	*single, unmarried person*

Programme canadien de nutrition prénatale
Canada Prenatal Nutrition Program
Programme d'action communautaire pour les enfants
Community Action Program for Children
Allocation canadienne pour enfants
Canada Child Benefit
Supplément de revenu de l'Ontario pour les familles travailleuses ayant des frais de garde d'enfants
Ontario Child Care Supplement for Working Families

un, une adulte	*adult, grown-up*
la maturité	*maturity*
la génération du baby-boom	*baby-boom generation*
les aînés *(m)*	*seniors, elderly*
les personnes *(f)* âgées	*the elderly*
le vieillissement	*aging*
la planification familiale	*family planning*
la grossesse	*pregnancy*
un nouveau-né, une nouveau-née	*newborn*
les premières années *(f)* de la vie	*early years of life*
son plein potentiel	*his, her full potential*

l'institut Vanier de la famille
Vanier Institute of the Family
Centres d'excellence pour le bien-être des enfants
Centres of Excellence for Children's Well-Being

le parent, les parents	*parent, parents*
les parents qui travaillent	*working parents*
les pratiques *(f)* parentales positives	*positive parenting*
les compétences *(f)* parentales	*parenting skills, abilities*
un foyer monoparental	*single-parent family, household*
une mère monoparentale	*single mother*
le tuteur légal, la tutrice légale	*legal guardian*
la tutelle	*guardianship*

la garde des enfants	*child care, custody*
le service de garde d'enfants	*child care, child care service*
les besoins en matière de services de garde des enfants	*child care needs*

le système autorisé de services de garde	*licensed child care system*
la garderie	*child care, day care centre*
un programme national de garderies	*national child care program*
les places *(f)* en garderie	*day care, child care spaces*
les frais *(m)* de garde d'enfants	*child care expenses, fees*
les frais élevés	*high fees, cost*

Services à l'enfance et à la famille
Child and Family Services
Société de l'aide à l'enfance
Children's Aid Society
L'intervenant provincial en faveur des enfants et des jeunes
Provincial Advocate for Children and Youth

les enfants désavantagés	*disadvantaged children*
les enfants, les jeunes à risque	*at-risk children, youth*
la négligence	*neglect*
le mauvais traitement	*abuse*

les intérêts *(m)* supérieurs de l'enfant	*best interests of the child*
le bien-être de l'enfance	*child welfare*
la protection de l'enfance	*child protection, child welfare*

Loi sur le mariage civil
Civil Marriage Act
Loi sur le divorce
Divorce Act

l'état *(m)* civil	*marital status*
le mariage	*marriage*
la femme	*wife*
le mari	*husband*
son époux, son épouse	*his, her husband, wife, spouse*
son conjoint, sa conjointe	*his, her husband, wife, spouse*
son conjoint, sa conjointe de fait	*his, her common-law spouse, partner*
une union de fait	*common-law union, relationship*

son orientation *(f)* sexuelle	*his, her sexual orientation*
son, sa partenaire de même sexe	*his, her same-sex partner*
l'union *(f)* des conjoints de même sexe	*same-sex union, relationship*

le mariage entre partenaires de même sexe	*same-sex marriage*
la reconnaissance juridique	*legal recognition*
la séparation	*separation*
le divorce	*divorce*
la garde d'enfants	*child custody*

Les pensions alimentaires
Support Payments

la rupture du mariage	*marriage breakdown*
les obligations (*f*) alimentaires	*support, maintenance obligations*
la pension alimentaire	*alimony, maintenance allowance, support payment*
▸ pour enfants	*child support*
▸ pour époux, pour épouse	*spousal support payment*
une ordonnance alimentaire	*support order*
l'exécution (*f*) des ordonnances alimentaires	*maintenance, support enforcement*
l'exécution réciproque	*reciprocal enforcement*
un accord de réciprocité	*reciprocal agreement*

Lignes directrices fédérales sur les pensions alimentaires pour enfants
Federal Child Support Guidelines

la capacité	*capacity, ability*
l'incapacité (*f*)	*disability*
▸ physique	*physical disability*
▸ mentale	*mental disability*
les personnes (*f*) handicapées	*persons with disabilities*
les limitations (*f*) fonctionnelles	*functional limitations*
le niveau de fonctionnement	*level of functioning*
l'accessibilité (*f*)	*accessibility*
le fournisseur, la fournisseuse de soins	*caregiver, care provider*

Verbes pratiques	***Useful verbs***
devenir	*to become, develop into*
divorcer	*to divorce*
élever	*to raise, bring up*
grandir en bonne santé	*to grow up healthy*
se marier	*to get married*
naître	*to be born*
reconnaître juridiquement	*to legally recognize*
se séparer	*to separate*
vieillir	*to age, grow old*
vivre en union de fait	*to live common-law*

Paroles en action / *Words in action*

La famille est au centre de nos vies, une source de consolation, de soins et de soutien, et le fondement de nos valeurs et de nos convictions. Les expériences familiales façonnent notre personnalité et notre comportement, notre conception de la vie, ainsi que nos buts et nos espérances.

L'unité familiale est en évolution constante alors qu'elle s'adapte aux nouvelles exigences et circonstances. Elle évolue quand les enfants grandissent et les parents vieillissent, et quand le monde au-delà de la famille change. Les parents font souvent face à des défis en élevant les enfants, en veillant aux besoins de la famille, et en conciliant leurs responsabilités professionnelles et familiales.

La famille nucléaire d'aujourd'hui est plus isolée et plus vulnérable par rapport à celles des générations précédentes. En fait, il semble que la rupture du mariage se produit de plus en plus souvent lorsque les époux ne réussissent pas à s'adapter aux complexités d'une relation interpersonnelle et aux autres pressions s'exerçant sur l'unité familiale. La séparation et le divorce sont des événements qui changent la vie pour les époux eux-mêmes et leurs enfants, et souvent aussi pour les familles étendues et les amis.

L'assurance que la famille demeure une source constante de plaisir et de soutien exige des efforts quotidiens de tous les membres de la famille. Une famille aimante est un asile bienvenu dans nos vies bien chargées et dans un monde tumultueux.

The family is *at the centre of our lives, the source of comfort, care and nurturing, and the foundation of our values and beliefs. Family experiences shape our personality and behaviour, our outlook on life, and our goals and expectations.*

The family unit is changing constantly as it adjusts to new demands and circumstances. It changes as children grow up and parents grow older, and as the world beyond the family changes. Parents often face particular challenges in raising children, providing for the family's needs, and reconciling work and family responsibilities.

Today's nuclear family is more isolated and more vulnerable than families in previous generations. Indeed, it seems that marriages are breaking down more and more often as spouses fail to navigate successfully the complexities of relationships and other pressures on the family. Separation and divorce are life-changing events for the spouses themselves and their children, and often also for extended families and friends.

Ensuring that the family remains a continuing source of enjoyment and support requires the daily efforts of all family members. A caring family is a welcome sanctuary in our busy lives and a turbulent world.

Literacy *and* Education

Noms et expressions	***Nouns and phrases***
l'alphabétisation *(f)*	*literacy*
l'alphabétisation des adultes	*adult literacy*
la campagne d'alphabétisation	*literacy campaign*
le programme d'alphabétisation	*literacy program*
le niveau d'alphabétisation	*level of literacy*
la littératie	*literacy*
la littératie des adultes	*adult literacy*
le niveau de littératie	*level of literacy*
le test de compétences linguistiques	*literacy test*
les compétences *(f)*	*skills, competency*
▸ linguistiques	*literacy skills*
▸ en lecture	*reading skills*

Office de la qualité et de la responsabilité en éducation
Education Quality and Accountability Office
Conseil ontarien de la qualité de l'enseignement supérieur
Higher Education Quality Council of Ontario
Conseil canadien sur l'apprentissage
Canadian Council on Learning

la capacité	*ability*
▸ de lecture *(f)*	*reading ability*
▸ d'écriture *(f)*	*writing ability*
les capacités de raisonnement *(m)*	*thinking skills*
la pensée	*thinking*
l'orthographe *(f)*	*spelling*
le calcul	*counting, arithmetic*
le goût du savoir	*taste for knowledge*
la connaissance	*knowledge, understanding*
le curriculum	*curriculum*
le programme d'études *(f)*	*curriculum, program of studies*
une ressource éducative	*educational resource*
le système d'éducation	*education system*
le système d'enseignement public	*public education system*
une éducation universitaire	*university education*

l'éducation *(f)*	*education*
▸ publique	*public education*
▸ postsecondaire	*post-secondary education*
▸ des adultes	*adult education*

Cégep
Collège d'enseignement général et professionnel au Québec
College of General and Vocational Education (Quebec)

l'enseignement *(m)*	*education, teaching, learning, instruction, training*
▸ public	*public education*
▸ postsecondaire	*post-secondary education*
▸ professionnel	*professional, vocational training*
▸ à distance	*distance education*
▸ supérieur	*higher education*

l'apprentissage *(m)*	*learning*
▸ permanent	*lifelong learning*
▸ continu	*lifelong learning*
▸ précoce	*early learning*

Association des universités et collèges du Canada
Association of Universities and Colleges of Canada
Association des collèges communautaires du Canada
Association of Canadian Community Colleges
Ordre des enseignantes et des enseignants de l'Ontario
Ontario College of Teachers
Fédération canadienne des étudiantes et étudiants
Canadian Federation of Students

un enseignant, une enseignante remarquable	*outstanding teacher*
une enseignante au niveau primaire	*primary, elementary school teacher*
la formation des enseignants	*teacher training*

l'enseignement	*teaching*
▸ élémentaire	*elementary teaching*
▸ secondaire	*secondary, high school teaching*
▸ des langues	*language teaching*

une école	*school*
▸ primaire	*primary, grade school*
▸ secondaire	*secondary, high school*
▸ publique	*public school*
▸ privée	*private school*

la maternelle	*kindergarten*
les années *(f)* préscolaires	*preschool years*
la première année	*first grade*
le niveau de scolarité	*level of education*
le secondaire	*high school*
un établissement postsecondaire	*post-secondary institution*
le collège communautaire	*community college*
l'université *(f)*	*university*
le campus universitaire	*university campus*
le financement universitaire	*university funding*
le corps professoral d'une université	*university faculty*

Les diplômes
Diplomas and degrees

un diplôme d'études secondaires	*high school diploma*
un diplôme d'études collégiales	*college diploma*
un diplôme d'études universitaires	*university degree*
un diplôme universitaire	*university degree*
un diplôme de deuxième cycle	*graduate degree*
le baccalauréat	*bachelor's degree*
la maîtrise	*master's degree*
le doctorat	*doctorate, doctoral degree*

un cours	*course, class*
▸ technique	*technical course*
▸ par correspondance	*correspondence course*
le programme d'études	*program of studies*
l'admissibilité *(f)*	*eligibility*
les conditions *(f)* d'admission *(f)*	*admission, entry requirements*
les exigences *(f)* d'admissibilité	*entrance requirements*
une offre d'admission	*offer of admission*
l'inscription *(f)*	*enrolment*
les études *(f)*	*studies*
▸ à temps partiel	*part-time studies*
▸ à temps plein	*full-time studies*
la classe	*class*
le début des classes	*beginning of classes*
les effectifs *(m)* des classes	*size of classes*
la charge d'enseignement	*teaching workload*
le rapport maîtres-élèves	*teacher-student ratio*

l'année *(f)* scolaire	*school year*
la session d'hiver	*winter session*
le congé scolaire	*school holiday*
la relâche du printemps	*spring break*
un écolier, une écolière	*school-age child*
un, une élève du secondaire	*high school student*
le rendement scolaire	*academic performance, achievement*
la réussite scolaire	*school success*
les résultats *(m)* scolaires	*education outcomes*
la norme provinciale	*provincial standard*
une cible ambitieuse	*ambitious target*

Professions enseignantes
Teaching Professions

un éducateur, une éducatrice	*educator*
un enseignant, une enseignante	*teacher*
un enseignant au secondaire	*secondary school teacher*
le conseiller, la conseillère scolaire	*school counsellor, academic advisor*
le professeur, la professeure	*professor, instructor*
▸ au niveau collégial	*college professor*
▸ de français	*French instructor*
le principal, la principale d'école	*school principal*
le surintendant, la surintendante scolaire	*school superintendent*

un examen écrit	*written exam, examination*
la note	*mark, grade*
le taux d'échec	*failure rate*
le taux de décrochage au secondaire	*high school dropout rate*
l'achèvement *(m)* des études secondaires	*high school completion, graduation*
l'obtention *(f)* du diplôme	*graduation*
un diplômé, une diplômée du secondaire	*high school graduate*
les études *(f)* de premier cycle	*undergraduate studies*
un étudiant, une étudiante de 1er cycle	*undergraduate*
les étudiants universitaires	*university students*
un, une titulaire du diplôme universitaire	*university graduate*
un diplômé, une diplômée universitaire	*university graduate*
un étudiant diplômé, une étudiante diplômée	*graduate student*
un étudiant, une étudiante de cycle supérieur	*graduate student*
le programme de maîtrise	*master's program*
les études *(f)* doctorales	*doctoral studies*

les droits *(m)* de scolarité	*tuition dues, fees*
les frais *(m)* universitaires	*university tuition, fees*
le gel des frais de scolarité	*tuition freeze*
une augmentation des frais de scolarité	*tuition increase*
une hausse	*increase, rise*
l'endettement *(m)* étudiant	*student debt, indebtedness*
la bourse d'études	*scholarship, bursary, grant*

Programme canadien de prêts aux étudiants
Canada Student Loans Program
Régime d'encouragement à l'éducation permanente
Lifelong Learning Plan

le conseil	*board, council*
▸ scolaire	*school board*
▸ des écoles publiques	*public school board*
▸ de langue *(f)* française	*French language board*
▸ des écoles catholiques	*Catholic school board*
la commission scolaire	*school board*
le, la commissaire d'école	*school trustee*

Verbes pratiques	***Useful verbs***
aller à l'école	*to go to school*
apprendre	*to learn*
assister à	*to attend*
atteindre	*to attain, reach, achieve*
augmenter	*to increase, raise*
comprendre	*to understand*
connaître	*to know*
démontrer	*to demonstrate*
développer	*to develop*
échouer à l'examen	*to fail the exam*
écrire	*to write, spell*
enseigner le français	*to teach French*
épeler	*to spell*
étudier	*to study*
inscrire	*to enrol*
instruire	*to instruct, educate, teach*
lire	*to read*
obtenir un diplôme	*to graduate, obtain a degree, diploma*
passer l'examen	*to take, sit for an exam*
penser	*to think*
réussir	*to pass, succeed*

Paroles en action / *Words in action*

On entend souvent dire qu'une bonne éducation est essentielle pour la réussite professionnelle et de bonnes perspectives salariales, et qu'une population instruite est indispensable pour assurer la prospérité économique nationale. Cependant, bien qu'ils soient importants, les résultats économiques ne constituent qu'une partie des avantages de l'éducation.

L'éducation représente une influence formative dans nos vies et un inestimable bien social et public. Elle ouvre nos yeux à un monde d'idées, à la littérature, aux arts et aux sciences, et à la connaissance de l'origine et de l'évolution de la vie, de l'histoire de l'humanité, et de nos réalisations et de nos échecs. L'éducation élargit notre capacité de penser, de raisonner et d'imaginer, fournissant ainsi les fondements pour la création de nouvelles connaissances, la réalisation de grandes découvertes et l'amélioration de notre qualité de vie. Dans les régions sous-développées, l'éducation sort les gens de la pauvreté et les aide à réaliser les progrès sociaux, politiques et économiques longtemps attendus.

L'éducation nous enseigne la responsabilité civique, avance la cohésion sociale et la citoyenneté, et vivifie la société civique. Elle façonne le caractère et forme les leaders de demain. En développant la sensibilisation morale et la conscience sociale, l'éducation nous conduit à prendre soin de nos semblables, à protéger notre planète, et à rechercher une paix durable. L'éducation éclaire la voie de l'avenir pour l'humanité.

We often hear *people say that a good education is essential for career success and good earning potential, and that a well-educated population is critical for national economic prosperity. However, though they are important, education serves more than purely economic goals.*

Education is a formative influence in our lives and a priceless public and social good. It opens our eyes to the world of ideas, to literature, the arts and sciences, and to knowledge of the origins and the evolution of life, the history of mankind, and our accomplishments and failures. Education expands our ability to think, to reason and to imagine, thereby providing the foundations for creating new knowledge, making great discoveries, and improving our quality of life. In areas of under-development, education lifts people out of poverty and helps them to achieve long-awaited social, political and economic progress.

Education teaches us civic responsibility, advances social cohesion and citizenship, and invigorates civic society. It shapes character and forms tomorrow's leaders. By developing moral awareness and social conscience, education leads us to care for our fellow man, to safeguard our planet, and to seek lasting peace. Education illuminates the way ahead for mankind.

Healthy Living

Noms et expressions	***Nouns and phrases***
la vie saine	*healthy living*
la vie active	*active living*
un régime de vie sain	*healthy lifestyle*
un mode de vie plus sain	*healthier lifestyle*
un choix éclairé	*informed choice*
le bien-être physique	*physical well-being*
un sentiment de bien-être	*feeling of well-being*
le conditionnement physique	*physical fitness*
l'exercice *(m)* régulier	*regular exercise*
le manque d'exercice physique	*lack of physical exercise*
l'activité *(f)* physique	*physical activity*
une période d'échauffement	*warm-up period, warming up*
le niveau d'activité	*activity level, amount of activity*
l'inactivité *(f)*	*inactivity*

Guide alimentaire canadien
Canada's Food Guide
Guide canadien de la saine alimentation et de l'activité physique
Canada's Guide to Healthy Eating and Physical Activity

la sédentarité	*sedentary lifestyle, sitting around*
le comportement	*behaviour*
le corps humain	*human body*
un repos adéquat	*enough rest*
le sommeil	*sleep*
le manque de sommeil	*lack, shortage of sleep*
la somnolence	*sleepiness*
l'insomnie *(f)*	*insomnia, sleeplessness*
la récréation	*recreation*
une activité récréative	*recreational activities*
le loisir	*leisure*
les temps *(m)* libres	*leisure, free time*
la relaxation	*relaxation*
le repos	*rest*
la gestion du poids	*weight management*
le poids idéal	*ideal weight*
le surplus de poids	*excess weight*

l'obésité *(f)*	*obesity*
la taille	*waist, waistline*
le tour de taille	*waist size, measurement*
un travail satisfaisant	*satisfying work*
un milieu de travail sain	*healthy work environment*
la conciliation travail-famille	*work-family balance*
un équilibre sain	*healthy balance*
la routine quotidienne	*daily routine*
le stress	*stress*
un manque de stress	*lack of stress*

Des choix alimentaires saines
Healthy dietary choices

un mode de vie	*lifestyle*
▸ végétalien	*vegan lifestyle*
▸ végétarien	*vegetarian lifetyle*
▸ saine	*healthy lifestyle*
un régime	*diet*
▸ à base de végétaux	*plant-based diet*
▸ sans viande	*meat-free diet*
les habitudes *(f)* alimentaires	*eating habits*
les aliments *(m)* entiers	*whole foods*
la consommation d'aliments nutritifs	*healthy eating*
les bienfaits *(m)* pour la santé	*health benefits*
un repas végétarien	*vegetarian meal*
une option végétalienne	*vegan option*
un mets sans viande	*meat-free dish*
un substitut de viande	*meat alternative*
les produits étiquités végétariens	*vegetarian-labelled foods*

les aliments *(m)*	*food*
les principaux groupes *(m)* d'aliments	*major food groups*
les aliments de préparation rapide	*fast foods*
la nourriture	*food*
une alimentation saine	*healthy eating, diet*
les habitudes *(f)* alimentaires	*eating habits*
un régime alimentaire équilibré	*balanced diet*
un régime alimentaire spécial	*special diet*
le, la diététiste	*dietician*
la nutrition	*nutrition*
un petit déjeuner nutritif	*nutritious breakfast*

La cessation tabagique...pour votre santé
Quitting smoking...for your health

le tabagisme	*smoking, smoking addiction*
la dépendance	*dependence, dependency, addiction*
▸ au tabac	*tobacco dependence*
▸ à la nicotine	*nicotine addiction, dependency*
la lutte contre le tabagisme	*tobacco control*
les cigarettes *(f)*	*cigarettes*
la consommation du tabac	*tobacco consumption*
les fumeurs *(m)*	*smokers*
les non-fumeurs	*non-smokers*
un milieu sans fumée	*smoke-free, non-smoking environment*
les bienfaits *(m)*	*benefits*
les avantages *(m)*	*benefits*
une grossesse en santé	*healthy pregnancy*
un sentiment de bien-être	*feeling, sense of well-being*
une vie longue et saine	*long and healthy life*
les risques *(m)* pour la santé	*health risks*
la maladie	*sickness*
un raccourcissement de l'espérance de vie	*shortened life expectancy*
la fumée secondaire	*second-hand smoke, smoking*
un règlement anti-tabagisme	*anti-smoking by-law, regulation*
les lieux *(m)* publics	*public places*
les produits *(m)* de tabac	*tobacco products*
la vente du tabac	*sale of tobacco*
les manufacturiers *(m)* de tabac	*tobacco manufacturers*
les lobbies *(m)* favorables au tabac	*tobacco, pro-tobacco lobby*
la promotion du tabac	*tobacco promotion*
la publicité du tabac	*tobacco advertising*
la campagne de publicité	*advertising campaign*
les restrictions *(f)* sur la publicité	*restrictions, limits on advertising*
une interdiction totale	*complete, outright ban*
l'intention *(f)* de cesser de fumer	*intention to quit smoking*
une tentative d'arrêt du tabagisme	*attempt to give up smoking*
le renoncement au tabac	*smoking cessation*
un programme d'autoassistance	*self-help program*
la nicotine	*nicotine*
une substance toxique	*toxic substance*
un avertissement	*warning*
cesser de fumer	*to stop smoking*
fumer	*to smoke*
interdire	*to forbid*
restreindre	*to restrict, limit*

Conseil canadien pour le contrôle du tabac
Canadian Council for Tobacco Control

les calories *(f)* supplémentaires	*extra calories*
la consommation de gras	*fat intake*
les acides *(m)* gras essentiels	*essential fatty acids*
les gras *(m)* saturés	*saturated fats*
les gras trans	*trans fats*
le bon cholestérol	*good cholesterol*
le niveau de mauvais cholestérol	*level of bad cholesterol*

l'indice de masse corporelle
body mass index

les risques *(m)* pour la santé	*health risks*
un facteur de risque élevé	*heightened risk factor*
les facteurs de risque liés au mode de vie	*lifestyle risk factors*
le cancer	*cancer*
le diabète	*diabetes*
la maladie du cœur	*heart disease*
la maladie cardiovasculaire	*cardiovascular disease*
l'hypertension *(f)*	*high blood pressure*
la crise cardiaque	*heart attack*
un accident vasculaire cérébral	*stroke*
la consommation excessive d'alcool	*excessive consumption of alcohol*
l'abus *(m)* de drogues *(f)*	*drug abuse*
la toxicomanie	*substance abuse*
la fréquence croissante	*growing prevalence*
le taux d'incidence	*incidence rate*

Verbes pratiques	***Useful verbs***
abaisser	*to lower*
accroître	*to increase*
atteindre	*to reach, achieve, attain*
avoir de l'embonpoint *(m)*	*to be overweight*
contribuer à	*to contribute to*
déconseiller	*to advise against*
éliminer	*to eliminate, do without*
être en bonne santé *(f)*	*to be in good health*
être en forme	*to be fit, in shape*
être prédisposé à	*to be susceptible to*
faire de l'exercice	*to exercise*
faire des choix santé	*to make healthy choices*
grignoter	*to snack*
maintenir un poids santé	*to maintain a healthy weight*
modifier	*to modify, change, alter*

motiver	*to motivate*
persévérer	*to persevere*
prendre conscience de	*to become aware of, realize*
prendre des mesures (f) concrètes	*to take concrete steps*
profiter de la vie	*to enjoy life*
recommander	*to recommend*
réduire	*to reduce, curb*
relaxer	*to relax*
se sentir bien	*to feel well*
suivre un régime amaigrissant	*to go on, follow a diet*
trop manger	*to over-eat*
vivre plus longtemps	*to live longer*

Paroles en action / *Words in action*

Nous souhaitons tous vivre une vie longue et saine. Notre mode de vie a une influence déterminante sur la santé et le risque de maladies et d'incapacité. Le premier pas vers un mode de vie plus sain est de reconnaître tout effet nocif de notre mode de vie sur notre santé et de nous résoudre à faire les changements nécessaires.

Les experts nous disent comment nous pouvons atteindre un état de santé optimal. Nous devons faire de l'exercice régulièrement, manger des aliments nutritifs, et perdre l'excès de poids. Nous devons obtenir une bonne éducation, poursuivre une carrière satisfaisante, et contrôler le stress en conciliant les responsabilités professionnelles et familiales. Pour se maintenir en bonne santé, nous devons toujours essayer d'avoir une bonne nuit de sommeil afin de recharger nos batteries, ne consommer de l'alcool qu'avec modération, et ne pas fumer. Des études médicales ont révélé que le tabagisme et l'exposition à la fumée secondaire sont des causes principales de maladies et de mortalité précoce.

De plus, nous retirons d'importants avantages en matière de santé en maintenant une attitude positive et un esprit généreux, en vivant une relation amoureuse suivie, et en savourant le plaisir de la famille et des amis.

We all hope *to live a long and healthy life. Our lifestyle has a decisive influence on health and the risk of disease and disability. The first step toward healthier living is to recognize any harmful effects of our lifestyle on our health and to resolve to make changes for the better.*

Experts tell us how we can achieve optimal health. We should exercise regularly, eat nutritious food, and lose excess weight. We should get a good education, pursue satisfying work, and control stress by balancing work and family responsibilities. To stay in good health, we should always try to get a good night's rest to recharge our batteries, drink alcohol only in moderation, and not smoke. Medical studies have shown that addiction to smoking and exposure to second-hand smoke are leading causes of sickness and early death.

As well, we derive significant health benefits from maintaining a positive attitude and generous spirit, experiencing an ongoing loving relationship, and enjoying our family and friends.

Health Care

Noms et expressions	Nouns and phrases
les soins *(m)*	*care*
▸ de santé	*health care*
▸ de santé primaires	*primary health care*
▸ médicaux	*medical care*
▸ de santé préventifs	*preventive health care*

le système de soins de santé canadien
Canadian health care system
l'assurance-maladie[5]
health insurance, Medicare[5]

un système	*system*
▸ de services de santé assurés	*system of insured health services*
▸ de santé publique	*public health system*
▸ mixte public/privé	*mixed public/private system*
le régime d'assurance-maladie *(f)* provincial	*provincial health insurance plan*
le régime public d'assurance-santé	*public health insurance plan*
l'assurance-santé publique	*public health insurance*
la couverture universelle	*universal coverage*
la carte d'assurance-maladie	*health card*

Principes de la *Loi canadienne sur la santé*
***Principles of the* Canada Health Act**

▸ la gestion publique	*public administration*
▸ l'intégralité *(f)*	*comprehensiveness*
▸ l'universalité *(f)*	*universality*
▸ la transférabilité	*portability*
▸ l'accessibilité *(f)*	*accessibility*

l'assurance-santé privée	*private health insurance*
la couverture de l'assurance-maladie	*health insurance coverage*
les primes *(f)* d'assurance-santé	*health insurance premium*

5 On entend par « *l'assurance-maladie* » le régime d'assurance-santé public du Canada qui donne à tous les Canadiens et aux autres résidents admissibles l'accès aux services médicaux et hospitaliers médicalement nécessaires fondés sur le besoin plutôt que la capacité de payer. "Medicare" *refers to Canada's public health insurance system that provides access to medically necessary hospital and physician services to all Canadians and other eligible residents based on need rather than ability to pay.*

la pérennité du système de santé	*sustainability of the health system*
la viabilité	*viability, sustainability*
l'intégration *(f)* du système de santé	*health system integration*
le renouvellement des soins de santé	*health care renewal*
la réforme des soins primaires	*primary care reform*

Santé Canada
Health Canada
Ministère de la santé provincial, territorial
Provincial, Territorial Department of Health
Conseil canadien de santé
Health Council of Canada
Institut canadien d'information sur la santé
Canadian Institute for Health Information
Société canadienne du sang
Canadian Blood Services
Organisation mondiale de la Santé
World Health Organization
Organisation panaméricaine de la santé
Pan-American Health Organization

la santé	*health*
▸ physique	*physical health*
▸ mentale	*mental health*
▸ des femmes	*women's health*
▸ rurale	*rural health*

Réseau local d'intégration des services de santé
Local Health Integration Network
Centre de santé communautaire
Community Health Centre
Centre de santé et de services sociaux
Health and Social Services Centre
Centre d'accès aux soins communautaires
Community Care Access Centre

le patient, la patiente	*patient*
le, la malade	*sick person, patient*
les services *(m)* axés sur les patients	*patient-centred service*
la charte des droits du patient	*charter of patient rights*

la maladie	*illness, disease*
un problème de santé	*health problem*
l'état *(m)* de santé	*health, health status*
une évaluation de santé	*health assessment*

les antécédents *(m)* de santé	*health history*
les antécédents médicaux de la famille	*family medical, health history*
les besoins *(m)* de santé immédiats	*immediate health needs*

L'accès aux services de santé
Access to Health Services

un service médicalement nécessaire	*medically-necessary service*
un accès en temps opportun	*timely access*
un accès amélioré aux services	*improved access to services*
la liste d'attente	*waiting list*
la période d'attente maximale	*maximum waiting period, wait time*
le, les temps d'attente	*wait time, wait times*
le délai d'attente	*wait time, waiting period*
la garantie de délai d'attente	*wait time guarantee*
l'analyse *(f)* comparative	*benchmarking*
le repère sur les temps d'attente	*wait times benchmark*
les repères sur:	*benchmarks for:*
▸ le dépistage des maladies graves	*screening for serious illnesses*
▸ le traitement spécialisé	*specialized treatment*
▸ la chirurgie critique	*critical surgery*
les points *(m)* de repère/repères	*benchmarks*
▸ fondés sur des preuves	*evidence-based benchmarks*
▸ pour les temps d'attente	*wait time, wait times benchmarks*
les points de références communs	*common benchmarks*
les indicateurs *(m)* comparables	*comparable indicators*
les données *(f)* comparatives	*comparative data*
la cible à court terme	*short-term target*
un objectif pluriannuel	*multi-year objective, target*
la norme	*standard*
le critère	*criterion*
les résultats *(m)* en matière de santé	*health outcomes*
le rendement du système de soins de santé	*health care system performance*
la mesure du rendement	*performance measurement*
réduire les temps d'attente	*to shorten, reduce wait times*

la garantie de soins de santé
health care guarantee

le continuum de soins	*continuum of care*
un nouveau modèle de soins	*new model of care*
la meilleure qualité de soins possible	*best possible quality of care*
les communautés *(f)* de soins	*communities of care*
les communautés de pratique	*communities of practice*

les soins *(m)*	*care*
▸ primaires	*primary care*
▸ à domicile	*home care*
▸ de longue durée	*long-term care*
▸ préventifs	*preventive care*
▸ intensifs	*intensive care*
▸ maternels	*maternal care*
▸ palliatifs	*palliative care*
▸ psychiatriques	*psychiatric care*

Professionnels de la santé
Health Professionals

le médecin	*doctor, physician*
le chirurgien, la chirurgienne	*surgeon*
le, la psychiatre	*psychiatrist*
le, la gynécologue	*gynecologist*
le médecin naturopathe	*naturopath, doctor of naturopathic medicine*
l'infirmier *(m)*, l'infirmière *(f)*	*nurse*
l'infirmier praticien, l'infirmière praticienne	*nurse practitioner*
le. la dentiste	*dentist*
le, la psychologue	*psychologist*
le pharmacien, la pharmacienne	*pharmacist*
le chiropraticien, la chiropraticienne	*chiropractor*
le, la nutritionniste	*nutritionist*
le diététicien, la diététicienne	*dietician*
le, la physiothérapeute	*physiotherapist*
le, la paramédic/le personnel paramédical	*paramedic*
le, la technologiste de laboratoire médical	*medical laboratory technologist*

Faculté de Médecine
Faculty of Medicine
École des sciences infirmières
School of Nursing
Programme des sciences de la santé
Health Sciences Program

les services *(m)*	*service, services*
▸ de soins de santé primaires	*primary health care service*
▸ en toxicomanie	*addiction services*
▸ hospitaliers	*hospital services*
▸ médicaux spécialisés	*specialized medical services*
▸ communautaires en santé mentale	*community mental health services*
▸ d'intervention *(f)* en situation de crise	*crisis intervention service*
▸ de santé assurés	*insured health services*
▸ de santé non assurés	*non-insured health services*

la prestation de services de santé	*delivery of health services*
un éventail de services de santé	*spectrum, range of health services*
une gamme de services	*range of services*
une région desservie	*under-serviced area*
la disponibilité	*availability*
l'accessibilité *(f)*	*accessibility*
la porte d'entrée	*entry point*
le fournisseur de soins de santé primaires	*primary health care provider*
l'équipe de soins de santé primaires	*primary health care team*
une équipe interdisciplinaire	*interdisciplinary team*
l'exercice *(m)* de la médecine	*practice of medicine*
la pratique clinique	*clinical practice*

Collège royal des médecins et chirurgiens du Canada
Royal College of Physicians and Surgeons of Canada
Collège des médecins de famille du Canada
College of Family Physicians of Canada
Association médicale canadienne
Canadian Medical Association
Association des infirmières et infirmiers du Canada
Canadian Nurses Association

la médecine	*medicine*
▸ familiale	*family medicine*
▸ préventive	*preventive medicine*
▸ d'urgence *(f)*	*emergency medicine*
le médecin	*doctor, physician*
▸ de famille	*family doctor*
▸ habituel	*regular doctor*

Office régional de la santé de Winnipeg
Winnipeg Regional Health Authority
Hôpital général Saint-Boniface
St. Boniface General Hospital

le docteur, la docteure	*doctor*
un omnipraticien, une omnipraticienne	*general practitioner*
la consultation d'un médecin	*doctor's visit, consultation*
le rendez-vous chez le médecin	*doctor's appointment*
la clinique médicale	*medical clinic*

un examen médical régulier	*regular medical examination*
un examen de routine	*routine, regular examination*
l'état *(m)* de santé	*state of health, medical condition*
un problème de santé	*medical problem*
le diagnostic	*diagnosis*
un test diagnostique	*diagnostic test*
le traitement approprié	*appropriate treatment*
le remède	*remedy, cure*

Conseil ontarien de la qualité des services de santé
Health Quality Council of Ontario
Conseil canadien d'agrément des services de santé
Canadian Council on Health Services Accreditation

une urgence médicale	*medical emergency*
une ambulance	*ambulance*
le département d'urgence	*emergency department*
la salle d'urgence	*emergency room*
l'engorgement *(m)* des salles d'urgence	*emergency room overcrowding*

Médecine nucléaire
Nuclear Medicine

l'imagerie *(f)* diagnostique	*diagnostic imaging*
les isotopes *(m)* médicaux	*medical isotopes*
la disponibilité	*availability*
la durée de conservation	*shelf-life*
une source fiable	*reliable source*
une autre source d'approvisionnement	*alternative source of supply*
une grave pénurie	*critical shortage*
le plan d'urgence	*contingency plan*
la capacité de production intérieure	*domestic production capacity*
classer par ordre de priorité	*to prioritize*
accentuer la production	*to increase, ramp up production*

Société canadienne de médecine nucléaire
Canadian Society of Nuclear Medicine

la chirurgie	*surgery*
les chirurgies électives	*elective surgery*
les chirurgies non essentielles	*non-essential, elective surgery*
une intervention chirurgicale	*surgical procedure*
la liste de vérification de chirurgie sécuritaire	*surgical safety checklist*
un établissement de soins de santé	*health care facility*
un établissement psychiatrique	*psychiatric facility*

l'hôpital *(m)* d'enseignement	*teaching hospital*
la chambre d'hôpital	*hospital room*
l'admission *(f)* à l'hôpital	*hospital admission*
l'hospitalisation *(f)*	*hospitalization*
le nombre de lits de courte durée	*number of short-term beds*
les lits *(m)* aux soins intensifs	*intensive care beds*
la fermeture des lits	*closing of beds*
la durée moyenne des séjours	*average length of stay*
la télésanté	*telehealth*
le dossier électronique de santé	*electronic health record*
l'infostructure *(f)* de santé	*health info-structure*
les nouvelles technologies *(f)* médicales	*new medical technologies*
les progrès *(m)* médicaux	*medical progress*

Coalition canadienne de la santé
Canadian Health Coalition
Médecins canadiens pour le régime public
Canadian Doctors for Medicare
Réseau canadien pour la santé des femmes
Canadian Women's Health Network
Organisation nationale de la santé autochtone
National Aboriginal Health Organization

la rémunération des médecins	*physician compensation, remuneration*
le modèle de rétribution	*payment, remuneration model*
le mode de rémunération à l'acte	*fee-for-service method*
le financement par capitation	*capitation-based funding*
le remboursement	*reimbursement*
la surfacturation	*extra-billing*
les frais *(mpl)* modérateurs	*user charges, fees*
le recouvrement des coûts	*cost-recovery*
le barème	*schedule*
▸ d'honoraires	*fee schedule*
▸ des frais	*fee schedule*
la pharmacie	*pharmacy, drugstore*
une ordonnance	*prescription*
le médicament	*medication, medicine, drug*
le comprimé	*tablet*
la pilule	*pill*

la dose prescrite	*prescribed dose, dosage*
une dose excessive	*overdose*
les médicaments	*drugs, medication*
▸ d'ordonnance	*prescription drugs*
▸ sur ordonnance	*prescription drugs*
▸ génériques	*generic drugs*
▸ en vente libre	*over-the-counter medication*
l'effet voulu	*desired, intended effect*
un effet secondaire éventuel	*possible side effect*
un effet, une réaction indésirable	*adverse effect, reaction*

Défis des ressources humaines en santé
Health Human Resource Challenges

- la pénurie de médecins de famille et d'infirmiers et infirmières
  shortage of family physicians and nurses
- l'accès opportun des patients aux spécialistes médicaux
  timely patient access to medical specialists
- l'élaboration de nouveaux modèles de pratiques interdisciplinaires
  development of new models of interdisciplinary practice
- la prestation de services de santé dans les régions rurales et isolées
  delivery of health services in rural and remote regions
- la formation des cadres professionnels et l'autorisation d'exercer leur profession
  professional training and licensing
- la reconnaissance des médecins diplômés à l'étranger
  recognition of foreign-trained doctors or international medical graduates
- le vieillissement de la main-d'œuvre des soins de santé
  aging of the health care workforce
- l'augmentation des inscriptions aux facultés de médecine et aux écoles de sciences infirmières
  increasing medical and nursing school enrolment
- la disponibilité des stages de résidence en médecine
  availability of medical residency positions
- les questions en matière de champ d'activité des professions de santé
  issues related to the scope of practice of the health professions
- les conditions de travail et la satisfaction au travail
  working conditions and work satisfaction

le conseiller, la conseillère de crise	*crisis counsellor*
la ligne de crise	*crisis line*
une intervention rapide	*rapid response*
un financement suffisant et stable	*adequate and stable financing*
le sous-financement	*under-financing*

la somme d'argent requise	*amount of money required*
les transferts *(m)* fédéraux	*federal transfers*
le financement	*financing, funding*
▸ des soins de santé	*health care financing*
▸ global	*block funding*
la formule	*formula*
un indice d'augmentation	*escalator*
les fonds *(m)* ciblés	*targeted funds*
un paiement forfaitaire	*lump sum payment*
les sanctions *(f)* financières	*financial sanctions, penalties*
les soins de santé à deux vitesses	*two-tier health care*
la médecine à deux vitesses	*two-tier medicine*
la médecine privée	*private medicine*
la prestation de soins à but lucratif	*for-profit delivery of care*
la privatisation	*privatization*
la liberté de choix	*freedom of choice*
la capacité de payer	*ability to pay*
les obstacles *(m)* à l'accés	*barriers to access*

Verbes pratiques	***Useful verbs***
améliorer	*to improve*
attendre	*to wait for*
avoir accès à	*to have access to*
bénéficier de	*to benefit from*
se conformer à	*to observe, comply with*
contribuer à	*to contribute to*
diagnostiquer	*to diagnose*
dynamiser	*to stimulate, energize*
exercer la médecine	*to practice medicine*
faire respecter	*to uphold, enforce*
fermer la porte à	*to close the door to*
financer	*to finance*
guérir	*to cure, heal*
hospitaliser	*to hospitalize, send to hospital*
imposer	*to impose*
maintenir	*to maintain, support, uphold*
opérer	*to operate*
ouvrir la porte à	*to open the door to*
pratiquer la médecine familiale	*to practice family medicine*
prescrire	*to prescribe*
recentrer	*to refocus*

récupérer	*to recover*
remédier	*to remedy, cure, solve*
renforcer	*to reinforce, strengthen*
réorganiser	*to reorganize*
sauvegarder	*to safeguard, protect, maintain*
se sentir mal	*to feel sick*
souffrir de	*to suffer from*
soulager	*to relieve, soothe, ease*
tourner	*to circumvent*
violer	*to violate*

Paroles en action / *Words in action*

Bien que nous estimions que l'état de santé constitue un indicateur important de la qualité de vie, la santé est quelque chose que bon nombre d'entre nous tiennent pour acquis. L'Organisation mondiale de la Santé considère la santé comme « un état de complet bien-être physique, mental et social et ne consiste pas seulement en une absence de maladie ou d'infirmité ».

De nombreux facteurs au-delà de notre constitution génétique contribuent à notre état de santé, y compris un mode de vie sain, un accès opportun aux soins de santé de qualité, des politiques publiques qui encouragent la santé, un milieu de travail sûr et sain, et la qualité de notre environnement social et naturel.

Les mesures visant à promouvoir et à protéger la santé ont grandement contribué à l'amélioration de l'état de santé des Canadiens. Les gens en bonne santé jouissent d'une meilleure qualité de vie, vivent plus longtemps, et utilisent moins de services de santé que ceux qui éprouvent des problèmes de santé. La promotion d'une population en meilleure santé compte parmi les solutions à long terme les plus prometteuses pour affronter la montée des coûts de soins de santé et un système de soins de santé surchargé.

C'est un important objectif national d'assurer un niveau de santé optimale pour tous, en particulier pour les populations les plus vulnérables.

***Though we consider** health status to be an important indicator of quality of life, many of us take our health for granted. The World Health Organization views health as "a state of complete physical, mental and social well-being and not merely the absence of disease or infirmity."*

Many factors beyond our genetic makeup contribute to our health, including a healthy lifestyle, timely access to quality health care, public policies that promote health, safe and healthy workplaces, and the quality of our social and natural environments.

Measures to promote and protect health have contributed greatly to improving the health status of Canadians. Healthy people enjoy a higher quality of life, live longer, and make less demand on health services than those who experience health problems. Promoting a healthier population may be among the most promising long-term solutions to rising health care costs and an over-burdened health care system.

Ensuring optimum health for all, and particularly for those who are most vulnerable, is an important national objective.

Public Health

Noms et expressions	*Nouns and phrases*
la santé publique	*public health*
les mesures (*f*) de santé publique	*public health measures*
les autorités (*f*) sanitaires	*health authorities, officials*
les autorités de la santé publique	*public health authorities*
la pratique en santé publique	*public health practice*

La prévention et la lutte contre...
Prevention and control of....

‣ les maladies (*f*) infectieuses	*infectious diseases*
‣ les maladies cardiovasculaires	*cardio-vascular diseases*
‣ le cancer	*cancer*
‣ l'obésité (*f*) et le diabète	*obesity and diabetes*
‣ la toxicomanie	*drug addiction*
‣ le tabagisme	*addiction to smoking, nicotine*
‣ la négligence à l'égard des enfants	*child neglect*
‣ la violence familiale	*family violence*

le conseil de la santé publique	*public health board*
le district sanitaire	*health district*
le service local de santé publique	*local public health service, unit*
la médecine communautaire	*community medicine*

Agence de la santé publique du Canada
Public Health Agency of Canada
Service de la santé publique du Canada
Canadian Public Health Service
Programme canadien d'épidémiologie de terrain
Canadian Field Epidemiology Program
Agence ontarienne de protection et de promotion de la santé
Ontario Agency for Health Protection and Promotion
Autorité sanitaire locale, provinciale, territoriale
Local, provincial, territorial public health authority
Service local de santé publique
Local public health unit

une maladie	*disease, illness, sickness*
‣ infectieuse	*infectious disease*
‣ contagieuse	*contagious disease*
‣ transmissible	*communicable, transmissible disease*
‣ chronique	*chronic disease*
‣ virulente	*virulent disease*

les disparités *(f)* de la santé — *health disparities*
les inégalités *(f)* en matière de santé — *health inequities, disparities*
la cause sous-jacente — *underlying cause*
le fardeau économique de la maladie — *economic burden of disease*

la santé de la population — *population health*
une approche axée sur la santé de la population — *population health approach*
l'évaluation *(f)* de la santé de la population — *population health assessment*
une population vulnérable — *vulnerable population*
les facteurs *(m)* de risque communs — *common risk factors*

Facteurs déterminants de la santé
Determinants of health

- les circonstances personnelles et familiales, le style de vie, et les conditions de vie, p.ex., le développement de la petite enfance, les habitudes de santé personnelles et les capacités d'adaptation, le niveau de stress, l'alimentation, le logement
  personal and family circumstances, lifestyle, and living conditions, e.g., early child development, personal health practices and coping skills, level of stress, nutrition, housing
- l'emploi, les revenus et les conditions de travail
  employment, income and working conditions
- le milieu humain et physique, p.ex., les amitiés, un réseau d'entraide, une collectivité sécuritaire, un accès à l'air propre et à l'eau potable saine, et d'autres répercussions de l'environnement
  human and physical environment, e.g., friends, support network, safe community, access to clean air and safe drinking water, and other environmental influences
- l'accès à l'éducation, aux services de soins de santé, et aux autres services sociaux et communautaires
  access to education, health care, and social and community services
- les facteurs génétiques et biologiques, p.ex., le sexe, l'âge, l'origine ethnique, les antécédents médicaux de la famille, les prédispositions génétiques
  genetic and biological factors, e.g., gender, age, ethnicity, family health history, genetic predispositions

Source: Adapté de l'Organisation mondiale de la Santé et de l'Agence de la santé publique du Canada. *Adapted from the World Health Organization and Public Health Agency of Canada.*

la promotion de la santé — *health promotion*
la prévention de maladies — *disease prevention*
les moyens *(m)* de prévention — *means of prevention*

les bonnes pratiques *(f)* d'hygiène — *good hygiene practices*
les règles *(f)* d'hygiène élémentaires — *basic rules of hygiene*

l'investissement *(m)* en amont	*upstream investment*
le renforcement des capacités	*capacity-building*
l'habilitation *(f)* communautaire	*community empowerment*
la collaboration intersectorielle	*intersectoral collaboration*
la capacité	*capacity*
▸ individuelle	*individual capacity*
▸ communautaire	*community capacity*

Loi sur la quarantaine
Quarantine Act
Loi sur la protection et la promotion de la santé de l'Ontario
Ontario Health Protection and Promotion Act
Règlement sur la protection de l'eau potable de l'Ontario
Ontario Drinking Water Protection Regulation
Règlement sanitaire international
International Health Regulations

le risque pour la santé	*health risk*
un élément de risque important	*significant risk factor*
le comportement à risque	*risky behaviour*
les risques *(m)* de santé émergents	*emerging health risks*
la surveillance	*surveillance*
le réseau de surveillance	*surveillance network*

Laboratoire provincial de santé publique
Provincial public health laboratory
Laboratoire national de microbiologie
National Microbiology Laboratory
Centre scientifique canadien de santé humaine et animale
Canadian Science Centre for Human and Animal Health
Réseau canadien d'information sur la santé publique
Canadian Network for Public Health Intelligence

les symptômes *(m)* grippaux	*flu symptoms*
un syndrome respiratoire	*respiratory syndrome*
la pneumonie	*pneumonia*
la saison d'influenza annuelle	*annual flu season*
la grippe	*flu, influenza*
▸ saisonnière	*seasonal influenza*
▸ aviaire	*bird flu*
▸ porcine	*swine flu*
▸ pandémie	*pandemic influenza*

le virus influenza	*flu, influenza virus*
un nouveau virus de la grippe A	*novel influenza A virus*
le virus de la grippe H1N1	*H1N1 flu virus*

Praticiens en santé publique
Public Health Practitioners

le médecin hygiéniste en chef	*chief medical officer of health*
le médecin en santé publique	*public health doctor, physician*
un agent, une agente	*officer*
▸ de santé publique	*public health officer*
▸ de quarantaine	*quarantine officer*
un infirmier, une infirmière	*nurse*
▸ hygiéniste	*public health nurse*
▸ de, en santé communautaire	*community health nurse*
un, une épidémiologiste	*epidemiologist*
un, une microbiologiste	*microbiologist*
un, une infectiologue	*infectious disease expert*
un, une virologiste	*virologist*

Administrateur en chef de la santé publique du Canada
Chief Public Health Officer of Canada

une souche grippale très virulente	*highly virulent influenza strain*
une bactérie	*bacteria*
un supermicrobe	*superbug*
la résistance aux antibiotiques *(m)*	*antibiotic resistance*
le système immunitaire	*immune system*

Plan canadien de lutte contre la pandémie d'influenza
Canadian Pandemic Influenza Plan
Réserve nationale d'antiviraux
National Antiviral Stockpile
Système de la réserve nationale d'urgence
National Emergency Stockpile System

une infection	*infection*
▸ virale	*viral infection*
▸ bactérienne	*bacterial infection*
▸ grave	*severe infection*
▸ résistante aux médicaments	*drug-resistant infection*

une flambée dangereuse	*dangerous outbreak*
une éclosion meurtrière	*deadly outbreak*
la gestion des éclosions	*outbreak management*
un incident isolé	*isolated incident*
le nombre de cas	*number of cases*

un cas	*case*
▸ confirmé	*confirmed case*
▸ infirmé	*unfounded case*
▸ probable	*probable case*
▸ soupçonné	*suspected case*
▸ suspect	*suspect case*

Société canadienne du cancer
Canadian Cancer Society
Stratégie canadienne de lutte contre le cancer
Canadian Strategy for Cancer Control
Association canadienne du diabète
Canadian Diabetes Association
Fondation des maladies de cœur
Heart and Stroke Foundation
Alliance pour la prévention des maladies chroniques au Canada
Chronic Disease Prevention Alliance of Canada

une épidémie grave	*serious epidemic, outbreak*
une crise sanitaire globale	*global health crisis*
une pandémie grippale	*influenza pandemic*
la préparation en cas de pandémie	*pandemic preparedness, readiness*
le niveau d'alerte à la pandémie	*pandemic alert level*

la menace d'infection	*threat of infection*
une personne infectée	*infected person*
la déclaration obligatoire	*mandatory reporting, notification*

Association canadienne de santé publique
Canadian Public Health Association

l'exposition *(f)* à	*exposure to*
la présence de	*presence of*
l'apparition *(f)*	*occurrence, appearance*

la réapparition	*recurrence, re-appearance*
la récurrence	*recurrence*
la résurgence	*resurgence*
une deuxième vague	*second wave*

la susceptibilité	*susceptibility*
l'incidence *(f)*	*incidence, effect, impact*
la fréquence	*frequency, prevalence*
la prévalence	*prevalence*
la portée	*scope, significance, consequence*

Le défi du VIH/sida
The Challenge of HIV/AIDS

un défi global	*global challenge*
une incidence dévastatrice	*devastating impact*
une obligation morale	*moral obligation*
le préjugé contre les victimes *(f)* du sida	*prejudice against AIDS victims*
les populations *(f)* vulnérables	*vulnerable populations*
les peuples *(m)* d'Afrique subsaharienne	*people of sub-Saharan Africa*
la région du monde la plus touchée	*most affected region of the world*
la communauté gaie	*gay community*
un usager, une usagère	*user*
▸ de drogues par voie intraveineuse	*intravenous drug user*
les personnes *(f)* vivant avec le VIH	*persons living with HIV*
les voies *(f)* de propagation	*means of spreading, propagation*
un porteur, une porteuse	*carrier*
le système immunitaire	*immune system*
les relations *(f)* hétérosexuelles	*heterosexual relations*
les rapports *(m)* homosexuels	*homosexual relations*
les rapports sexuels non protégés	*unprotected sex, sexual relations*
le comportement sexuel	*sexual behaviour*
le comportement à risque élevé	*high-risk behaviour*
une pratique à haut risque	*high-risk practice*
l'accès *(m)* aux traitements *(m)* efficaces	*access to effective treatment*
la thérapie antirétrovirale	*antiretroviral therapy*
les antirétroviraux *(m)*	*antiretrovirals, antiretroviral drugs*
un produit pharmaceutique breveté	*patented pharmaceutical product*
les médicaments *(m)* génériques	*generic drugs*
une version moins coûteuse	*lower-cost version*
les fins (f) humanitaires	*humanitarian purposes, ends*
les efforts *(m)* de prévention	*prevention efforts*
un vaccin préventif	*preventive vaccine*
l'espérance *(f)* de vie	*life expectancy*
les orphelins *(m)* du sida	*AIDS orphans*
allonger	*to prolong*
redoubler d'efforts	*to redouble the effort*
sauver des vies	*to save lives*
vivre avec	*to live with*

le virus de l'immunodéficience humaine (VIH)
human immunodeficiency virus (HIV)
le syndrome de l'immunodéficience acquise (sida)
acquired immune deficiency syndrome (AIDS)
Initiative canadienne de vaccin contre le VIH
Canadian HIV Vaccine Initiative
Réseau juridique canadien VIH/sida
Canadian HIV/AIDS Legal Network

la propagation rapide de la maladie	*rapid spread of the disease*
la transmission étendue	*widespread transmission*
le mode de transmission	*means of transmission*
un contact direct	*direct contact*
un contact étroit	*close contact*
la période d'incubation *(f)*	*incubation period*
la quarantaine	*quarantine*

La grippe aviaire
Avian Influenza, Bird Flu

la présence	*presence*
un virus contagieux	*contagious virus*
le risque de contagion	*risk of contagion, infection*
la contagiosité	*contagiousness*
la possibilité d'infection	*possibility of infection*
la barrière des espèces	*species barrier*
la transmission	*transmission*
▸ entre animaux	*transmission between, among animals*
▸ de l'animal à l'homme	*animal to human transmission*
▸ humaine	*human transmission*
un cas mortel	*fatal case*
un élevage de volailles	*poultry farm*
les oiseaux *(m)* infectés	*infected birds*
les poulets *(m)* morts	*dead chickens*
les canards *(m)* sauvages	*wild ducks*
sauter des oiseaux aux humains	*to jump from birds to humans*

les symptômes *(m)*	*symptoms*
▸ bénins	*mild symptoms*
▸ graves	*severe symptoms*
une menace pour la santé	*health threat*
un avertissement sérieux	*serious warning*
une alerte médicale	*health, medical alert*
la détection précoce	*early detection, screening*
le test de détection	*screening test*
un examen de dépistage	*screening test*
le dépistage systématique	*universal screening*
la méthode de dépistage	*screening, detection method*
le filtrage	*screening*
la population à risque	*population at risk*
un risque accru	*increased, heightened risk*

la vulnérabilité	*vulnerability*
un problème préexistant de santé	*pre-existing health problem*
le système immunitaire	*immune system*
la réaction immunitaire	*immune response*
l'immunisation *(f)*	*immunization*
la vaccination	*vaccination*
une clinique de vaccination	*vaccination clinic*
une piqûre gratuite	*free shot, injection*

Le virus du Nil occidental
West Nile Virus

un moustique infecté	*infected mosquito*
une piqûre de moustique	*mosquito bite*
un test diagnostique	*diagnostic test*
un oiseau infecté, mort	*infected, dead bird*
une mesure de précaution	*precautionary measure*
la démoustication	*mosquito control, eradication*
une moustiquaire de lit	*mosquito bed net*
un chasse-moustiques	*mosquito repellant*
un insectifuge	*insect repellant*
un pesticide	*pesticide*
l'eau *(f)* stagnante	*stagnant water*
démoustiquer	*to control, eradicate mosquitoes*

le vaccin contre la grippe	*flu vaccine*
une dose de vaccin	*dose of vaccine*
l'approvisionnement *(m)* en vaccins	*vaccine supply*
la mise à disposition de vaccins	*availability of vaccine*
le manque de vaccins	*vaccine shortage*
les fabricants *(m)* de vaccins	*vaccine manufacturers*

l'obligation de diligence
duty of care
le devoir de protection
duty to protect

la microbiologie	*microbiology*
le laboratoire de santé publique	*public health laboratory*
le réseau de laboratoires	*laboratory network*
les épreuves *(f)* de laboratoires	*laboratory tests, testing*

l'épidémiologie *(f)*	*epidemiology*
une étude épidémiologique	*epidemiological study*
la constatation épidémiologique	*epidemiological finding, observation*

Verbes pratiques	*Useful verbs*
apparaître	*to appear*
confirmer	*to confirm*
contaminer	*to contaminate*
contenir	*to control, contain*
contracter	*to contract, acquire*
déclarer	*to report*
dépister	*to screen, detect, track down*
désinfecter	*to disinfect*
détecter	*to detect*
éradiquer	*to eradicate*
être transmise par	*to be transmitted by*
éviter	*to avoid*
évoluer rapidement	*to change quickly*
se faire vacciner	*to get vaccinated*
freiner	*to slow down, check, stem*
identifier	*to identify*
immuniser contre	*to immunize against*
infecter	*to infect*
isoler	*to isolate*
lutter contre les maladies	*to fight disease*
se manifester	*to emerge, appear, turn up*
mettre au point un vaccin	*to develop a vaccine*
mettre en quarantaine	*to quarantine, put in quarantine*
observer	*to observe, examine*
placer en quarantaine	*to quarantine, place in quarantine*
prendre par surprise	*to take by surprise*
progresser rapidement	*to progress, advance rapidly*
propager	*to spread*
protéger	*to protect*
provoquer	*to produce, cause*
ralentir la propagation	*to slow the spread*
rester vigilant	*to remain vigilant*
soupçonner	*to suspect*
stocker	*to stock, stockpile*
succomber à	*to succumb to, die from*
surveiller	*to monitor*
transmettre	*to pass on, transmit*
vacciner contre	*to vaccinate, innoculate against*

Paroles en action / *Words in action*

En 2009, l'Organisation mondiale de la Santé a annoncé l'émergence d'une nouvelle souche du virus de l'influenza, dénommé le virus H1N1ou la grippe porcine. Ce virus s'est transformé rapidement en pandémie mondiale. Une éclosion de grippe pandémique est causée par un virus grippal pour lequel il n'y a pas d'immunité humaine et qui se propage rapidement au-delà des frontières internationales, touchant un grand nombre de personnes. La pandémie H1N1 a donné lieu à la campagne d'immunisation la plus importante dans l'histoire du Canada.

Les maladies pandémiques, qui sont propagées par des microorganismes infectieux, se sont produites tout au long de l'humanité. La peste bubonique, aussi appelée peste noire, a anéanti une grande partie de la population européenne au milieu des années 1300. La grippe espagnole a provoqué des dizaines de millions de décès à l'échelle mondiale en 1918, y compris jusqu'à 50 000 Canadiens. De nos jours, des millions de personnes sont mortes des suites du VIH/sida, et un nombre considérable de personnes vivent avec l'infection VIH ou souffrent du sida caractérisé pendant qu'ils attendent désespérément qu'on découvre un remède.

L'épidémie de SRAS en 2003 a incité des gouvernements de partout au monde, y compris au Canada, à renforcer leur capacité en matière de santé publique. La mutation rapide des microorganismes, les conditions d'hygiène déficientes dans les régions sous-développées, le réchauffement de la planète et les voyages internationaux favorisent l'émergence et la propagation des maladies infectieuses. La lutte contre la maladie est loin d'être gagnée.

In 2009, the *World Health Organization announced the emergence of a novel strain of influenza virus, called the H1N1 virus or swine flu. It quickly developed into a global pandemic. A pandemic flu outbreak is caused by an influenza virus for which there is no human immunity and that spreads rapidly across international borders, affecting large numbers of people. The H1N1 pandemic led to the largest immunization campaign ever undertaken in Canada.*

Pandemic diseases, which are spread by infectious microorganisms, have occurred throughout human history. Bubonic plague, also known as the Black Death, wiped out much of Europe's population in the mid-1300s. The Spanish flu caused tens of millions of deaths worldwide in 1918, including as many as 50,000 Canadians. In our time, millions of people have died as a result of HIV/AIDS, and staggering numbers of people live with HIV infection or suffer full-blown AIDS as they desperately wait for a cure.

The SARS epidemic in 2003 led governments everywhere, including in Canada, to strengthen their public health capacities. The rapid mutation of microorganisms, increased population density, poor sanitation in under-developed areas, global warming, and international travel favour the emergence and spread of infectious diseases. The fight against disease is far from won.

Disaster Management

Noms et expressions	***Nouns and phrases***
la gestion des catastrophes	*disaster management*
les autorités *(f)* civiles	*civil, civilian authorities*
une catastrophe	*disaster, catastrophe*
▸ naturelle	*natural disaster*
▸ écologique	*ecological, environmental disaster*
▸ d'origine humaine	*man-made disaster*
un désastre	*disaster*
▸ naturel	*natural disaster*
▸ nucléaire	*nuclear disaster*
▸ humanitaire	*humanitarian disaster*
▸ environnemental	*environmental disaster*

Scénarios de catastrophes
Disaster scenarios

une famine généralisée	*widespread famine*
un attentat terroriste	*terrorist attack*
une éclosion de maladie grave	*serious disease outbreak*
un accident d'avion	*airplane crash*
un nuage de cendre volcanique	*volcanic ash cloud*
un important incendie de forêt	*major forest fire*
un glissement de terrain inattendu	*unexpected landslide*
une grave inondation	*severe flood, flooding*
une tornade puissante	*powerful tornado*
un ouragan catastrophique	*disastrous hurricane*
un important déversement de pétrole	*major oil spill*
une panne d'électricité généralisée	*widespread power outage, blackout*
un raz-de-marée massif	*massive tidal wave*
une tempête de verglas prolongée	*prolonged ice storm*
un tremblement de terre dévastateur	*devastating earthquake*
une vague de chaleur intense	*intense heat wave*

le sinistre	*disaster*
la zone sinistrée	*disaster area*
la crise	*crisis*
le danger	*danger*
un avertissement	*warning*
une alerte météorologique	*weather warning*
une fausse alerte	*false alarm*

une urgence civile	*civil emergency*
un état d'urgence	*state of emergency*
l'état de préparation	*state of readiness*
les préparatifs *(m)* d'urgence	*emergency preparedness*
la simulation de situation d'urgence	*emergency simulation*
les services *(m)* d'urgence	*emergency services*
les mesures *(f)* d'urgence	*emergency measures*
le plan de gestion *(f)* des urgences	*emergency management plan*
un exercice sur table	*table top exercise*
une séance de rétroaction *(f)* immédiate	*hot wash, debrief, feedback session*
les leçons *(f)* apprises	*lessons learned*
le processus d'amélioration *(f)* continue	*continuous improvement*

Fonds d'aide aux victimes du séisme
Earthquake Relief Fund

l'infrastructure *(f)*	*infrastructure*
▸ essentielle	*critical infrastructure*
▸ matérielle	*physical infrastructure*
▸ sociale	*social infrastructure*
l'intervention *(f)* en cas de situation d'urgence	*emergency response*
la capacité d'intervention en cas d'urgence	*emergency response capacity*
la réaction rapide	*quick response*
l'organisation *(f)* de mesures d'urgence	*emergency measures organization*
le centre des opérations d'urgence	*emergency operations centre*
le centre de commandement	*command centre*

Loi sur les mesures d'urgence
Emergencies Act
Loi sur la gestion des urgences
Emergency Management Act

une assistance rapide	*rapid assistance*
une course contre la montre	*race against the clock*
une action urgente	*urgent action*
la gravité de la situation	*the seriousness of the situation*
la situation actuelle	*current, present situation*
l'aide *(f)* d'urgence	*emergency assistance*
le soutien d'urgence	*emergency support*
le, les secours d'urgence	*emergency relief, assistance, help*

le matériel de secours d'urgence — *emergency relief supplies*
les fournitures *(f)* d'urgence — *emergency supplies, provisions*
les approvisionnements *(m)* les plus indispensables — *urgently-needed supplies*

Centre de mesures et d'interventions d'urgence
Centre for Emergency Preparedness and Response
Réserve nationale de secours
National Emergency Stockpile System
Secrétariat national de recherche et de sauvetage
National Search and Rescue Secretariat
Équipe d'intervention en cas de catastrophe
Disaster Assistance Response Team

la mission de recherche et de sauvetage — *search and rescue mission*
une opération de sauvetage — *rescue operation*
une tentative de sauvetage — *rescue attempt*
une équipe de secours — *rescue team*
le sauveteur, la sauveteuse — *rescuer*
les premiers intervenants *(m)* — *first responders*

l'évacuation *(f)* — *evacuation*
un ordre d'évacuation — *evacuation order*

L'aide aux victimes de catastrophes
Assistance to Disaster Victims

la recherche et le sauvetage — *search and rescue*
les soins médicaux — *medical care, attention*
les fournitures *(f)* médicales — *medical supplies*
l'eau *(f)* potable — *drinking water*
la nourriture — *food*
l'abri *(m)* d'urgence — *emergency shelter*
les vêtements *(m)* — *clothing*
les biens, produits *(m)* essentiels — *essential goods, supplies*
une aide financière — *financial aid, assistance*
le counseling post-traumatique — *trauma counselling*

la victime, les victimes — *victim, victims*
le survivant, la survivante — *survivor*

la tragédie — *tragedy*
un événement tragique — *tragic event, occurrence*
le chagrin — *grief*
le traumatisme — *trauma*
le syndrome de stress post-traumatique — *post-traumatic stress disorder*

une destruction massive	*mass, massive destruction*
les dommages *(m)* atroces	*terrible damage*
la dévastation totale	*total devastation*
une région dévastée	*devastated region, area*

Collège canadien de gestion des urgences
Canadian Emergency Management College
Centre canadien de prévision des ouragans
Canadian Hurricane Centre

les coûts *(m)* économiques	*economic costs*
les incidences *(f)* humaines	*human effects, impacts*
les décès *(m)* de masse	*mass fatalities*

les pertes *(f)*	*loss, losses*
▸ de vie *(f)* humaine	*loss of human life*
▸ économiques	*economic losses*

On parle de séismes
Speaking of Earthquakes

le séisme	*earthquake*
le tremblement de terre	*earthquake*
la secousse	*shock*
la réplique sismique	*aftershock*
l'échelle *(f)* de Richter	*Richter scale*
l'épicentre *(m)*	*epicentre*
la ligne de faille	*fault line*
la plaque tectonique	*tectonic plate*
la magnitude	*magnitude, size*
l'amplitude *(f)*	*magnitude*
l'intensité *(f)*	*intensity*
la fréquence	*frequency*
le, la sismologue	*seismologist*
le système de surveillance des séismes	*earthquake monitoring system*
le réseau séismique national	*national seismic network*

Centre géoscientifique du Pacifique
Pacific Geoscience Centre

la trousse de survie en cas d'urgence	*emergency survival kit*
les fonds *(m)* d'urgence	*emergency funds, funding, money*

l'atténuation *(f)* des catastrophes	*disaster mitigation*
la reconstruction	*reconstruction*
le rétablissement	*reconstruction*
le retour à la normale	*return to normal*

Verbes pratiques	*Useful verbs*
alerter	*to alert, inform, notify*
assurer	*to ensure, provide*
avertir	*to warn*
avoir besoin de	*to need*
causer	*to cause*
chercher	*to search, look for*
coordonner	*to coordinate*
déployer	*to deploy*
détruire	*to destroy*
dévaster	*to devastate, lay waste*
distribuer	*to distribute*
empêcher	*to prevent, stop*
être préparé	*to be prepared*
être sur place	*to be there, on the scene*
évacuer	*to evacuate*
évaluer le risque	*to assess the risk*
expédier	*to send*
fournir	*to provide*
intervenir	*to intervene, respond*
menacer	*to threaten*
mettre en danger	*to endanger, jeopardize*
mobiliser	*to mobilize*
nécessiter	*to need, require, necessitate*
paniquer	*to panic*
se passer	*to take place, happen*
préparer	*to prepare*
prévoir	*to predict*
reconstruire	*to reconstruct*
sauver	*to save, rescue*
secourir	*to help, rescue*
sensibiliser	*to raise awareness*
sonner l'alarme	*to sound, raise the alarm*
soutenir	*to support, sustain*
subir	*to undergo, sustain, suffer*
surmonter	*to overcome*
survivre	*to survive*
venir en aide à	*to come to the aid, help of*

Paroles en action / *Words in action*

Des catastrophes de toutes sortes se produisent à un rythme alarmant. Certaines d'entre elles sont provoquées par les forces énormes de la nature tandis que d'autres portent l'empreinte de l'homme, que ce soit en raison de la négligence ou de l'erreur humaine, de lacunes systémiques, de défaillances technologiques, ou de l'intolérance, de la haine, et de la cupidité.

La liste des catastrophes majeures qui se sont produites ces dernières années semble interminable. Nombre d'entre elles ont entraîné une terrible perte de vies, la détresse et la souffrance humaine indicible, une destruction généralisée et des coûts financiers stupéfiants. La liste suivante n'est que partielle.

L'attentat à la bombe contre Air India en 1985. L'accident nucléaire de Tchernobyl. Le massacre des jeunes femmes à l'École Polytechnique de Montréal en 1989. Le scandale du sang contaminé. L'effondrement de l'industrie de la pêche à la morue dans l'Atlantique dans les années 1990. La sécheresse prolongée et la guerre civile au Soudan. La famine en Éthiopie. Le génocide rwandais. La pandémie mondiale du sida. La tempête de verglas et les pannes d'électricité dans l'est du Canada en 1998. La menace du problème informatique de l'an 2000. Les attentats terroristes du 11 septembre, 2001. L'éclosion du SRAS. Le tsunami dans le sud-est de l'Asie en 2004. L'ouragan Katrina. La crise des marchés financiers en 2008. Le pire déversement côtier de pétrole dans le golfe du Mexique en 2010. Les régions ravagées par des séismes violents telles la province du Sichuan en Chine en 2008 et Haïti tout entier en 2010. Plus tard la même année, une crise humanitaire sans précédent entraînée par des pluies torrentielles et des inondations sur une grande partie du Pakistan.

La prochaine catastrophe peut être à nos portes. Les leçons tirées des événements passés devraient nous aider à améliorer notre état de préparation aux menaces perpétuelles et aux répercussions des catastrophes futures.

Disasters of all *kinds occur at an alarming rate. Some are caused by the awesome forces of nature and others bear the imprint of man, whether it be negligence or human error, systemic deficiencies, technological failure, or intolerance, hatred or greed.*

The litany of major disasters in recent times seems endless. Many have left in their wake terrible loss of life, untold human anguish and suffering, widespread destruction and staggering financial costs. The following is only a partial list.

The Air India bombing in 1985. The Chernobyl nuclear accident. The massacre of young women at l'École polytechnique in Montreal in 1989. The tainted blood scandal. The collapse of the Atlantic cod fishery in the 1990s. Prolonged drought and civil war in Sudan. Famine in Ethiopia. The Rwandan genocide. The global AIDS pandemic. The ice storm and power blackouts in eastern Canada in 1998. The threat of Y2K. The terrorist attacks of 9/11 in 2001. The SARS outbreak. A tsunami in south-east Asia in 2004. Hurricane Katrina. The financial market crisis in 2008. The world's worst off-shore oil spill in the Gulf of Mexico in 2010. Areas ravaged by violent earthquakes, such as China's Sichuan province in 2008 and all of Haiti in 2010. Later that same year, the unprecedented humanitarian crisis caused by torrential rains and flooding across much of Pakistan.

The next disaster may be just around the corner. Lessons learned from past events should help to improve our preparedness for the constant threat and consequences of disaster in the future.

Science *and* Innovation

Noms et expressions	***Nouns and phrases***
la science	*science*
les sciences et la technologie	*science and technology*
le champ de la science	*field of science*
la quête de la vérité	*quest, search for truth*
le progrès scientifique	*scientific progress*
le cheminement scientifique	*scientific advancement, progress*
le savoir	*knowledge*
le savoir scientifique	*scientific knowledge*
la transmission du savoir	*transmission of knowledge*
une économie du savoir	*knowledge economy*
une économie fondée sur le savoir	*knowledge-based economy*
les travailleurs *(m)* du savoir	*knowledge workers*

le directeur, la directrice scientifique
Scientific Director
le, la scientifique en chef
Chief Scientist
le conseiller scientifique principal/
la conseillère scientifique principale
Chief Science/Scientific Advisor
la Chaire de recherche du Canada
Canada Research Chair

la connaissance	*knowledge, understanding*
▸ scientifique	*scientific knowledge*
▸ pratique	*applied knowledge*
un ensemble de connaissances	*body of knowledge*
les nouvelles connaissances	*new knowledge*
la lacune des connaissances	*knowledge gap*
la création de nouvelles connaissances	*knowledge creation, generation*
le développement des connaissances	*knowledge development*
l'avancement *(m)* des connaissances	*advancement of knowledge*
l'expansion *(f)* des connaissances	*growth, spread of knowledge*
la diffusion des connaissances	*dissemination, spread of knowledge*
le transfert des connaissances	*knowledge transfer*
l'application *(f)* des connaissances	*knowledge translation*

la mise au point — *development*
la mise en pratique — *application*

un organisme à vocation scientifique — *science-based organization*
la collectivité scientifique — *scientific community*
la méthode scientifique — *scientific method*
les valeurs (*f*) scientifiques — *scientific values*
la capacité scientifique — *scientific capacity*
le renforcement — *strengthening*

la théorie scientifique — *scientific theory*
un modèle théorique — *theoretical model*

Conseil d'experts en sciences et en technologie
Council of Science and Technology Advisors
Conseil national de recherches du Canada
National Research Council of Canada
Conseil de recherches en sciences naturelles et en génie du Canada
Natural Sciences and Engineering Research Council of Canada
Conseil de recherches en sciences humaines du Canada
Social Sciences and Humanities Research Council of Canada
Instituts de recherche en santé du Canada
Canadian Institutes of Health Research
Recherche et développement pour la défense Canada
Defence Research and Development Canada

l'innovation (*f*) — *innovation*
l'innovation technologique — *technological innovation*
le rendement en innovation — *innovation performance*
une démarche novatrice — *innovative approach*
les moyens (*m*) novateurs — *innovative means*
le catalyseur — *catalyst*

la créativité — *creativity*
une nouvelle idée — *new idea*
un groupe de réflexion — *think tank*
la science-fiction — *science fiction*

la technologie — *technology*
la technologie d'incubation — *incubating technology*
la nanotechnologie — *nanotechnology*

les nouvelles technologies — *new technologies*
les technologies d'avant-garde — *state-of-the-art technology*
les technologies de pointe — *advanced, leading edge technologies*

l'avant-garde *(f)*	*state-of-the-art, forefront, vanguard*
la fine pointe	*leading edge*
les travaux *(m)* de pointe	*leading edge, latest work*
un rôle de premier plan	*leading role*
le progrès technologique	*technological progress, change*
une solution technologique	*technological solution*
le transfert des technologies	*technology transfer*
le savoir-faire canadien	*Canadian know-how, expertise*
l'écart *(m)* d'ingéniosité	*ingenuity gap*

Les sciences et la politique publique
Science and Public Policy

- assurer la sécurité de la nourriture, de l'eau potable et de l'air
  ensuring the safety of food, water and air
- préserver la biodiversité et l'environnement naturel
  protecting biodiversity and the natural environment
- prévenir et combattre les maladies graves
  preventing and combatting serious diseases
- identifier les causes et les effets des changements climatiques, et démontrer les mesures nécessaires afin de renverser ou retarder ce phénomène et de s'adapter aux conséquences probables
  determining the causes and effects of climate change, and showing how to reverse or slow down this phenomenon and adapt to its likely consequences
- veiller à la sécurité et à l'efficacité des nouveaux médicaments
  ensuring the safety and effectiveness of new drugs
- comprendre les causes premières de la violence, des crimes et du terrorisme
  understanding the root causes of violence, crime and terrorism
- développer de nouvelles sources d'énergie qui sont à la fois saines et durables
  developing clean and sustainable alternative sources of energy
- gérer les ressources renouvelables, p.ex., l'eau, les forêts, les stocks de poisson
  managing renewable resources, e.g., water, forests, fish stocks
- explorer la géologie de la Terre, l'Arctique et les océans, et élucider les mystères du système solaire et des galaxies distantes
  exploring the Earth's geology, the Arctic and the oceans, and unravelling the mysteries of the solar system and distant galaxies

le, la scientifique	*scientist*
un scientifique réputé	*reputable, renowned scientist*
les scientifiques gouvernementaux	*government scientists*
un expert, une experte scientifique	*scientific expert*
le chercheur scientifique	*research scientist*
le chercheur, la chercheuse	*researcher*

une équipe de recherche	*research team*
les meilleurs cerveaux *(m)*	*best minds*
les meilleurs et les plus brillants	*the best and the brightest*
le domaine d'expertise	*area of expertise*
les compétences *(f)* essentielles	*critical skills*
la masse critique	*critical mass*
la pénurie de travailleurs compétents	*shortage of skilled workers*
l'exode *(m)* des cerveaux	*brain drain*

La Société royale du Canada
The Royal Society of Canada
Conseil des académies canadiennes
Council of Canadian Academies
Académie canadienne des sciences de la santé
Canadian Academy of Health Sciences
Académie canadienne du génie
Canadian Academy of Engineering
Académies des arts, des lettres et des sciences du Canada
Academies of Arts, Humanities and Sciences of Canada

la recherche	*research*
▸ appliquée	*applied research*
▸ fondamentale	*basic, fundamental research*
▸ de pointe	*leading edge research*
▸ quantitative	*quantitative research*
▸ multidisciplinaire	*multi-disciplinary research*
le programme de recherche	*research agenda*
les objectifs *(m)* de recherche	*research objectives*
les priorités *(f)* de recherche	*research priorities*
la recherche-développement	*research and development*
un projet de recherche-développement	*research and development project*

le comité d'éthique pour la recherche
Research Ethics Board
le comité de bioéthique
Bioethics Committee

une installation de recherche	*research facility*
un organisme de recherche	*research body*
un projet de recherche	*research project*
la gestion de la recherche	*research management*
les fins *(f)* de recherche	*research ends, purpose, aim*

le secteur d'investigation	*area of investigation*
une proposition innovatrice	*innovative proposal*
une demande de financement	*funding application*
un concours national	*national competition*

Disciplines scientifiques
Scientific Disciplines

les sciences *(f)*	*science, sciences*
▸ de la vie	*life sciences*
▸ de la santé	*health science*
▸ naturelles	*natural science*
▸ de la Terre	*earth sciences*
▸ atmosphériques	*atmospheric sciences*
▸ appliquées	*applied science*
▸ judiciaires	*forensic science*
▸ environnementales	*environmental science*
▸ sociales	*social sciences*
la biologie	*biology*
la microbiologie	*microbiology*
la chimie	*chemistry*
la biochimie	*biochemistry*
la biotechnologie	*biotechnology*
la physique	*physics*
la physique nucléaire	*nuclear physics*
l'aéronautique *(f)*	*aeronautics*
les mathématiques *(f)*	*mathematics*
le génie	*engineering*
la météorologie	*meteorology*
l'informatique *(f)*	*computer science*
la géographie	*geography*
la géologie	*geology*
la paléontologie	*palaeontology*
l'anthropologie *(f)*	*anthropology*
la science politique	*political science*
la science économique	*economics*
la sociologie	*sociology*
la psychologie	*psychology*
l'archéologie *(f)*	*archeology*

les universités *(f)* canadiennes	*Canadian universities*
le secteur universitaire	*university sector*
les étudiants *(m)* aux cycles supérieurs	*graduate students*

les études *(f)* doctorales	*doctoral studies*
le stagiaire postdoctoral, la stagiaire postdoctorale	*postdoctoral fellow*
une bourse de recherche postdoctorale	*post-doctoral research fellowship*
une subvention de recherche	*research grant*
une subvention de démarrage	*seed grant*
le, la bénéficiaire	*recipient*
le traitement éthique	*ethical treatment*
un éthicien, une éthicienne	*ethicist*
le consentement éclairé	*informed consent*
l'examen *(m)* externe	*external review*

Fondation canadienne pour l'innovation
Canada Foundation for Innovation
Conseil ontarien de la recherche et de l'innovation
Ontario Research and Innovation Council
Centres d'excellence nationaux
National Centres of Excellence
Réseaux de centres d'excellence
Networks of Centres of Excellence

l'enquête *(f)* scientifique	*scientific inquiry*
une étude scientifique	*scientific study*
une analyse documentaire	*literature review*
un examen exhaustif de la documentation	*exhaustive review of the literature*
une recension approfondie	*thorough, in-depth review*
la collaboration interdisciplinaire	*interdisciplinary collaboration*
un mécanisme de collaboration	*collaborative mechanism*
un partenariat	*partnership*
une alliance stratégique	*strategic alliance*
les résultats *(m)* scientifiques	*scientific results*
la base scientifique	*scientific basis*
un fondement scientifique solide	*sound scientific basis, foundation*
les principes *(m)* scientifiques éprouvés	*proven scientific principles*
une analyse scientifique	*scientific analysis*
la preuve empirique	*empirical evidence*
la preuve scientifique	*scientific evidence, proof*
le fardeau de la preuve	*burden of proof*
les informations *(f)* non concluantes	*inconclusive information*

les données *(f)*	*data*
▸ empiriques	*empirical data*
▸ probantes	*evidence, convincing data*
▸ de recherche	*research data*
la validité	*validity*
la probabilité	*probability*
l'incertitude *(f)* scientifique	*scientific uncertainty*
le degré de certitude	*degree of certainty*
la certitude scientifique absolue	*absolute scientific certainty*

Les expériences scientifiques
Scientific Experiments

une hypothèse scientifique	*scientific hypothesis*
une expérience	*experiment*
une étude contrôlée	*controlled study*
la méthodologie	*methodology*
un échantillon aléatoire	*random sample*
un groupe témoin	*control group*
un essai	*test, testing, trial*
▸ contrôlé	*controlled test*
▸ clinique	*clinical trial*
la conception d'essai	*test, trial design*
l'étape *(f)* de l'expérimentation *(f)*	*experimentation stage*
le traitement	*treatment*
le groupe expérimental	*experimental group*
la mise en œuvre	*implementation*
le soutien technique	*technical support*
la collecte de données *(f)*	*data collection*
un placebo	*placebo*
l'effet *(m)* placebo	*placebo effect*
une observation	*observation*
les effets inconnus	*unknown effects*
la comparaison	*comparison*
la réalisation d'expériences	*conducting, carrying-out experiments*
mener des expériences	*to conduct, carry out experiments*

la rigueur	*rigour*
l'objectivité *(f)*	*objectivity*
la subjectivité	*subjectivity*
la transparence	*transparence, transparency*
une relation	*relationship*
▸ de causalité	*causal relationship*
▸ de cause à effet directe	*direct cause-and-effect relationship*

la causalité	*causality*
un lien de cause à effet	*causal connection*
le rôle consultatif	*advisory role*
les avis *(m)* scientifiques	*scientific advice, opinion*
les conseils *(m)* d'ordre scientifique	*scientific advice*
les conseils judicieux en sciences	*sound science advice*

La dissémination des résultats scientifiques
Disseminating Scientific Results

la collaboration interdisciplinaire	*interdisciplinary collaboration*
la publication dans les revues *(f)* scientifiques	*publication in scientific journals*
la participation dans:	*participating in, on:*
▸ des réseaux *(m)* scientifiques	*science networks*
▸ des forums *(m)* scientifiques	*science forums*
▸ des organismes *(m)* consultatifs	*advisory bodies*
les présentations *(f)* aux:	*presentations at:*
▸ conférences *(f)* savantes	*learned conferences*
▸ colloques *(m)* scientifiques	*scientific colloquiums*
▸ symposiums *(m)* d'experts	*expert symposiums*

l'optique *(f)* scientifique	*scientific perspective, viewpoint*
le point de vue scientifique	*scientific point of view*
l'expertise *(f)* scientifique	*scientific expertise*
une évaluation scientifique	*scientific assessment*
une différence d'opinion	*difference of opinion*
la revue scientifique	*scientific journal*
un article scientifique	*scientific article*
l'examen *(m)* par les pairs	*peer review*

Musée des sciences et de la technologie du Canada
Canadian Museum of Science and Technology

la prise de décision	*decision-making*
▸ fondée sur des preuves	*evidence-based decision-making*
▸ fondée sur des données probantes	*evidence-based decision-making*
▸ éthique	*ethical decision-making*
la précaution	*precaution*
l'application *(f)* de la précaution	*application of precaution*
le principe de précaution	*precautionary principle*
l'approche *(f)* de précaution	*precautionary approach*
une mesure de précaution	*precautionary measure*

l'évaluation *(f)* du risque	*risk assessment*
la gestion du risque fondée sur la science	*science-based risk management*
l'intégrité *(f)* scientifique	*scientific integrity*
le consensus scientifique	*scientific consensus*
un débat scientifique	*scientific debate*
l'excellence *(f)* scientifique	*scientific excellence*
le centre d'excellence	*centre of excellence*

Les brevets
Patents

le brevet	*patent*
le, la titulaire de brevet	*patent holder*
une invention brevetée	*patented invention*
la protection conférée aux brevets	*patent protection*
les droits *(m)* et privilèges exclusifs	*exclusive rights and privileges*
l'usage *(m)* sans consentement	*non-consensual use*
les restrictions *(f)*	*restrictions*
les interdictions *(f)*	*prohibitions*
une demande de brevet	*patent application*
les taxes *(f)* de brevets	*patent fees*
une décision judiciaire	*legal, judicial ruling*
la contrefaçon de brevet	*patent infringement*
l'expiration *(f)*	*expiry*
déposer une demande	*to file an application*
ne pas respecter	*to infringe on*

un sentiment d'émerveillement *(m)*	*sense of wonder*
le mystère	*mystery*
le rythme des découvertes *(f)*	*rate, pace of discovery*
une découverte surprenante	*surprising discovery*
l'avancement *(m)* scientifique	*scientific progress*
une avancée considérable	*major advance*
un progrès important	*significant advance*
une percée scientifique	*scientific breakthrough*
la première fois	*first time*
les biens *(m)* intellectuels	*intellectual assets*
la propriété intellectuelle	*intellectual property*
le potentiel commercial	*commercial potential*
la commercialisation	*commercialization*
une retombée commerciale	*commercial spin-off*
une entreprise dérivée	*spin-off company*

la possibilité d'octroyer des licences	*licensing potential*
un contrat de licence	*licensing agreement*

Loi sur les brevets
Patent Act
Règlement sur les brevets
Patent Rules
Commissaire aux brevets
Commissioner of Patents
Office de la propriété intellectuelle du Canada
Canadian Intellectual Property Office
Organisation mondiale de la propriété intellectuelle
World Intellectual Property Organization

un laboratoire scientifique	*science laboratory*
le matériel de laboratoire	*laboratory equipment*
un instrument scientifique	*scientific instrument*
l'analyse *(f)* en laboratoire	*laboratory testing, analysis*
les épreuves de laboratoire	*laboratory testing, tests*
une épreuve de laboratoire	*laboratory test*
les normes *(f)*	*standards*
▸ d'efficacité *(f)*	*standards of efficacy*
▸ d'innocuité *(f)*	*standards of safety*
▸ de sécurité *(f)*	*standards of safety, security*
▸ de qualité *(f)*	*standards of quality*
▸ internationales reconnues	*internationally-recognized standards*

Verbes pratiques	***Useful verbs***
accélérer	*to accelerate*
attacher de l'importance à	*to attach, give importance to*
avancer	*to advance, bring forward, progress*
commercialiser	*to commercialize, market*
comprendre	*to understand*
conclure	*to conclude*
connaître	*to know*
découvrir	*to discover, find*
développer	*to develop*
déterminer	*to determine, establish*
démontrer	*to demonstrate*
diffuser	*to disseminate*
effectuer	*to conduct, carry out, undertake*
engendrer	*to generate*
entreprendre	*to undertake, begin*
être à la pointe de	*to be on the leading edge of*

être compétitif	*to be competitive*
évoluer	*to evolve, change, develop*
exceller	*to excel*
exécuter	*to do, carry out, perform, implement*
expérimenter	*to experiment with, test*
extrapoler	*to extrapolate*
faire connaître	*to announce, make public*
faire la preuve de	*to prove, show*
faire une expérience	*to do, carry out an experiment*
fonder	*to base*
innover	*to innovate*
mener	*to carry out, conduct, manage*
mettre à l'essai	*to test*
mettre au point	*to develop*
observer	*to observe*
occasionner	*to cause, bring about, lead to*
passer en revue	*to review*
prouver	*to prove*
rapprocher	*to bring together*
renforcer	*to strengthen*
révolutionner	*to revolutionize*
savoir	*to know, know how to, realize*
soutenir	*to support*
se tenir au courant de	*to stay current, up-to-date*
tester	*to test*
tirer profit de	*to profit, benefit from*
vérifier	*to verify, prove, confirm, check*

Paroles en action / *Words in action*

Les découvertes scientifiques et les percées technologiques dominent l'ère moderne. Les innovations passent rapidement du laboratoire au marché. Les sciences et la technologie sont d'importants moteurs de l'économie du savoir et de la transformation de la société planétaire.

Les sciences contribuent à l'avancement des connaissances et à la volonté de créer un monde meilleur pour tous. La recherche scientifique se déroule d'une façon systématique qui satisfait aux normes reconnues de rigueur scientifique et de conduite éthique. L'examen par les pairs est la marque d'une bonne démarche scientifique. De nouvelles connaissances et découvertes et de nouveaux aperçus contribuent au bien public en améliorant la qualité de vie et en s'attaquant aux graves défis sociaux, économiques et environnementaux auxquels fait face l'humanité.

Il est dans l'intérêt national du Canada de recruter et de garder les éminents scientifiques et chercheurs ainsi que le personnel scientifique de haut niveau qui dirigent les recherches et les découvertes révolutionnaires sur la scène internationale. Ils sont les explorateurs et les visionnaires de l'ère moderne qui repoussent les frontières des connaissances actuelles afin d'expliquer les mystères qui nous déconcertent et de chercher les réponses qui nous échappent. Le développement de la prochaine génération de scientifiques, d'ingénieurs et de chercheurs prometteurs garantira la place future du Canada comme chef de file mondial dans l'innovation et la création de connaissances.

The modern age *is dominated by scientific discoveries and technological breakthroughs. Innovations move quickly from laboratory to market. Science and technology are key drivers of the knowledge economy and the transformation of global society.*

Science is dedicated to the advancement of knowledge and the desire to create a better world for all. Scientific inquiry proceeds on a systematic basis that meets recognized standards of scientific rigour and ethical conduct. Peer review is a hallmark of good science. New knowledge, insights and discovery contribute to the public good by improving quality of life and addressing serious social, economic and environmental challenges facing mankind.

It is in Canada's national interest to attract and retain the top scientists and researchers, and the high level science personnel, who are leading groundbreaking research and discovery on the world stage. They are our modern-day explorers and visionaries as they push beyond the frontiers of current knowledge to explain the mysteries that confound us and search for answers that elude us. The development of the next generation of promising scientists, engineers and researchers will secure Canada's future place as a world leader in innovation and knowledge creation.

Energy *and* Natural Resources

Noms et expressions	***Nouns and phrases***
l'énergie *(f)*	*energy, power, fuel*
▸ verte	*green energy*
▸ renouvelable	*renewable energy*
les ressources *(f)*	*resources*
▸ naturelles	*natural resources*
▸ non renouvelables	*non-renewable resources*
▸ énergétiques	*energy resources*
▸ extracôtières	*offshore resources*
▸ hydriques	*water resources*
▸ forestières	*forest, forestry resources*

Industries des ressources naturelles
Natural Resource Industries

le pétrole et le gaz naturel	*oil and natural gas*
la foresterie	*forestry*
l'extraction *(f)* minière	*mining*
la pêche commerciale	*commercial fishing*

la mise en valeur des ressources	*resource development*
l'exploitation *(f)* des ressources	*resource development*
le développement fondé sur les ressources naturelles	*resource-based development*
la collectivité tributaire des ressources	*resource-dependent community*
la collectivité minière	*mining community*
la géologie	*geology*
le, la géologue	*geologist*
la géographie	*geography*
le, la géographe	*geographer*
l'arpenteur-géomètre, l'arpenteuse-géomètre	*land surveyor*
un arpentage officiel	*legal survey*
l'industrie *(f)*	*industry*
▸ de l'énergie	*energy industry*
▸ pétrolière de l'Alberta	*Alberta oil, petroleum industry*
▸ pétrolière et gazière en mer	*offshore oil and gas industry*
▸ des carburants *(m)* renouvelables	*renewable fuels industry*
▸ minière	*mining industry*
▸ de la potasse de la Saskatchewan	*Saskatchewan potash industry*
▸ forestière de la Colombie-Britannique	*British Columbia forest industry*

le secteur	*sector*
▸ pétrolier	*petroleum sector*
▸ minier	*mining sector*
▸ forestier	*forestry sector*
l'avenir *(m)* énergétique	*energy future*
un avenir énergétique propre	*clean energy future*
une énergie propre	*clean energy*
les normes *(f)* de combustible propre	*clean fuel standards*
les technologies *(f)* propres	*clean technologies*
les technologies d'énergie renouvelable	*renewable energy technologies*

Ressources naturelles canadiennes
Canadian Natural Resources

l'eau *(f)*	*water*
les poissons *(m)*	*fish*
le bois d'œuvre	*timber*
le pétrole et le gaz naturel	*oil, petroleum and natural gas*
le charbon	*coal*
le nickel	*nickel*
l'or *(m)* et l'argent *(m)*	*gold and silver*
le cuivre	*copper*
les diamants *(m)*	*diamonds*
l'aluminium *(m)*	*aluminum*
la potasse	*potash*
l'uranium *(m)*	*uranium*
le zinc	*zinc*

la stratégie	*strategy*
▸ nationale de l'énergie	*national energy strategy*
▸ de préservation de l'eau	*water conservation strategy*
la politique énergétique	*energy policy*
la sécurité des approvisionnements	*security of supply*
la dépendance énergétique	*energy dependence, dependency*
le pétrole	*oil, petroleum*
▸ brut	*crude oil*
▸ classique	*conventional oil*
l'huile *(f)* synthétique	*synthetic oil*
les combustibles *(m)* fossiles	*fossil fuels*
les technologies *(f)* du charbon propre	*clean coal technology*
les nouvelles sources *(f)* d'énergie	*alternative energy sources*

l'exploration *(f)*	*exploration*
▸ gazière	*gas exploration*
▸ pétrolière	*oil exploration*
▸ pétrolière en mer	*offshore oil exploration*
le gisement pétrolifère	*oilfield, oil deposit, pool*
les gisements pétroliers	*oilfields*
un gisement de gaz *(m)* de schiste	*shale gas field, play, deposit*
le gisement gazier	*gas field, gas deposit*
le champ de pétrole	*oilfield*
le champ pétrolifère	*oilfield*
un puits	*well*
▸ de gaz	*gas well*
▸ de pétrole en mer	*offshore oil well*

Loi sur l'efficacité énergétique
Energy Efficiency Act
Office de l'efficacité énergétique
Office of Energy Efficiency
Office national de l'énergie
National Energy Board
Commission de l'énergie de l'Ontario
Ontario Energy Board

les sables *(m)* bitumineux de l'Alberta	*Alberta oil sands*
le projet d'exploitation pétrolière en mer	*offshore oil development project*
la mise en exploitation	*development*
une source non conventionnelle	*non-conventional source*
le forage	*drilling*
un projet de forage en mer	*offshore drilling project*
la plateforme de forage	*drilling platform*
la méthode de récupération	*method of recovery, retrieval*
une formation de schistes	*shale formation*
la fracturation hydraulique	*hydraulic fracturing, fracking*
les réserves *(f)*	*reserves, supplies*
▸ de pétrole	*oil reserves, supplies*
▸ mondiales	*world-wide reserves*
▸ intérieures	*domestic reserves*
le déclin des réserves	*decline of reserves*
les approvisionnements *(m)* d'essence	*gas supplies*

l'inventaire *(m)* — *inventory*
la crise pétrolière — *oil crisis*

la production — *production, generation*
- énergétique — *power, energy production*
- nationale — *domestic, national production*
- d'électricité — *electricity generation*
- pétrolière — *oil production*
- de biocarburants *(m)* — *biofuel production*

L'infrastructure énergétique
Energy Infrastructure

la centrale électrique	*power plant, electricity generating station*
la centrale nucléaire	*nuclear generating station*
le projet hydroélectrique	*hydroelectric project*
le réacteur Candu	*Candu reactor*
les lignes *(f)* de transport	*transmission lines*
le réseau d'électricité est-ouest	*East-West power, electrical grid*
la raffinerie de pétrole	*oil refinery*
la bioraffinerie	*biorefinery*
une installation de raffinage	*refinery*
une installation gazière	*gas plant*
une usine de production d'éthanol	*ethanol plant*
une usine pétrochimique	*petrochemical plant*
la plateforme de forage	*drilling platform, rig; oil rig*
la plateforme de production pétrolière	*oil production platform*
la plateforme en mer	*offshore platform*
un oléoduc	*oil pipeline*
le gazoduc	*natural gas pipeline*
le pipeline	*pipeline*
le réseau pipelinier	*pipeline system, network*
les panneaux *(m)* solaires	*solar panels*
une éolienne	*windmill, wind turbine*
la turbine éolienne	*wind turbine*
le parc d'éoliennes	*windmill park*

la capacité de raffinage — *refining capacity*
les produits *(m)* raffinés — *refined products*
la capacité de production — *production capacity*
une augmentation de la capacité — *increase in capacity*

le quota de production — *production quota*
le volume de production — *volume of production*
une baisse de production — *decline, drop, lowering of production*

le marché énergétique	*energy market*
le commerce de l'énergie	*energy trade*

Les perspectives énergétiques
Energy Outlook

la consommation	*consumption, use*
▸ nationale d'énergie	*domestic energy consumption*
▸ énergétique mondiale	*world-wide energy consumption*
la surconsommation	*over-consumption*
l'offre *(f)* et la demande globales	*global supply and demand*
un écart en énergie	*energy gap*
la provision de l'énergie	*supply of energy*
l'approvisionnement *(m)* énergétique	*energy supply*
les réserves *(f)*	*reserves, stockpiles*
▸ énergétiques	*energy reserves*
▸ mondiales	*world-wide reserves*
▸ insuffisantes	*insufficient reserves*
les stocks *(m)* disponibles	*available inventories, stockpiles*
la demande future	*future demand*
la croissance de la demande	*growth in demand*
les besoins *(m)*	*needs*
▸ énergétiques intérieurs	*domestic energy needs*
▸ mondiaux en énergie	*world energy needs*
le gaspillage d'énergie	*energy waste*
la dépendance	*dependence, dependency*
la production	*production*
▸ mondiale	*world production*
▸ intérieure	*domestic production*
les marchés *(m)* énergétiques	*energy markets*
les conditions *(f)* actuelles du marché	*current market conditions*
les prix *(m)* de l'énergie	*energy pricing*
les revenus *(m)* de l'énergie	*energy revenue*
la sécurité énergétique	*energy security*
l'insécurité *(f)* énergétique	*energy insecurity*
l'autosuffisance *(f)* nationale	*national self-sufficiency*
le manque éventuel d'énergie	*possible energy shortage*
une crise d'énergie	*energy crisis*
la stratégie énergétique	*energy strategy*
la conservation d'énergie	*energy conservation*
les économies *(f)* d'énergie	*energy savings, conservation*
la source d'énergie renouvelable	*source of renewable energy*
les sources d'énergie alternatives	*alternative sources of energy*

l'exportation *(f)* de pétrole	*oil export*
les exportations d'électricité	*electricity exports*

le producteur de pétrole du Moyen-Orient	*Middle East oil producer*
les pays *(m)* producteurs de pétrole	*oil-producing countries*
le cartel pétrolier	*oil cartel*
la génération d'électricité	*electricity generation*
le producteur d'électricité	*electricity producer*
l'exploitation *(f)* de l'énergie hydroélectrique	*hydroelectric development*

Payer pour la consommation d'électricité
Paying for Electricity Use

les consommateurs *(m)* résidentiels	*residential consumers*
la livraison d'électricité	*delivery of electricity*
le tarif de distribution	*distribution rate*
les tarifs d'électricité	*electricity rates*
les tarifs résidentiels	*residential rates*
la grille tarifaire	*rate, price schedule*
une hausse de tarifs	*rate hike, increase*
la période de pointe	*peak period*
la période creuse	*off-peak period*
le compteur intelligent	*smart meter*
les prix *(m)* selon l'heure de la consommation	*time-of-use pricing*
le prix	*price*
▸ de pointe	*peak price*
▸ plafonné	*capped price*
▸ réglementé	*regulated price*
▸ sur le marché	*market price*
la fluctuation de prix	*price fluctuation*
la volatilité du marché	*market volatility*
les frais *(m)*	*charges, costs*
▸ fixes	*fixed charges*
▸ variables	*variable charges*
▸ de livraison	*delivery cost*
le service public d'électricité	*electricity utility*
le détaillant d'électricité	*electricity retailer*
un service fiable	*reliable service*

la compagnie énergétique	*energy company*
la société pétrolière	*oil, petroleum company*
une entreprise gazière	*gas company*
les partenaires *(m)* énergétiques	*energy partners*
les réseaux *(m)* de distribution	*distribution channels, networks*
le distributeur indépendant	*independent distributor*
le fournisseur	*supplier*

la livraison	*delivery*
une interruption des livraisons	*delivery interruption*
une interruption de courant prolongée	*extended power outage, interruption*
un problème d'approvisionnement	*supply problem*
une éventuelle rupture	*potential disruption*
un embargo	*embargo*
la pénurie	*shortage, lack*
le rationnement	*rationing*

Agence internationale de l'énergie
International Energy Agency
Organisation des pays exportateurs de pétrole
Organization of Petroleum Exporting Countries
Association canadienne des producteurs pétroliers
Canadian Petroleum Producers Association
Table ronde sur l'énergie de l'Atlantique
Atlantic Energy Roundtable

le prix	*price*
▸ de l'essence *(f)*	*price of gas*
▸ à la pompe	*price at the pump*
▸ mondial	*world price*
▸ du baril	*price per barrel*

Les énergies renouvelables
Renewable Energy

l'énergie *(f)* solaire	*solar power*
l'énergie éolienne, du vent	*wind energy*
l'hydroélectricité *(f)*	*hydroelectricity*
l'éthanol *(m)*	*ethanol*
les biocarburants *(m)*	*biofuels*
l'énergie de la biomasse	*biomass energy*
l'énergie du sol	*earth energy*
l'énergie des déchets	*energy from waste*
l'hydrogène *(m)* et des piles *(f)* à combustible	*hydrogen and fuel cells*

le kilowattheure d'électricité	*kilowatt-hour of electricity*
le baril de pétrole	*barrel of oil*
le litre d'essence	*litre of gas*
la baisse du prix de l'essence	*drop, fall, decline in the price of gas*
la hausse du prix	*price rise, hike*
la présumée fixation des prix	*alleged price fixing*

les revenus *(m)* pétroliers	*oil revenues*
les recettes *(f)* pétrolières extracôtières	*offshore oil revenue*
les profits *(m)* du pétrole	*oil profits*

Loi sur la sûreté et la réglementation nucléaires
Nuclear Safety and Control Act
Énergie atomique du Canada limitée
Atomic Energy of Canada Limited
Commission canadienne de sûreté nucléaire
Canadian Nuclear Safety Commission
Société de gestion des déchets nucléaires
Nuclear Waste Management Organization

les redevances *(f)* à la Couronne	*Crown royalties*
le régime de redevances	*royalty regime*
le taux de redevance	*royalty rate*
les redevances sur le pétrole	*oil royalties*

L'exploitation des ressources
Resource Development

l'exploration *(f)*	*exploration*
la prospection	*prospecting, exploration*
la découverte	*discovery*
la mise en valeur	*development, exploitation*
l'extraction *(f)*	*extraction*
la production	*production*
le traitement	*processing*
la transformation	*processing*
le raffinage	*refining*
la fabrication	*manufacturing*
la distribution	*distribution*
la consommation	*consumption, use*
le déclin	*decline*
la diminution	*depletion*
l'épuisement *(m)*	*exhaustion*

les droits *(m)*	*rights*
▸ de superficie	*surface rights*
▸ de surface	*surface rights*
▸ miniers	*mineral rights*
▸ de prospection	*exploration rights*

la délivrance des permis	*issuing of permits*
une réclamation enregistrée	*recorded claim*

Industrie forestière
Forest Industry

le forestier	*forester*
les travailleurs forestiers	*forestry workers*
une entreprise d'exploitation forestière	*logging, forestry company*
une compagnie forestière	*logging, forestry company*
la forêt boréale	*boreal forest*
les forêts anciennes	*old-growth forests*
les pratiques *(f)* d'aménagement forestier	*forest management practices*
l'aménagement *(m)* durable des forêts	*sustainable forestry management*
l'exploitation *(f)* du bois	*logging*
l'exploitation forestière	*logging, timber harvesting*
les arbres *(m)*	*trees, timber*
le bois d'œuvre	*timber, lumber, softwood lumber*
la coupe du bois d'œuvre	*timber cutting*
la production du bois d'œuvre	*lumber production*
les produits *(m)* forestiers	*lumber, forestry products*
le dendroctone du pin ponderosa	*mountain pine beetle*
une infestation de dendroctones	*beetle infestation*
les arbres infestés	*infested trees*
la destruction considérable	*widespread destruction*
les répercussions d'envergure	*far-reaching consequences*
la coupe à blanc	*clear-cutting*
la coupe abusive	*over-cutting*
le déboisement	*deforestation*
le reboisement	*reforestation*
les petits boisés *(m)*	*small woodlots*
la ville forestière	*lumber town*
la collectivité forestière	*forestry community*
une scierie	*sawmill, lumber mill*
une usine de pâtes et papiers	*pulp and paper mill*
la fermeture d'usine	*mill, plant shutdown, closure*
le permis de coupe	*timber permit*
la plantation d'arbres	*tree planting*
classer les bois d'œuvre	*to grade lumber*
couper	*to cut, chop*
planter	*to plant*

Service canadien des forêts
Canadian Forest Service
Réseau de gestion durable des forêts
Sustainable Forest Management Network

le permis	*permit, license*
▸ d'exploration *(f)* pétrolière	*oil exploration permit*
▸ de forage	*drilling license*

la licence	*license*
▸ de prospection	*license to prospect, prospector's license*
▸ de découverte importante	*significant discovery license*
un gîte minéral	*mineral deposit*
le gisement d'uranium	*uranium deposit, field*
la mise en valeur du gisement	*deposit appraisal*
les richesses *(f)* minérales	*mineral wealth*
l'exploration *(f)* minérale	*mineral exploration*
le projet d'exploration	*exploration project*
la société d'exploration	*exploration company*
le traitement des minéraux	*mineral processing*

Loi sur les terres territoriales
Territorial Lands Act
Loi sur la gestion des ressources de la vallée du Mackenzie
Mackenzie Valley Resource Management Act
Règlement sur les terres pétrolifères et gazifères du Canada
Canada Oil and Gas Land Regulations

l'extraction	*mining*
▸ de charbon	*coal mining*
▸ de cuivre	*copper mine*
▸ de minerais métalliques	*metal ore mining*
une opération minière	*mine, mining operation*
une exploitation minière	*mine, mining operation*
un site d'exploitation abandonné	*abandoned mine*
les effluents *(m)* des mines	*mining effluent, discharge*
une exploitation	*mine*
▸ à ciel ouvert	*open-pit mine*
▸ souterraine d'uranium	*underground uranium mine*
une mine	*mine*
▸ à ciel ouvert	*open-pit mine*
▸ en production	*producing mine*
▸ de potasse	*potash mine*
▸ de nickel	*nickel mine*
un produit minéral	*mineral commodity*
les produits de base	*raw materials, commodities*
les matières *(f)* premières	*primary commodities*
les métaux *(m)* précieux	*precious metals*

la politique nationale de l'eau	*national water policy*
la gestion de l'eau douce	*freshwater management*
l'utilisation durable de l'eau	*sustainable water use*
l'utilisation judicieuse de l'eau	*wise water use*
un produit précieux	*precious commodity*
un bien commun	*common good*

Indice canadien de la durabilité des ressources hydriques
Canadian Water Sustainability Index

l'eau (*f*)	*water*
▸ douce	*freshwater*
▸ salée	*salt water*
▸ potable sécuritaire	*safe drinking water*
▸ insalubre	*water unfit for drinking*
▸ souterraine	*groundwater*
la disponibilité de l'eau douce	*freshwater availability*
les réserves (*f*) d'eau mondiale	*world's water supply*
un approvisionnement sûr en eau	*secure water supply*

Région des lacs expérimentaux
Experimental Lakes Area
Institut international du développement durable
International Institute for Sustainable Development

une ressource	*resource*
▸ abondante	*abundant resource*
▸ renouvelable	*renewable resource*
▸ limitée	*finite, scarce resource*
la consommation	*consumption*
▸ de l'eau actuelle	*current water consumption*
▸ ostentatoire	*conspicuous consumption*

la Journée mondiale de l'eau
World Water Day

la conservation des réserves d'eau	*water supply conservation*
l'économie (*f*) d'eau potable	*conservation of drinking water*
les pénuries (*f*) d'eau à l'échelle mondiale	*global water shortages*
les menaces (*f*) pour la disponibilité de l'eau	*threats to water availability*
la demande de l'eau	*water demand*

la surutilisation de l'eau	*overuse of water*
la contamination de l'eau	*water contamination*
la sécheresse	*drought*
l'atténuation *(f)* des effets de la sécheresse	*drought mitigation*
l'abaissement *(m)* des nappes phréatiques	*falling water tables*
le cours d'eau	*waterway*
le lac d'eau douce	*freshwater lake*
la dérivation de la rivière	*river diversion*
le détournement	*diversion*
le prélèvement massif d'eau	*bulk water removal*
la tarification des services d'eau	*water pricing*
la tarification au coût intégral	*full-cost pricing*

Verbes pratiques	*Useful verbs*
assurer	*to ensure, secure, maintain, provide*
consommer	*to consume, use*
construire	*to construct*
décliner	*to decline*
dépendre de	*to depend on*
désaffecter	*to decommission*
développer	*to develop*
diminuer la consommation	*to decrease consumption*
durer	*to last*
estimer	*to estimate*
être riche en	*to be rich in*
exploiter	*to exploit, develop, operate, run*
explorer	*to explore*
extraire	*to extract, mine*
générer de l'électricité	*to generate electricity*
promouvoir la conservation	*to promote conservation*
raffiner	*to refine*
récupérer	*to recover*
réduire	*to reduce*
retarder	*to slow, delay*
tirer avantage de	*to take advantage of*

Paroles en action / *Words in action*

Les scientifiques ont remarqué que plus de 97 p. 100 de l'eau de la Terre se trouve dans les océans. Elle ne peut être utilisée à des fins de consommation humaine ou à des fins agricoles parce qu'elle est salée. La majeure partie des réserves d'eau douce de la planète – moins de 3 p. 100 de toute l'eau de la Terre – est inaccessible parce qu'elle est emmagasinée dans les calottes polaires et les glaciers ou elle se trouve dans les grandes profondeurs du sol.

Le Canada est un pays riche en ressources naturelles, y compris l'eau douce. Selon Ressources naturelles Canada, environ 7 p. 100 de l'approvisionnement en eau renouvelable du monde se trouve au Canada, même si nous ne représentons qu'une petite fraction de la population mondiale. L'abondance d'eau douce au Canada nous protège des craintes de pénuries d'eau à l'échelle planétaire. Elle masque également la baisse des ressources en eau douce au Canada étant donné que de vastes quantités sont retirées ou détournées de nos rivières – dépassant peut-être les niveaux durables – pour un usage à des fins agricoles et industrielles et pour la production d'électricité.

La sécurité en eau potable constitue un problème croissant dans le monde, surtout en Afrique. Selon un rapport de 2003 des Nations Unies sur l'état des ressources en eau à l'échelle mondiale, *L'eau pour les hommes, l'eau pour la vie*, une personne sur cinq à travers le monde n'a pas accès à une quantité d'eau suffisante pour ses besoins quotidiens, et une personne sur trois n'a pas accès à des services d'assainissement adéquats.

L'accès à de l'eau propre constitue un droit fondamental de la personne car personne ne peut survivre sans eau. Des forums internationaux ont encouragé tous les pays à prendre des mesures de grande envergure afin d'assurer la gestion durable de cette ressource limitée, qui est sûrement le bien commun de l'humanité tout entière.

Scientists have pointed out *that over 97 percent of the water on Earth is found in the oceans. As it is saline, it cannot be used for human consumption or for agricultural purposes. Most of the world's freshwater supply – less than 3 percent of all the water on Earth – is inaccessible because it is locked in polar ice caps and glaciers or is deep underground.*

Canada is rich in natural resources, including freshwater. According to Natural Resources Canada, approximately 7 percent of the world's renewable freshwater supply is in Canada though we have only a small fraction of the world's population. The abundance of freshwater in Canada shields us from fears of global water shortages. It also masks the decline of freshwater resources in Canada as vast quantities are withdrawn or diverted from our rivers – possibly exceeding sustainable levels – for agricultural and industrial use and power generation.

Water security is a growing problem worldwide, especially in Africa. According to a 2003 United Nations report on the global water situation, Water for People, Water for Life, *one in five people worldwide does not have access to sufficient drinking water to meet their daily needs, and one in three does not have access to proper sanitation.*

Access to clean water is a basic human right, for without water no one can survive. International forums have called on all countries to take sweeping steps to ensure the sustainable management of this scarce resource, which is surely the common good of all mankind.

Agriculture *and* Agri-food Industry

Noms et expressions	***Nouns and phrases***
l'agriculture *(f)* canadienne	*Canadian agriculture, farming*
l'agriculture primaire	*primary agriculture*
un agriculteur, une agricultrice	*farmer*
les agriculteurs canadiens	*Canadian farmers*
la ferme	*farm*
le fermier, la fermière	*farmer*

Les produits agricoles canadiens
Canadian Agricultural Products

le blé	*wheat*
l'avoine *(f)*	*oats*
l'orge *(f)*	*barley*
le seigle	*rye*
les céréales fourragères	*feed grains*
le maïs	*corn*
les betteraves *(f)* à sucre	*sugar beets*
les graines *(f)* oléagineuses	*oilseeds*
les bœufs *(m)*	*beef cattle*
les porcs *(m)*	*hogs, pigs*
les moutons *(m)* et agneaux	*sheep and lamb*
les poissons *(m)*	*fish*
la venaison et le bison	*venison and bison*
le lait et les autres produits laitiers	*milk and other dairy products*
les œufs *(m)* et la volaille	*eggs and poultry*
les fruits *(m)* et légumes *(m)*	*fruits and vegetables*
le sirop d'érable	*maple syrup*
le vin	*wine*
les fleurs *(f)*	*flowers*
le miel	*honey*

l'industrie *(f)*	*industry*
▸ agricole	*agriculture industry, farming*
▸ alimentaire	*food industry*
▸ agroalimentaire	*agri-food industry*
▸ de transformation des aliments	*food processing industry*
▸ des céréales *(f)*	*grain industry*
▸ du bœuf	*beef industry*
▸ du conditionnement de la viande	*meat packing industry*
▸ laitière	*dairy industry, dairy farming*
▸ avicole	*poultry industry*
▸ maraîchère	*produce industry, vegetable growing*

la politique agricole	*agricultural policy*
les politiques commerciales en matière d'agriculture	*agricultural trade policies*
le cadre stratégique pour l'agriculture	*agricultural policy framework*
les réserves *(f)* alimentaires	*food supply*
la sécurité alimentaire	*food security*
la salubrité des aliments	*food safety*
la bioéconomie	*bioeconomy*
les ressources *(f)* biologiques renouvelables	*renewable bioresources*
les bioproduits *(m)* durables	*sustainable bioproducts*

Fédération canadienne de l'agriculture
Canadian Federation of Agriculture
Association des jardiniers maraîchers du Québec
Quebec Produce Growers Association

le programme	*program*
▸ de soutien à l'agriculture	*agricultural support program*
▸ d'assurance *(f)* récolte	*crop insurance program*
▸ d'aide *(f)* en cas de catastrophe	*disaster relief program*
▸ de stabilisation *(f)* du revenu	*income stabilization program*
le revenu agricole	*farm income*
la subvention agricole	*farm subsidy*
les subventions à l'agriculture	*agricultural subsidies*
le soutien interne	*domestic support*

Ferme expérimentale centrale
Central Experimental Farm
Centre de recherches de Lethbridge
Lethbridge Research Centre

les producteurs *(m)*	*producers*
▸ agricoles	*agricultural producers, farmers*
▸ de céréales	*grain producers*
▸ céréaliers de l'Ouest	*Western grain farmers*
▸ laitiers du Québec	*Quebec dairy farmers, milk producers*
▸ acéricoles, de sirop d'érable	*maple syrup producers*
les céréaliculteurs *(m)* canadiens	*Canadian grain farmers*
les cultivateurs *(m)* de blé	*wheat farmers*
les fruiticulteurs *(m)*	*fruit growers*
les aviculteurs *(m)*	*poultry farmers*
les jardiniers *(m)* maraîchers	*produce growers, market gardeners*

les produits *(m)* agricoles	*crops, farm products, commodities*
la production agricole	*agricultural production*
l'ensemencement *(m)*	*seeding*
la plantation	*planting*
la période de croissance	*growing season*
la récolte	*harvest, harvesting*
un excellent rendement	*excellent return, yield*

le bœuf albertain
Alberta beef
le sirop d'érable du Québec
Quebec maple syrup
les vins de glace de Niagara
Niagara ice wine
le fromage d'Oka
Oka cheese
le homard de la Nouvelle-Écosse
Nova Scotia lobster
les pommes de terre de l'Île-du-Prince-Édouard
PEI potatoes

la culture maraîchère	*vegetable growing, market gardening*
le verger de pommiers	*apple orchard*
la serre	*greenhouse*
le ranch d'élevage de bovins	*cattle ranch*
le parc d'engraissement	*feedlot*
deux cents pièces *(f)* de bétail	*two hundred head of cattle*

Loi sur les produits agricoles au Canada
Canadian Agricultural Products Act
Loi sur les aliments et drogues
Food and Drugs Act
Règlement sur les aliments et drogues
Food and Drugs Regulations
Règlement sur les fruits et les légumes frais
Fresh Fruit and Vegetable Regulations

les éleveurs *(m)*	*farmers, producers, breeders*
▸ de bétail	*livestock, cattle producers*
▸ de volaille	*poultry, chicken farmers*
▸ de moutons et d'agneaux	*sheep and lamb producers*
les immenses champs *(m)* de blé	*vast wheatfields*
le silo à grain	*grain elevator*

une région productrice de lait	*milk producing region*
la ferme laitière	*dairy farm*
les bovins *(m)* laitiers	*dairy cows*
la lait	*milk*
la laiterie	*dairy*

la ferme avicole	*poultry farm*
un élevage porcin	*hog, pork farm*
l'élevage de gros gibier et de bison	*big game and bison farming*

Les dépenses d'exploitation
Farm Operating Expenses

les terres *(f)* agricoles	*farmland, agricultural land*
les salaires *(m)* des travailleurs agricoles	*wages of farm workers*
les animaux *(m)* d'élevage	*livestock*
la volaille	*poultry*
le soin et l'alimentation *(f)* des animaux	*animal care and feeding*
les frais *(m)* vétérinaires	*veterinary fees, expenses*
la semence	*seed*
l'eau *(f)* et l'irrigation *(f)*	*water and irrigation*
les véhicules *(m)*	*vehicles*
la machinerie et l'équipement *(m)*	*machinery and equipment*
l'entretien *(m)* et les réparations *(f)*	*maintenance and repairs*
le carburant et le transport	*fuel and transportation*
les engrais *(m)* chimiques	*chemical fertilizer*
les herbicides *(m)* et pesticides	*herbicides and pesticides*
la comptabilité	*bookkeeping*
les frais *(m)* bancaires	*bank charges*
l'assurance *(f)*	*insurance*

les viticulteurs *(m)*	*wine growers*
la région viticole	*wine-growing region*
le vignoble	*vineyard*
les raisins *(m)*	*grapes*
le vin canadien	*Canadian wine*

une exploitation intensive d'élevage	*intensive livestock operation*
les pratiques *(f)* de production intensive	*intensive production practices*
l'intensification *(f)* de la production	*intensive production*

la ferme familiale	*family farm*
une famille agricole	*farm, farming family*
une entreprise familiale	*family-owned business*
une exploitation agricole	*farm, agricultural business, operation*
un exploitant, une exploitante agricole	*farm operator*

les pratiques *(f)*	*practices*
▸ modernes de l'agriculture	*modern farming practices*
▸ agricoles	*farming, agricultural practices*
▸ agricoles durables	*sustainable farming practices*
la viabilité à long terme	*long-term sustainability*
le plan environnemental en ferme	*environmental farm plan*
les fournisseurs *(m)* de grains	*grain suppliers*
la surabondance de l'offre	*over-supply*
les acheteurs *(m)*	*buyers*
les vendeurs *(m)*	*sellers*

Un milieu agricole d'incertitude et de risque
Agricultural Uncertainty and Risk

la hausse des coûts d'intrants *(m)* agricoles	*rising farm input costs*
le climat et la météo, p.ex., la saison de croissance, les précipitations, le gel	*climate and weather, e.g., growing season, precipitation, frost*
l'accès *(m)* aux marchés	*market access*
les barrières *(f)* commerciales	*trade barriers*
les subventions *(f)* agricoles	*farm, agricultural subsidies*
les pressions *(f)* de l'offre *(f)* et de la demande mondiales	*global supply and demand pressures*
les prix *(m)* de produits agricoles	*agricultural commodity prices*
les maladies *(f)* des animaux *(m)* et des végétaux *(m)*	*plant and animal diseases*
les rongeurs *(m)* et les insectes *(m)*	*rodents and insects*
les catastrophes *(f)* inattendues	*unexpected catastrophes*
l'endettement *(m)* et les taux *(m)* d'intérêt	*debt load and interest rates*
la disponibilité de la main-d'œuvre agricole	*availability of farm labour*
la santé des familles agricoles	*health of farm families*

le revenu agricole	*farm income*
les recettes *(f)* monétaires agricoles	*farm cash receipts*
les recettes du marché	*market receipts*
la concurrence mondiale	*global competition*
les marchés des produits de base	*commodity markets*
les forces *(f)* du marché	*market forces*
le marché	*market, marketplace*
▸ de ventes *(f)* aux enchères	*auction market*
▸ de producteurs agricoles	*farmers' market*
▸ à terme	*futures market*
▸ mondial	*global market, marketplace*

la vente	*sale*
▸ de cultures	*sale of crops*
▸ des porcs *(m)*	*hog sale*
▸ aux enchères *(f)* de bovins	*cattle auction*

Administration du rétablissement agricole des Prairies
Prairie Farm Rehabilitation Administration

le prix	*price*
▸ des aliments *(m)* et des engrais *(m)*	*price of feed and fertilizer*
▸ des produits *(m)* agricoles	*price of agricultural commodities*
▸ de détail	*retail price*
▸ à la production	*farm gate price*
▸ juste du marché	*fair market price*
les stocks *(m)*	*inventory*
▸ de cultures	*crop inventory*
▸ de bétail	*livestock inventory*

Commission canadienne du blé
Canadian Wheat Board
Commission canadienne des grains
Canadian Grain Commission
Commission canadienne du lait
Canadian Dairy Commission
Plan national de commercialisation du lait
National Milk Marketing Plan
Office canadien de commercialisation des œufs
Canadian Egg Marketing Agency
Conseil des viandes du Canada
Canadian Meat Council
Office canadien de commercialisation du dindon
Canadian Turkey Marketing Agency
Producteurs de poulet du Canada
Chicken Farmers of Canada
Conseil national des produits agricoles
National Farm Products Council

les exportations *(f)* bovines	*beef exports, exporting of beef*
le certificat d'exportation	*export certificate*
l'expédition *(f)*	*shipment*
une interdiction des exportations	*export ban*
l'aridoculture *(f)*	*dryland farming*
la culture irriguée	*irrigation farming*

le système d'irrigation	*irrigation system*
le barrage d'irrigation	*irrigation dam*
les frais *(m)* pour l'eau d'irrigation	*irrigation water charges*
la raffinerie de sucre	*sugar refinery, factory*
la conserverie des légumes	*vegetable cannery*
une usine d'éthanol	*ethanol plant*
le détaillant en alimentation	*food retailer*
une épicerie	*grocery store*
un intermédiaire	*middleman*
les aliments *(m)*	*food, feed*
le produit alimentaire	*food product*
la consommation d'aliments	*food consumption*
le régime de salubrité des aliments	*food safety system*
l'évaluation *(f)* de la sécurité	*safety assessment*
les mesures *(f)* de protection	*safeguards*
une enquête sur la salubrité des aliments	*food safety investigation*
le rappel	*recall*
▸ d'aliments	*food recall*
▸ de produits	*product recall*
les normes *(f)*	*standards*
▸ de salubrité	*safety standards*
▸ de qualité nutritive	*standards of nutritional quality*
▸ techniques	*technical standards*
la nutrition	*nutrition*
un programme de nutrition	*nutrition program*
l'étiquetage *(m)* nutritionnel	*nutritional labelling*
les consommateurs *(m)*	*consumers*
la demande des consommateurs	*consumer demand*
la préoccupation des consommateurs	*consumer concern*
la chaîne	*chain*
▸ alimentaire	*food chain*
▸ de valeur	*value chain*
la transformation agroalimentaire	*agri-food processing*
un établissement de transformation des aliments	*food processing plant*

une entreprise de transformation du bœuf	*beef packer*
une usine de transformation	*packing plant*
la viande transformée	*processed meat*
les produits *(m)* de viande *(f)* transformée	*processed meat products*
les produits de qualité	*quality products*
l'assurance *(f)* de la qualité	*quality assurance*

La gestion de l'offre
Supply Management

le système de gestion de l'offre	*supply management system*
les produits soumis à la gestion de l'offre	*supply-managed commodities*
le réseau de commercialisation	*marketing system, network*
le choix de modes de commercialisation	*marketing choice*
le régime de commercialisation mixte	*mixed marketing system*
la structure de mise en marché	*marketing structure*
le conseil de commercialisation des produits agricoles	*agricultural marketing board*
une entreprise commerciale d'État	*state trading enterprise*
le comptoir unique	*single desk*
les droits *(m)* de monopole	*monopoly rights*
un marché ouvert	*open market*
l'accès *(m)* aux marchés	*market access*
le pouvoir de négociation	*bargaining power*
les prix *(m)* des produits	*commodity prices*
le volume	*volume*
les droits *(m)* de douane	*tariffs, customs duties*
le système de quotas	*quota system*
fixer les prix des produits	*to set commodity prices*
stabiliser les prix	*to stabilize prices*

les activités *(f)* d'inspection	*inspection, inspection activities*
l'inspection *(f)* des viandes	*meat inspection*
l'hygiène *(f)* des viandes	*meat hygiene*
le programme de classement	*grading program*
la science vétérinaire	*veterinary science*
le, la vétérinaire	*veterinarian*
un expert, une experte vétérinaire	*veterinary expert*
un test de routine	*routine test*
les résultats *(m)* non concluants	*inconclusive results*
la présence possible	*possible, potential presence*
l'apparition *(f)*	*appearance*

une maladie	*disease, illness*
▸ d'origine alimentaire	*food-borne disease*
▸ à transmission vectorielle	*vector-borne disease*
l'intoxication *(f)* alimentaire	*food poisoning*
les aliments *(m)* des animaux	*animal feed*
la contamination d'aliments pour animaux	*contamination of animal feed*
les sous-produits *(m)* animaux	*animal by-products*
les produits de viande contaminés	*tainted, contaminated meat products*

Agence canadienne d'inspection des aliments
Canadian Food Inspection Agency
le, la chef des services vétérinaires
Chief Veterinary Officer
Centre national des maladies animales exotiques
National Centre for Foreign Animal Disease
Collège de médecine vétérinaire de l'Ontario
Ontario Veterinary College
Association canadienne des médecins vétérinaires
Canadian Veterinary Medical Association

les maladies *(f)* animales	*animal diseases*
la maladie de la vache folle	*mad cow disease*
la fièvre aphteuse	*foot-and-mouth disease*
la grippe aviaire	*avian flu*
la biotechnologie	*biotechnology*
les aliments génétiquement modifiés	*genetically-modified foods*

Verbes pratiques	***Useful verbs***
contenir	*to contain, control, hold in check*
cultiver	*to cultivate, grow, breed, farm*
effectuer des inspections	*to conduct, carry out inspections*
ensemencer	*to seed*
faire pousser	*to grow*
grandir	*to grow*
inspecter	*to inspect*
irriguer	*to irrigate*
mettre sur pied	*to establish, set up*
planter	*to plant*
produire	*to produce*
rappeler	*to recall*
récolter	*to harvest*
réglementer	*to regulate*
retirer volontairement	*to recall voluntarily*

transformer	*to process*
vendre	*to sell*

Paroles en action / *Words in action*

Le Canada est l'un des grands pays producteurs d'aliments au monde. L'agriculture au Canada fournit la plupart des aliments nécessaires pour satisfaire nos propres besoins. De plus, le Canada est un exportateur de produits agricoles y compris le blé et l'orge, les oléagineux, le bétail et le bœuf, la volaille, et les fruits et légumes transformés.

La production agricole canadienne est solide parce que nos agriculteurs excellent dans ce qu'ils font et améliorent constamment les pratiques agricoles. En outre, nous avons de vastes superficies de terres agricoles fertiles, les produits que nous cultivons réussissent bien dans le climat et la saison de croissance du Canada, et nous avons un approvisionnement fiable d'eau douce. D'autres facteurs contribuent aussi à produire un secteur agricole prospère, notamment l'accès à un capital abordable, la disponibilité des travailleurs agricoles d'expérience, et une infrastructure bien établie pour le transport, la transformation d'aliments, et le marketing, les ventes et la distribution de produits agricoles et agroalimentaires.

Les gouvernements fédéral et provinciaux soutiennent un secteur agricole sain et compétitif. La population canadienne continuera de compter sur les agriculteurs canadiens, comme elle l'a fait dans le passé, pour apporter une contribution sans égal à notre bien-être et à notre prospérité économique nationale.

Canada is one *of the great food-producing nations of the world. Canadian agriculture supplies much of the food needed to meet our own food requirements. As well, Canada is a major exporter of such agricultural commodities as wheat and barley, oilseeds, cattle and beef, poultry, and processed fruit and vegetables.*

Canadian agricultural production is strong because our farmers excel at what they do and are constantly improving farming practices. Moreover, we have vast areas of fertile agricultural land, the crops we grow do well in Canada's climate and growing season, and we have a reliable domestic supply of freshwater. Other factors also contribute to a successful agricultural sector, such as access to affordable capital, availability of experienced farm labour, and well-established infrastructure for transportation, food processing, and the marketing, sale and distribution of agricultural and agri-food products.

The federal and provincial governments support a healthy and competitive agricultural sector. Canadians will continue to count on Canadian farmers, as they have in the past, to make an unparalleled contribution to our well-being and our national economic prosperity.

The Fisheries

Noms et expressions	***Nouns and phrases***
la pêche	*fishery, fishing*
▸ de la côte Ouest	*West coast fishery*
▸ de la côte Est	*East coast fishery*
▸ côtière	*inshore fishery*
▸ hauturière	*offshore fishery*
▸ commerciale	*commercial fishery*
▸ autochtone	*Indigenous fishery*
▸ récréative	*recreational fishing*
▸ sportive	*sport fishing*
l'industrie *(f)*	*industry*
▸ de la pêche canadienne	*Canadian fishing industry*
▸ de la pêche commerciale	*commercial fishing industry*
▸ de la pêche à la morue	*cod fishing industry*
la gestion de la pêche	*fisheries management*
la cogestion des pêches	*co-management of the fisheries*
l'accord *(m)* de cogestion *(f)*	*co-management agreement*
une aquaculture durable	*sustainable aquaculture*
la surpêche	*overfishing*

Loi sur les pêches
Fisheries Act
Plan de gestion intégrée des pêches
Integrated Fisheries Management Plan

les ressources *(f)* halieutiques	*fishery resources*
les ressources océaniques	*ocean resources*
l'utilisation *(f)* durable des ressources	*sustainable use of resources*
l'autosuffisance *(f)*	*self-sufficiency, self-reliance*
les activités *(f)* de pêche	*fishing*
la saison de pêche	*fishing season*
la zone de pêche	*fishing area, fishery*
les fonds *(m)* de pêche	*fishing grounds*
les lieux *(m)* de pêche	*fishing grounds*
la pêcherie de saumon du Pacifique	*Pacific salmon fishery*
l'aménagement *(m)* des pêcheries	*fisheries development*
le cycle de vie des poissons	*fish life cycle*
la migration des poissons	*fish migration*

les pêcheurs *(m)* détenteurs de permis	*licensed fishers, fishermen*
les morutiers *(m)*	*cod-fishermen*
les bancs *(m)* de morue	*schools of cod*
les petites communautés *(f)* de pêcheurs	*small fishing communities*
les collectivités *(f)* côtières	*coastal communities*
les zones *(f)* côtières	*coastal areas*
la pêche	*fishery, fisheries, fishing*
▸ à la morue	*cod fishery*
▸ du saumon de l'Atlantique	*Atlantic salmon fishing*
▸ à la crevette	*shrimp fishery*
▸ au crabe des neiges	*snow crab fishery*
▸ au homard	*lobster fishery*
▸ de crustacés *(m)*	*fishing for shellfish*

Les espèces de la pêche commerciale
Commercial Fishery Species

la morue franche	*Atlantic cod*
le saumon	*salmon*
la crevette	*shrimp*
l'aiglefin *(m)*	*haddock*
le flétan	*halibut*
la truite	*trout*
l'omble *(m)* chevalier	*arctic char*
le homard	*lobster*
le crabe des neiges	*snow crab*
les pétoncles *(m)*	*scallops*

le chalutier	*trawler, fishing trawler*
la pêche commerciale au chalut	*commercial trawl fishing, fishery*
le chalutage de la crevette	*shrimp trawling*
le chalutage de fond	*bottom trawling*
les poissons *(m)*	*fish*
les poissons de fond	*groundfish*
les fruits *(m)* de mer frais	*fresh seafood*
les espèces *(f)*	*species*
▸ de poissons	*fish species*
▸ d'eau douce	*freshwater species*
▸ marines	*marine species*
▸ aquatiques en péril	*aquatic species at-risk*
▸ en déclin	*species in decline*

l'eau *(f)*	*water*
▸ douce	*fresh water*
▸ salée	*salt water*
la capture du saumon	*salmon catch*
la taille de capture	*catch size*
la prise	*catch, take*
les débarquements *(m)*	*landings*
le quota de récolte	*harvesting quota*
les quotas transférables	*transferable quotas*
une allocation temporaire	*temporary allocation*
la méthode de la répartition	*allocation method, approach*

Conseil des ministres des Pêches et de l'Aquaculture de l'Atlantique
Atlantic Council of Fisheries and Aquaculture Ministers
Organisation des pêches de l'Atlantique Nord-Ouest
Northwest Atlantic Fisheries Organization

les stocks *(m)*	*stocks, supply*
▸ de poissons sauvages	*wild fish stocks*
▸ de saumons	*salmon stocks*
▸ de morue	*cod stocks*
l'effectif *(m)* des stocks	*size of the stocks*
l'évaluation *(f)* des stocks	*stock assessment*
le comptage de poissons	*fish count*
une estimation	*estimate*
la montaison du saumon	*salmon run*
les frayères *(f)* à saumon	*salmon spawning grounds*
le mauvais état des stocks	*poor state of the stocks*
le déclin des stocks de poissons	*fish-stock decline*
l'effondrement *(m)* des stocks	*stock collapse*
la disparition	*disappearance*
la diminution	*reduction, decrease*
le rétablissement	*recovery, restoration, rebuilding*
le stade du rétablissement	*recovery stage*
le moratoire	*moratorium*
la réouverture	*reopening*
la fermeture	*closing*
la fin	*end*

les conséquences *(f)* graves	*serious consequences*
les impacts *(m)* socio-économiques	*socio-economic impact*
un désastre économique	*economic disaster*
le port de pêche	*fishing port, harbour*
le port pour petits bateaux	*small craft harbour*
les installations *(f)* portuaires	*harbour facilities*
le navire de pêche	*fishing boat, vessel*
le bateau de pêche	*fishing boat, vessel*
les bateaux de pêche commerciale	*commercial fishing vessels*
la flottille de pêche hauturière	*offshore fishing fleet*
la flottille côtière	*inshore fleet*
une usine de transformation du poisson	*fish plant, processing facility, factory*
le travailleur, la travailleuse d'usine de transformation du poisson	*fish plant worker*
les emplois *(m)* de la pêche	*fishery jobs, employment*
le revenu de pêche	*fishing income*

Institut océanographique de Bedford
Bedford Institute of Oceanography
Laboratoire de recherche halieutique d'Halifax
Halifax Fisheries Research Laboratory

l'élevage *(m)*	*farming*
▸ du saumon *(m)*	*salmon farming*
▸ de truites *(f)*	*trout farming*
une écloserie de poisson	*fish hatchery*
une alevinière	*fish hatchery*
une exploitation piscicole	*fish farm*
un établissement piscicole	*fish farm*
la pisciculture	*fish farming*
la pisciculture du saumon	*salmon farming*
le permis de pêche	*fishing license, permit*
le permis multi-espèces	*multi-species license*
le détenteur de permis de pêche	*fishing license holder*
le permis communautaire	*communal license*
une infraction au permis	*license violation*
l'agent *(m)*, l'agente *(f)* des pêches	*fisheries officer*
les spécialistes des pêches	*fisheries experts*
les scientifiques des pêches	*fisheries scientists*

les sciences *(f)* halieutiques	*fisheries science*
les sciences des pêches	*fisheries science*
les recherches *(f)* halieutiques	*fisheries research*

La chasse aux phoques
Sealing, Seal Hunting

le phoque du Groenland	*harp seal*
les bébés phoques	*baby seals*
le troupeau de phoques	*seal herd*
la population de phoques	*seal population*
les chasseurs *(m)* inuits	*Inuit hunters*
la culture inuite, des Inuit	*Inuit culture*
le mode de vie des Inuit	*Inuit way of life*
une source de nourriture traditionnelle	*traditional food source*
une économie	*economy*
▸ de subsistance	*subsistence economy*
▸ fondée sur les ressources renouvelables	*renewable resource economy*
la chasse au phoque commerciale	*commercial seal hunt, hunting*
les chasseurs de phoque commerciaux	*commercial sealers*
les phoquiers	*sealers*
la saison de chasse	*hunting season*
la récolte des phoques	*seal harvesting*
une ressource économique	*economic resource*
une industrie viable sur le plan économique	*economically viable industry*
le mode d'exploitation	*harvesting method*
les méthodes *(f)* sans cruauté	*humane methods*
la glace, les glaces	*ice*
les conditions *(f)* météo	*weather conditions*
le quota commercial	*commercial quota*
les peaux *(f)* de phoques	*sealskins, pelts*
les fourrures *(f)*	*furs*
les produits *(m)* de la fourrure	*fur products*
la vente de produits dérivés du phoque	*sale of seal products*
le commerce des produits du phoque	*trade of seal products*
les manifestants *(m)*	*demonstrators*
les défenseurs des droits des animaux	*animal rights activists*
l'interdiction *(f)* des produits du phoque	*ban on seal products*

l'écosystème *(m)*	*ecosystem*
▸ aquatique	*aquatic ecosystem*
▸ marin	*marine ecosystem*

l'écologie *(f)* marine	*marine ecology*
les ressources *(f)* marines	*marine resources*
la vie marine	*marine life*

les oiseaux *(m)* marins	*marine birds*
les mammifères *(m)* marins	*marine mammals*
les plantes *(f)* marines	*marine plants*
l'habitat *(m)* du poisson	*fish habitat*
l'habitat de frai	*spawning habitat*
la frayère, les frayères	*spawning grounds*
la zone de frai	*spawning area*
les habitats marins	*marine habitats*
la protection de l'habitat	*habitat protection*
la conservation de l'habitat	*habitat conservation*
la destruction de l'habitat	*habitat destruction*
les surveillants de l'habitat	*habitat monitors*
la restauration des habitats	*habitat restoration, recovery*
les efforts *(m)* de conservation	*conservation efforts*
les exigences *(f)* en matière de conservation	*conservation requirements*
les objectifs *(m)* de conservation	*conservation objectives*
l'étiquetage *(m)* de poissons	*fish tagging*
les navires *(m)* de pêche étrangers	*foreign fishing vessels*
la limite de 200 milles	*200-mile limit*
la compétence extracôtière	*offshore jurisdiction*
une compétence élargie	*extended jurisdiction*

Verbes pratiques	***Useful verbs***
aller à la pêche	*to go fishing*
cesser	*to cease, stop*
décliner	*to decline*
dépendre de	*to depend on, be dependent on*
émettre des permis	*to issue permits*
empêcher	*to prevent, stop*
être dû à	*to be due to*
être en déclin	*to be in decline*
gagner sa vie en pêchant	*to make, earn a living by fishing*
imposer	*to impose*
mettre en doute	*to put in doubt, question, challenge*
mettre en péril	*to endanger, jeopardize*
pêcher sans permis	*to fish without a license*
présager	*to foresee*
recommencer	*to restart*
remédier	*to remedy, solve*
rétablir	*to re-establish, restore, rebuild*
revenir	*to come back*

Paroles en action / *Words in action*

Il y a des villes partout au Canada dont l'économie est sous l'influence prépondérante d'une unique industrie primaire, telle la pêche, l'agriculture, la foresterie, l'exploitation minière, ou le pétrole et le gaz. Ce sont des économies locales en régions côtières, éloignées et urbaines qui ont une forte dépendance sur la viabilité d'une seule industrie pour les emplois et la prospérité de la collectivité. Lorsque cette industrie connaît des difficultés, elle met en péril la qualité de vie des résidents et, dans certaines circonstances, elle peut menacer la survie de la collectivité elle-même.

Une économie durable ne dépend pas d'une seule industrie pour créer des emplois productifs et un taux d'emploi élevé. Elle est plutôt diversifiée avec un mélange d'importants investissements privés et publics et des initiatives de développement communautaire, y compris des petites, moyennes et grandes entreprises, des services communautaires, et des activités gouvernementales. Même si une industrie primaire peut demeurer le principal moteur économique, une économie diversifiée dispose d'une plus grande capacité à s'adapter à l'évolution de la conjoncture économique. La collectivité a un leadership compétent, une infrastructure de base adéquate, et une main-d'œuvre habile pour aborder de front les défis du renouvellement économique.

Les administrations municipales, les groupes de citoyens, les chefs d'entreprises et les organismes provinciaux et fédéraux doivent travailler de concert en vue d'établir des stratégies de développement économique et communautaire visant à promouvoir la viabilité à long terme des collectivités qui dépendent des ressources naturelles.

There are cities *and towns across Canada whose economies are under the dominant influence of a single resource industry, such as fishing, agriculture, forestry, mining, or oil and gas. They are local economies in coastal, remote and urban areas that rely heavily on the viability of a single industry for jobs and community prosperity. When that industry falls on hard times, it jeopardizes the quality of life of residents and, under some circumstances, may even threaten the survival of the community itself.*

A sustainable economy is not dependent on a single industry to create productive jobs and high employment. Rather, it is diversified with a mix of significant private and public investment and community-based development initiatives, including small, medium and large-scale enterprises, community services, and governmental activities. While a primary industry may remain the main economic driver, a diversified economy has greater capacity to adjust to changing economic circumstances. The community has capable leadership, adequate basic infrastructure, and an agile workforce to meet the challenges of economic renewal head-on.

Municipal governments, citizens' groups, business leaders and provincial and federal agencies must work together to establish economic and community development strategies aimed at promoting the long-term viability of resource-dependent communities.

Cities *and* Municipal Government

Noms et expressions	***Nouns and phrases***
la ville	*city, town*
▸ de Vancouver	*City of Vancouver*
▸ de Québec	*Quebec City*
une ville nordique	*northern town*
une ville de 89 000 habitants	*a city of 89,000 people*
la région de la capitale nationale	*national capital region*
une grande region métropolitaine	*major metropolitan area*
une région en pleine croissance	*rapidly growing area*

Administration municipale
Municipal Government

l'hôtel *(m)* de ville	*City Hall*
le maire, la mairesse	*mayor*
le conseil municipal	*city council*
les membres du conseil	*council members*
le conseiller municipal, la conseillère municipale	*city, municipal councillor*
le quartier municipal	*city ward*
le directeur des services municipaux	*city manager*
le greffier municipal, la greffière municipale	*city clerk*
les autorités *(f)* municipales	*municipal authorities*
les règlements *(m)* municipaux	*municipal by-laws*

le centre-ville	*downtown*
le cœur de la ville	*heart of the city*
les banlieues *(f)*	*suburbs*
les banlieusards *(m)*	*suburbanites, commuters*
la municipalité rurale de Chelsea	*rural municipality of Chelsea*
le village de Wakefield	*Village of Wakefield*
les petits villages *(m)* de pêche	*outports, small fishing villages*
les pittoresques Cantons-de-l'Est	*picturesque Eastern Townships*

Entente sur le développement urbain
Urban Development Agreement

la localité côtière	*coastal town, village*
les collectivités *(f)* éloignées	*remote communities*
le comté	*county, district*
l'échelon *(m)* local	*local level*

la zone rurale	*rural area*
le milieu rural	*rural environment*
l'exode *(m)* rural	*rural exodus*

la campagne	*country, countryside*
la vie à la campagne	*country living*
l'écart *(m)* rural-urbain	*rural-urban split, gap*

Services municipaux
Municipal services

le transport en commun	*public transit*
le service de police	*police service*
les services des incendies	*fire service*
la planification et les mesures d'urgence	*emergency planning and response*
les services de garde d'enfants	*child, day care services*
les services sociaux	*social services*
les logements *(m)* sociaux	*social housing*
les établissements *(m)* de soins de longue durée	*long-term care facilities*
les programmes *(m)* de santé publique	*public health programs*
les services ambulanciers et paramédicaux	*ambulance and paramedic services*
les programmes récréatifs et de loisirs	*recreation and leisure programs*
les programmes artistiques et culturels	*arts and culture programs*
la bibliothèque municipale	*municipal library*
le traitement et la distribution de l'eau	*water treatment and distribution*
le traitement des eaux usées	*wastewater treatment*
la collecte des ordures et le recyclage	*garbage collection and recycling*
la gestion de la circulation	*traffic management*
le stationnement	*parking*
l'application *(f)* de règlements municipaux	*by-law enforcement*
le déneigement	*snow removal*
les services environnementaux	*environmental services*
les services d'aménagement	*development services*
les parcs *(m)* et les lieux *(m)* publics	*parks and public places*
les licences *(f)* et les permis *(m)*	*licenses and permits*

le résident, la résidente de la ville	*city resident*
le citadin, la citadine	*urban dweller, urbanite*
l'association *(f)* de la collectivité	*community association*
une collectivité de forte densité	*high density community*

le centre urbain	*urban centre*
la vie urbaine	*urban life*
la zone urbaine	*urban area*
la jungle urbaine	*urban jungle*

une urbanisation durable	*sustainable urbanization*
le développement urbain	*urban development*
le réaménagement urbain	*urban redevelopment*
la revitalisation du centre-ville	*downtown revitalization*
le quartier central	*inner city neighbourhood*
les quartiers durables	*sustainable neighbourhoods*
la planification urbaine	*urban planning*
les autorités *(f)* d'aménagement	*planning authorities*
le planificateur, la planificatrice municipale	*municipal, city planner*

Fédération canadienne des municipalités
Federation of Canadian Municipalities

l'urbanisation *(f)*	*urbanization*
l'intensification *(f)* urbaine	*urban intensification*
la congestion urbaine	*urban congestion*
l'étalement *(m)* urbain	*urban sprawl*
la ceinture de verdure	*greenbelt*
l'infrastructure *(f)* municipale	*municipal infrastructure*
les infrastructures en place	*existing infrastructure*
la réhabilitation des infrastructures	*infrastructure rehabilitation*
un projet d'infrastructure	*infrastructure project*

Loi sur l'aménagement du territoire
Planning Act
Plan directeur, Plan officiel
Official Plan
Plan secondaire
Secondary Plan
Comité de dérogation
Committee of Adjustment
Commission des affaires municipales de l'Ontario
Ontario Municipal Board

le terrain	*land*
la vente de terrain	*land sale, sale of land*
le prix de terrain	*price of land*
l'utilisation *(f)* des sols	*land use*
la désignation d'utilisation du sol	*land use designation*
l'aménagement *(m)* du territoire	*land use planning, development*

la planification municipale	*municipal planning*
la planification à l'échelle locale	*community-based planning*
le zonage municipal	*municipal zoning*
la zone résidentielle	*residential zone*
le règlement de zonage	*zoning by-law, regulation*

La fusion municipale
Municipal amalgamation

la réorganisation municipale	*municipal reorganization*
la restructuration municipale	*municipal restructuring*
la structure proposée	*proposed structure*
le regroupement	*regrouping*
la reconstitution	*reconstitution*
le transfert des responsabilités	*transfer of responsibilities*
la fusion forcée	*forced amalgamation, merger*
une coalition pro-fusion	*pro-amalgamation coalition*
une administration municipale unique	*single city administration*
une structure municipale plus efficace	*more efficient municipal structure*
une diminution de la bureaucratie	*reduced, less bureaucracy*
l'élimination *(f)* du chevauchement des programmes	*elimination of program overlap*
la rationalisation de la prestation de services	*streamlining of service delivery*
les économies *(f)* administratives	*administrative savings*
la perte d'identité *(f)* communautaire distincte	*loss of distinct community identity*
l'adhésion *(f)*	*joining*
l'amalgamation *(f)*	*amalgamation*
la nouvelle ville unifiée	*new unified city*
les villes fusionnées	*merged, amalgamated cities*
l'ancienne municipalité *(f)*	*former city, municipality*
la défusion	*de-amalgamation*
les défusionistes	*de-amalgamation supporters*
le démantèlement	*dismantling, break-up*
le démembrement	*break-up*
la campagne référendaire	*referendum campaign*

le changement de zonage	*zoning change*
la modification proposée	*proposed amendment*
une dérogation mineure	*minor variance*
la demande de dérogation	*variance application*
un project d'aménagement	*development project*
la demande d'aménagement	*development application*
l'approbation *(f)*	*approval*
le refus	*denial*

un avis d'appel — *notice of appeal*
le permis de construire — *construction permit*

le propriétaire résidentiel — *homeowner, residential property owner*
les propriétaires fonciers — *property owners*
la propriété foncière — *property ownership*

Enjeux municipaux
Municipal Issues

- le leadership pour un aménagement urbain tourné vers l'avenir
  leadership for forward-looking urban development
- la création de villes écologiques et axées sur les personnes
  creating people-oriented and environmentally-friendly cities
- la hausse des évaluations foncières
  rising property assessments
- la maîtrise de l'augmentation du taux d'imposition municipale
  controlling increases in the municipal tax rate
- la détérioration des infrastructures municipales, p.ex., les routes, les ponts et les systèmes d'égout
  deterioration, rust-out of municipal infrastructure, e.g., roads, bridges, sewer systems
- la sécurité de l'approvisionnement en eau
  safety of the water supply
- la promotion de la croissance et le développement économique
  promoting economic growth and development
- la disponibilité de logements abordables
  availability of affordable housing
- le renforcement des transports en commun
  strengthening public transit
- la réduction de la congestion routière
  reducing traffic congestion
- la prévention et la lutte contre la criminalité
  crime prevention and control
- une augmentation de la participation publique
  increasing public engagement
- la transparence de la prise de décisions municipales
  transparency of municipal decision-making

la propriété — *property*
- résidentielle — *residential property*
- commerciale — *commercial property*
- industrielle — *industrial property*

les biens *(m)* immobiliers — *real property*
les biens-fonds — *real property*
les normes *(f)* des biens-fonds — *property standards*

la valeur foncière	*property value*
la nouvelle évaluation foncière	*new property assessment*
l'évaluation municipale	*municipal assessment*
la base de revenus	*revenue base*
l'impôt *(m)* foncier	*property tax*
la taxe foncière	*property tax*

Réseaux municipaux d'aqueduc
Municipal Water Systems

la gestion de l'eau	*water management*
la gestion de la qualité de l'eau	*water quality management*
la gestion des déchets solides	*solid waste management*
l'eau *(f)* potable	*drinking water*
les eaux usées	*waste water*
le réseau d'eau	*water system*
l'approvisionnement *(m)* en eau	*water supply*
la distribution	*distribution*
le stockage	*storage*
l'installation	*facility, plant, station*
▸ de pompage	*pumping station*
▸ de traitement des eaux	*water treatment facility*
l'opérateur *(m)*, l'opératrice *(f)*	*operator*
la surveillance	*monitoring*
la contamination	*contamination*
l'eau contaminée	*contaminated water*
un avis	*advisory, notice, notification*
▸ au public	*public notice*
▸ concernant la qualité de l'eau potable	*drinking water advisory*
▸ d'ébullition *(f)* de l'eau	*boil water advisory*
un ordre d'ébullition	*boil water order*
l'épuration *(f)* de l'eau	*water purification*
le système de collecte des eaux usées	*sewage collection system*
le réseau de traitement des eaux d'égout	*sewage treatment system*
le déversement	*discharge*

le taux de taxes municipales	*municipal tax rate*
une augmentation fiscale	*tax increase, hike*
le rôle d'impôt	*tax roll*
l'expropriation *(f)*	*expropriation*
le terrain exproprié	*expropriated land*
un ordre d'évacuation	*evacuation order*
la démolition	*demolition*
le piéton, la piétonne	*pedestrian*

le passage pour piétons	*pedestrian crosswalk*
le trottoir	*sidewalk*
le, la cycliste	*bicyclist, bicycle rider*
le cyclisme	*biking*
la piste cyclable, pour vélos	*bicycle, bike path, trail*
le carrefour à circulation	*intersection, crossroads*
la fermeture de rue *(f)*	*street closing, closure*

Verbes pratiques	*Useful verbs*
aller en ville	*to go to town*
amalgamer	*to amalgamate*
améliorer	*to improve, upgrade*
appliquer	*to apply, enforce*
contester	*to question, dispute, challenge*
défusionner	*to dismantle, break up*
faire du vélo, de la bicyclette	*to bicycle, ride a bike*
fusionner	*to amalgamate, merge, unify*
observer	*to comply with*
ouvrir	*to open*
ramasser	*to collect*
recycler	*to recycle*
rejeter	*to reject, dismiss*
urbaniser	*to urbanize*

Paroles en action / *Words in action*

Les villes sont, d'abord et avant tout, des endroits destinés aux gens, des lieux de rassemblement pour construire une communauté humaine. Elles doivent fournir un milieu sain pour vivre, pour travailler et pour élever des enfants. En particulier, on accorde une grande importance à la qualité des quartiers où nos enfants fréquentent l'école et jouent, et où nos familles font leurs courses, relaxent, se réunissent entre amis, et prient.

Les grandes villes canadiennes connaissent une croissance rapide, attribuable principalement à l'immigration, au déplacement de la population des petites villes et communautés rurales, et dans une moindre mesure, à la migration interprovinciale. Les villes en expansion font face à un défi difficile, soit de s'adapter aux exigences de la croissance démographique et de la diversité culturelle tout en maintenant un sentiment d'identité, d'appartenance et d'inclusion. Bon nombre de villes sont soumises à des pressions pour fournir des écoles, des hôpitaux, des routes, des transports en commun et d'autres services publics pour répondre à une demande grandissante. Dans bien des cas, les villes doivent moderniser ou remplacer des ponts vieillissants et des infrastructures vétustes. Pour faire face à la hausse des coûts, les administrations municipales doivent souvent faire des choix difficiles entre une augmentation des impôts fonciers et une réduction des programmes et services établis.

Les villes florissantes exploitent l'environnement naturel et la culture et les aspirations humaines – qui représentent le cœur et l'esprit de la ville – en vue de créer un habitat qui enrichit la vie des gens, entretient leur développement, et encourage la participation communautaire. Les grandes villes sont des œuvres issues du génie d'architectes et d'ingénieurs pour répondre à des besoins humains en constante évolution. Elles sont des milieux bâtis modélisés par la vision et un sens pratique. Les villes idéales démontrent l'adaptation réussie de l'humanité aux défis incessants de l'établissement humain.

Cities are, first *and foremost, people places, the gathering places for building human community. They should be healthy places to live, work and raise children. We especially value the quality of our neighborhoods where our children attend school and play, and where our families shop, relax, get together with friends, and worship.*

Major Canadian cities are experiencing rapid growth, primarily due to immigration, the shift of population from small towns and rural communities, and to a lesser extent, interprovincial migration. Expanding cities face the difficult challenge of adapting to the demands of population growth and cultural diversity while maintaining a sense of identity, belonging and inclusion. Many cities are under pressure to provide schools, hospitals, roads, public transit and other public services to keep up with growing demand. In many cases, cities must upgrade or replace aging bridges and crumbling infrastructure. To meet rising costs, municipal governments must often make difficult choices between raising property taxes or cutting established programs and services.

Thriving cities harness the natural environment and human culture and aspiration – which are the heart and soul of a city – to create a habitat that enriches peoples' lives, nurtures their development, and encourages community engagement. Great cities are works of architectural and engineering genius to meet evolving population needs. They are built environments shaped by vision and practicality. Ideal cities showcase mankind's successful adaptation to the never-ending challenges of human settlement.

Transportation

Noms et expressions	***Nouns and phrases***
le transport	*transport, transportation*
▸ aérien	*air travel*
▸ en commun	*public transit*
▸ scolaire	*school transportation*
▸ adapté aux besoins spéciaux	*special needs transportation*
les transports urbains	*urban transit*
l'infrastructure *(f)* de transport	*transportation infrastructure*
le système de transport en commun	*public transit system*
une voie express	*rapid transit corridor*
le train léger	*light rail*

Transports Canada
Transport Canada
Office national des transports
National Transportation Agency
Tribunal de l'aviation civile
Civil Aviation Tribunal
Bureau canadien d'enquêtes sur les accidents de transport et de la sécurité des transports
Canadian Transportation Accident Investigation and Safety Board

le réseau	*network, system*
▸ de transport	*transportation network*
▸ de transport collectif	*public, mass transit network*
▸ express	*rapid transit system*
un, une automobiliste	*motorist, car driver*
le passager, la passagère	*passenger*
la conduite	*driving*
le conducteur, la conductrice	*driver*
un conducteur agressif	*aggressive driver*
l'agressivité *(f)* au volant	*aggressive driving, road rage*
la voiture	*car*
une auto, une automobile	*car, automobile*
un véhicule automobile	*motor vehicle*
un véhicule hybride	*hybrid vehicle*
une minifourgonnette	*mini-van*

le stationnement	*parking*
le covoiturage	*car pooling*
le, la propriétaire de véhicule	*vehicle owner*
un changement de propriétaire	*change of ownership*
le permis de conduire	*driver's license*
les points *(m)* d'inaptitude	*demerit points*
la suspension du permis	*license suspension*
l'assurance *(f)* automobile	*car, auto insurance*
la prime d'assurance auto	*auto insurance premium*
l'inattention *(f)*	*distraction*
un accident	*accident*
une collision	*collision*

Code de la route
Highway Traffic Act
Loi sur les transports au Canada
Canada Transportation Act
Loi maritime du Canada
Canada Marine Act
Loi sur le pilotage
Pilotage Act
Loi sur la sécurité ferroviaire
Railway Safety Act
Loi de 2001 sur la marine marchande du Canada
Canada Shipping Act, 2001
Loi sur la protection des eaux navigables
Navigable Waters Protection Act

la rue urbaine	*city street*
la route à deux voies	*two-lane road*
l'autoroute *(f)*	*highway, freeway*
le réseau routier national	*national highway system*
la route glacée	*icy road*
la chaussée glissante	*slippery road, roadway*
la consommation de carburant	*fuel consumption*
un véhicule écoénergétique	*fuel-efficient, energy-efficient vehicle*
les normes *(f)* d'efficacité du carburant	*fuel efficiency standards*
les normes d'émissions	*emission standards*
les émissions *(f)* des véhicules	*vehicle emissions*
un défaut de fabrication	*manufacturing defect*
le rappel de véhicules	*vehicle recall*

le camion	*truck*
la semi-remorque	*semi-trailer*
le camionneur, la cammionneuse	*truck driver*
la plaque d'immatriculation	*license plate*
le numéro de plaque	*license plate number*
la date d'émission *(f)*	*date of issue*
la date d'expiration *(f)*	*expiry date*
la vignette de validation périmée	*expired validation sticker*
le renouvellement tardif	*late renewal*
la circulation	*traffic*
le bouchon de circulation	*traffic jam*
les travaux *(m)* routiers	*roadwork*
la déviation	*detour*
la vitesse	*speed*
la limite de vitesse	*speed limit*
un excès de vitesse	*speeding*
le radar photographique	*photo radar*
le contrôle radar	*radar trap*
une infraction aux règlements de la circulation	*traffic violation, infraction*
une amende	*fine*
l'heure *(f)* de pointe	*rush hour*
▸ du matin	*morning rush hour*
▸ matinale	*morning rush hour*
▸ du soir	*evening rush hour*
la route	*road*
un examen sur route	*road test*
la signalisation	*road signs, markings*
la sécurité routière	*road safety*
la congestion routière	*road, traffic congestion*
le prolongement de l'autoroute	*highway extension*
l'élargissement *(m)* de la route	*road widening*
la voie de contournement	*ring road*
le chemin rural	*country, rural road*
le métro	*subway system*
la ligne de métro	*subway line*
la station de métro	*metro, subway station*
la station de correspondance	*transit station*

un autobus, les autobus	*bus, buses*
le chauffeur, la chauffeuse d'autobus	*bus driver*
le tarif d'autobus	*bus fare*
un laissez-passer	*pass*
▸ de transport en commun	*public transit pass*
▸ mensuel	*monthly pass*
le circuit d'autobus	*bus route*
la gare d'autobus	*bus station*
le service d'autobus express	*bus rapid transit system*
la correspondance plus facile	*easier connection*
un arrêt d'autobus	*bus stop*
le voyageur, la voyageuse	*traveller*
le voyage d'affaires	*business trip*

Administration de l'aéroport international d'Ottawa
Ottawa International Airport Authority
Administration de la Voie Maritime du Saint-Laurent
St. Lawrence Seaway Authority

le train	*train*
▸ à grande vitesse	*high-speed train*
▸ de banlieue	*commuter train*
le service ferroviaire	*rail service*
le transport ferroviaire	*rail traffic*
la gare	*train, railway station*
les rails *(m)*	*rail line, tracks*
la voie ferrée	*railroad, railway*
le corridor ferroviaire	*rail corridor*
un déraillement	*train derailment*
les autorités *(f)*	*authorities*
▸ ferroviaires	*rail, railway authorities*
▸ aéroportuaires	*airport authorities*
l'espace *(m)* aérien canadien	*Canadian air space*
le trafic aérien commercial	*commercial air traffic*
un aéronef, les aéronefs	*aircraft*
un avion	*airplane, aircraft*
la navigabilité aérienne	*airworthiness*

le pilote, la pilote de ligne	*airline pilot*
le, la copilote	*co-pilot*
le navigateur, la navigatrice	*navigator*
la licence de pilote professionnel	*commercial pilot licence*
l'agent *(m)*, l'agente *(f)* de bord	*flight attendant*

La sécurité aérienne
Air Security

un aéroport international	*international airport*
un vol intérieur	*domestic flight*
les vols internationaux	*international flights*
le transport aérien	*air travel*
les voyageurs aériens	*air travellers*
les mesures *(f)* de sûreté	*security measures*
la zone réglementée	*restricted area*
un article	*article, item*
▸ interdit	*prohibited, banned article*
▸ suspect	*suspicious article*
la fouille	*search, inspection*
le contrôle	*screening, checking, inspection*
le contrôle préembarquement	*pre-boarding screening*
l'équipement *(m)* de contrôle	*screening equipment*
l'agent *(m)*, l'agente *(f)* de contrôle	*screening, inspection officer*
le comportement des voyageurs	*travellers' behaviour*
les bagages *(m)*	*bags, baggage, luggage*
▸ enregistrés	*checked luggage*
▸ de cabine	*cabin, carry-on baggage*
▸ sans surveillance	*unattended luggage*
le fret dangereux	*hazardous cargo, freight*
la liste d'interdiction de vol	*no-fly list*
la liste de surveillance	*watch list*
un pirate de l'air	*hijacker*
le détournement d'avion	*hijacking*
détourner	*to hijack, divert*

Administration canadienne de la sûreté du transport aérien
Canadian Air Transport Security Authority

un aéroport international	*international airport*
le personnel de l'aéroport	*airport personnel*
une aérogare	*air terminal*
le tarmac	*tarmac*
la piste	*runway*
le projet d'agrandissement *(m)* de l'aéroport	*airport expansion project*

le transporteur aérien	*airline company, air carrier*
la compagnie aérienne	*airline company*
la desserte aérienne	*air service*
le trafic aérien	*air traffic*
le vol	*flight*
▸ commercial	*commercial flight*
▸ de correspondance	*connecting flight*

Accord « ciel ouvert » en matière de transport aérien
"Open Skies" air travel agreement

le billet d'avion	*airplane, airline ticket*
le transport aller-retour	*return, round-trip transportation*
les documents *(m)* de voyage	*travel documents*
la destination	*destination*
le trajet transfrontalier	*trans-border route*
l'embarquement *(m)*	*boarding*
la carte d'embarquement	*boarding pass*

La navigation de plaisance
Recreational Boating

les plaisanciers	*recreational boaters*
les embarcations *(f)* de plaisance	*pleasure crafts*
le canot	*canoe*
le canotage	*canoeing*
le kayak	*kayak*
les motomarines *(f)*	*personal watercraft*
le bateau de plaisance	*pleasure craft, boat*
le bateau à voile, à voiles	*sailboat*
la navigation à voile, à voiles	*sailing*
les yachts *(m)* au diesel	*diesel-powered yachts*
le gilet de sauvetage *(m)*	*lifejacket*
le vêtement de flottaison individuel	*personal flotation device*
la pêche sportive	*sport fishing, sport fishing industry*
le tourisme maritime	*marine tourism*
la marina	*marina*

Règlement sur les petits bâtiments
Small Vessel Regulations

le siège	*seat*
la ceinture de sécurité	*seat belt*
le bagage à main	*hand bag, cabin luggage*
les bagages égarés	*lost, missing luggage*

le fret aérien	*air cargo, freight*
la cargaison de fret aérien	*air cargo shipment*
les expéditions *(f)*	*shipments*
la sécurité	*security*
▸ aéroportuaire	*airport security*
▸ dans les ports	*port security*
le port	*port*
les autorités *(f)* portuaires	*port authorities*
la marine marchande	*merchant marine*
un plan d'eau	*body of water*
les cours *(m)* d'eau	*waterway*
le navire	*ship*
le vaisseau	*vessel, ship*
le cargo	*cargo ship, freighter*
la construction navale	*shipbuilding*
les conteneurs *(m)* maritimes	*marine containers*
le terminal à conteneurs	*container terminal*

Verbes pratiques	***Useful verbs***
s'assurer	*to ensure*
avoir besoin de	*to need*
bénéficier	*to benefit*
conduire sans permis	*to drive without a permit*
contrevenir à	*to contravene*
dépasser	*to exceed*
dérailler	*to derail*
dévier	*to detour*
enquêter	*to investigate*
entraîner	*to entail, bring about, lead to*
être retardé	*to be delayed*
faire un détour	*to make a detour*
fouiller	*to search, inspect*
naviguer	*to navigate*
prendre le train	*to take the train*
réglementer	*to regulate*
se rendre à	*to go to*
stationner	*to park*
transporter	*to transport, carry*
voyager	*to travel*

Paroles en action / *Words in action*

La vie quotidienne au Canada serait très difficile sans l'avantage d'un système de transport pratique et économique. Il faut se rappeler que les déplacements et le transport des marchandises au Canada doivent composer avec des obstacles géographiques, quatre saisons distinctes qui amènent parfois des conditions météorologiques extrêmes, et de grandes distances. De plus, le transport au Canada implique de nombreuses juridictions. Ces facteurs ne sont pas négligeables dans la création, le financement, l'entretien et la réglementation d'un réseau de transport national efficace.

La majorité des Canadiens vivent dans les régions urbaines. Bien que la plupart des familles aient une voiture, des préoccupations à l'égard de l'environnement et la hausse du coût du carburant modifient les attitudes en matière de dépendance aux voitures pour l'usage quotidien. Le transport en commun, y compris le déplacement en autobus, en métro et en train léger sur rail, est de plus en plus populaire. La participation de tous les paliers de gouvernement au financement de projets urbains de transport en commun démontre l'importance des villes dans la vie sociale, économique et politique du Canada.

Des villes européennes telles qu'Amsterdam et Stockholm montrent que la pratique du vélo peut être une solution de rechange économique et agréable pour les résidents. Avec des centaines de kilomètres de pistes cyclables, Montréal est l'une des villes les mieux adaptées au cyclisme au Canada. Toutefois, l'utilisation du vélo n'a pas encore été adoptée à grande échelle dans les villes canadiennes, en partie en raison du fait que les routes ne sont pas conçues pour y recevoir de nombreux vélos ou assurer la sécurité des cyclistes.

Daily life in *Canada would be very difficult without the benefit of a convenient and economical transportation system. Consider that travel and the transportation of goods in Canada must contend with geographical impediments, four distinct seasons that occasionally bring severe weather conditions, and great distances. Moreover, transportation in Canada involves multiple jurisdictions. These factors are not insignificant for building, funding, maintaining and regulating an efficient national transportation network.*

The majority of Canadians live in urban areas. Although most families have a car, concern for the environment and the rising cost of fuel are changing attitudes about our reliance on cars for everyday use. Public transit, including travel by bus, subway and light rail, are growing in popularity. The participation of all levels of government in funding urban mass transit projects demonstrates the importance of cities in the social, economic and political life of Canada.

European cities like Amsterdam and Stockholm show that bicycling can be a low-cost and enjoyable alternative for residents to get around. With hundreds of kilometers of bike paths, Montreal is one of the most bike-friendly cities in Canada. However, bicycle use has not yet been widely adopted in Canadian cities, in part because roadways are not designed to accommodate large numbers of bicycles or to ensure the safety of cyclists.

Indigenous Peoples

Noms et expressions	***Nouns and phrases***
les peuples *(m)* autochtones	*Indigenous, Aboriginal peoples*
les premiers peuples du Canada	*First peoples of Canada*
la population autochtone	*Indigenous population*
l'ascendance *(f)* autochtone	*Indigenous ancestry*
l'identité *(f)* autochtone	*Aboriginal identity*
la société autochtone	*Indigenous society*

Proclamation royale de 1763
Royal Proclamation of 1763
Loi sur les Indiens
Indian Act
Loi sur l'autonomie gouvernementale des premières nations du Yukon
Yukon First Nations Self-Government Act
Loi sur la gestion des terres des premières nations
First Nations Land Management Act
Commission royale sur les peuples autochtones
Royal Commission on Aboriginal Peoples

le dirigeant, la dirigeante autochtone	*Indigenous leader*
les leaders autochtones nationaux	*national Aboriginal leaders*
un organisme national autochtone	*national Indigenous organization*

Autonomie gouvernementale des Autochtones
Indigenous Self-government

la législation sur l'autonomie gouvernementale	*self-government legislation*
les négociations *(f)* sur l'autonomie gouvernementale	*self-government negotiations*
une entente sur l'autonomie gouvernementale	*self-government agreement*
un accord de gouvernance	*governance arrangement*
le cadre juridique	*legal framework*
la situation juridique	*legal status*
une nouvelle relation	*a new relationship*
la plus grande autonomie	*greater autonomy*
la reddition de comptes	*accountability*

les Premières Nations *(f)*	*First Nations, First Nations people*
les citoyens des Premières Nations	*First Nation citizens*
les collectivités *(f)* des Premières Nations	*First Nation communities*
les gouvernements *(m)* des Premières Nations	*First Nation governments*

le Registre des Indiens	*Indian Register*
l'inscription *(f)* au Registre des Indiens	*Indian registration*
le statut d'Indien	*Indian status*

Conseil de bande
Band Council
le, la chef de la bande
Band Chief
le conseiller, la conseillère de la bande
Band councillor
Résolution du conseil de bande
Band Council Resolution
Règlement administratif de la bande
Band by-law
le bureau de bande
Band Office

les Indiens	*Indians, Indian people*
▸ inscrits	*status, registered Indians*
▸ non inscrits	*non-status Indians*
la bande indienne	*Indian Band*
les membres de la bande	*Band members*
l'appartenance *(f)* à une bande	*Band membership*
la liste des membres	*membership list*

Assemblée des premières nations
Assembly of First Nations
Congrès des peuples autochtones
Congress of Aboriginal Peoples
Ralliement national des Métis
Métis National Council
Conseil circumpolaire inuit
Inuit Circumpolar Council
Association des femmes autochtones du Canada
Native Women's Association of Canada
Association nationale des centres d'amitié autochtones
National Association of Native Friendship Centres

un Inuit, une Inuite	*Inuk*
les Inuits	*Inuit, Inuit people*
les régions *(f)* inuites	*Inuit regions*
les enfants Inuit	*Inuit children*
la population inuite	*Inuit population*
la communauté inuite	*the Inuit community*

les Métis	*the Métis, Métis people*
la Nation métisse	*Métis Nation*
un établissement métis	*Métis settlement*
la collectivité métisse	*Métis community, settlement*

Enjeux autochtones
Indigenous Issues

- surmonter la pauvreté systémique, la dépendance envers l'aide sociale, et les conditions de vie inférieures au niveau normal
  overcoming systemic poverty, welfare dependency and substandard living conditions
- améliorer les taux d'achèvement des études secondaires et d'inscription au niveau postsecondaire
  improving the rate of secondary school completion and post-secondary enrolment
- renforcer la participation à la population active et la diminution du chômage chronique
  strengthening labour force participation and reducing chronic unemployment
- assurer une participation accrue au développement socio-économique
  ensuring increased participation in socio-economic development
- renforcer l'entrepreneuriat autochtone et les compétences en affaires
  strengthening Indigenous business development and business skills
- garantir la sécurité et le bien-être des enfants autochtones à leur domicile et dans leur communauté plutôt qu'en foyer d'accueil
  ensuring the safety and well-being of Indigenous children in their own homes and communities rather than in foster care
- cibler les causes profondes et aider à mettre fin aux taux élevés de dépression, d'abus de drogues et de suicides chez les adolescents
  addressing the root causes and bringing an end to high rates of adolescent depression, drug abuse and suicide
- prendre les mesures nécessaires pour assurer la salubrité de l'eau potable des collectivités
  taking steps to ensure the safety of community drinking water
- réduire la pénurie de logements et améliorer la condition des logements existants
  reducing the housing shortage and improving the condition of existing dwellings
- faire des progrès plus rapides en matière d'autonomie gouvernementale et de règlement des revendications non résolues
  making more rapid progress on self-government and the settlement of outstanding claims

le grand chef, la grande chef	*Grand Chief*
un aîné respecté, une aînée respectée	*respected Elder*
la tribu	*tribe*
le, la chef de tribu	*tribal chief*
le conseil tribal	*tribal council*

les finances *(f)* du conseil de bande	*Band Council finances*
un paiement de transfert	*transfer payment*
le transfert financier	*financial transfer*
le transfert des responsabilités	*transfer of responsibilities*
la formule de financement *(m)*	*funding formula*
un accord de financement pluriannuel	*multi-year funding agreement*

Règlement relatif aux pensionnats
Residential Schools Settlement

le système scolaire des pensionnats indiens	*Indian residential school system*
l'héritage *(m)* des pensionnats indiens	*residential school legacy*
les anciens, anciennes élèves	*former students*
les organisations *(f)* religieuses	*religious organizations*
l'assimilation *(f)*	*assimilation*
les allégations *(f)*	*allegations*
les révélations *(f)*	*revelations*
les sévices *(m)* physiques, sexuels	*physical, sexual abuse*
les abus *(m)* envers les enfants	*child abuse*
les victimes *(f)*	*victims*
les survivants *(m)*, les survivantes *(f)*	*survivors*
le recours collectif	*class action lawsuit*
une entente de règlement	*settlement agreement*
les versements *(m)* d'indemnités *(f)*	*compensation payments*
le versement forfaitaire	*lump sum payment*
la déclaration de réconciliation	*statement of reconciliation*
le regret	*regret*
les excuses *(f)*	*apology*
la guérison	*healing, recovery*
s'excuser sans conditions *(f)*	*to apologize unconditionally*

Commission de vérité et de réconciliation
Truth and Reconciliation Commission
Convention de règlement relative aux pensionnats indiens
Indian Residential Schools Settlement Agreement

les fonds *(m)*	*funds, moneys*
▸ de la bande	*Band funds*
▸ en fiducie	*trust moneys*
▸ fédéraux	*federal funds*
▸ d'immobilisation *(f)*	*capital funds*
l'utilisation *(f)* des fonds	*use of funds*
le degré de flexibilité	*degree of flexibility*
la plus grande latitude	*greatest degree of flexibility*

les langues *(f)* autochtones	*Indigenous languages*
la culture autochtone	*Indigenous culture*
le patrimoine culturel	*cultural heritage*
les traditions *(f)* autochtones	*Aboriginal traditions*
le mode de vie traditionnel	*traditional way of life*
les enseignements *(m)* traditionnels	*traditional teachings*
le savoir	*knowledge*
▸ traditionnel	*traditional knowledge*
▸ sacré	*sacred knowledge*

Enquête nationale sur les femmes et les filles autochtones disparues et assassinées
National Inquiry into Missing and Murdered Indigenous Women and Girls

la spiritualité autochtone	*Aboriginal spirituality*
les croyances *(f)* spirituelles	*spiritual beliefs*
les cérémonies *(f)* sacrées	*sacred ceremonies*
la tradition orale	*oral tradition*
les contes *(m)*	*stories, story telling*
la danse	*dance, dancing*
le bruit de tambour	*drumming*
la chasse	*hunting*
le piégeage	*trapping*
la pêche	*fishing*

Tribunal des revendications particulières
Specific Claims Tribunal
Centre de recherche historique et de recherche sur les revendications
Claims and Historical Research Centre

les injustices *(f)* du passé	*past, historic injustices, wrongs*
une obligation légale	*legal obligation*
un grief	*grievance*
▸ historique	*historical grievance*
▸ non résolu	*unresolved grievance*
▸ de longue date	*longstanding grievance*
les promesses *(f)*	*promises*
▸ non tenues	*broken promises*
▸ brisées	*broken promises*

une revendication	*claim*
▸ particulière	*specific claim*
▸ territoriale	*land claim*
▸ territoriale globale	*comprehensive land claim*
▸ portant sur le droit foncier en vertu des traités	*treaty land entitlement claim*

la recherche sur les revendications	*claims research*
le règlement des revendications	*claims settlement*
le règlement définitif	*final settlement*
une juste indemnité	*just, fair compensation*

L'entrepreneuriat autochtone
Aboriginal Entrepreneurship

l'esprit *(m)* entrepreneurial	*entrepreneurial spirit*
les entrepreneurs *(m)* autochtones	*Indigenous entrepreneurs*
la propriété des entreprises	*business ownership*
le développement des affaires	*business development*
la nouvelle entreprise	*new business, venture*
les compétences *(f)*	*skills*
▸ en entrepreneuriat	*entrepreneurship skills*
▸ en affaires	*business skills*
le plan d'affaires	*business plan*
le financement de démarrage	*start-up financing*
la gestion des risques	*risk management*
les alliances *(f)* commerciales	*business, commercial alliances*
les partenariats *(m)*	*partnerships*
le transfert de connaissances	*knowledge transfer*
les retombées *(f)* socio-économiques	*socio-economic benefits, spin-offs*
les répercussions *(f)* économiques	*economic impacts*
la croissance de l'emploi *(m)*	*employment growth*
les biens *(m)* et les services *(m)*	*goods and services*
le revenu d'entreprise	*business income*

Conseil canadien pour le commerce autochtone
Canadian Council for Aboriginal Business
Stratégie d'approvisionnement auprès des entreprises autochtones
Procurement Strategy for Aboriginal Business

un document légal obligatoire	*binding legal document*
les obligations *(f)* mutuellement exécutoires	*mutually-binding obligations*

un traité des temps modernes	*modern-day treaty*
un traité historique	*historic treaty*
le processus des traités	*treaty process*

le titre ancestral	*ancestral, Indigenous title*
le titre autochtone	*Indigenous title*
le droit	*right*
▸ inhérent	*inherent right*
▸ existant	*existing right*
les droits	*rights*
▸ autochtones	*Indigenous rights*
▸ ancestraux	*ancestral, Indigenous rights*
▸ issus de traités	*treaty rights*
▸ fonciers	*land rights*
▸ collectifs	*collective rights*

Cadre de reconnaissance et de mise en œuvre des droits
Recognition and Implementation of Rights Framework
Déclaration des Nations Unies sur les droits des peuples autochtones
United Nations Declaration on the Rights of Indigenous Peoples

une obligation	*obligation*
▸ découlant des traités	*treaty obligation*
▸ juridique	*legal obligation*
▸ fiduciaire	*fiduciary obligation*
les premiers occupants *(m)*, habitants *(m)*	*first inhabitants*
le territoire traditionnel	*traditional territory*
les territoires ancestraux	*ancestral lands*

Conseil de gestion financière des premières nations
First Nations Financial Management Board
Institut de la statistique des premières nations
First Nations Statistical Institute
Commission de la fiscalité des premières nations
First Nations Tax Commission

les terres *(f)*	*lands*
▸ ancestrales	*ancestral lands*
▸ de réserve	*reserve lands*
▸ de la Couronne	*Crown lands*
la dépossession	*dispossession*
la relocalisation	*relocation*
la réserve d'une Première nation	*First Nation reserve*
une réserve urbaine	*urban reserve*

les résidents des réserves	*on-reserve residents*
la population des réserves	*on-reserve population*
une collectivité nordique isolée	*an isolated northern community*
la petite localité arctique	*small Arctic community, settlement*

une entente	*agreement*
▸ de principe	*agreement in principle*
▸ -cadre	*framework agreement*
▸ de règlement	*settlement agreement*
▸ définitive	*final agreement*
▸ de mise en œuvre	*implementation agreement*

Accord sur les revendications territoriales du Nunavut
Nunavut Land Claims Agreement
Convention de la Baie-James et du Nord québécois
James Bay and Northern Quebec Agreement

les conditions *(f)*	*conditions*
▸ sociales	*social conditions*
▸ économiques	*economic conditions*
▸ de vie	*living conditions*

le développement économique	*economic development*
les retombées *(f)* en matière de développement économique	*economic development benefits*
le partage des recettes *(f)* de l'exploitation *(f)* des ressources	*resource revenue-sharing*

Indice de bien-être des collectivités
Community Well-Being Index

la protection de l'enfance	*child welfare*
les services *(m)* à l'enfance et à la famille	*child and family services*
le logement	*housing*
le système d'éducation	*education system*
la scolarité	*schooling, education*
les services de santé communautaire	*community health service*
l'infrastructure *(f)* communautaire	*community infrastructure*

l'espoir *(m)*	*hope*
le désespoir	*despair, hopelessness*
un sentiment d'appréhension	*feeling of worry, misgiving*
un manque de respect	*lack of respect*
les pratiques *(f)* coloniales	*colonial practices*
un nouveau partenariat	*new partnership*

les aspirations *(f)*	*aspirations*
les attentes *(f)*	*expectations*
la reconnaissance	*recognition*
l'autonomie *(f)*	*autonomy, self-reliance*
l'autodétermination *(f)*	*self-determination*
l'autosuffisance *(f)*	*self-sufficiency*

Verbes pratiques	*Useful verbs*
accélérer	*to speed up, accelerate*
accepter	*to accept, agree*
améliorer	*to improve*
augmenter annuellement	*to increase, raise annually*
avoir de l'espoir	*to have hope*
commettre	*to commit*
démanteler	*to dismantle*
désespérer	*to despair, lose hope*
développer	*to develop*
entamer	*to start, open*
évoluer	*to evolve, develop, change*
faire des progrès	*to make progress*
s'identifier	*to self-identify*
imposer	*to impose, place*
se méfier	*to mistrust*
négocier	*to negotiate*
occuper	*to occupy, live on*
reconnaître	*to recognize, acknowledge*
reformuler	*to redesign*
régler	*to settle, deal with, resolve*
remplacer	*to replace, change*
répondre mieux à	*to respond better to*
résoudre équitablement	*to resolve fairly*
signifier	*to signify*
soulager	*to alleviate*
subir	*to undergo, sustain, suffer*
transférer	*to transfer*
violer	*to violate*
vivre dans des réserves	*to live on-reserve*
vivre à l'extérieur des réserves	*to live off-reserve*

Paroles en action / *Words in action*

Les peuples autochtones furent les premiers habitants des vastes régions qui composent le Canada d'aujourd'hui, y inclus les vastes territoires du nord. Ces premiers peuples parlaient leurs propres langues et pratiquaient leurs propres traditions, cultures et croyances qu'ils ont transmis à leurs descendants.

La colonisation européenne a causé de dures épreuves aux peuples des Premières nations. On leur a enlevé leurs terres traditionnelles au moyen d'occupation et de traités. On a foulé aux pieds leurs langues, coutumes et croyances, dépassées par les forces puissantes de l'intolérance et de l'assimilation. Ils ont perdu la souveraineté sur leurs terres traditionnelles et de leurs affaires collectives à cause de l'imposition de la *Loi sur les Indiens*. Ils ont été déplacés dans les réserves indiennes, et les enfants des Premières nations ont été forcés à fréquenter des pensionnats. Ces derniers ont causé un mal irréparable à de nombreux enfants et à leurs familles, ainsi qu'aux cultures des Premières nations – préjudices ressentis encore par les générations actuelles.

Beaucoup de collectivités autochtones d'aujourd'hui connaissent des difficultés sociales et économiques qui n'ont presque jamais été éprouvées ailleurs au Canada. Néanmoins, les peuples autochtones ont fait des progrès énormes afin de surmonter les préjugés du passé, de reconquérir la fierté de leur héritage et de leur identité, et de réaliser des progrès économiques. Tout aussi important, ils ont obtenu la reconnaissance politique de leur cause et de leurs objectifs. Ils définissent maintenant une nouvelle voie à suivre qui tient compte des valeurs et des aspirations autochtones et qui offre un espoir renouvelé pour l'avenir.

***Indigeous peoples were** the original inhabitants of the vast regions that make up modern Canada, including the vast northern territories. These first peoples spoke their own languages and practiced their own traditions, cultures and beliefs which they passed on to their descendants.*

European settlement brought great hardship to First Nations communities. Their traditional lands were taken from them by occupation and treaties. Their languages, customs and beliefs were trampled, overtaken by powerful forces of intolerance and assimilation. They lost sovereignty over their traditional lands and communal affairs by imposition of the Indian Act. *They were moved onto Indian reserves, and First Nations children were forced to attend residential schools. The latter caused irreparable harm to many children and families, and to First Nations cultures – wrongs still felt by current generations.*

Today, many Indigenous communities experience social and economic hardships almost unheard of anywhere else in Canada. Nevertheless, Indigenous peoples have made great gains to overcome past prejudices, restore pride in their heritage and identity, and achieve economic progress. Equally important, they have gained political recognition for their cause and their objectives. They are forging a new way forward that reflects Indigenous values and aspirations and offers renewed hope for the future.

Voluntary Sector

Noms et expressions	***Nouns and phrases***
le secteur	*sector*
▸ bénévole	*voluntary sector*
▸ volontaire	*voluntary sector*
▸ communautaire	*community sector*
la société civile	*civil society*

Pourquoi faire du bénévolat?
Why Volunteer?

- contribuer à la collectivité et faire une différence positive dans la vie de nos concitoyens
  to contribute to the community and make a positive difference in the lives of our fellow citizens
- acquérir de nouvelles connaissances et compétences, ainsi qu'une expérience pratique
  to acquire new knowledge and skills, and gain practical experience
- travailler avec des gens ayant les mêmes intérêts
  to work with people with similar interests
- éprouver un sentiment de satisfaction personnelle et de bien-être personnel
  to feel a sense of personal satisfaction and personal well-being
- explorer des domaines de carrière et découvrir des perspectives de carrière
  to explore career interests and discover career opportunities

le bénévolat	*voluntary work, volunteering*
le travail bénévole	*volunteer work, volunteering*
le, la bénévole	*volunteer*
les volontaires	*volunteers*
une occasion de bénévolat	*volunteer opportunity*
une occasion de faire du bénévolat	*volunteer opportunity*
un poste de bénévole, bénévolat	*volunteer position*

Centre d'action bénévole de Montréal
Volunteer Bureau of Montreal
Conseil manitobain des services communautaires .
Manitoba Community Services Council

le coordonnateur, la coordonnatrice du programme des bénévoles	*volunteer program coordinator*
une association bénévole	*voluntary association*
une organisation du secteur bénévole	*voluntary sector organization*
le conseil d'administration bénévole	*volunteer board of directors*

un organisme	*organization, body*
▸ bénévole	*voluntary, volunteer organization*
▸ communautaire	*community organization*
▸ sans but lucratif	*not-for-profit organization*
▸ de bienfaisance enregistré	*registered charity*

Bénévoles Canada
Volunteer Canada
Conseil des entreprises pour le bénévolat
Corporate Council on Volunteering
Administrateurs canadiens des ressources bénévoles
Canadian Administrators of Volunteer Resources

le groupe communautaire	*community group*
le travailleur, la travailleuse communautaire	*community worker*
la mobilisation communautaire	*community mobilization*
la participation communautaire	*community participation, engagement*
l'implication *(f)* sociale	*social involvement*

Campagne de levée de fonds
Fundraising Campaign

le, la chef de la campagne	*campaign leader*
le, la chef d'équipe	*team leader, captain*
les solliciteurs *(m)*	*canvassers*
les donateurs *(m)*	*donors*
les dons *(m)* de charité	*charitable donations*
l'objectif *(m)*	*target, objective*
la participation	*participation*
la générosité	*generosity*
les événements *(m)* spéciaux	*special events*
contribuer	*to contribute*
donner	*to give*
faire un don	*to make a donation*
recueillr des fonds	*to raise funds*
solliciter	*to canvas*

Code d'éthique relatif à la collecte de fonds
et à la responsabilité financière
Ethical Fundraising and Financial Accountability Code

l'entraide *(f)*	*mutual aid, assistance*
une bonne cause	*worthy cause*
une contribution significative	*meaningful contribution*
le soutien	*support*
la sollicitude	*concern, caring*
un esprit altruiste	*altruistic, selfless spirit*

Verbes pratiques	*Useful verbs*
être bénévole	*to be a volunteer*
faire du bénévolat	*to volunteer, do volunteer work*
faire du travail bénévole	*to volunteer, do volunteer work*
soutenir	*to support*
travailler comme bénévole	*to volunteer, work as a volunteer*

Paroles en action / *Words in action*

Un secteur bénévole vigoureux constitue une importante démonstration de la vitalité de la société civile. Le pouvoir de l'engagement des citoyens à faire une différence dans la qualité de vie d'un pays n'est nulle part plus évident que dans le travail effectué par les organismes de la société civile et les efforts des citoyens bénévoles. Leur contribution est déterminante dans l'amélioration du bien-être de leurs concitoyens et la promotion de l'intérêt supérieur de la société.

Les gens qui connaissent les avantages d'une société libre et prospère désirent souvent partager leur chance avec les moins privilégiés, chez nous et à l'étranger. L'esprit de citoyenneté et le sentiment de notre humanité partagée nous encouragent à consacrer une partie de notre temps et de nos talents, et à partager une partie de nos ressources financières pour promouvoir le bien-être et défendre les causes justes de notre collectivité locale, de notre pays et du monde au-delà de nos frontières.

Le secteur bénévole favorise le développement des communautés, renforce la cohésion sociale, et contribue à édifier un monde meilleur. L'action bénévole représente l'engagement désintéressé des personnes qui se soucient des autres et qui contribuent au bien commun. Les bonnes œuvres et l'exemple des bénévoles incitent d'autres citoyens à contribuer à la collectivité. Leur héritage se perpétue dans la vie de ceux et celles qu'ils ont aidés, un héritage qui consiste à bâtir une société plus compatissante et plus juste.

A vigorous voluntary *sector is an important demonstration of the vitality of civil society. The power of citizen engagement to make a difference in the quality of life of a nation is nowhere more evident than in the work performed by civil society organizations and the efforts of citizen volunteers. Their contribution is instrumental in improving the well-being of their fellow citizens and promoting the greater social good.*

Those who experience the advantages of a free and prosperous society often want to share their good fortune with those who are less fortunate at home and abroad. The spirit of citizenship and a sense of our shared humanity encourage us to contribute some of our time and talents, and to share some of our financial means, to promote the well-being and just causes of our local community, our nation, and the world beyond our borders.

The voluntary sector promotes community development, strengthens social cohesion, and helps build a better world. Volunteerism is the selfless engagement of people caring for each other and contributing to the common good. The good works and example of volunteers inspire others to also give to the community. Their legacy lives on in those they have helped, a legacy of building a more caring and just society.

Law *and* Order

Noms et expressions	***Nouns and phrases***
l'ordre *(m)* public	*law and order, public order*
la règle de droit	*rule of law*
le droit criminel, pénal	*criminal law*

Loi sur les infractions provinciales
Provincial Offences Act
Code de la route
Highway Traffic Act
Code criminel du Canada
Criminal Code of Canada
Loi sur le système de justice pénale pour les adolescents
Youth Criminal Justice Act
Loi sur le système correctionnel et la mise en liberté sous condition
Corrections and Conditional Release Act
Loi sur les prisons et les maisons de correction
Prisons and Reformatories Act
Loi sur les services policiers de l'Ontario
Police Services Act of Ontario

les citoyens *(m)* respectueux de la loi	*law-abiding citizens*
l'intention *(f)* de la loi	*intent of the law*
la lettre et l'esprit *(m)* de la loi	*letter and spirit of the law*
la sécurité communautaire	*community safety*
la sécurité de la collectivité	*community safety*

Gendarmerie royale du Canada
Royal Canadian Mounted Police
le, la Commissaire
Commissioner
le, la Sous-commissaire
Deputy Commissioner
Police provinciale de l'Ontario
Ontario Provincial Police
Collège canadien de police
Canadian Police College

la justice	*justice*
l'administration *(f)* de la justice	*administration of justice*
l'entrave *(f)* à la justice	*obstructing, obstruction of, justice*
le déni de justice	*denial of justice*

la criminalité	*crime, criminal behaviour*
la mesure contre la criminalité	*anti-crime measure*
le taux de criminalité	*crime rate*
la criminalité juvénile	*youth crime*
la criminalité chez les jeunes	*youth crime*

Service de police d'Ottawa
Ottawa Police Service

le, la chef de police	*Chief of Police*
le chef adjoint, la chef adjointe	*Deputy Chief*
le surintendant, la surintendante	*Superintendent*
l'inspecteur, l'inspectrice	*Inspector*
le sergent, la sergente d'état-major	*Staff Sergeant*
le, la détective	*Detective*
l'agent, l'agente de police	*Police Officer, Constable*

Centre de police communautaire
Community Police Centre
Commission de services policiers d'Ottawa
Ottawa Police Services Board

la victime	*victim*
les victimes d'actes *(m)* criminels	*victims of crime*
les droits *(m)* des victimes	*victims' rights*
les services *(m)* aux victimes	*victim services*

le système	*system*
▸ judiciaire	*judicial, justice, legal system*
▸ de justice pénale	*criminal justice system*
▸ carcéral	*prison system*
▸ correctionnel	*correctional, corrections system*

Association canadienne des Chefs de police
Canadian Association of Chiefs of Police
Association du Barreau canadien
Canadian Bar Association

le régime carcéral	*prison system*
la politique correctionnelle	*corrections policy*
l'application *(f)* de la loi	*enforcement, law enforcement*

un organisme	*agency, organization, body*
▸ chargé de l'application de la loi	*law enforcement agency*
▸ correctionnel	*correctional agency, facility*

la police	*police, police force, policing*
▸ municipale	*municipal, local police*
▸ provinciale	*provincial police*
▸ militaire	*military police*
▸ communautaire	*community police, policing*
▸ contractuelle	*contract policing*
▸ des Autochtones	*Aboriginal policing*

Les objectifs d'application de la loi
Law Enforcement Goals

- la prévention du crime, de la criminalité
  crime prevention
- la protection de la vie et de la propriété
  protection of life and property
- le maintien de l'ordre public
  maintaining public order
- la réponse aux urgences
  emergency response
- l'enquête *(f)* criminelle
  criminal investigation
- la traduction en justice des contrevenants suspects
  bringing suspected lawbreakers to justice
- l'assistance *(f)* aux victimes de crimes
  assisting victims of crime
- la sensibilisation de la communauté en matière de criminalité et d'application de la loi
  raising community awareness about crime and law enforcement
- l'établissement *(m)* de rapports positifs entre la police et la communauté et de collaboration entre les agences
  building positive community-police relations and inter-agency collaboration

l'agent *(m)*, l'agente *(f)*	*officer*
▸ de police	*police officer, constable*
▸ d'application de la loi	*law enforcement officer*
▸ de la paix	*peace officer*
▸ d'infiltration	*undercover officer*
▸ de patrouille	*patrol officer*
▸ de la circulation	*traffic officer, police*
▸ responsable	*officer-in-charge*
▸ de correction	*correctional, corrections officer*
▸ de services correctionnels	*correctional service officer*
▸ de probation	*probation officer*
▸ de libération conditionnelle	*parole officer*

l'agent correctionnel, l'agente correctionnelle	*corrections, correctional officer*

le, la constable	*constable*
l'enquêteur *(m)*, l'enquêtrice *(f)*	*investigator*

Unité des enquêtes spéciales
Special Investigations Unit
Commission civile des services policiers de l'Ontario
Ontario Civilian Commission on Police Services

l'insigne *(m)* de police	*police badge*
la présence policière	*police presence*
l'intervention *(f)* policière	*police intervention*
le barrage de police	*police roadblock*
le véhicule de police banalisé	*unmarked police vehicle, cruiser, car*

Les infractions criminelles
Criminal Offences

le vandalisme	*vandalism*
une agression armée	*assault with a weapon*
l'agression sexuelle grave	*aggravated sexual assault*
le vol qualifié	*robbery*
l'introduction *(f)* par effraction	*break and enter*
la conduite dangereuse	*dangerous driving, operation*
la conduite avec facultés affaiblies	*impaired driving*
le trafic de drogues	*drug trafficking*
la possession illégale d'une arme à feu	*illegal possession of a firearm*
le complot en vue de commettre une fraude	*conspiracy to commit fraud*
la tentative de meurtre	*attempted murder*
l'homicide *(m)* involontaire coupable	*manslaughter*
le meurtre au premier degré	*first-degree murder*

un acte criminel
crime, indictable offence
une infraction punissable par procédure sommaire
offence punishable on summary conviction

le poste de police	*police station, detachment*
le quartier général de la police	*police headquarters*

l'unité *(f)*	*unit*
▸ tactique	*tactical unit*
▸ des drogues	*drug unit*
▸ des armes à feu et des bandes de rue	*guns and gangs unit*
▸ d'aide aux victimes en situation d'urgence	*victim crisis unit*
▸ de recherche et de sauvetage	*search and rescue unit*

la fouille policière	*police search*
le balayage de police	*police sweep*
la descente policière	*police raid*
une opération tactique	*tactical operation*
le périmètre de sécurité	*security perimeter*

La culture des drogues illicites
Illicit Drug Culture

les drogues *(f)*	*drugs*
▸ douces	*soft drugs*
▸ dures	*hard drugs*
▸ de la rue	*street drugs*
une substance contrôlée	*controlled substance*
la toxicomanie	*substance abuse, drug addiction*
la crise des opioïdes	*opioid crisis*
le taux de surdoses	*rate of overdoses*
les toxicomanes	*drug addicts*
les consommateurs *(m)* de drogues	*drug users*
le comportement à risque élevé	*high-risk behaviour*
le risque de dépendance *(f)*	*risk of dependency, addiction*
la possession illégale	*illegal possession*
le contrôle des stupéfiants	*narcotics control*
la saisie de drogues	*drug seizure*
une petite quantité	*a small quantity*
une répression policière	*police crackdown*
la tolérance zéro	*zero tolerance*
la prohibition	*ban, prohibition*
une stratégie de réduction des méfaits	*harm reduction strategy*
le programme de traitement	*treatment program*
le commerce de la drogue	*drug trade*
un vendeur de drogue	*drug dealer*
le trafic des drogues	*drug trafficking*
un trafiquant de drogue	*drug trafficker*
la guerre à la drogue	*war on drugs*
lutter contre	*to combat*
saisir	*to seize*
sévir contre	*to crack down on, tackle*

Loi réglementant certaines drogues et autres substances
Controlled Drugs and Substances Act
Règlement sur les stupéfiants
Narcotic Control Regulations

le principal suspect, la principale suspecte	*main, primary suspect*
le, la complice	*accomplice*
un criminel, une criminelle	*criminal*

la perpétration d'une infraction	*commission of an offence*
l'activité *(f)* criminelle	*criminal activity*
un casier judiciaire	*criminal record*
une vérification de casiers judiciaires	*criminal records check*

Légalisation du cannabis
Legalizing Cannabis

le cannabis	*cannabis*
la marijuana, marihuana	*marijuana*
le cannabis à des fins médicales	*medicinal cannabis, marijuana*
un usage récréatif	*recreational use*
un réseau réglementé	*regulated system*
les producteurs *(m)* autorisés	*licensed producers*
la distribution légale	*legal distribution*
la vente réglementée	*regulated sale*
le possession simple	*simple possession*
une opération de culture	*grow operation*
légaliser	*to legalize*
décriminaliser	*to decriminalize*
réglementer	*to regulate*

l'auteur de l'infraction	*offender*
un délinquant, une déliquante à risque élevé	*high-risk offender*
un jeune contrevenant	*young offender*
un mineur, une mineure	*minor*

le fugitif, la fugitive	*fugitive*
le prisonnier, la prisonnière	*prisoner*
le détenu, la détenue	*inmate*
un informateur, une informatrice de police	*police informer*

Programme d'aide juridique
Legal aid program
Projet de justice réparatrice
Restorative justice project
Programme de protection des témoins
Witness protection program
Commission d'indemnisation des victimes d'actes criminels de l'Ontario
Criminal Injuries Compensation Board of Ontario

la criminalité en col blanc	*white-collar crime*
les produits *(m)* d'activité illégale	*proceeds of crime*
le crime organisé	*organized crime*
une organisation criminelle	*criminal organization*
la bande de rue	*street gang*

la violence armée	*armed violence*
le désordre civil	*civil disorder*

Enquêtes sur les lieux du crime
Crime Scene Investigation

l'enquête *(f)* judiciaire	*forensic investigation*
l'investigation *(f)* de scène de crime	*crime scene investigation*
les enquêteurs *(m)* des lieux de crime	*crime scene investigators*
la scène de crime	*crime scene*
le lieu du crime	*crime scene*
les photos *(f)* du lieu du crime	*crime scene photos*
la reconstitution du lieu du crime	*crime scene reconstruction*
l'identification *(f)* judiciaire	*forensic identification*
la preuve judiciaire	*forensic evidence*
la preuve matérielle	*physical evidence*
les empreintes *(f)* digitales	*fingerprints*
l'identification *(f)* génétique	*genetic identification*
les éléments *(m)* de preuve	*trace, trace evidence, pieces of evidence*
le sang	*blood*
le cheveu, les cheveux	*hair*
les fibres *(f)* de tissu	*cloth fibres*
les traces *(f)* d'ADN	*traces of DNA*
la préservation des preuves	*preservation of evidence*
la documentation	*documentation*
la chaîne de possession	*chain of custody*
l'analyse *(f)*	*analysis*
▸ judiciaire	*forensic analysis*
▸ médicolégale	*forensic analysis*
▸ génétique	*DNA analysis*
une empreinte génétique	*genetic fingerprint*
le profilage criminel	*criminal profiling*
l'établissement *(m)* de profils criminels	*criminal profiling*
un expert judiciaire	*forensic expert*
la médecine légale	*forensic medicine*
le médecin légiste	*medical examiner*
le laboratoire judiciaire	*forensic laboratory*
le rapport de laboratoire	*lab report*
le rapport d'autopsie	*autopsy report*
une technique d'investigation	*investigative technique*
un outil d'avant-garde	*cutting-edge tool*

Services des sciences judiciaires et de l'identité
Forensic Science and Identification Services
Loi sur l'identification par les empreintes génétiques
DNA Identification Act

le mandat	*warrant*
▸ de perquisition *(f)*	*search warrant*
▸ de saisie *(f)*	*warrant of seizure*
▸ d'arrestation *(f)*	*arrest warrant*
une enquête policière	*police investigation*
la capture, l'arrestation *(f)* et la détention	*capture, arrest and detention*
le pouvoir discrétionnaire des policiers	*police discretion, discretionary power*
l'interrogatoire *(m)*	*questioning, examination*
la présence pour interrogatoire	*attendance for examination*
une déclaration écrite	*written statement*

Directeur des poursuites pénales
Director of Public Prosecutions
Service des poursuites pénales du Canada
Public Prosecution Services of Canada

une ordonnance	*order*
▸ judiciaire	*legal order*
▸ d'exclusion	*exclusion order*
▸ de non-publication	*publication ban*
les règles *(f)* de preuve	*rules of evidence*
la norme de preuve	*standard of proof*
le fardeau de la preuve	*burden, onus of proof*
la pièce à conviction	*exhibit*

le procureur, la procureure de la Couronne
Crown attorney, prosecutor, counsel
le procureur principal, la procureure principale de la Couronne
senior Crown attorney
le procureur adjoint, la procureure adjointe de la Couronne
assistant Crown prosecutor

la preuve	*evidence, piece of evidence*
▸ incriminante	*incriminating evidence*
▸ circonstancielle	*circumstantial evidence*
▸ par ouï-dire	*hearsay evidence*
un élément de preuve	*evidence, piece of evidence*
l'admissibilité *(f)* des preuves	*admissibility of evidence*
l'énoncé *(m)* de faits	*statement of facts*
la véracité	*veracity, truth, truthfulness*
la pertinence	*relevance*

une allégation	*allegation*
une accusation criminelle	*criminal charge*
le chef d'accusation	*charge, count*
un acte d'accusation	*indictment*
le dépôt des accusations	*laying of charges*
le rejet des accusations	*dismissal of charges*
le retrait des accusations	*withdrawal. dropping of charges*
la présomption d'innocence	*presumption of innocence*
une audience publique	*public hearing*
la culpabilité	*guilt*
le plaidoyer de non-culpabilité	*not guilty plea*
la négociation de plaidoyer	*plea negotiation, bargaining*
une entente relative au plaidoyer	*plea agreement*

La mise en liberté sous caution

Release on Bail

la caution, le cautionnement	*bail*
la demande de mise en liberté sous caution	*bail application*
une audience sur la libération sous caution	*bail hearing*
l'enquête *(f)* sur le cautionnement	*bail hearing*
les conditions *(f)* de mise en liberté	*conditions of release*
les conditions de libération sous caution	*bail conditions*
accorder la liberté sous caution	*to grant bail*
être en liberté sous caution	*to be free on bail*
libérer sous caution	*to free on bail*

la décision d'intenter des poursuites	*decision to prosecute*
les chances *(f)* de condamnation	*likelihood of conviction*
l'intérêt *(m)* public	*public interest*
l'immunité *(f)* à l'égard des poursuites	*immunity from prosecution*
la représentation par avocat	*legal representation*
la défense juridique	*legal defence*
le droit à un avocat	*right to legal counsel*
l'avocat *(m)*, l'avocate *(f)* de la défense	*attorney, defence counsel*
l'avocat de service	*duty counsel*
le procureur principal	*lead prosecutor*
le, la membre du Barreau	*member of the Bar*
le diplôme en droit	*law degree*
la faculté de droit	*faculty of law, law school*
la jurisprudence	*jurisprudence, case law*

un étudiant, une étudiante en droit	*law student*
le stage en droit	*articling*
le, la stagiaire en droit	*articling student*
le poste de stagiaire	*articling position*
l'accusé *(m)*, l'accusée *(f)*	*accused, accused person*
le défendeur, la défenderesse	*defendant*
la partie défenderesse	*defendant*
le tribunal de police	*police court*
le tribunal de première instance	*trial court*
la cour des infractions provinciales	*provincial offences court*
la compétence	*jurisdiction*

La détermination de la peine
Sentencing, Sentencing process

les lignes *(f)* directrices sur la détermination de la peine	*sentencing guidelines*
le principe de la détermination de la peine	*sentencing principle*
les options *(f)* en matière de détermination de la peine	*sentencing options*
une audience de détermination de la peine	*sentencing hearing*
les circonstances *(f)* atténuantes	*extenuating circumstances*
le rapport prédécisionnel	*pre-sentence report*
le rapport psychologique	*psychological report*
le risque pour la société	*risk to society*
la peine appropriée	*appropriate penalty, sentence*
les sanctions *(f)* pénales	*criminal sanctions*
la durée de la peine	*term, length of sentence*
la condamnation avec sursis	*conditional, suspended sentence*

la première comparution en cour	*first court appearance*
une enquête préliminaire	*preliminary inquiry*
l'ajournement *(m)*	*adjournment*
le retard	*delay*
un procès	*trial, proceedings*
▸ devant jury	*jury trial, trial before jury*
▸ équitable	*fair trial*
la poursuite pénale	*criminal prosecution, proceedings*
les poursuites judiciaires	*legal proceedings*
une cause criminelle	*criminal matter, case, prosecution*
une affaire pénale	*criminal matter, proceedings*
une instance pénale	*criminal proceedings*

le jury	*jury*
la participation à un jury	*jury duty*
le, la membre du jury	*jury member*
le juré, la jurée	*juror*
le témoin	*witness, testimony, evidence*
le témoignage	*testimony, evidence*
l'interrogatoire *(m)* principal	*examination in chief*
le contre-interrogatoire	*cross-examination*
le plaidoyer final	*final, closing argument*
la décision	*decision*
le jugement	*judgement*
les motifs *(m)* de jugement	*reasons for judgement*
la conclusion	*conclusion*
la constatation de culpabilité	*finding of guilt*
le verdict de culpabilité	*guilty verdict*

Centre d'information de la police canadienne
Canadian Police Information Centre
Centre national de prévention du crime
National Crime Prevention Centre
Centre canadien de la statistique juridique
Canadian Centre for Justice Statistics
Institut canadien de recherche sur le droit et la famille
Canadian Research Institute for Law and the Family

l'ordonnance *(f)*	*order*
▸ de la Cour	*Court order*
▸ de peine avec sursis	*conditional sentence order*
▸ de probation	*probation order*
▸ de surveillance	*supervision order*
le doute raisonnable	*reasonable doubt*
la disculpation d'un innocent	*exoneration of an innocent person*
un acquittement complet	*full acquittal*
la libération inconditionnelle	*absolute discharge, release*
une absolution sous conditions	*conditional discharge*
la détention	*detention, custody*
▸ avant le procès	*pre-trial detention*
▸ en milieu *(m)* fermé	*secure custody*
▸ en milieu ouvert	*open custody*
▸ à domicile	*house arrest*

une condamnation	*conviction, sentence*
▸ criminelle	*criminal conviction*
▸ injustifiée	*wrongful conviction*
▸ de six mois avec sursis	*six-month suspended sentence*
une peine	*sentence, penalty*
▸ d'emprisonnement *(m)*	*prison, jail sentence*
▸ avec sursis	*conditional, suspended sentence*
▸ d'emprisonnement avec sursis	*conditional sentence*
▸ minimale obligatoire	*minimum mandatory sentence*
▸ inférieure à deux ans	*sentence of less than two years*
▸ à perpétuité sans possibilité de libération conditionnelle	*life sentence without possibility of parole*
la peine de mort[6]	*death penalty*[6]
l'emprisonnement *(m)*	*imprisonment, jailing*
l'incarcération *(f)*	*incarceration, jailing*

Service correctionnel du Canada
Correctional Service of Canada
Bureau de l'enquêteur correctionnel
Office of the Correctional Investigator
Commission des libérations conditionnelles du Canada
Parole Board of Canada

le pénitencier fédéral	*federal penitentiary, prison*
la prison provinciale	*provincial prison, jail*
la cellule de prison	*jail, prison cell*
le centre de détention	*detention, correctional centre*
un établissement de correction	*correctional institution, facility*
un établissement	*institution*
▸ à sécurité minimale	*minimum security institution*
▸ à sécurité moyenne	*medium security institution*
▸ à sécurité maximale	*maximum security institution*
la clémence	*clemency, leniency, mercy*
la révision judiciaire	*judicial review*
les paliers *(m)* d'appel	*levels of appeal*

6 Il n'y a eu aucune exécution au Canada depuis 1963. Le Canada a aboli la peine de mort en 1976. *There have been no executions in Canada since 1963. The death penalty was abolished in 1976.*

la négociation sur la peine	*sentence negotiation*
la remise de peine	*sentence reduction*
la disposition « de la dernière chance »	*"faint hope" clause*
la probation	*probation*
la période de probation	*period of probation*

La justice réparatrice
Restorative Justice

les victimes *(f)* de la criminalité	*victims of crime*
le préjudice subi	*harm suffered*
la perte subie	*loss incurred*
la réparation aux victimes	*restitution to victims*
le dédommagement	*compensation*
la réconciliation	*reconciliation*
la guérison communautaire	*community healing*
le cercle de détermination de la peine	*sentencing circle, circle sentencing*
la responsabilisation des délinquants	*offender accountability*
un facteur contributif	*contributing factor*
les conditions *(f)*	*conditions*
la dénonciation	*denunciation*
la dissuasion	*deterrence*
l'intervention *(f)* communautaire	*community intervention*
accepter la responsabilité	*to accept responsibility*
dédommager la victime	*to compensate, make restitution to the victim*
effectuer des services communautaires	*to perform community service*
faire réparation	*to make reparation, restitution*
réparer les dommages causés	*to repair, make restitution for the harm caused*
▸ à la victime	*to the victim*
▸ à la collectivité	*to the community*

la déclaration de la victime
victim impact statement
le programme de mesures de rechange
alternative measures program

la libération conditionnelle	*parole*
la mise en liberté conditionnelle	*parole*
le régime de libération conditionnelle	*parole system*
une audience sur la libération conditionnelle	*parole hearing*
le placement à l'extérieur	*work release*
la semi-liberté	*day parole*
la révocation	*revocation*

le manquement	*breach, violation*
▸ aux conditions *(f)* de probation	*breach of probation*
▸ aux conditions de la libération conditionnelle	*parole violation*
la violation	*breach, violation*
▸ d'une ordonnance de probation	*violation of a probation order*
▸ des conditions de la probation	*breach of probation*
la libération, la mise en liberté	*release*
▸ provisoire	*temporary release*
▸ sous condition	*conditional release*
▸ sous probation	*release on probation*
▸ surveillée	*supervised release*
▸ d'office	*statutory release*
▸ dans la collectivité	*release into the community*
la surveillance	*supervision*
▸ des délinquants mis en liberté	*supervision of released offenders*
▸ des libérés conditionnels	*parole supervision*
▸ dans la collectivité	*community supervision*
un contrevenant, une contrevenante	*offender*
▸ en probation	*offender on probation, probationer*
▸ en liberté conditionnelle	*offender on parole, parolee*
la gestion des cas[7]	*case management*
le plan d'intervention *(f)*	*case plan*
le programme correctionnel	*correctional program*
la maison de transition	*halfway house*
la réadaptation des délinquants	*offender rehabilitation*
la réinsertion sociale	*community reintegration*
la récidive	*recidivism, re-offending*
le risque de récidive	*risk of re-offending*
le pardon	*pardon*
la suspension du casier	*record suspension*

[7] The expression « *la gestion des cas* » is used in a corrections and human services context. Other translations for "case management" are also common, such as « *la gestion des causes* », « *la gestion des dossiers* » and « *la gestion des instances* », depending on the context.

Verbes pratiques	***Useful verbs***
abandonner les accusations	*to drop the charges*
accorder la libération conditionnelle	*to grant parole*
accuser	*to accuse, charge*
acquitter	*to acquit*
affirmer sous serment	*to state under oath*
alléguer	*to allege*
appliquer le droit	*to apply, enforce the law*
appréhender	*to apprehend, arrest*
arrêter	*to arrest*
commettre un crime	*to commit a crime*
comparaître en cour, devant le tribunal	*to appear in court, before the court*
condamner	*to convict, sentence*
contrevenir à	*to contravene*
déclarer coupable, non-coupable	*to find guilty, not guilty*
déposer des accusations	*to lay charges*
détenir	*to detain, hold*
effectuer le service communautaire	*to perform community service*
emprisonner	*to imprison, jail*
enquêter sur	*to investigate*
être en liberté sous caution	*to be free on bail*
être en probation	*to be on probation*
être reconnu coupable	*to be found guilty*
évaluer le risque de récidive	*to assess the risk of re-offending*
exercer le droit	*to practice law*
faire respecter la primauté du droit	*to uphold, enforce the rule of law*
garder en détention	*to keep in custody*
incarcérer	*to incarcerate, jail, imprison*
inculper de	*to accuse of, charge with*
inscrire un plaidoyer	*to enter a plea*
interroger	*to question, interrogate, interview*
juger	*to judge, try*
libérer	*to release, set free, discharge*
libérer sous caution	*to release on bail*
mener une enquête	*to conduct an investigation*
nier	*to deny*
plaider coupable, non coupable	*to plead guilty, not guilty*
porter une accusation contre	*to bring an accusation against*
poursuivre	*to prosecute*
se présenter en cour	*to appear in court*
procéder à l'arrestation	*to arrest, carry out an arrest*
prononcer une peine	*to sentence*
prouver hors de tout doute raisonnable	*to prove beyond a reasonable doubt*
purger sa peine	*to serve his, her sentence*
récidiver	*to re-offend*

reconnaître coupable, non coupable	*to find guilty, not guilty*
rendre un verdict	*to rule, deliver a verdict*
renverser	*to overturn*
retirer les accusations	*to drop the charges*
révoquer	*to revoke*
servir comme juré	*to serve as juror*
témoigner	*to testify*
traduire en justice	*to bring to justice*

Paroles en action / *Words in action*

Le respect de la primauté du droit est une valeur déterminante de la société canadienne et de toutes les sociétés démocratiques.

Le Parlement et les législatures provinciales ont le pouvoir constitutionnel d'adopter des lois dans leurs champs de compétence, et ces lois s'appliquent de façon égale à tous les Canadiens. Les pouvoirs législatifs des assemblées territoriales ne sont pas énoncés dans la Constitution. Ces organes législatifs exercent plutôt les pouvoirs qui leur sont délégués par le Parlement. Le gouvernement fédéral a le pouvoir constitutionnel relatif au droit pénal, et les provinces ont la responsabilité exclusive de l'administration de la justice.

La *Charte canadienne des droits et libertés* stipule: « Tout inculpé a le droit d'être présumé innocent tant qu'il n'est pas déclaré coupable, conformément à la loi, par un tribunal indépendant et impartial à l'issue d'un procès public et équitable. » La Couronne doit prouver devant un tribunal judiciaire que toute personne accusée d'une infraction criminelle est coupable « hors de tout doute raisonnable ». Ce fardeau élevé de la preuve existe pour protéger les innocents.

L'assurance que chaque personne jouit de la protection pleine et entière de la loi constitue la meilleure façon de garantir que les citoyens respectueux des lois ne seront pas jugés coupables eux-mêmes d'un acte criminel qu'ils n'ont pas commis.

Respect for the *rule of law is a defining value of Canadian society and of all democratic societies.*

Parliament and provincial legislatures have constitutional authority to pass laws within their area of jurisdiction, and these laws apply equally to all Canadians. The law-making authorities of territorial legislatures are not set out in the Constitution. Rather, these legislative bodies exercise authorities delegated to them by Parliament. The federal government has constitutional authority for criminal law, and the provinces have exclusive responsibility for the administration of justice.

The Canadian Charter of Rights and Freedoms *states: "Any person charged with an offence has the right to be presumed innocent until proven guilty according to law in a fair and public hearing by an independent and impartial tribunal." The Crown must prove before a court of law that anyone charged with a criminal offence is guilty "beyond a reasonable doubt." This high burden of proof exists to protect the innocent.*

Ensuring that everyone has the full protection of the law is the best assurance for law-abiding citizens that they themselves will not be convicted of a crime they did not commit.

A Free Press

Noms et expressions	*Nouns and phrases*
une presse libre	*free press*
les médias *(m)* canadiens	*Canadian media*
l'empire *(m)* médiatique	*media empire*
les représentants *(m)* des médias	*members of the media*
le médium	*medium*
le message	*message*
la liberté	*freedom, liberty*
▸ de la presse	*freedom of the press*
▸ d'expression *(f)*	*freedom of expression*

Tribune de la presse parlementaire canadienne
Canadian Parliamentary Press Gallery
La Presse Canadienne
The Canadian Press

une agence de presse	*news agency*
la nouvelle, les nouvelles	*the news*
le rassemblement des nouvelles	*news gathering*
le reportage	*reporting, coverage, news story*
la couverture médiatique	*media coverage*
la manchette, les manchettes	*headline, headlines, top stories*
les titres *(m)*	*headlines*
les dernières nouvelles *(f)*	*latest news*
la perspective canadienne	*Canadian perspective*
un point de vue équilibré	*balanced point of view*
la presse	*the press, papers*
le quotidien français	*French daily, newspaper*
le journal	*newspaper, journal*
une émission d'affaires publiques	*public affairs program*
les émissions télévisées	*television programs*
un article	*article*
le correspondant, la correspondante	*correspondent*
le commentateur, la commentatrice	*commentator*
un, une éditorialiste	*editorial writer*
le rédacteur en chef	*editor-in-chief*
le rédacteur, la rédactrice	*writer*

le, la journaliste	*journalist, reporter*
▸ de télévision	*television reporter, journalist*
▸ parlementaire	*parliamentary reporter*
▸ d'enquête	*investigative reporter*
le journalisme	*journalism*
le journalisme d'enquête	*investigative journalism*
l'informateur *(m)*, l'informatrice *(f)*	*informer*
l'anonymat *(m)*	*anonymity*
une source	*source*
▸ officielle	*official source*
▸ généralement fiable	*usually reliable source*
▸ anonyme	*anonymous, unnamed source*
▸ confidentielle	*confidential source*
les faits *(m)*	*the facts*
la version des faits	*version of the facts*
un faux reportage	*fake news*
une fuite médiatique	*media leak*
la censure	*censorship*
une perquisition illégale	*illegal search*
le mandat de perquisition	*search warrant*
la saisie	*seizure*
l'information *(f)* privilégiée	*privileged information*
la confidentialité	*confidentiality*
une violation	*violation, infringement*
une ordonnance	*injunction*
une interdiction de publication	*publication ban*
une ordonnance de non-publication	*publication ban*
le bâillon	*gag order*
une restriction injustifiée	*unjustified restriction*
la répression par l'État	*state-sponsored repression*
un regard critique	*critical look*
la crédibilité	*credibility*
le jugement	*judgement*
la discrétion	*discretion*
l'éthique *(f)* journalistique	*journalistic ethics*

Verbes pratiques	***Useful verbs***
attribuer à	*to attribute to*
bâillonner	*to gag*

citer	*to cite, quote*
critiquer	*to criticize*
dévoiler	*to uncover, reveal, disclose*
diffuser	*to spread, disseminate*
divulguer	*to divulge, reveal*
exposer	*to expose, set out*
imposer des restrictions *(f)* à	*to impose, place restrictions on*
informer	*to inform, notify, tell*
médiatiser	*to give media coverage to*
mettre en péril	*to endanger, jeopardize*
obtenir	*to obtain, get*
préserver l'anonymat *(m)*	*to safeguard, protect anonymity*
protéger	*to protect*
provoquer	*to provoke, cause, prompt*
rapporter	*to report*
rédiger	*to write, compose*
renseigner	*to inform*
révéler	*to uncover, reveal, disclose*
saisir	*to seize*

Paroles en action / *Words in action*

Une société libre et ouverte prospère grâce à l'expression libre des idées. Une presse libre garantit que le débat public ne sera pas étouffé et que les idéaux démocratiques prévaudront toujours. La *Charte des droits et libertés* garantit « liberté de pensée, de croyance, d'opinion et d'expression, y compris la liberté de la presse et des autres moyens de communication ».

Les véritables bénéficiaires de la garantie de liberté de la presse ne sont pas les journalistes et les éditorialistes mais les Canadiens en général. La surveillance, le reportage et la contestation médiatique indépendante et sans encombre de questions liées aux affaires publiques et à l'intérêt public permettent à un pays d'avoir une population bien renseignée. Par suite de quoi, les citoyens peuvent mieux exercer les droits et les devoirs de la citoyenneté. En ce sens, l'imposition de restrictions arbitraires aux médias empiète sur la liberté de tous les citoyens.

Une presse libre peut enquêter et faire des reportages sur tout sujet, et peut exprimer des opinions sur toute question, sans aucune forme d'influence ou de contrainte, politique ou autre, à condition qu'elle respecte les droits légaux des autres. En retour, les médias doivent assumer l'énorme responsabilité qui correspond à cette liberté, c'est à dire de parler honnêtement et sans crainte à leur public quand ils mettent en lumière des questions controversées et demandent des comptes aux représentants élus et aux organismes publics.

***A free and** open society thrives on the free expression of ideas. A free press ensures that public debate will not be stifled and that democratic ideals will always prevail. The* Charter of Rights and Freedoms *guarantees "freedom of thought, belief, opinion and expression, including freedom of the press and other media of communication."*

The real beneficiaries of the guarantee of freedom of the press are not journalists and editorial writers but ordinary Canadians. Independent and unhindered media scrutiny, reporting and challenge of matters related to public affairs and the public interest give rise to a more informed public. As a result, citizens can better exercise the rights and duties of citizenship. In that sense, arbitrary restrictions on the media encroach on the freedoms of all citizens.

A free press can investigate and report on any subject, and express opinions about any issue, free of political or any other form of influence or coercion, provided that it respects the legal rights of others. The media have a great obligation that goes hand-in-hand with this freedom, that is, to speak honestly and fearlessly to its public as it shines light on controversial issues and holds elected officials and public bodies to account.

Immigration *and* Refugees

Noms et expressions	***Nouns and phrases***
l'immigration *(f)*	*immigration*
la politique d'immigration	*immigration policy*
le plan triennal d'immigration	*three-year immigration plan*
les autorités *(f)* de l'immigration	*immigration authorities*
un agent, une agente d'immigration	*immigration agent, official*

un immigrant reçu, une immigrante reçue
landed immigrant
le certificat d'immigration
immigration certificate

une famille immigrante	*immigrant family*
un afflux d'immigrants	*influx of immigrants*
les nouveaux arrivants *(m)*	*newcomers, new arrivals*
le centre d'accueil	*reception centre*

Loi sur l'immigration et la protection des réfugiés
Immigration and Refugee Protection Act
Commission de l'immigration et du statut de réfugié du Canada
Immigration and Refugee Board
Conseil canadien pour les réfugiés
Canadian Council for Refugees

le demandeur, la demandeuse	*applicant*
l'arriéré *(m)* de demandes	*claims, applications backlog*
les exigences *(f)* d'entrée	*entry requirements*
le formulaire de demande	*application, application form*
la demande	*application, claim, request*
▸ d'immigration	*immigration application*
▸ de statut *(m)* de réfugié	*refugee claim*
▸ d'asile *(m)*	*request for asylum*
les critères *(m)*	*criteria*
▸ d'admission *(f)*	*admission, entry criteria*
▸ d'admissibilité *(f)*	*eligibility criteria*
▸ de sélection *(f)*	*selection criteria*
un résident permanent, une résidente permanente	*permanent resident*

la résidence permanente	*permanent residency*
les résidents temporaires	*temporary residents*
le parrainage privé	*private sponsorship*
les membres de la famille proche	*close family members*
le regroupement familial	*family reunification*

Haut Commissaire des Nations Unies pour les réfugiés
United Nations High Commissioner for Refugees
Agence des Nations Unies pour les réfugiés
UN Refugee Agency
Convention relative au statut des réfugiés
Convention Relating to the Status of Refugees

les étrangers *(m)*	*foreign nationals*
les travailleurs étrangers qualifiés	*skilled foreign workers*
un pays étranger	*foreign country*
le pays d'origine	*country of origin*

la reconnaissance des titres *(m)* de compétences *(f)* étrangers
recognition of foreign credentials

le réfugié, la réfugiée	*refugee*
une personne déplacée	*displaced person*
les personnes apatrides	*stateless persons*
le camp de réfugiés	*refugee camp*
l'asile *(m)*	*asylum, refuge, sanctuary*
le demandeur, la demandeuse	*claimant, applicant*
▸ du statut de réfugié	*refugee claimant*
▸ d'asile	*asylum seeker*

le processus de détermination *(f)* du statut *(m)* de réfugié
refugee determination process

l'emprisonnement *(m)*	*imprisonment*
un prisonnier, une prisonnière politique	*political prisoner*
la crainte de persécution *(f)*	*fear of persecution*
la torture	*torture*
le travail forcé	*forced labour*
les menaces *(f)* de mort	*death threats*
la crédibilité	*credibility*
les obligations *(f)* internationales	*international obligations*

le traitement des cas des réfugiés	*refugee processing*
le centre de traitement	*processing centre*
la réinstallation de réfugiés	*resettlement of refugees*
les services *(m)* de réétablissement	*resettlement services*
l'adaptation *(f)*	*adaptation*
l'intégration	*integration*

un pays de refuge
land, country of refuge
un refuge sûr
safe haven, refuge

le statut	*status*
▸ de réfugié	*refugee status*
▸ de réfugié politique	*political refugee status*
le rapatriement volontaire	*voluntary repatriation*
l'expulsion *(f)*	*expulsion, deportation*
la déportation	*deportation*
une mesure d'expulsion	*deportation order*
un ordre de déportation	*deportation order*
un déporté, une déportée	*deportee*

Catégories d'immigrants
Immigrant Categories

les travailleurs *(m)* qualifiés	*skilled workers*
les gens *(m)* d'affaires immigrants	*business immigrants*
le regroupement familial	*family reunification*
les réfugiés	*refugees*
les motifs *(m)* d'ordre humanitaire	*humanitarian grounds, considerations*

un détenu, une détenue	*detainee*
la détention	*detention*
le contrôle des motifs de détention	*detention review, detention review hearing*
une audience de révision	*review hearing*
le renvoi	*return*
l'extradition *(f)*	*extradition*
la menace d'extradition	*threat of extradition*
un ordre d'extradition	*extradition order*
un mandat d'extradition	*extradition warrant*
un accord d'extradition	*extradition agreement*

un appel	*appeal*
le mécanisme d'appel	*appeal mechanism*
la procédure d'appel	*appeal procedure*
le passage clandestin de migrants	*migrant smuggling*
la traite des personnes	*human trafficking*
les victimes de la traite des personnes	*trafficking victims*
le menace de force	*threat of force*
le recours aux mesures *(f)* coercitives	*use of coercion*
l'exploitation *(f)*	*exploitation*
l'entrée *(f)* illégale	*illegal entry*

Verbes pratiques	***Useful verbs***
accueillir	*to welcome*
arriver	*to arrive*
assimiler	*to assimilate*
attendre	*to wait for*
aviser	*to notify, advise*
craindre	*to fear*
déporter	*to deport*
détenir	*to detain, hold in detention*
émigrer	*to emigrate*
entendre une cause	*to hear a case*
entrer	*to enter*
s'établir	*to settle, get established*
être admis	*to be admitted*
expulser de	*to expel from, kick out of*
faire appel	*to appeal*
faire une demande d'immigration	*to apply for immigration*
immigrer à	*to immigrate to*
s'installer	*to settle*
s'intégrer	*to become integrated*
laisser entrer	*to admit*
migrer	*to migrate*
parrainer	*to sponsor*
permettre à	*to permit, allow*
persécuter	*to persecute*
présenter une demande d'asile	*to claim asylum*
rétablir	*to resettle*
se réfugier	*to take refuge*
rejeter	*to reject, deny*
renverser	*to reverse*
résider en	*to reside in*
réunir des familles	*to reunite families*

soumettre	*to submit*
trouver refuge	*to find refuge*
venir de	*to come from*

Paroles en action / *Words in action*

Chaque famille immigrante a sa propre histoire à raconter. Souvent, c'est une histoire profondément personnelle de détermination inébranlable et de sacrifices remarquables permettant, finalement, de surmonter l'adversité. Une histoire partagée unit les nombreuses nationalités qui ont bâti le Canada d'aujourd'hui, à savoir le rêve d'un nouveau départ et la lutte pour réaliser un avenir prometteur. C'est un lien qui rallie les Canadiens d'origines et de cultures diverses, et un pont entre les générations passées et actuelles.

Je rends hommage à mes parents pour leur vision et leur courage d'immigrer au Canada avec une jeune famille à la recherche de nouvelles possibilités. Ils ont appris une nouvelle langue et se sont adaptés à des circonstances et des coutumes qui ne leur étaient pas familières. Les déceptions ne les ont pas découragés, les difficultés ne les ont pas abattus, et leur foi profonde ne les a pas abandonnés. Ils ont embrassé leur patrie d'adoption et ils se sont réjouis de leur chance tout en maintenant des liens familiaux étroits aux Pays-Bas, leur patrie ancestrale et culturelle. Leur expérience de l'immigration dépasse le folklore familial car elle symbolise et fait partie de la grande histoire de la fondation du Canada et du façonnement de son identité moderne.

Nous transmettons tous à nos enfants la richesse de leur patrimoine, les bienfaits de notre liberté et de notre prospérité, et les promesses que réserve le Canada pour l'avenir.

***Every immigrant family** has its own story to tell. Often, it is a deeply personal story of unwavering determination and remarkable sacrifice, and ultimately of triumph over adversity. The many nationalities that built modern Canada are united by a common story, that is, the dream of a new beginning and the struggle to realize a brighter future. It is a bond that unites Canadians from diverse backgrounds and cultures, and a bridge between past and present generations.*

I give tribute to my parents for their vision and courage to immigrate to Canada with a young family in search of new opportunities. They learned a new language and adapted to unfamiliar circumstances and customs. Disappointments did not deter them, hardships did not break them, and their deep faith did not fail them. They embraced their adopted land and rejoiced in their good fortune while maintaining close family ties in the Netherlands, their ancestral and cultural homeland. Their immigration story is more than family folklore for it symbolizes and is part of the great story of the founding of Canada and the shaping of its modern identity.

We all pass on to our children the gifts of their heritage, the blessings of our freedom and prosperity, and the promise that Canada holds for the future.

At *the* Border

Noms et expressions	*Nouns and phrases*
la frontière canadienne	*Canadian border, frontier*
la frontière américaine	*US, American border*
la frontière canado-américaine	*Canada-U.S. border*
une frontière	*border*
▸ ouverte	*open border*
▸ fermée	*closed border*
la zone frontalière	*border zone*
la circulation transfrontalière	*cross-border traffic*
le poste frontalier	*border post, border crossing*
le poste frontière	*border post*
le passage frontalier	*border crossing*
la traversée des frontières	*crossing the border, border crossing*
la fermeture des frontières	*border closing, closure*
la réouverture	*re-opening*
les restrictions *(f)* frontalières	*border restrictions*

Agence des services frontaliers du Canada
Canada Border Services Agency
Garde côtière canadienne
Canadian Coast Guard
Commission de la frontière internationale
International Boundary Commission

la sécurité de la frontière	*border security*
la sécurité frontalière	*border security*
une mesure de sécurité frontalière	*border security measure*
la surveillance des frontières	*border surveillance*
la patrouille des frontières	*border patrol*
la patrouille frontalière	*border patrol*
l'agent *(m)*, l'agente *(f)* des services frontaliers	*border services officer*
l'agent *(m)*, l'agente *(f)* des douanes	*customs officer*
un garde armé, une garde armée	*armed guard*
le bureau de douane canadien	*Canadian customs office*
les services *(m)* de douanes	*customs service*
la législation douanière	*customs law*
la réglementation douanière	*customs regulation*

une inspection douanière	*customs inspection*
la déclaration	*declaration*
la carte de déclaration	*declaration card*
une exemption	*exemption*
▸ personnelle	*personal exemption*
▸ en franchise	*duty free exemption*
les effets *(m)* personnels	*personal goods, effects*
les biens *(m)* domestiques	*household goods*
les marchandises *(f)* à usage *(m)* commercial	*business goods, merchandise*
la marchandise contrôlée	*controlled merchandise*
les cadeaux *(m)*	*gifts*

le passeport
passport
la carte de résident permanent
permanent resident card
un visa d'entrée
entry visa
le visa de visiteur
visitor's visa
le visa de résident temporaire
temporary resident visa
le permis de travail
work permit
le permis d'études
study permit

la valeur totale	*total value*
une quantité limitée	*limited quantity*
la limite de l'exemption	*exemption limit*
la taxe à la frontière	*border tax*
les frais *(m)* de douane	*customs duty*
les droits *(m)* de douane	*customs duties*
la boutique hors taxes	*duty-free shop*
le passeport	*passport*
▸ canadien	*Canadian passport*
▸ étranger	*foreign passport*
▸ diplomatique	*diplomatic passport*
la demande de passeport	*passport application*
une personne titulaire d'un passeport	*passport holder*

la preuve de citoyenneté	*proof of citizenship*
la preuve d'identité	*proof of identity*
une pièce d'identité avec photo	*photo identity, ID card*
une carte d'identité nationale	*national identity, ID card*
la carte intelligente biométrique	*biometric smart card*
les données *(f)* biométriques	*biometric data*
le dédouanement	*customs clearance*
la préautorisation de sécurité	*security pre-clearance*
la file d'attente	*waiting line, queue*
le processus accéléré	*fast-track processing*
la voie rapide réservée	*dedicated fast-lane*
le trafic à faible risque	*low-risk traffic*
une vérification ponctuelle	*spot-check*
le voyageur, la voyageuse	*traveller*
le visiteur, la visiteuse	*visitor*
un étranger, une étrangère	*foreigner*
un ancien résident, une ancienne résidente	*former resident*
une personne inadmissible	*inadmissible person*

Initiative relative aux voyages dans l'hémisphère occidental
Western Hemisphere Travel Initiative
Déclaration sur la frontière intelligente Canada-É.-U.
Canada-U.S. Smart Border Declaration

un vol	*flight*
▸ international	*international flight*
▸ transfrontalier	*cross-border flight*
le point	*point*
▸ d'entrée	*point of entry*
▸ d'origine	*point of origin*
la date de départ	*departure date*
le départ	*departure*
l'entrée *(f)*	*entry*
une exigence d'entrée	*entry requirement*
le retour	*return*
l'arrivée *(f)*	*arrival*
les importations *(f)*	*importation*
la restriction d'importation	*import restriction*
le permis d'importation	*import permit*
l'expiration *(f)*	*expiry*

les bagages *(m)*	*baggage, bags, luggage*
les marchandises *(f)*	*merchandise, goods*
le produit	*product*
▸ du tabac	*tobacco product*
▸ agricole	*agricultural product*
▸ alimentaire	*food product*
la contrebande	*smuggling*
les produits de contrebande	*smuggled goods*
le réseau de contrebandiers	*smuggling ring*
la dissimulation	*concealment*
les méthodes *(f)* de dissimulation	*concealment methods*

Loi sur l'accise
Excise Act

les mesures *(f)* d'application de la loi	*enforcement action*
l'inspection *(f)*	*inspection*
une saisie douanière	*Customs seizure*
une principale saisie	*major seizure*
la confiscation	*confiscation, seizure*
la pénalité	*penalty*

Verbes pratiques	***Useful verbs***
aller à l'étranger	*to go abroad*
confisquer	*to confiscate, seize*
contrôler	*to control, inspect, check*
déclarer	*to declare*
dissimuler	*to conceal, hide*
évaluer	*to assess, screen*
faire la contrebande	*to smuggle*
garder ouverte la frontière	*to keep the border open*
inspecter	*to inspect*
intercepter	*to intercept*
ouvrir	*to open*
passer à la douane	*to go through, clear customs*
patrouiller	*to patrol*
payer de droits	*to pay duty*
prohiber	*to prohibit*
rapporter	*to bring back*
remplir	*to complete, fill in, fill out*
restreindre	*to restrict*
rouvrir	*to re-open*
traverser la frontière	*to cross the border*

Paroles en action / *Words in action*

La frontière entre le Canada et les États-Unis, souvent décrite comme la frontière non défendue la plus longue au monde, représente un symbole d'amitié, de confiance et de coopération de longue date entre nos pays.

Dans le contexte mondial de l'après-11 septembre, les gouvernements partout dans le monde ont attaché une importance sans précédent au renforcement de la sécurité frontalière dans le cadre d'un programme de sécurité générale. Le Canada et les États-Unis, et d'autres nations alliées, travaillent ensemble à éradiquer la menace terroriste et à empêcher les terroristes de traverser nos frontières. Le souci de la sécurité est clairement évident dans les aéroports où les autorités ont imposé une augmentation des mesures de sûreté utilisant les plus récentes technologies de contrôle.

Certains experts en sécurité avancent l'argument que les « technologies dures » conçues pour un dépistage systématique ou de masse ne suffisent pas en elles-mêmes à décourager et démasquer les voyageurs à haut risque, terroristes ou non. En fait, elles pourraient créer un faux sentiment de sécurité. Ces experts maintiennent qu'on doit accorder une importance plus grande à l'utilisation des renseignements de sécurité et de l'évaluation des comportements comme outils de dépistage aux aéroports.

Les citoyens respectueux de la loi sont généralement d'accord avec des mesures raisonnables pour contrer les menaces à la sécurité publique. En même temps, les institutions gouvernementales et les citoyens doivent faire preuve de vigilance afin que le souci de la sécurité ne nous entraîne pas à diminuer la protection des droits individuels et collectifs – et de l'esprit de liberté – qui sont au cœur d'une société libre et démocratique.

The border between *Canada and the United States, often described as the longest undefended border in the world, is a symbol of long-standing friendship, trust and cooperation between our countries.*

In a post 9/11 world, governments everywhere have placed unprecedented emphasis on strengthening border security as part of a broader security agenda. Canada and the United States, and other allied nations, are working together to root out terrorism and prevent terrorists from crossing our borders. The preoccupation with security is clearly evident at airports where authorities have imposed increased security measures using the latest screening technologies.

Some security experts argue that "hard technologies" designed for routine or mass screening by themselves are not a sufficient means to deter or detect high risk travelers, terrorists or otherwise. In fact, they may lead to a false sense of security. These experts maintain that there should be greater emphasis on the use of intelligence information and behavioural assessment as screening tools at airports.

Law-abiding citizens generally agree with reasonable measures to counter threats to public security. At the same time, government institutions and citizens must be vigilant that a preoccupation with security does not cause us to diminish the protection of individual and collective rights – and the spirit of freedom – that are the essence of a free and democratic society.

Foreign Relations

Noms et expressions	***Nouns and phrases***
les relations *(f)* étrangères	*foreign relations*
les affaires *(f)* étrangères	*foreign affairs*
les affaires extérieures	*external, foreign affairs*
la politique étrangère	*foreign policy*
une politique étrangère indépendante	*independent foreign policy*
les objectifs *(m)* de politique extérieure	*foreign policy goals*
un énoncé de la politique étrangère	*foreign policy statement*

le haut-commissariat
High Commission
le haut, la haute-commissaire
High Commissioner
l'ambassade du Canada
Canadian embassy
l'ambassadeur, l'ambassadrice du Canada
Canadian Ambassador
le consulat général
Consulate General
le consul général, la consule générale
Consul General
la mission du Canada
Mission of Canada
le, la chef de mission
Head of Mission
le représentant permanent, la représentante permanente
Permanent Representative

la puissance douce	*soft power*
la puissance coercitive	*hard power*
la puissance intelligente	*smart power*
la zone d'influence	*sphere of influence*
une ambassade	*embassy*
l'ambassadeur du Canada en France	*Canadian Ambassador to France*
l'ancien ambassadeur	*former Ambassador*
la lettre de créance	*letter of credence, credentials*
la lettre de commission	*letter of commission*
le, la diplomate	*diplomat*
le diplomate de carrière	*career diplomat*

un diplomate étranger	*foreign diplomat*
un officier de haut rang canadien	*high-ranking Canadian official*
le numéro deux	*second-in-charge, in-command*
le représentant, la représentante à l'étranger	*representative abroad*
la mission à l'étranger	*mission, post abroad; foreign mission*
le bureau à l'étranger	*foreign office, office abroad, overseas mission*
le bureau des visas	*visa office*

La composition du groupe des 20 (le G20)
Membership of the Group of 20 (G20)

l'Afrique du Sud	*South Africa*
l'Allemagne*	*Germany*
l'Arabie saoudite	*Saudi Arabia*
l'Argentine	*Argentina*
l'Australie	*Australia*
le Brésil	*Brazil*
le Canada*	*Canada*
la Chine	*China*
les États-Unis*	*United States*
la France*	*France*
l'Inde	*India*
l'Indonésie	*Indonesia*
l'Italie*	*Italy*
le Japon*	*Japan*
le Mexique	*Mexico*
la République de Corée	*Republic of Korea*
le Royaume-Uni*	*United Kingdom*
la Russie*	*Russia*
la Turquie	*Turkey*
l'Union européenne**	*European Union*

* Aussi membre du G8. *Also member of the G8.*
**Membre participant au G8 et G20. *Participating member in the G8 and G20.*

un agent, une agente	*officer*
▸ du service extérieur	*foreign service officer*
▸ consulaire	*consular, consular affairs officer*
▸ politique	*political, political affairs officer*
▸ économique	*economic, economic affairs officer*
▸ d'immigration du service extérieur	*foreign service immigration officer*
la rotation de postes	*job rotation*
une affectation internationale	*international assignment*
une affectation à l'étranger	*assignment abroad*

les citoyens *(m)* canadiens à l'étranger	*Canadian citizens abroad*
la citoyenneté canadienne	*Canadian citizenship*
la nationalité canadienne	*Canadian nationality*
le consulat étranger	*foreign consulate*
les affaires *(f)* consulaires	*Consular affairs*
les services *(m)* consulaires	*Consular services*
une assistance consulaire	*Consular assistance*
les agents consulaires	*Consular officials*
la sécurité des voyageurs	*traveller security*
le service d'inscription	*registration service*
l'aide *(f)* dans une situation d'urgence	*emergency assistance*
un avis aux voyageurs	*travel advisory, notice*
un avertissement aux voyageurs	*travel warning*

Le maintien de la réputation internationale du Canada
Upholding Canada's International Reputation

- un citoyen mondial responsable et un allié de confiance
  a responsible world citizen and trusted ally
- une voix de la raison, un intermédiaire impartial et un bâtisseur de consensus en matière d'enjeux mondiaux
  a voice of reason, an honest broker and consensus builder on global issues
- un partenaire commercial sûr
  a reliable trading partner
- un bon ami du tiers-monde
  a good friend of the Third World
- un chef de file mondial dans le maintien de la paix
  a global peacekeeping leader
- un ardent défenseur de la règle de droit
  a staunch defender of the rule of law
- un ardent défenseur de la justice sociale et des droits de la personne et des minorités
  a strong advocate, champion for social justice and human and minority rights
- le modèle d'une société juste, démocratique et multiculturelle
  the model of a just, democratic and multicultural society

les relations *(f)*	*relations*
▸ cordiales	*cordial relations*
▸ internationales	*international relations*
▸ mutuellement avantageuses	*mutually beneficial relations*
une relation constructive	*constructive relationship*
une relation d'amitié de longue date	*long-standing friendly relationship*
une amélioration des relations	*improved relations*

une détérioration progressive	*gradual deterioration*
la délégation canadienne	*Canadian delegation*
le, la chef de délégation	*head of delegation*
le dirigeant étranger, la dirigeante étrangère	*foreign leader*
un leader mondial, une leader mondiale	*world leader*
le, la chef d'État	*head of state*
le, la chef du gouvernement	*head of government*
le siège du gouvernement	*seat of government*
les pays	*countries*
▸ européens	*European countries*
▸ d'Amérique latine	*Latin American countries*
▸ arabes	*Arab countries*
▸ du Moyen-Orient	*Middle-Eastern countries*
▸ asiatiques	*Asian, Asiatic countries*

le service extérieur canadien
Canadian foreign service
Programme de perfectionnement du service extérieur
Foreign Service Development Program
Institut canadien du service extérieur
Canadian Foreign Service Institute
Directives sur le service extérieur
Foreign Service Directives
Association professionnelle des Agents du Service extérieur
Professional Association of Foreign Service Officers

un État	*State*
▸ étranger	*foreign State*
▸ allié	*allied state*
▸ démocratique	*democratic State*
▸ communiste	*communist State*
▸ islamique	*Islamic State*
l'Europe	*Europe*
les pays *(m)* d'Europe	*countries of Europe*
les partenaires *(m)* européens	*European partners*
les alliés *(m)* européens	*European allies*
une alliance transatlantique	*transatlantic alliance*
une nation souveraine	*sovereign nation*
une affaire interne	*internal matter*
une ingérence sans précédent	*unprecedented interference*
une réponse adéquate	*appropriate response*

une réaction musclée	*heavy-handed reaction, response*
un développement positif	*positive development*
la dictature militaire	*military dictatorship*
le dictateur déposé	*deposed dictator*
le gouvernement provisoire	*provisional government*
le régime	*regime*
▸ démocratique	*democratic regime*
▸ autoritaire	*authoritarian regime*
▸ répressif	*repressive regime*
▸ fondamentaliste	*fundamentalist regime*
▸ communiste	*communist regime*
▸ corrompu	*corrupt regime*
l'ancien régime taliban	*former Taliban regime*
l'ancien bloc soviétique, communiste	*former Soviet, communist bloc*

Sommet du G8
G8 Summit
Sommet de la Francophonie
Francophonie Summit
Sommet des Amériques
Summit of the Americas
Réunion des chefs de gouvernement des pays du Commonwealth
Commonwealth Heads of Government Meeting

le coup d'État militaire	*military coup, take-over*
la junte militaire	*military junta*
la loi martiale	*martial law*
un état d'urgence	*state of emergency, urgency*
une crise politique	*political crisis*
une situation explosive	*explosive situation*
une lutte de, pour le pouvoir	*power struggle*
le gouvernement déchu	*deposed government*
un gouvernement élu démocratiquement	*democratically-elected government*
le retour à la démocratie	*return to democracy*
le développement démocratique	*democratic development*
les droits *(m)* démocratiques	*democratic rights*
la guerre froide	*Cold War*
la période de l'après-guerre froide	*post Cold War period*

le monde libre	*the free world*
le climat politique mondial	*world political climate*
les événements *(m)* mondiaux	*global events*
les récents développements *(m)*	*recent developments*
un tournant périlleux	*perilous turning point*
les points *(m)* chauds du globe	*world hot spots*

l'Union européenne
European Union

Commission européenne	*European Commission*
Conseil de l'Union européenne	*Council of the European Union*
Conseil de l'Europe	*European Council*
Parlement européen	*European Parliament*
Cour de justice européenne	*European Court of Justice*
Banque centrale européenne	*European Central Bank*
les membres de l'Union européenne	*members of the European Union*
les États membres	*member States*
la présidence actuelle	*current presidency*
un président stable et à plein temps	*fixed, full-time president*
le siège à Bruxelles	*Brussels headquarters*
Service européen pour l'action extérieure	*European External Action Service*
Charte des droits fondamentaux	*Charter of Fundamental Rights*

les intérêts *(m)*	*interests*
▸ vitaux	*vital interests*
▸ stratégiques	*strategic interests*

Président du Conseil européen
President of the European Council
Haut représentant de l'Union pour les affaires étrangères et la politique de sécurité
High Representative of the Union for Foreign Affairs and Security Policy
Traité de Lisbonne
Treaty of Lisbon
Traité sur l'Union européenne (traité de Maastricht)
Treaty on European Union (Maastricht Treaty)
Traité sur le fonctionnement de l'Union européenne
Treaty on the Functioning of the European Union
Acte unique européen
Single European Act

une importance stratégique	*strategic importance*
le renforcement	*strengthening*
l'affaiblissement *(m)*	*weakening*

le soutien	*support*
▸ politique	*political support*
▸ économique	*economic support*
▸ militaire	*military support*

La diplomatie internationale

International Diplomacy

la nomination diplomatique	*diplomatic appointment*
les fonctions *(f)* diplomatiques	*diplomatic duties*
les relations *(f)* diplomatiques	*diplomatic relations*
les liens *(m)* diplomatiques	*diplomatic ties*
le rapport diplomatique	*diplomatic relationship*
la présence diplomatique	*diplomatic presence*
les représentations *(f)* diplomatiques	*diplomatic representations*
le poste diplomatique	*diplomatic post*
une source diplomatique	*diplomatic source*
une initiative diplomatique	*diplomatic initiative*
une solution diplomatique	*diplomatic solution*
un risque diplomatique	*diplomatic risk, gamble*
l'option *(f)* diplomatique	*diplomatic option*
la voie diplomatique	*diplomatic route*
les moyens *(m)* diplomatiques	*diplomatic means*
une offensive diplomatique	*diplomatic offensive*
les efforts *(m)* diplomatiques	*diplomatic efforts*
la pression diplomatique	*diplomatic pressure*
un incident diplomatique	*diplomatic incident*
la protestation diplomatique	*diplomatic protest*
une note diplomatique	*diplomatic note*
l'immunité *(f)* diplomatique	*diplomatic immunity*
les privilèges *(m)* diplomatiques	*diplomatic privileges*
son rappel imprévu	*his, her unexpected recall*

la mission diplomatique

diplomatic mission

le corps diplomatique

Diplomatic Corps

Convention de Vienne sur les relations diplomatiques

Vienna Convention on Diplomatic Relations

le sommet mondial	*global summit*
le rassemblement des chefs de gouvernement	*meeting of heads of government*
une solution unilatérale	*unilateral solution*
une action bilatérale	*bilateral action*
les obligations *(f)* réciproques	*reciprocal obligations*

le dialogue	*dialogue*
la discussion de grande envergure	*wide-ranging discussion*
les discussions multilatérales	*multilateral discussions*
un effort multilatéral	*multilateral effort*
un engagement international	*international commitment*
le traité international	*international treaty*
une institution internationale	*international institution*
l'ensemble *(m)* de la communauté internationale	*whole international community*
la réputation internationale	*international reputation*
l'image *(f)* internationale	*international image*

Principales régions géographiques et géopolitiques
Major Geographic and Geopolitical Regions

l'Afrique	*Africa*
l'Amérique centrale et les Caraïbes	*Central America and the Caribbean*
l'Amérique du Nord	*North America*
l'Amérique du Sud	*South America*
l'Asie centrale et la Russie	*Central Asia and Russia*
l'Asie du Sud-Est	*Southeast Asia*
l'Australie et le Pacifique	*Australia and the Pacific*
la Chine	*China*
l'Europe de l'Est	*Eastern Europe*
la Grande-Bretagne et l'Europe de l'Ouest	*Great Britain and Western Europe*
le Moyen-Orient	*Middle East*
le Sous-continent indien	*Indian sub-continent*

les liens *(m)*	*ties*
▸ politiques	*political ties*
▸ commerciaux	*commercial ties*
▸ économiques	*economic ties*
▸ militaires	*military ties*
un échange	*exchange*
▸ agricole	*agricultural exchange*
▸ culturel	*cultural exchange*
un accord	*agreement*
▸ bilatéral	*bilateral agreement*
▸ de principe	*agreement in principle*
▸ international	*international agreement*
▸ multilatéral	*multilateral agreement*

la lettre d'intention	*letter of intent*
le mémorandum d'accord	*memorandum of agreement*
le profond désaccord	*serious disagreement*
l'isolation *(f)* politique	*political isolation*
l'indépendance *(f)*	*independence*
la sécession	*secession*
une intervention étrangère	*foreign intervention*
une concession politique	*political concession*
un monde interdépendant	*interdependent world*
le domaine de coopération	*area of cooperation*
la coopération croissante	*growing cooperation*
la coopération au développement	*development cooperation*

La visite officielle
Official Visit

le protocole	*protocol*
un séjour de deux jours	*two-day stay, visit*
l'entourage *(m)*	*entourage*
le tapis rouge	*red carpet*
le traitement d'honneur	*red carpet treatment*
le banquet officiel	*official banquet*
les invités d'honneur	*guests of honour*
la garde d'honneur	*honour guard*
le garde du corps	*bodyguard*
la foule enthousiaste	*enthusiastic crowd*
le bain de foule	*walkabout*
les discussions *(f)* politiques privées	*private political discussions*

la provocation	*provocation*
un acte provocant	*provocative act*
la stabilité politique	*political stability*
l'instabilité *(f)* politique	*political instability*
les tensions *(f)* internationales	*international tensions*
les rebelles *(m)* antigouvernementaux	*anti-government rebels*
les insurgés *(m)*	*insurgents, rebels*
une insurrection	*insurrection, insurgency*
le soulèvement	*uprising*
la révolution	*revolution*
la corruption répandue	*widespread corruption*
la répression	*repression*

le démenti	*denial*
le désaveu	*disavowal, denial, repudiation*
un exil volontaire	*voluntary exile*
l'expulsion *(f)*	*expulsion*
l'asile *(m)*	*asylum*
une destination inconnue	*unknown destination*

Institut canadien de la Défense et des Affaires étrangères
Canadian Defence and Foreign Affairs Institute

l'Occident *(m)*	*the West*
les observateurs *(m)* occidentaux	*Western observers*
le monde	*world*
▸ occidental	*western world*
▸ arabe	*Arab world*
▸ entier	*the whole world*
les limites *(f)* territoriales	*territorial limits*
l'intégrité *(f)* territoriale	*territorial integrity*

Verbes pratiques	***Useful verbs***
défendre les intérêts	*to defend, advance, champion the interests*
demander	*to ask, request, seek*
déplorer	*to deplore*
déposer	*to depose*
se dérouler	*to take place, happen, unfold*
discuter de, sur	*to discuss*
s'emparer du pouvoir	*to seize power*
envoyer en mission	*to send on a mission*
être mutuellement avantageux	*to be mutually advantageous*
exercer une influence sur	*to influence*
exiger	*to require*
favoriser	*to encourage, support, contribute to*
indiquer	*to indicate*
informer de, que	*to notify about, that*
s'informer de	*to inquire, ask about*
insister	*to insist, stress*
intervenir	*to intervene, take place*
s'occuper de	*to deal with, take care of, look after*
prendre le contrôle	*to take control*
préoccuper	*to worry*
protester	*to protest*

rappeler	*to recall*
régler	*to settle, resolve*
renforcer	*to strengthen, reinforce*
renverser	*to overthrow*
représenter	*to represent*
rétablir l'ordre	*to re-establish order*
soutenir	*to support, uphold, maintain*
suspendre	*to suspend*

Paroles en action / *Words in action*

La coexistence pacifique des nations, le mieux-être de la société mondiale, le soutien aux populations du monde les plus vulnérables, et l'assurance d'une planète saine et vivante, comptent parmi les valeurs les plus importantes que peut défendre la politique étrangère d'un pays. Si toutes les nations protègent seulement leurs propres intérêts, qui parlera au nom des intérêts collectifs de toute l'humanité? Qui défendra les populations pauvres et affamées du monde, ses réfugiés, et ceux et celles qui ont soif de justice. Qui va se porter à la défense de la planète Terre?

Si chaque nation ne cherche à servir que ses propres intérêts, on ne peut pas compter sur les effets secondaires qui en résulteront pour créer un monde meilleur. Pour atteindre ce but, il faut que toutes les nations travaillent ensemble à la cause commune d'un seul monde et d'une seule Terre. L'accomplissement des objectifs partagés de l'humanité nécessitera la vision, l'engagement et les efforts inlassables d'une coalition d'artisans de la paix et d'hommes et de femmes de bonne volonté.

Ces objectifs comprendraient certainement les suivants: vivre en paix; éliminer la faim, la pauvreté et l'oppression; traiter toutes les personnes avec dignité et respect; fournir une bonne éducation à tous les enfants; donner à tout le monde l'occasion de jouir d'une bonne santé et d'une qualité de vie décente; assurer un air pur et de l'eau propre pour tous les gens; et protéger l'environnement et notre planète au profit des générations actuelles et futures et des millénaires à venir.

Among the highest *values that a nation's foreign policy can serve are the peaceful co-existence of nations, the betterment of global society, support for the world's most vulnerable populations, and the assurance of a healthy living planet. If every nation looks only after its own interests, who will speak for the common interests of all mankind? Who will advocate for the world's poor and hungry, its refugees, and those who yearn for justice? Who will stand up for planet Earth?*

We will not create a better world as a side effect of every nation pursuing its own interests, but as a consequence of all nations working together in the common cause of one world and one Earth. It will require the vision, commitment and tireless efforts of a coalition of peacemakers and men and women of good will to achieve the shared goals of mankind.

These goals would surely include: to live in peace; to eliminate hunger, poverty, and oppression; to treat all persons with dignity and respect; to provide all children with a good education; to give everyone the opportunity to enjoy good health and a decent quality of life; to ensure clean air and safe water for all; and to safeguard the environment and our planet for the benefit of current and future generations and the countless millennia to come.

United Nations

Noms et expressions	***Nouns and phrases***

l'Organisation des Nations Unies
United Nations Organization
le secrétaire général
Secretary-General
la Charte des Nations Unies
Charter of the United Nations
l'Assemblée générale
General Assembly
le Conseil de sécurité
Security Council
les membres permanents du Conseil de sécurité
permanent members of the Security Council

une vision	*vision*
▸ globale	*global vision*
▸ commune	*common vision*
un État membre	*member State*
un pays membre	*member country*
la réunion du Conseil au complet	*meeting of the full Council*
une réunion d'urgence	*emergency meeting*
les autorités *(f)* onusiennes	*UN authorities*
la diplomatie onusienne	*UN diplomacy*
un envoyé spécial, une envoyée spéciale	*special envoy*
l'émissaire *(m)*	*emissary*

Mission permanente du Canada auprès des Nations Unies
Permanent Mission of Canada to the United Nations
Ambassadeur et représentant permanent du Canada auprès des Nations Unies
Ambassador and Permanent Representative of Canada to the United Nations
Ambassadrice et représentante permanente du Canada
Ambassador and Permanent Representative of Canada

toutes les nations *(f)*	*all nations*
la communauté internationale	*international community*
l'ensemble *(m)* de la communauté internationale	*whole international community*
une entité non souveraine	*non-sovereign entity*

la résolution de l'ONU	*UN resolution*
le projet de résolution	*draft resolution*
une deuxième résolution	*second resolution*
le veto	*veto*
un ultimatum	*ultimatum*
l'approbation *(f)* internationale	*international approval*
la désapprobation	*disapproval*
l'opinion *(f)* mondiale	*world opinion*
le, la dignitaire	*dignitary*
le représentant, la représentante	*representative*
le délégué, la déléguée	*delegate, representative*
le statut d'observateur	*observer status*

Organismes onusiens
United Nations Bodies

- Organisation mondiale de la Santé
  World Health Organization
- Organisation des Nations Unies pour l'éducation, la science et la culture
  United Nations Educational, Scientific and Cultural Organization
- Fonds des Nations Unies pour l'enfance
  United Nations Children's Fund
- Haut Commissariat des Nations Unies aux droits de l'homme
  Office of the United Nations High Commissioner for Human Rights
- Agence des Nations Unies pour les réfugiés
  UN Refugee Agency
- Organisation des Nations Unies pour l'alimentation et l'agriculture
  Food and Agriculture Organization of the United Nations
- Organisation internationale du Travail
  International Labour Organization
- Organisation mondiale de la propriété intellectuelle
  World Intellectual Property Organization
- Agence internationale de l'énergie atomique
  International Atomic Energy Agency

la cause	*cause*
▸ de la paix	*cause for peace*
▸ de la sécurité globale	*cause for global security*
▸ de la justice internationale	*cause for international justice*
▸ du développement démocratique	*cause for democratic development*
les propos *(m)*	*remarks*
un ton conciliant	*conciliatory tone*
le débat public	*public debate*

le forum international	*international forum*
la condamnation internationale	*international condemnation*
la pression internationale	*international pressure*
les sanctions *(f)*	*sanctions*
▸ politiques	*political sanctions*
▸ économiques	*economic sanctions*
▸ onusiennes	*UN sanctions*
▸ ciblées	*targeted sanctions*

La responsabilité de protéger
Responsibility to Protect

la protection des civils	*protection of civilians*
l'obligation *(f)* morale d'intervenir	*moral obligation to intervene, act*
le droit d'intervention humanitaire	*right of humanitarian intervention*
les conflits *(m)* armés	*armed conflict*
les attaques *(f)* généralisées contre les civils, p. ex.,	*widespread attacks on civilians, e.g.,*
▸ le génocide	*genocide*
▸ l'épuration *(f)* ethnique	*ethnic cleansing*
▸ les crimes *(m)* de guerre	*war crimes*
▸ les crimes contre l'humanité	*crimes against humanity*
la souveraineté des États	*state sovereignty*
la communauté internationale	*international community*
l'action *(f)* collective	*collective action*
intervenir rapidement	*to respond quickly*

la menace de sanctions	*threat of sanctions*
la mise en place	*imposition*
une suspension immédiate	*immediate suspension*
la levée graduelle	*gradual lifting*
les représailles *(f)*	*reprisals, retaliation*
les mesures *(f)* de représailles	*retaliatory measures*
les inspecteurs *(m)* de l'ONU	*UN inspectors*
une équipe de l'ONU	*UN team*
la force onusienne	*UN force*
une institution spécialisée	*specialized institution, agency*
une mission dédiée	*dedicated mission*
un mandat fort	*strong mandate*
le rôle central	*central role*
le cadre interorganisationnel	*inter-agency framework*
la réforme interne	*internal reform*

Verbes pratiques	*Useful verbs*
s'abstenir de	*to abstain from*
adopter unanimement	*to adopt unanimously*
s'adresser à	*to address, speak to*
affirmer	*to affirm, assert, say*
amener devant	*to bring before*
s'assurer que	*to make sure, ascertain, check that*
avertir vigoureusement	*to warn strongly, loudly*
collaborer	*to collaborate, work together, liaise*
contrer	*to counter*
convoquer	*to convoke, convene, call*
déclarer	*to say, declare*
dénouer	*to resolve*
devenir membre de	*to become a member of*
douter sérieusement	*to doubt, question seriously*
entamer les négociations	*to start negotiations*
faire une recommandation	*to make a recommendation*
favoriser	*to encourage, support, contribute to*
imposer	*to impose*
insister fortement	*to stress, insist, emphasize strongly*
lever	*to lift, remove*
opposer	*to oppose*
persuader	*to persuade*
se préoccuper de	*to worry about, be concerned with*
proposer	*to propose*
réclamer	*to demand, call for*
se réunir	*to meet*
réfuter	*to refute, disprove*
rejeter	*to reject, deny*
respecter	*to respect, observe, comply with*
sanctionner	*to sanction, impose sanctions on*
soumettre	*to submit*
suggérer	*to suggest*
suspendre	*to suspend*

Paroles en action / *Words in action*

L'Organisation des Nations Unies (ONU) est une force de bienfait dans le monde. Depuis sa création en 1945, l'ONU a été chargée de jouer un rôle de plus en plus important dans les affaires internationales.

Des millions de personnes à travers le monde ne vivent pas en paix en raison de conflits armés. La situation de sous-développement, les catastrophes naturelles et les famines condamnent des populations entières à vivre dans des conditions de grandes difficultés. Les changements climatiques risquent d'avoir des conséquences désastreuses pour toute la planète. Le mépris généralisé des droits de la personne signifie que les citoyens de nombreux pays ne connaissent pas la justice et ne vivent pas en liberté.

La force de l'ONU repose sur la reconnaissance à l'échelle internationale de son importante mission et de son bon travail, et aussi sur sa capacité de rassembler les nations sous un seul toit pour traiter de questions mondiales urgentes. Les institutions onusiennes ont joué un rôle déterminant sur plusieurs fronts afin de faire progresser les intérêts notamment de la paix, de la santé et du développement humain, des populations déplacées, des droits de la personne, et de l'environnement, et de fournir une aide humanitaire.

Parallèlement, certains observateurs critiquent l'ONU pour son incapacité d'agir de manière décisive devant des événements d'ampleur mondiale, et pour la taille et l'inefficacité de sa bureaucratie. Certains diront que le rendement de l'ONU a été inférieur à ses promesses, mais la plupart conviendront que son travail demeure aussi important que jamais.

The United Nations *(UN) is a force for good in the world. Since its founding in 1945, the UN has been tasked to play an increasingly larger role in world affairs.*

Millions of people around the world do not live in peace due to armed conflict. Underdevelopment, natural disasters and famine condemn entire populations to live in conditions of extreme hardship. Climate change threatens catastrophic consequences for the whole planet. Widespread disregard for human rights means that citizens of many countries do not know justice and do not live in freedom.

The strength of the UN lies in the international recognition of its important mission and good works, and for its ability to bring nations together under one tent to address pressing world issues. United Nations agencies have been instrumental on many fronts to advance the interests of peace, health and human development, displaced populations, human rights, and the environment, and to provide humanitarian assistance.

At the same time, the UN is criticized by some observers for its inability to act decisively in the face of global events, and for its large and inefficient bureaucracy. Some would say that the UN has fallen short of its promise, but most would agree that its work remains more important than ever.

United States *of* America

Noms et expressions	***Nouns and phrases***

les États-Unis d'Amérique
United States of America
la Révolution américaine
American Revolution
la Déclaration d'Indépendance
Declaration of Independence
la Constitution américaine
American Constitution
le Premier amendement
First amendment
le serment d'allégeance
pledge of allegiance

le peuple américain	*American people*
les Américains	*Americans*
les pères fondateurs	*founding fathers*

le président, la présidente des États-Unis
President of the United States
le vice-président, la vice-présidente
Vice-President
la Maison Blanche
White House
le Bureau ovale
Oval Office
le Congrès
Congress
le Sénat
Senate
la Chambre des représentants
House of Representatives

la république démocratique	*democratic republic*
le système de gouvernement américain	*American system of government*
un système présidentiel-congressionnel	*presidential/congressional system*

la présidence	*presidency*
le président, la présidente démocrate	*Democratic president*
le président républicain, la présidente républicaine	*Republican president*

le, la porte-parole de la Maison Blanche	*White House press secretary*
le porte-parole présidentiel	*presidential spokesman, spokesperson*
la porte-parole	*presidential spokeswoman*

la fête de l'Indépendance
Independence Day
La guerre d'Indépendance américaine
American War of Independence
la guerre civile américaine
American Civil War

l'administration *(f)* américaine	*U.S., American administration*
un haut responsable de l'administration	*senior administration official*
les autorités *(f)* américaines	*American authorities*
le Capitole	*the Capitol*
la colline du Capitole	*Capitol Hill*
une session conjointe du Congrès	*joint session of Congress*
le bipartisme	*bipartisanship*

Les départements et agences américains
U.S. Departments and Agencies

Département	*Department*
▸ d'État	*Department of State*
▸ du Commerce	*Commerce Department*
▸ de la Sécurité intérieure	*Department of Homeland Security*
▸ de l'Agriculture	*Department of Agriculture*
Agence	*Agency*
▸ de sécurité nationale	*National Security Agency*
▸ de protection de l'environnement	*Environmental Protection Agency*

la majorité	*majority*
▸ au Congrès	*congressional majority*
▸ au Sénat	*Senate majority*
▸ démocrate	*Democratic majority*
le président, la présidente de la Chambre	*Speaker of the House*
le, la chef de la majorité du Sénat	*Senate majority leader*
le sénateur, la sénatrice	*Senator*
le représentant, la représentante au Congrès	*Congressional Representative*
un membre du Congrès	*Member of Congress, Congressman*
une membre du Congrès	*Congresswoman*
le conseiller, la conseillère à la Sécurité nationale	*National Security Advisor*

le, la secrétaire — *Secretary*
- d'État — *Secretary of State*
- à la Défense — *Secretary of Defence*

le Pentagone — *Pentagon*
la Garde nationale — *National Guard*
les marines — *Marines*
l'armée *(f)* américaine — *U.S. Army*

Les états américains
American States*

l'Alabama	*Alabama*	l'Alaska	*Alaska*
l'Arizona	*Arizona*	l'Arkansas	*Arkansas*
la Californie	*California*	la Caroline du Nord	*North Carolina*
le Colorado	*Colorado*	la Caroline du Sud	*South Carolina*
le Connecticut	*Connecticut*	le Delaware	*Delaware*
le Dakota du Nord	*North Dakota*	la Floride	*Florida*
le Dakota du Sud	*South Dakota*	la Georgie	*Georgia*
l'État de Hawaii	*State of Hawaii*	l'Idaho	*Idaho*
l'Illinois	*Illinois*	l'Indiana	*Indiana*
l'Iowa	*Iowa*	le Kansas	*Kansas*
le Kentucky	*Kentucky*	la Louisiane	*Louisiana*
le Maine	*Maine*	le Maryland	*Maryland*
le Massachusetts	*Massachusetts*	le Michigan	*Michigan*
le Minnesota	*Minnesota*	le Mississippi	*Mississippi*
le Missouri	*Missouri*	le Montana	*Montana*
le New Hampshire	*New Hampshire*	le Nebraska	*Nebraska*
le New Jersey	*New Jersey*	le Nevada	*Nevada*
l'État de New York	*New York State*	l'Ohio	*Ohio*
le Nouveau-Mexique	*New Mexico*	l'Oklahoma	*Oklahoma*
l'Oregon	*Oregon*	la Pennsylvanie	*Pennsylvania*
l'État de Rhode Island	*State of Rhode Island*	le Tennessee	*Tennessee*
le Texas	*Texas*	l'Utah	*Utah*
le Vermont	*Vermont*	la Virginie	*Virginia*
la Virginie Occidentale	*West Virginia*	le Wisconsin	*Wisconsin*
l'État de Washington	*Washington State*	le Wyoming	*Wyoming*

* Le District de Columbia n'est pas un État/*District of Columbia* (Washington) *is not a State.*

la commission du Sénat sur les forces armées — *Senate Armed Forces Committee*
la participation américaine — *American involvement*
l'engagement *(m)* militaire — *military engagement*

la guerre — *war*
- du Golfe — *Gulf war*
- en Iraq — *war in Iraq*

le parti démocrate, républicain	*Democratic, Republican Party*
les démocrates, républicains	*Democrats, Republicans*
l'élection *(f)*	*election*
▸ présidentielle	*presidential election*
▸ du gouverneur	*gubernatorial election*
les élections	*elections*
▸ au Congrès	*congressional elections*
▸ de mi-mandat	*midterm elections*
une année électorale	*election year*
les électeurs *(m)* américains	*American voters, electors*
la présidentielle	*presidential election*
les primaires *(f)* en vue de l'élection présidentielle	*presidential primaries*

Commission mixte internationale
International Joint Commission
Conférence des gouverneurs de la Nouvelle-Angleterre et des premiers ministres de l'est du Canada
Conference of New England Governors and Eastern Canadian Premiers

le candidat, la candidate à la présidence	*presidential candidate*
le président élu, la présidente élue	*the President-elect*
l'ancien président	*former President*
la convention politique nationale	*national political convention*
la campagne électorale	*election campaign*
le collège électoral	*Electoral College*
la victoire démocrate, républicaine	*Democratic, Republican victory*
la cérémonie d'inauguration	*inauguration ceremony*
le discours inaugural	*inaugural address*
le discours sur l'état de l'Union	*State of the Union Address*
un discours à la nation	*address to the nation*
l'État *(m)*	*State*
la capitale de l'État	*State capital*
le gouverneur, la gouverneure	*Governor*
la loi américaine	*American law*
les intérêts *(m)* américains	*U.S., American interests*
l'influence *(f)* américaine	*U.S., American influence*
les médias *(m)* américains	*American media*

l'économie *(f)* américaine	*American, U.S. economy*
le dollar américain	*American dollar*

Réserve fédérale américaine (la Fed)
U.S. Federal Reserve Board (the Fed)

nos voisins *(m)* américains	*our American neighbours*
notre plus proche allié	*our closest ally*
une grande puissance économique	*major economic power*
une superpuissance militaire	*military superpower*
les liens *(m)* plus étroits	*closer ties*
la relation entre le Canada et les États-Unis	*Canada-United States relationship*
les relations canado-américaines	*Canada-United States relations*
la relation commerciale américano-canadienne	*U.S.-Canada trade relationship*
le commerce transfrontalier	*cross-border trade*
les échanges *(m)* commerciaux	*trade*
le rêve américain	*American dream*
le patriotisme	*patriotism*
les droits *(m)* civiques	*civil rights*

Verbes pratiques	***Useful verbs***
agir avec audace	*to act boldly*
diriger	*to lead*
exercer le pouvoir	*to exercise power, authority*
faire preuve de leadership international	*to show international leadership*
négocier	*to negotiate*
respecter	*to respect*
travailler ensemble	*to work together, collaboratively*

Paroles en action / *Words in action*

L'exportation des matières premières et des produits manufacturés crée une bonne partie de la richesse du Canada. Les États-Unis, qui ont l'économie la plus large au monde, sont notre partenaire commercial le plus important.

L'Accord de libre-échange nord-américan (ALENA) est entré en vigueur en 1994. Il a créé la plus vaste zone de libre-échange au monde, formée du Canada, des États-Unis et du Mexique. L'accord visait à éliminer les obstacles au commerce et à faciliter la circulation des biens et des services entre les trois pays, à favoriser une concurrence loyale, à accroître l'investissement, et à protéger les droits de propriété intellectuelle.

Au moment des négociations de l'ALENA, certains détracteurs craignaient que le Canada perdrait sa souveraineté économique et culturelle. Ils croyaient que l'accord pourrait nuire à notre secteur manufacturier et à l'emploi, viendrait affaiblir les lois du travail, et restreindrait notre capacité de protéger l'environnement et de promouvoir des objectifs culturels canadiens. Le consensus général de l'opinion publique semble être, en ce moment, que le libre échange nord-américain a été surtout positif pour l'économie canadienne et les pires craintes de ses détracteurs ne se sont pas concrétisées.

En fait, depuis la mise en œuvre de l'ALENA, l'économie nord-américaine a prospéré. En dépit de cela, la Maison Blanche a annoncé en 2017 qu'elle rouvrirait cet accord afin de réaliser d'importants concessions de la part de ses partenaires commerciaux. Pour assurer sa croissance et sa sécurité économique à long terme, le Canada doit sauvegarder son accès ouvert aux marchés américains qu'il a durement gagné pendant les négociations de l'ALENA. En même temps, le Canada doit continuer de rechercher un meilleur accès aux autres marchés internationaux prometteurs.

The export of *raw materials and manufactured goods generates much of Canada's wealth. The United States, which has the largest economy in the world, is our most important trading partner.*

The North American Free Trade Agreement (NAFTA) took effect in 1994. It created the world's largest free trade area comprised of Canada, the United States and Mexico. The agreement aimed to eliminate trade barriers and facilitate the movement of goods and services between the three countries, promote fair competition, increase investment, and protect intellectual property rights.

At the time of the NAFTA negotiations, some detractors feared that Canada would lose its economic and cultural sovereignty. They believed that the agreement would harm our manufacturing sector and employment, would weaken labour laws, and would limit our ability to protect the environment and advance Canadian cultural objectives. The general consensus of public opinion now seems to be that North American free trade has been mostly good for Canada's economy and its detractors' worst fears have not materialized.

Indeed, the North American economy has thrived since the implementation of NAFTA. Still, the White House announced in 2017 that it would re-open the agreement to seek significant concessions from its trading partners. For long-term economic growth and security, Canada must safeguard its hard-won open access to American markets while continuing to pursue better access to other promising international markets.

Intelligence *and* Global Security

Noms et expressions	***Nouns and phrases***
les renseignements *(m)*	*intelligence, intelligence information*
les renseignements de sécurité	*security intelligence*
les nouvelles réalités *(f)* stratégiques	*new strategic realities*
les préoccupations *(f)* en matière de sécurité	*security concerns*
la collecte des renseignements de sécurité	*intelligence gathering*
le rapport de renseignements de sécurité	*security intelligence report*
la séance d'information *(f)* sur la sécurité	*security briefing*

Service canadien du renseignement de sécurité
Canadian Security Intelligence Service
Comité de surveillance des activités de renseignement de sécurité
Security Intelligence Review Committee
Centre de la sécurité des télécommunications
Communications Security Establishment
Centre d'analyse des opérations et déclarations financières du Canada
Financial Transactions and Reports Analysis Centre of Canada
Groupe d'Action financière
Financial Action Task Force

l'organisme *(m)* principal de la sécurité	*lead security agency*
les services *(m)* de renseignements	*intelligence service*
le service secret	*secret, intelligence service*
un agent, une agente de renseignements	*intelligence officer*
le personnel du renseignement	*intelligence personnel*

Centre intégré d'évaluation des menaces
Integrated Threat Assessment Centre
Équipe intégrée de la sécurité nationale
Integrated National Security Enforcement Team

les activités *(f)* de surveillance	*monitoring, surveillance activities*
la surveillance électronique	*electronic surveillance*
l'écoute *(f)* téléphonique	*phone tapping, listening*
la vidéosurveillance	*video surveillance*
la bande de vidéosurveillance	*video surveillance tape*
les données *(f)* brutes	*raw data*
la source des données	*data source*
l'analyse *(f)* des données	*data analysis*

l'interprétation *(f)* des données	*data interpretation*
la synthèse	*synthesis*
l'information *(f)* de haute qualité	*high quality information*
les informations erronées	*erroneous, incorrect information*
la désinformation	*disinformation*
la sécurité	*security, safety*
▸ publique	*public safety*
▸ nationale	*national security*
▸ intérieure	*domestic security*
▸ continentale	*continental security*
▸ nord-américaine	*North American security*
▸ renforcée	*strengthened security*
▸ cybernétique	*cyber-security*

Loi sur la protection de l'information
Security of Information Act
Loi sur les infractions en matière de sécurité
Security Offences Act
Loi antiterroriste
Anti-terrorism Act
Loi sur la protection des ouvrages publics de l'Ontario
Ontario Public Works Protection Act
Loi sur le recyclage des produits de la criminalité et le financement des activités terroristes
Proceeds of Crime and Terrorist Financing Act
Loi sur la preuve au Canada
Canada Evidence Act

le service de sécurité	*security service*
▸ britannique	*British security service*
▸ israélien	*Israeli security service*
la biosécurité	*biosafety*
une opération de sécurité	*security operation*
les procédures *(f)* de sécurité	*security procedures*
les mesures *(f)* de sécurité	*security measures*
le niveau de sécurité	*security level*
un sentiment d'insécurité	*sense, feeling of insecurity*
un expert en sécurité	*security expert*
la sûreté	*security, safety*

la protection civile	*civil defence*
l'autodéfense *(f)*	*self-defence*
un défi d'envergure planétaire	*world-wide, global challenge*
le contexte de l'après 11 septembre	*post-9/11 environment*
un accès	*access*
▸ facile	*easy access*
▸ limité	*restricted access*
le périmètre de sécurité	*security perimeter*
une zone vulnerable	*vulnerable area*
les infrastructures *(f)* essentielles	*critical infrastructure*

Menaces à la sécurité mondiale

Threats to Global Security

la pauvreté dans le tiers monde	*Third World poverty*
l'écart entre les nantis et les démunis	*gap between "haves and have-nots"*
la famine et le manque d'eau	*famine and water shortages*
la croissance de la population planétaire	*global population growth*
la propagation des maladies infectieuses	*spread of infectious diseases*
la dégradation de l'environnement	*environmental degradation*
la perte de la biodiversité	*loss of biodiversity*
le réchauffement de la planète	*global warming*
la rareté de l'énergie	*energy scarcity*
les conflits *(m)* armés	*armed conflict*
l'accroissement *(m)* du nombre de puissances *(f)* nucléaires	*growing number of nuclear powers*
l'extrémisme *(m)* religieux et le terrorisme	*religious extremism and terrorism*
l'intolérance *(f)* envers les autres	*intolerance toward others*
l'instabilité *(f)* des marchés *(m)* financiers	*instability of financial markets*
la cupidité des entreprises	*corporate greed*

une évaluation des menaces et des risques

threat and risk assessment

une menace	*threat*
▸ à la sécurité internationale	*international security threat*
▸ terroriste	*terrorist threat*
▸ possible	*potential threat*
▸ grandissante	*growing threat*
▸ sérieuse	*serious threat*
▸ cybernétique	*cyber threat*
le niveau de menace	*threat level*
une analyse des risques	*risk analysis*
l'analyse des vulnérabilités *(f)*	*vulnerability analysis*

La menace de terrorisme
Threat of Terrorism

le terrorisme	*terrorism*
▸ international	*international terrorism*
▸ national	*domestic terrorism*
le terrorisme d'origine intérieure	*homegrown terrorism*
les terroristes	*terrorists*
▸ présumés	*suspected terrorists*
▸ connus	*known terrorists*
▸ internationaux	*international terrorists*
▸ d'origine intérieure	*homegrown terrorists*
un mouvement radical	*radical movement*
une idéologie radicale	*radical ideology*
le fanatisme	*fanaticism*
l'extrémisme *(m)* religieux	*religious extremism*
une faction extrémiste	*extremist faction*
le réseau terroriste	*terrorist network*
la cellule terroriste	*terrorist, terror cell*
le groupe terroriste	*terrorist group*
une organisation terroriste bien connue	*well-known terrorist organization*
le camp d'entraînement terroriste	*terrorist training camp*
une activité suspecte	*suspicious activity*
le complot d'attentat à la bombe	*bomb plot*
le présumé complot terroriste	*alleged terrorist conspiracy, plot*
une conspiration terroriste	*terrorist conspiracy, plot*
la violence terroriste	*terrorist violence*
un acte terroriste	*terrorist act*
une attaque terroriste éventuelle	*potential terrorist attack*
un attentat terroriste	*terrorist attack*
le terrorisme cybernétique	*cyber terrorism*
la cible	*target*
la liste des cibles possibles	*list of potential targets*
la campagne terroriste mondiale	*global terrorism campaign*
le dévoilement	*revelation, exposure*
la lutte contre le terrorisme	*counter-terrorism*
l'antiterrorisme *(m)*	*counter-terrorism, anti-terrorism*
une opération antiterroriste	*counter-terrorism operation*
l'unité *(f)* antiterroriste de la police	*police anti-terrorism unit*
le démantèlement	*dismantling, break-up*
appréhender	*to apprehend, arrest*
cibler	*to target*
effectuer	*to conduct, carry out, undertake*
endoctriner	*to indoctrinate, brainwash*
inciter à la haine	*to incite hatred*
radicaliser	*to radicalize*

un incident récent	*recent incident*
le danger potentiel	*potential danger*
la mise en garde	*warning*
la crise	*crisis*
le début de la crise	*beginning of the crisis*
la source de la crise	*the cause of the crisis*
la gestion des crises	*crisis management*
un sens d'urgence	*sense of urgency*
la protection	*protection*
un état	*state*
▸ d'urgence	*state of emergency*
▸ de sécurité accru	*heightened state of security*
▸ d'alerte maximal	*maximum state of alert*
▸ de crise	*state of crisis*
▸ de panique	*state of panic*

Centre des sciences pour la sécurité
Centre for Security Science
Initiative de recherche et de technologie chimique, biologique, radionucléaire et explosive
Chemical, Biological, Radiological-Nuclear, and Explosives Research and Technology Initiative

une alerte générale	*general alert, alarm, warning*
une fausse alerte	*false alarm*
le niveau d'alerte	*level of alert*
la crainte	*fear*
la paranoïa	*paranoia*
les armes *(f)*	*weapons, arms*
▸ de destruction massive	*weapons of mass destruction*
▸ biologiques	*biological weapons*
▸ chimiques	*chemical weapons*
▸ nucléaires	*nuclear weapons*
un agent	*agent*
▸ bactériologique	*bacteriological agent*
▸ chimique	*chemical agent*
▸ toxique	*toxic agent*
une substance	*substance*
▸ dangereuse	*hazardous substance*
▸ non identifiée	*unknown substance*

les matières *(f)* radioactives	*radioactive matter, material*
un poison puissant	*powerful poison*
une poudre blanche	*white powder*
un colis	*parcel, package*
le contenu	*content, contents*
une quantité importante	*large, substantial quantity*
le biotérrorisme	*bioterrorism*
les bioterroristes	*bioterrorists*

La détention secrète
Secret Detention

les détenus disparus	*missing detainees*
la disparition inexpliquée	*unexplained disappearance*
la restitution extraordinaire	*extraordinary rendition*
le transfert illégal	*illegal transfer*
les assurances *(f)* diplomatiques	*diplomatic assurances*
le démenti	*denial*
la prison secrète	*secret prison*
les méthodes *(f)* d'interrogatoire	*interrogation methods*
une technique coercitive	*coercive technique*
les faux témoignages *(m)*	*false, unfounded evidence*
un rapport indirect, non confirmé	*indirect, unconfirmed report*
détenir	*to detain*
nier	*to deny*
obtenir	*to obtain*

les armements *(m)*	*weapons, arms*
les explosifs *(m)* liquides	*liquid explosives*
une voiture piégée	*car bomb*
la détonation	*detonation*
la possession	*possession*
la prolifération	*proliferation*
la saisie	*seizure*
une mesure draconienne	*drastic action, draconian measure*
une évacuation massive	*mass evacuation*
le règne de la terreur	*reign of terror*
l'assassinat *(m)*	*assassination*
la tyrannie	*tyranny*
le conspirateur, la conspiratrice	*conspirator*
le comploteur, la comploteuse	*conspirator*
la complicité	*complicity*

la propagande	*propaganda*
la radicalisation	*radicalization*
la mouvance	*sphere of influence*
le réseau terroriste d'al-Qaïda	*al-Qaeda terrorist network*
les agents *(m)* d'al-Qaïda	*al-Qaeda operatives*
un membre présumé	*suspected member*
les liens *(m)* avec al-Qaïda	*al-Qaeda ties*
le soupçon	*suspicion*
une activité douteuse	*questionable, suspicious activity*
les activités suspectes	*suspicious activities*
les comportements *(m)* suspects	*suspect, suspicious behaviour*
le profilage racial	*racial profiling*
l'interrogation *(f)*	*interrogation, questioning*

L'habilitation de sécurité
Security Clearance

le niveau d'habilitation de sécurité	*level of security clearance*
la cote de sécurité	*level of security, security clearance*
la cote	*rating, level, status*
▸ de fiabilité de base	*basic reliability rating*
▸ de fiabilité approfondie	*enhanced reliability classification*
▸ de sécurité de niveau confidentiel	*confidential security classification*
▸ de sécurité de niveau secret	*secret security rating, clearance*
▸ de sécurité de niveau très secret	*top secret security status*

les mesures *(f)*	*measures, actions*
▸ antiterroristes	*anti-terrorism measures*
▸ préventives	*preventive, preventative measures*
▸ de prévention	*preventive, preventative measures*
le certificat de sécurité	*security certificate*
l'arrestation *(f)*	*arrest*
l'emprisonnement *(m)* indéfini	*indefinite imprisonment, detention*
la détention	*detention*
▸ préventive	*preventive detention*
▸ arbitraire	*arbitrary detention*
une audience	*hearing*
▸ d'investigation	*investigative hearing*
▸ à huis clos	*closed-door, in camera hearing*
▸ secrète	*secret hearing*

un avocat spécial, une avocate spéciale	*special counsel*
un argument juridique	*legal argument*
la preuve	*evidence*
les libertés *(f)* civiles	*civil liberties*
une lacune sérieuse	*serious shortcoming, gap, loophole*
les mesures *(f)* de protection	*safeguards*

Enquêtes de sécurité sur le personnel
Personnel Security Checks

l'évaluation *(f)* de sécurité	*security check, assessment*
une enquête de sécurité	*security check, investigation*
la vérification de sécurité	*security assessment, check*
le filtrage de sécurité	*security screening*
les procédures *(f)* d'enquête	*investigation, screening procedures*
les divers outils *(m)* d'investigation	*various investigative tools*
une entrevue de sécurité	*security interview*
la vérification	*check, assessment*
‣ des antécédents	*background check*
‣ de fiabilité	*reliability check*
‣ des références	*reference check*
‣ des données personnelles	*personal information check*
‣ des données sur l'emploi	*check of employment data*
‣ des données des études	*check of educational data*
‣ du crédit	*credit check*
‣ du casier judiciaire	*criminal records check*
‣ des empreintes digitales	*fingerprint check*
une enquête sur les antécédents	*background investigation*
une évaluation psychologique	*psychological assessment*
le test polygraphique	*polygraph test*

le financement des activités *(f)* terroristes	*terrorist financing*
les renseignements *(m)* financiers	*financial intelligence*
le transfert électronique de fonds	*electronic funds transfer*
le télévirement	*electronic funds transfer*
une opération douteuse	*suspicious transaction*
les comptes *(m)* bancaires	*bank accounts*
le blanchiment d'argent	*money laundering*
le blanchiment de capitaux	*money laundering*
une enquête	*investigation, inquiry*
une investigation	*investigation*
la méthode d'investigation	*investigative method, technique*
l'écoute *(f)* électronique	*wiretapping*

le cryptage	*encryption*
le décryptage	*decryption*
le déchiffrage	*decryption, deciphering*
le déchiffrement	*decryption, deciphering*
l'ingérence *(f)* étrangère	*foreign interference*
le signal électronique	*electronic signal*
un appareil électronique	*electronic device*
le moyen électronique	*electronic means*
le cyber-trafiquage	*cyber-tampering*
l'espace *(m)* cybernétique	*cyber space*
un attentat cybernétique	*cyber attack*
une attaque informatique	*computer attack*

Centre canadien de réponse aux incidents cybernétiques
Canadian Cyber Incident Response Centre

un espion, une espionne	*spy*
le maître espion	*spymaster*
le présumé espion	*suspected spy*
un agent secret, une agente secrète	*secret agent*
un sous-marin	*mole*
un, une transfuge	*defector*
l'espionnage *(m)*	*espionage, spying*
▸ électronique	*electronic spying*
▸ industriel	*industrial espionage*
▸ informatique	*computer spying*
le contre-espionnage	*counterespionage*
une agence d'espionnage	*spy agency*
une opération d'espionnage	*spy shop, operation*
un réseau d'espionnage	*spy, spying network*
une culture du secret	*culture of secrecy*
un programme clandestin	*clandestine, undercover program*
les pratiques *(f)* de surveillance	*monitoring practices*
les postes *(m)* d'écoute	*listening posts*
une infiltration	*infiltration*

Verbes pratiques	***Useful verbs***
agir immédiatement	*to act immediately*
avertir	*to warn*
bloquer	*to block, freeze*

compromettre	*to compromise, jeopardize*
conseiller vivement	*to urge, strongly advise*
constituer	*to constitute, present*
contrer	*to counter*
déchiffrer	*to decipher*
déclassifier	*to declassify*
décontaminer	*to decontaminate*
décrypter	*to decrypt*
déjouer	*to thwart, foil*
démanteler	*to dismantle, break up*
demeurer vigilant	*to remain vigilant*
dénoncer	*to denounce*
détecter	*to detect, uncover*
détruire	*to destroy*
dévoiler	*to disclose, reveal, uncover, expose*
encrypter	*to encrypt*
espionner	*to spy*
être conscient de	*to be aware of*
être motivé par	*to be motivated by*
être sous surveillance *(f)*	*to be under surveillance*
faire pression sur	*to put pressure on*
fomenter	*to foment, stir up*
infiltrer	*to infiltrate*
intercepter	*to intercept*
interroger	*to interrogate, question*
justifier	*to justify*
perpétrer	*to perpetrate*
perturber	*to disrupt*
poser un risque	*to present, pose a risk*
placer en état *(m)* d'alerte	*to place on state of alert*
protéger la sécurité nationale	*to protect national security*
refuser	*to deny*
révoquer	*to revoke*
surveiller	*to monitor*
suspecter	*to suspect*
suspendre	*to suspend*

Paroles en action / *Words in action*

L'objectif de la sécurité mondiale vise à la compréhension, la détection, la prévention et l'atténuation des menaces au bien-être des hommes, de l'environnement, de la paix, de l'ordre et de la stabilité à l'échelle internationale. La sécurité mondiale porte sur les problèmes nouveaux et croissants qui pourraient créer des risques importants pour la vie ou la sécurité humaine, ou qui pourraient entraîner de graves répercussions sociales, économiques ou écologiques – souvent au-delà des frontières ou du contrôle d'un seul pays.

Le monde interrelié du XXIe siècle est véritablement devenu un village planétaire. Tout le monde est notre voisin. Les événements internationaux nous rappellent chaque jour que les gens de toutes les nations, quelle que soit leur situation, partagent un seul monde et ont les mêmes besoins fondamentaux en matière de sûreté et de sécurité. Nous ne pouvons pas être des observateurs non intéressés des événements qui se déroulent ailleurs dans le monde et qui menacent la sécurité de nos semblables, car un jour ces événements pourraient venir menacer notre propre sécurité.

De nombreuses menaces à la sécurité mondiale sont d'origine humaine. Elles peuvent être exacerbés par notre incapacité à comprendre leurs causes profondes et à y remédier. Face à la croissance des menaces à la sécurité mondiale, les autorités publiques et les citoyens ordinaires jouent des rôles importants et complémentaires pour protéger notre sécurité et notre bien-être collectif.

The focus of *global security is on understanding, detecting, preventing and mitigating threats to human well-being, the environment, and international peace, order and stability. It is about emerging and growing problems that could create significant risk to human life or safety, or that could have serious social, economic or ecological consequences often beyond the borders or control of individual nations.*

The interconnected world of the 21st century has truly become a global village. Everyone is our neighbour. We are reminded everyday by international events that the people of all nations, regardless of their circumstances, share one world and have the same basic needs for safety and security. We cannot be disinterested observers of events occurring elsewhere in the world that are threatening the security of our fellow men, for some day those events may come to threaten our own security.

Many threats to global security have a human origin, and may be exacerbated by man's failure to understand and remedy their root causes. In the face of growing threats to global security, public authorities and ordinary citizens play important and complementary roles to protect our collective safety and well-being.

Peace *and* Defence

Noms et expressions	*Nouns and phrases*
la paix	*peace*
une paix durable	*a lasting peace*
la promesse de paix	*promise of peace*
le temps de paix	*peacetime*
un appel à la paix	*call for peace*
la quête de paix	*search, quest for peace*
la voie vers la paix	*path toward peace*
une initiative de paix	*peace initiative*
le délégué, la déléguée pour la paix	*peace envoy*
un, une intermédiaire	*intermediary, mediator*
le processus de paix	*peace process*
les pourparlers *(m)* de paix	*peace talks*
une conférence de paix	*peace conference*
les négociations *(f)* de paix	*peace negotiations*
la restauration de la paix	*restoring peace*

Prix Nobel de la paix
Nobel Peace Prize

une solution pacifique	*peaceful solution*
une solution permanente au conflit	*lasting solution to the conflict*
le rapprochement	*reconciliation, coming together*
l'intransigeance *(f)*	*intransigence*
le mouvement	*movement*
▸ pour la paix	*peace movement*
▸ antiguerre	*anti-war movement*
▸ de la résistance	*resistance movement*
un accord de paix	*peace accord, agreement, deal*
la déclaration des principes	*declaration, statement of principles*
le gardien, la gardienne de la paix	*peacekeeper*
les soldats *(m)* de la paix	*peacekeepers, peacekeeping soldiers*
le maintien de la paix	*peacekeeping*
une opération de maintien de la paix	*peacekeeping operation*
la libération	*liberation*
le désarmement	*disarmament*
le contrôle des armements	*arms control*

la reconstruction	*reconstruction*
l'équipe *(m)* de reconstruction	*reconstruction team*
le développement	*development*
les objectifs *(m)* militaires	*military objectives*
les capacités *(f)* en matière de défense	*defence capabilities*
les biens *(m)* militaires	*military assets*
un pouvoir militaire conventionnel	*conventional military power*

Loi sur la défense nationale
National Defence Act
Énoncé de l'éthique de la Défense
Statement of Defence Ethics
Code de discipline militaire
Code of Service Discipline

l'ethos *(m)* militaire	*military ethos*
la philosophie militaire	*military philosophy*
une cause juste	*just cause*
la profession des armes	*profession of arms*
l'esprit *(m)* guerrier	*warrior spirit*
la profession militaire	*military profession*
le professionnalisme militaire	*military professionalism*
la discipline militaire	*military discipline*
la doctrine militaire	*military doctrine*

Forces armées canadiennes
Canadian Armed Forces
Commandant, Commandante en chef du Canada
Commander-in-Chief of Canada
Chef d'état-major de la Défense
Chief of the Defence Staff
Commandant de l'Armée canadienne
Commander Canadian Army
Commandant de la Marine royale canadienne
Commander Royal Canadian Navy
Commandant de l'Aviation royale canadienne
Commander Royal Canadian Air Force

la chaîne de commandement militaire	*military chain of command*
le, la chef militaire	*military leader*
les autorités *(f)* militaires	*military authorities*
un haut, une haute responsable militaire	*senior military official*
un officier supérieur	*senior, superior officer*

le commandant, la commandante	*Commander*
▸ adjoint *(m)*, adjointe *(f)*	*Deputy Commander*
▸ de la troupe	*troop commander*
▸ de la base	*Base Commander*

le soldat canadien, la soldate canadienne	*Canadian soldier*
les militaires *(m)*	*the military, military personnel, soldiers*
le personnel militaire	*military personnel*

Les capacités militaires
Military Capabilities

un leadership fort	*strong leadership*
une structure de commandement efficace	*effective command structure*
un personnel compétent et suffisant en nombre	*well-trained and sufficient personnel*
un équipement moderne	*modern equipment*
un état de préparation opérationnelle	*state of operational readiness*
une infrastructure essentielle	*critical infrastructure*

le service militaire	*military duty, service*
l'obligation *(f)* de servir	*obligation to serve*
la carrière militaire	*military career*
un membre civil, une membre civile	*civilian member*

le recrutement	*recruiting, recruitment*
le centre de recrutement	*recruitment centre*
les nouvelles recrues	*new recruits*
la conscription	*conscription*

Commandements environnementaux
Environmental Commands

Armée canadienne
Canadian Army
Marine royale canadienne
Royal Canadian Navy
Aviation royale canadienne
Royal Canadian Air Force

le camp d'entraînement	*training camp*
l'entraînement *(m)* intensif	*intensive training*
l'instruction *(f)* au combat	*combat training*
les qualifications *(f)* élémentaires	*basic qualifications*

une force militaire bien équipée	*well-equipped military*
l'état *(m)* de préparation	*state of readiness*

la force	*force*
▸ de campagne	*field force*
▸ de réaction rapide	*rapid reaction force*
▸ de maintien de la paix	*peacekeeping force*
▸ multinationale	*multinational force*

la Force régulière
Regular Force
la Réserve, la Force de réserve
Reserves, Reserve Force

les forces	*forces*
▸ armées	*armed forces*
▸ alliées	*allied forces*
▸ de la coalition	*coalition forces*
▸ de sécurité	*security forces*
▸ terrestres	*ground forces*

Commandements opérationnels
Operational Commands
Commandement des opérations interarmées du Canada
Canadian Joint Operations Command
Commandement des Forces d'opérations spéciales du Canada
Canadian Special Operations Forces Command
Commandement du renseignement des Forces canadiennes
Canadian Forces Intelligence Command

le, la réserviste	*reservist*
les officiers de réserve	*reserve officers*
les réserves *(f)* militaires	*military reserves*

la Réserve	*Reserves, Reserve force*
▸ de l'Armée de terre	*Army reserves*
▸ aérienne	*Air reserves*
▸ navale	*Naval reserves*

Groupe de soutien opérationnel interarmées des Forces canadiennes
Canadian Forces Joint Operational Support Group

les troupes *(f)* militaires	*military troops*
le contingent canadien	*Canadian contingent*
l'unité *(f)* de reconnaissance	*reconnaissance unit*
le peloton d'infanterie *(f)*	*infantry platoon*
le régiment d'artillerie *(f)*	*artillery regiment*
le bataillon des services	*service battalion*

la base militaire	*military base*
la base d'opération avancée	*forward operating base*
la base de formation militaire	*military training base*
un expert militaire	*military expert*
le planificateur, la planificatrice militaire	*military planner*
la planification de la défense	*defence planning*
la stratégie militaire	*military strategy*

Quartier général de la Défense nationale
National Defence Headquarters
Centre de commandement de la Défense nationale
National Defence Command Centre

les fins *(f)*	*ends, purposes, aims*
▸ pacifiques	*peaceful purposes*
▸ militaires	*military aims*
la défense aérienne	*air defence*
l'espace *(m)* aérien nord-américain	*North American air space*
une coalition militaire	*military coalition*
une alliance militaire	*military alliance*
les manœuvres *(f)* militaires	*military manoeuvres, exercises*
les exercices *(m)* militaires	*military exercises*

Centre de recrutement des Forces canadiennes
Canadian Forces Recruitment Centre
Académie canadienne de la Défense
Canadian Defence Academy
Collège militaire royal du Canada
Royal Military College of Canada

une mission	*mission*
▸ de paix	*peace mission*
▸ militaire à haut risque	*high-risk military mission*
▸ de reconnaissance	*reconnaissance mission*
la mission en Afghanistan	*mission to Afghanistan*
la mission afghane	*Afghan mission*
la durée de la mission	*duration, length of the mission*
une affectation opérationnelle	*operational tour*
la période de service	*tour of duty*
la rotation de troupes	*troop rotation*

une opération de lutte contre l'insurrection	*counter-insurgency operation*
les opérations de combat	*combat operations*
le théâtre des opérations	*theatre of operations*

Grades militaires*
Military Ranks
(suivi de grades équivalents des Forces Maritimes/ *followed by Navy equivalent ranks)*

Officiers généraux	***General Officers***
Général/Amiral	*General/Admiral*
Lieutenant-général/Vice-amiral	*Lieutenant-General/Vice-Admiral*
Major-général/Contre-amiral	*Major General/Rear-Admiral*
Brigadier-général/Commodore	*Brigadier-General/Commodore*
Officiers supérieurs	***Senior Officers***
Colonel/Capitaine de vaisseau	*Colonel/Captain (Navy)*
Lieutenant-colonel/ Capitaine de frégate	*Lieutenant-Colonel/ Commander*
Major/Capitaine de corvette	*Major/Lieutenant-Commander*
Officiers subalternes	***Junior Officers***
Capitaine/Lieutenant de vaisseau	*Captain/Lieutenant (Navy)*
Lieutenant/ Enseigne de vaisseau de 1re classe	*Lieutenant/ Sub-Lieutenant*
Sous-Lieutenant/ Enseigne de vaisseau 2e classe	*Second Lieutenant/ Acting Sub-Lieutenant*
Militaires du rang	***Non-Commissioned Members***
Adjutant-chef/ Premier maître de 1re classe	*Chief Warrant Officer/ Chief Petty Officer 1st class*
Adjutant-maître/ Premier maître de 2e classe	*Master Warrant Officer/ Chief Petty Officer 2nd class*
Adjutant/Maître de 1re classe	*Warrant Officer/Petty Officer 1st class*
Sergent/Maître de 2e classe	*Sergeant/Petty Officer 2nd class*
Caporal-chef/Matelot-chef	*Master Corporal/Master Seaman*
Caporal/Matelot de 1re classe	*Corporal/Leading Seaman*
Soldat/Matelot de 2e classe	*Private/Able Seaman*

* Adapté du site Web du Ministère de la défense nationale. *Adapted from the Department of National Defence Web site at www.forces.gc.ca*

la capacité opérationnelle	*operational capacity*
l'efficacité *(f)* opérationnelle	*operational effectiveness*
les capacités de défense	*defence capabilities*
les capacités de combat	*combat capability, capabilities*
les règles *(f)* d'engagement	*rules of engagement*
le recours à la force	*recourse, resort to force*

les représailles *(f)* militaires	*military reprisals, retaliation*
la riposte	*retaliation, reprisal*
le déploiement des troupes	*troop deployment*
les renforts *(m)*	*reinforcements, backups*
la capacité de pointe	*surge, peak capacity*

Organisation du traité de l'Atlantique Nord
North Atlantic Treaty Organization (NATO)
Commandement de la défense aérospatiale de l'Amérique du Nord
North American Aerospace Defense Command (NORAD)

la cérémonie	*ceremony*
▸ de passation de commandement	*change of command ceremony*
▸ de départ	*send-off ceremony*
▸ d'adieu	*ramp ceremony*
▸ de rapatriement	*repatriation ceremony*
une cible militaire	*military target*
les cibles potentielles	*potential, possible targets*
la position	*position*

la Marine royale du Canada
Royal Canadian Navy
le Centenaire de la Marine canadienne
Canadian Naval Centennial
la cloche du Centenaire
Centennial Bell

la guerre	*war, warfare*
▸ régionale	*regional warfare*
▸ civile	*civil war*
▸ biologique	*biological warfare*
▸ chimique	*chemical warfare*
▸ contre la terreur	*war against terror*
▸ contre le terrorisme	*war against terrorism*
▸ en Afghanistan	*war in Afghanistan*
un pays déchiré par la guerre	*war-torn country*
les seigneurs *(m)* de la guerre	*warlords*
les combattants *(m)* ennemis	*enemy combatants*
les non-combattants	*noncombatants*
les milices *(f)* rivales	*rival militia, armies*
les extrémistes *(m)* violents	*violent extremists*

les insurgés *(m)* talibans	*Taliban insurgents*
une insurrection armée	*armed insurrection*
la présence militaire	*military presence*
les observateurs militaires non armés	*unarmed military observers*
une aide militaire	*military assistance*
une intervention militaire	*military action*
une occupation militaire	*military occupation*
la zone de sécurité	*security zone*

La prise d'otages
Hostage taking

un, une otage	*hostage*
l'ex-otage	*former hostage*
les preneurs *(m)* d'otages	*hostage takers*
le civil kidnappé	*kidnapped civilian*
le kidnapping	*kidnapping, abduction*
l'enlèvement	*abduction, kidnapping, capture*
les kidnappeurs *(m)*	*kidnappers, abductors*
les ravisseurs *(m)*	*kidnappers, abductors*
la captivité	*captivity*
le dernier ultimatum	*final ultimatum*
kidnapper	*to kidnap*
enlever	*to kidnap, abduct*
tenir	*to have, hold*

un avertissement	*warning*
la mise en garde	*warning*
la tension accrue	*heightened tension*
une escalade militaire	*military escalation*
un tournant majeur	*major turning point*
un blocus	*blockade*
▸ aérien	*air blockade*
▸ naval	*naval blockade*
la force militaire	*military force*
l'usage *(m)* de la force	*use of force*
une frappe	*strike*
▸ préventive	*pre-emptive strike*
▸ aérienne	*air strike*
un raid aérien	*air raid*
une attaque aérienne	*air attack*

une attaque à la bombe	*bomb attack*
une campagne de bombardement	*bombing campaign*
la cible de l'attentat *(m)*	*target of attack*

Traitement des détenus
Treatment of Detainees

les prisonniers, les prisonnières de guerre	*prisoners of war*
les combattants *(m)* ennemis	*enemy combatants, fighters*
le transfert des détenus	*transfer of detainees*
le transfert aux autorités locales	*transfer to local authorities*
les circonstances *(f)* suspectes	*suspicious circumstances*
les pénitenciers *(m)*	*prisons, jails*
un accès complet aux détenus	*full, complete access to detainees*
l'état *(m)* des détenus	*state of detainees*
l'interrogation *(f)*	*interrogation, questioning*
une technique autorisée	*authorized technique*
le traitement humain	*humane treatment*
les mesures *(f)* de protection	*safeguards*
un traitement abusif suspect	*suspected abuse, mistreatment*
la maltraitance	*mistreatment*
le risque de torture	*risk of torture*
les graves allégations *(f)*	*serious allegations*
la preuve	*proof*
le démenti	*denial*
une obligation internationale	*international obligation*
la divulgation des documents secrets	*release of secret documents*
les documents *(m)* non censurés	*uncensored documents*
avoir accès à	*to have access to*
être maltraité	*to be mistreated*
interroger	*to question, interrogate*
rapporter	*to report*
refuser	*to refuse*
remettre les prisonniers	*to hand over prisoners*
rendre compte de	*to account for, answer for, report on*
respecter	*to respect*
surveiller	*to monitor*
tenir le gouvernement responsable	*to hold the government accountable*
torturer	*to torture*
traiter avec humanité	*to treat humanely*
transférer	*to transfer*
vérifier	*to verify*

les conventions de Genève
Geneva Conventions

une invasion terrestre	*land invasion*
une offensive terrestre	*land offensive*
un assaut	*assault*
le combat sur le terrain	*on-the-ground combat, fighting*
la bataille	*battle*
le champ de bataille	*battlefield*
les industries *(f)* d'armement *(m)*	*arms industries*
les ventes *(f)* d'armes	*arms sales*
la puissance de feu	*fire power*
les fusils *(m)* d'assaut	*assault rifles*
l'artillerie *(f)*	*artillery*
les tirs *(m)* d'artillerie	*artillery fire*
la grenade	*grenade*
les blindés *(m)*	*tanks, armoured vehicles*
le transporteur de troupes blindé	*armoured personnel carrier*

Partenariat mondial contre la prolifération des armes de destruction massive et des matières connexes
Global Partnership Against the Spread of Weapons and Materials of Mass Destruction

les armes *(f)*	*arms, weapons*
▸ de destruction massive	*weapons of mass destruction*
▸ non conventionnelle	*unconventional weapons*
▸ illégales	*illegal arms*
un missile	*missile*
▸ balistique	*ballistic missile*
▸ de croisière	*cruise missile*
l'essai *(m)* de missiles	*missile testing*
une attaque aux missiles	*missile attack*
le site de lancement de missiles	*missile launching site*
les avions *(m)* militaires	*military aircraft*
un avion de transport lourd	*heavy-lift aircraft*
un avion de patrouille	*patrol aircraft*
un chasseur	*fighter jet*
un avion de chasse	*fighter jet*
un hélicoptère de combat	*combat helicopter*

le constructeur d'aéronefs	*aircraft manufacturer*
le fabricant d'avions militaires	*military aircraft manufacturer*
un avionneur	*aircraft manufacturer*
la frégate	*frigate*
le sous-marin nucléaire	*nuclear submarine*
un navire de guerre	*warship*

Crimes de guerre
War Crimes

un crime contre l'humanité	*crime against humanity*
une personne soupçonnée d'avoir commis un crime de guerre	*suspected war criminal*
les obligations *(f)* internationales	*international obligations*
le recours	*recourse*
le remède	*remedy*
la remise	*handing over*
le renvoi	*return*
l'extradition *(f)*	*extradition*
l'expulsion *(f)*	*expulsion*
la révocation de la citoyenneté	*revocation of citizenship*
une enquête	*investigation*
une grave allégation	*serious allegation*
un manquement aux responsabilités	*breach of responsibilities*
la preuve admissible	*admissible evidence*
la poursuite criminelle	*criminal prosecution*
les mesures *(f)* d'application de la loi	*enforcement actions*
un tribunal international	*international tribunal*
la réparation	*restitution, reparation*
le dédommagement	*compensation*
appliquer la loi	*to enforce*
commettre	*to commit*
enquêter sur	*to investigate*
étudier	*to examine, study*
intenter des poursuites	*to prosecute*

Loi sur les crimes contre l'humanité et les crimes de guerre
Crimes Against Humanity and War Crimes Act
Cour pénale internationale
International Criminal Court

les hostilités *(f)*	*hostilities*
la reprise d'hostilités	*resumption, renewal of hostilities*
le déclenchement	*triggering, start, launch*
la violence	*violence*
le cycle de violence	*cycle of violence*

une flambée de violence	*outbreak, flare-up of violence*
un regain de violence	*resumption of violence*
la hausse de la violence	*rise of violence*
une nouvelle vague de violence	*new wave of violence*
la patrouille	*patrol*
le convoi militaire	*military convoy*
un convoi de revitaillement	*re-supply convoy*
une embuscade	*ambush*
un engin explosif improvisé	*improvised explosive device*
la mine terrestre	*landmine*
une déflagration de mine	*mine explosion*
un attentat-suicide potentiel	*possible suicide attack*
les kamikazes	*suicide bombers*
un attentat à la voiture	*car bombing*
un véhicule chargé d'explosifs	*vehicle filled with explosives*
une bombe	*bomb*
▸ en bordure de la route	*roadside bomb*
▸ artisanale	*home-made bomb*
▸ improvisée	*makeshift bomb*
les coûts *(m)* humains	*human costs*
la perte en vies humaines	*loss of human lives, casualties*
les pertes au combat	*combat casualties, losses*
les pertes civiles	*civilian casualties*
les vies *(f)* innocentes	*innocent lives*
les victimes *(f)* de guerre	*victims, casualties of war*
le dommage collatéral	*collateral damage*
la tragédie atroce	*terrible tragedy*
la dure réalité	*harsh reality*
les blessés *(m)*	*the injured, wounded*
une blessure grave	*serious injury*
les soldats tués au combat	*soldiers killed in combat*
les morts *(m)* au combat	*combat deaths*
un incident de tir ami	*friendly-fire incident*
le combat	*combat, fighting*
un conflit armé	*armed conflict, struggle*
la résistance armée	*armed resistance*
la vive résistance	*strong, intense resistance*
les poches *(f)* de résistance	*pockets of resistance*

La menace nucléaire
Nuclear Threat

une puissance nucléaire (un État)	*a nuclear power (State)*
les ambitions *(f)* nucléaires	*nuclear ambitions*
un programme nucléaire controversé	*controversial nuclear program*
l'industrie *(f)* nucléaire	*nuclear industry*
la technologie nucléaire	*nuclear technology*
l'utilisation *(f)* pacifique	*peaceful use*
la sûreté nucléaire	*nuclear safety*
les garanties *(f)*	*safeguards*
les armes *(f)* nucléaires	*nuclear weapons*
un arsenal nucléaire	*nuclear arsenal*
un missile nucléaire	*nuclear missile*
une ogive nucléaire	*nuclear warhead*
une bombe atomique	*atomic bomb*
la fabrication	*manufacture, production*
une crise nucléaire	*nuclear crisis*
un essai nucléaire souterrain	*underground nuclear test*
les essais nucléaires	*nuclear tests, testing*
la détonation	*detonation*
une installation souterraine	*underground installation, facility*
un réacteur à l'eau lourde	*heavy water reactor*
l'enrichissement *(m)* d'uranium	*uranium enrichment*
l'uranium *(m)* enrichi	*enriched uranium*
le plutonium recyclé	*recycled plutonium*
la radioactivité	*radioactivity*
les matières *(f)* radioactives	*radioactive material*
les déchets (m) radioactifs	*radioactive waste*
les effets *(m)* de la radiation	*effects of radiation*
le stockage des déchets nucléaires	*storage of nuclear waste*
la contamination radioactive	*radioactive contamination*
un désastre nucléaire	*nuclear disaster*
la dissuasion	*deterrence*
les inspecteurs *(m)*	*inspectors*
une violation	*violation*
l'inobservation *(f)*	*non-compliance*
le désarmement nucléaire	*nuclear disarmament*
la non-prolifération nucléaire	*nuclear non-proliferation*
un monde exempt d'armes nucléaires	*a nuclear-free world*
dénucléariser	*to reduce, eliminate use of nuclear technology, weapons*

Traité de non-prolifération des armes nucléaires
Nuclear Non-Proliferation Treaty

un arrêt immédiat du conflit	*immediate stop to the conflict*
la fin du conflit	*end of the conflict*
la capture	*capture*
la chute	*fall*
une pause	*pause*
un calme précaire	*precarious, fragile calm, peace*
la cessation des hostilités	*cessation, end of hostilities*
un cessez-le-feu immédiat	*immediate cease-fire*
un couvre-feu	*curfew*
une trêve conditionnelle	*conditional truce*
les termes *(m)*	*terms*
les concessions *(f)*	*concessions*
la stabilisation	*stabilization*

les anciens combattants
Veterans
Charte des anciens combattants
Veterans Charter
Déclaration des droits des anciens combattants
Veterans Bill of Rights
Tribunal des anciens combattants (révision et appel)
Veterans Review and Appeal Board

la victoire militaire	*military victory*
un échec militaire	*military setback*
la reddition sans conditions	*unconditional surrender*
la stratégie de sortie *(f)*	*exit strategy*
un désengagement progressif	*gradual disengagement, withdrawal*
le retrait des troupes	*troop withdrawal, pullout*
un retrait prévu	*planned, anticipated pullout*
le calendrier de retrait	*withdrawal schedule*
une échéance *(f)* définitive	*firm deadline*
le retour	*homecoming, return*
le tribunal militaire	*military tribunal*
la police militaire	*military police*
la cour martiale	*court martial*
les marchandises *(f)* militaires	*military goods*
les achats *(m)* militaires	*military procurement*
les équipements *(m)* militaires	*military equipment*

les contrats de la défense	*defence contracts*
les entrepreneurs de défense	*defence contractors*
le souvenir	*memory*
la commémoration	*commemoration, remembrance*
la cérémonie commémorative	*memorial, remembrance ceremony*
une cérémonie de dépôt de gerbes	*wreath-laying ceremony*
le coquelicot	*poppy*
une journée	*day*
▸ de deuil	*day of mourning*
▸ de commémoration	*day of remembrance*

le jour du Souvenir
Remembrance Day
le Monument commémoratif de guerre du Canada
Canadian War Memorial
la Tombe du Soldat inconnu
Tomb of the Unknown Soldier
la Mère nationale de la Croix (commémorative) d'Argent
National Silver (Memorial) Cross Mother
le Musée canadien de la guerre
Canadian War Museum
la Légion royale canadienne
Royal Canadian Legion

son sens *(m)* du devoir	*his, her sense of duty*
sa loyauté	*his, her loyalty*
son intégrité *(f)*	*his, her integrity, honesty*
son dévouement *(m)*	*his, her dedication*
son altruisme *(m)*	*his, her selflessness*
son courage *(m)*	*his, her courage*
sa bravoure	*his, her bravery*
son patriotisme	*his, her patriotism*
leur sacrifice *(m)* énorme	*their enormous sacrifice*
leurs efforts *(m)* héroïques	*their heroic efforts*
notre grande admiration *(f)*	*our great admiration*
nos profonds remerciements *(m)*	*our deepest thanks*

Verbes pratiques	***Useful verbs***
aller en guerre	*to go to war*
appeler	*to call up*
attaquer	*to attack*

battre	*to defeat, beat*
se battre contre	*to fight against*
bombarder	*to bomb*
capturer	*to capture*
céder	*to cede, give up, yield*
cesser	*to cease, stop, break off*
commander	*to command, order*
commémorer	*to commemorate*
défendre	*to defend*
déployer	*to deploy*
désarmer	*to disarm*
détenir	*to detain*
se détériorer	*to deteriorate, worsen*
détoner	*to detonate*
diminuer	*to subside, lessen, de-escalate*
diriger	*to lead*
enrôler, s'enrôler	*to enlist, get enlisted*
envahir	*to invade*
être blessé	*to be wounded, injured*
être intégré à, dans	*to be imbedded in*
être tué au combat	*to be killed in combat*
exploser	*to explode*
faire la guerre	*to wage, make war*
intensifier	*to intensify, escalate*
libérer	*to liberate, free, release*
mettre en service actif	*to place on active service*
mettre fin à	*to end, put an end to*
négocier	*to negotiate*
occuper	*to occupy*
patrouiller	*to patrol*
perdre du terrain	*to lose ground*
prendre le commandement	*to take command*
quitter	*to leave, withdraw*
rebâtir	*to rebuild*
se rendre à	*to surrender to*
rendre hommage à	*to pay homage, tribute to*
reprendre le contrôle	*to take back, regain control*
résister	*to resist*
restaurer	*to restore*
retirer	*to withdraw*
riposter	*to retaliate, respond, counter-attack*
sacrifier	*to sacrifice*
se souvenir	*to remember*
subir	*to undergo, sustain, suffer*
tuer	*to kill*

Paroles en action / *Words in action*

La quête pour la paix est l'une des causes les plus constantes de l'humanité, une valeur universelle qui demeure pour bon nombre de gens le rêve le plus cher bien qu'il semble un but élusif et éloigné. Toutes les générations espèrent vivre en paix, débarrassées de la guerre, de l'oppression, de la faim et d'autres difficultés, et espèrent profiter des plaisirs ordinaires et des merveilles de la vie quotidienne sans avoir à vivre dans le besoin ou dans la crainte.

Le pouvoir militaire des nations augmente plus rapidement que les efforts pour lutter contre la pauvreté, la maladie et le sous-développement dans le monde. Une capacité militaire renforcée et une production accrue d'armes ne rendent pas le monde plus sûr. Cependant, ceux et celles qui recherchent la paix ne peuvent pas rester sans rien faire alors que d'autres menacent la sûreté et la sécurité des populations pacifiques. La paix ne peut régner là où l'injustice prospère.

Le renforcement des fondements de la paix exigera les efforts dévoués de tous les pays responsables. Il s'agit notamment d'un engagement constructif pour désamorcer et résoudre les conflits armés; d'un engagement renouvelé en matière de la réduction de l'écart entre les pays riches et pauvres; d'une aide accrue au développement en particulier pour assister les plus pauvres d'entre les pauvres; d'initiatives axées sur la promotion de la justice, de la démocratie et du respect des droits de la personne dans toutes les régions du monde; et de la pratique d'une éthique de la coopération, de la coexistence pacifique et de l'aide réciproque entre les nations.

Il n'y a pas de bien plus important que de servir la cause de la liberté humaine et de la paix. Le dévouement des personnes qui guident le monde vers la paix redonne de l'espoir à l'humanité.

The quest for peace *is one of mankind's most enduring causes, a universal value that remains for many their fondest dream yet an elusive and distant goal. Every generation hopes to live in peace, free of war, oppression, hunger and other hardships, and to enjoy the simple pleasures and wonder of daily life without want or fear.*

The military might of nations is expanding more rapidly than efforts to combat global poverty, disease and under-development. Strengthened military capacity and increased arms production do not make the world a safer place. However, those who seek peace cannot stand by idly as others threaten the safety and security of peace-loving people. There cannot be peace where injustice prevails.

It will require the dedicated efforts of all responsible nations to strengthen the building blocks for peace. These include constructive engagement to de-escalate and resolve armed conflict; renewed commitment to reduce the gap between rich and poor nations; increased development assistance, especially to aid the poorest of the poor; initiatives to promote justice, democracy and respect for human rights in all corners of the world; and the practice of an ethic of cooperation, peaceful coexistence and mutual aid among nations.

There is no greater good than to serve the cause of human freedom and peace. The dedication of those who guide the world in the way of peace gives hope to all mankind.

Democratic Protest

Noms et expressions	***Nouns and phrases***
la contestation démocratique	*democratic protest*
la protestation pacifique	*peaceful protest*
une marche de protestation	*protest march*
la résistance pacifique	*peaceful resistance*
un mouvement	*movement*
▸ politique	*political movement*
▸ prodémocratique	*pro-democracy movement*
▸ de paix	*peace movement*
▸ antiguerre	*anti-war movement*
▸ de résistance	*resistance movement*
▸ de masse	*mass, popular movement*
un soulèvement populaire	*popular uprising*
un dialogue constructif	*meaningful, constructive dialogue*
la liberté d'expression	*freedom of expression*
la volonté collective	*collective will*
le manifeste	*manifesto*

Journée nationale de protestation
National Day of Action

la solidarité	*solidarity*
▸ humaine	*human solidarity*
▸ politique	*political solidarity*
une manifestation	*demonstration, march*
▸ populaire	*popular, mass demonstration*
▸ étudiante	*student demonstration*
▸ pacifique	*peaceful demonstration*
▸ pacifiste	*peace march*
les manifestants *(m)*	*demonstrators, protesters*
▸ antiguerre	*anti-war protesters*
▸ antigouvernementaux	*anti-government demonstrators*
le, la protestataire	*protester*
le sympathisant, la sympathisante	*sympathizer*
un, une activiste pacifiste	*peace activist*
le militant, la militante	*activist, militant*
le dissident, la dissidente politique	*political dissident*

le pacifisme	*pacifism*
les pacifistes	*pacifists*
les objecteurs *(m)* de conscience	*conscientious objectors*
le prisonnier, la prisonnière politique	*political prisoner*
l'opposition *(f)* pacifique	*peaceful opposition*
la désobéissance civile	*civil disobedience*
l'agitation *(f)* civile	*civil unrest*
un activisme social	*social activism*
le militantisme	*militancy, activism*
les activités *(f)* non violentes	*non-violent activities*
l'occupation *(f)*	*occupation*
le sit-in	*sit-in*
le blocus	*blockade*
la barricade	*barricade*
la barrière	*barrier*
▸ de sécurité	*security barrier*
▸ humaine	*human barrier*
la confrontation	*confrontation*
un affrontement pacifique	*peaceful confrontation*
le boycott	*boycott*
une grève de la faim	*hunger strike*
une forte mobilisation	*strong mobilization*
un rassemblement populaire	*mass rally, gathering, assembly*
un attroupement illégal	*illegal gathering*
la perturbation	*disruption*
une situation tendue	*tense situation*
une guerre des nerfs *(m)*	*war of nerves*
une intervention policière	*police intervention*
une imposante présence de policiers	*imposing police presence*
une escouade anti-émeute	*riot squad*
le poivre en aérosol	*pepper spray*
le gaz lacrymogène	*teargas*
les arrestations *(f)*	*arrests*
la répression politique	*political repression*
une nouvelle vague de répression	*new wave of repression*
les mesures *(f)* répressives	*repressive measures*

Verbes pratiques	*Useful verbs*
affronter	*to confront, face*
appuyer	*to support*
bloquer	*to stop, blockade, hold up*
boycotter	*to boycott*
contrer	*to counter*
défier	*to defy, challenge*
défiler	*to march*
dénoncer	*to denounce*
se dérouler	*to take place, happen, unfold*
disperser	*to disperse*
ériger	*to erect, set up*
exhorter	*to exhort, urge*
inciter	*to encourage, incite*
manifester	*to demonstrate*
maintenir la pression	*to keep up the pressure*
mobiliser	*to mobilize*
occuper	*to occupy*
perturber	*to disrupt, agitate*
protester contre	*to protest against*
rassembler	*to rally*
restreindre	*to restrict, limit*

Paroles en action / *Words in action*

La tolérance d'un pays envers les voix d'opposition et de dissidence, ainsi que la défense des personnes qui expriment des opinions contraires à la politique du gouvernement, sont des mesures importantes de son développement démocratique.

Au Canada, les membres élus de l'opposition demandent au gouvernement de rendre des comptes devant la Chambre des communes. Le rôle de s'opposer au gouvernement est ancré dans les traditions du Parlement de Westminster. Le *Bill of Rights* anglais de 1689 a établi la liberté de parole des parlementaires pour leur permettre d'exiger des explications au monarque régnant et, si nécessaire, de s'opposer à lui sans crainte.

Cent ans plus tard, l'Assemblée nationale française a adopté la *Déclaration des droits de l'homme et du citoyen*, qui a reconnu le droit de tout citoyen de parler, écrire et imprimer librement. De notre temps, la *Charte canadienne des droits et libertés* confère des garanties constitutionnelles de liberté de pensée, de croyance, d'opinion et d'expression à toutes les personnes au Canada. Ces libertés constituent les principes fondamentaux de la démocratie et la clé de la protection de nos idéaux et de nos convictions démocratiques.

Il faut considérer qu'une seule voix de protestation peut attirer des gens à une cause, peut lancer un mouvement populaire, et peut galvaniser un pays. Le pouvoir des citoyens et la force d'une idée exprimée avec conviction peuvent persuader un gouvernement à s'engager dans de nouvelles directions ou peuvent convaincre les électeurs à obtenir la défaite d'un gouvernement.

***A nation's tolerance** for the voices of opposition and dissent, and its defence of those who express opinions contrary to government policy, are important measures of its democratic development.*

In Canada, elected members of the opposition hold the government to account in the House of Commons. The role of opposing the government has its origins in the traditions of the Parliament of Westminster. The English Bill of Rights *of 1689 established the freedom of speech of parliamentarians to allow them to challenge and, if need be, oppose the reigning monarch without fear.*

One hundred years later, the French National Assembly passed the Declaration of the Rights of Man and the Citizen, *which recognized every citizen's right to speak, write and print with freedom. In our time, the* Canadian Charter of Rights and Freedoms *provides constitutional guarantees of freedom of thought, belief, opinion and expression to everyone in Canada. These freedoms represent fundamental tenets of democracy and hold the key to safeguarding our democratic ideals and convictions.*

Consider that a single voice of protest can draw people to a cause, launch a popular movement, and galvanize a nation. The power of citizens, and the force of an idea expressed with conviction, can persuade a government to embark in new directions or convince electors to seek a government's defeat.

Development Assistance

Noms et expressions	*Nouns and phrases*
l'aide *(f)*	*assistance, aid*
▸ au développement	*development assistance*
▸ extérieure	*foreign aid*
▸ humanitaire	*humanitarian assistance*
▸ d'urgence	*emergency assistance*
▸ alimentaire	*food aid*
▸ internationale	*international aid*
▸ bilatérale (de pays à pays)	*bilateral (country-to-country) assistance*

Loi sur la responsabilité en matière d'aide au développement officielle
Official Development Assistance Accountability Act
Déclaration de Paris sur l'efficacité de l'aide
Paris Declaration on Aid Effectiveness

le monde en développement	*developing world*
un monde en évolution rapide	*rapidly-changing world*
un défi mondial	*global challenge*
la situation actuelle	*current situation*
la meilleure chance	*best chance*
une solution durable	*lasting solution*

Agence canadienne de développement international
Canadian International Development Agency
Centre de recherches pour le développement international
International Development Research Centre
Conseil canadien pour la coopération internationale
Canadian Council for International Cooperation

la politique	*policy*
▸ en matière d'aide étrangère	*foreign aid policy*
▸ pour lutter contre la faim mondiale	*policy to combat global hunger*
les priorités *(f)* en matière d'aide au développement	*development assistance priorities*
la coopération pour le développement	*development cooperation*
un partenariat mondial	*global partnership*
un projet de développement	*development project*
l'aide liée	*tied aid*
le déliement de l'aide	*untying of aid*

le montant d'aide	*amount of aid*
une aide supplémentaire	*additional aid*
un doublement d'aide	*doubling of aid*
une augmentation significative	*significant increase*
la distribution de l'aide	*aid distribution*
un engagement envers l'aide	*aid commitment*
l'engagement au titre de l'aide	*aid commitment*

Déclaration du millénaire des Nations Unies
United Nations Millennium Declaration
Objectifs du Millénaire pour le développement en 2015
Millenium Development Goals to 2015

- Éradiquer l'extrême pauvreté et la faim
  Eradicate extreme poverty and hunger
- Assurer l'éducation primaire pour tous
  Achieve universal primary education
- Promouvoir l'égalité des sexes et l'autonomisation des femmes
  Promote gender equality and empower women
- Réduire la mortalité infantile
  Reduce child mortality
- Améliorer la santé maternelle
  Improve maternal health
- Combattre le VIH/sida, le paludisme et d'autres maladies
  Combat HIV/AIDS, malaria, and other diseases
- Assurer un environnement durable
  Ensure environmental sustainability
- Mettre en place un partenariat mondial pour le développement
  Develop a global partnership for development

Source: Programme des Nations Unies pour le développement/*United Nations Development Programme* (www.undp.org)

un financement prévisible à long terme	*long-term predictable financing*
l'enveloppe *(f)* de l'aide internationale	*international assistance envelope*
la communauté de donateurs	*donor community*
la concentration géographique	*geographic concentration*
un pays	*country*
▸ à revenu faible	*low income country*
▸ à revenu élevé	*high income country*
▸ en voie de développement	*developing country*
▸ en développement	*developing country*
▸ développé	*developed country*
▸ industrialisé	*industrialized country*
▸ donateur	*donor country*

le Tiers-Monde	*Third World*
le dialogue du Nord/Sud	*North/South dialogue*

Indicateurs de développement de base
Basic Development Indicators

l'espérance *(f)* de vie à la naissance	*life expectancy at birth*
le revenu moyen du ménage	*average household income*
la répartition du revenu	*income distribution*
le taux	*rate, ratio, level*
▸ de réduction de la pauvreté	*rate of poverty reduction*
▸ d'accroissement démographique	*rate of population growth*
▸ de mortalité infantile	*infant mortality rate*
▸ d'alphabétisation des adultes	*adult literacy rate*
▸ de scolarisation à l'école primaire	*primary school enrolment ratio*
▸ de fréquentation dans le secondaire	*secondary school attendance ratio*
▸ de participation à la main-d'œuvre	*labour force participation rate*
▸ du chômage	*level of unemployment*
▸ d'inflation	*rate of inflation*
le pourcentage de la population ayant:	*percent of the population with:*
▸ accès à l'eau potable saine	*access to safe drinking water*
▸ accès à un assainissement adéquat	*access to adequate sanitation*
▸ accès à des soins locaux de santé	*access to local health care*

le pourcentage de nouveau-nés ayant un faible poids à la naissance
percent of newborns with low birthweights

le pourcentage d'enfants de moins de 5 ans souffrant de malnutrition
percent of children under age 5 suffering malnutrition

le pourcentage d'enfants vaccinés contre les maladies évitables
percent of children vaccinated against preventable diseases

la prévalence de travail des enfants	*prevalence of child labour*
l'incidence *(f)* du VIH chez les adultes	*incidence of HIV among adults*
la production alimentaire par habitant	*per capita food production*
le PIB annuel par habitant	*per capita annual GDP*
la croissance du PIB par habitant	*per capita growth of GDP*
les dépenses *(f)* publiques	*public spending for*
▸ d'alphabétisation et d'éducation	*literacy and education*
▸ de santé et de services sociaux	*health and human services*
▸ en matière de développement économique communautaire	*community economic development*
les dépenses militaires	*military spending*

les pays *(m)*	*countries*
▸ les moins avancés	*least developed countries*
▸ dans le plus grand besoin	*countries in greatest need*
▸ en développement les plus pauvres	*poorest developing countries*
▸ débiteurs	*debtor countries*

une nation riche	*wealthy nation*
les nations moins nanties	*less affluent, "have not" nations*
les populations *(f)* les plus démunies	*neediest, poorest people*
l'écart *(m)* entre les riches et les pauvres	*gap between the rich and the poor*
un fossé grandissant	*growing, increasing gap*
le déséquilibre	*imbalance*

Sommet mondial de l'alimentation
World Food Summit
Déclaration mondiale sur la nutrition
World Declaration on Nutrition
Déclaration de Rome sur la sécurité alimentaire mondiale
Rome Declaration on World Food Security

les besoins *(m)* fondamentaux	*basic needs, requirements*
l'évaluation *(f)* des besoins	*needs assessment*
la mission d'évaluation	*assessment mission*
la pénurie	*shortage, scarcity*
▸ d'aliments	*food scarcity*
▸ d'eau potable	*shortage of drinking water*
▸ de terres agricoles	*scarcity of agricultural land*
▸ de combustible	*fuel shortage*

Organisation des Nations Unies pour l'alimentation et l'agriculture
Food and Agriculture Organization of the United Nations
Programme alimentaire mondial
World Food Programme
Programme des Nations Unies pour le développement
United Nations Development Programme
Banque internationale pour la reconstruction et le développement
(partie du Groupe de la Banque mondiale)
International Bank for Reconstruction and Development
(part of the World Bank Group)

la crise alimentaire mondiale	*world food crisis*
une crise humanitaire	*humanitarian crisis*
la pauvreté mondiale	*world, global poverty*
l'extrême pauvreté	*extreme poverty*
la réduction de la pauvreté	*poverty reduction, alleviating poverty*
les établissements *(m)* humains	*human settlements*
le bidonville	*shanty town, slum*
le taudis urbain	*urban slum*

les habitants *(m)* des taudis	*slum dwellers*
le réaménagement	*redevelopment*

Indice du développement humain des Nations Unies
United Nations Human Development Index

la croissance démographique	*population growth*
la haute densité de population	*high population density*
la migration rurale-urbaine	*rural-urban migration*
l'infrastructure *(f)* communautaire inadéquate	*inadequate community infrastructure*
le manque de capitaux	*lack of capital*

Le microfinancement
Microfinancing

la microfinance	*microfinance*
un projet de microfinancement	*microfinancing project*
le microcrédit	*microcredit*
l'accès *(m)* au crédit	*access to credit*
la disponibilité de crédit	*availability of credit*
un emprunteur de microcrédit	*micro-credit borrower*
une institution de microfinance	*micro-lender*
un petit prêt	*small loan*
le nantissement	*collateral*
un emprunt sans nantissement	*unsecured, no-collateral loan*
le remboursement	*reimbursement*
la microentreprise	*micro-enterprise*
le développement des petites entreprises	*small-scale enterprise development*
le travail indépendant	*self-employment*
le revenu de la famille	*family income*
l'autonomie *(f)* financière	*financial independence*
les gens les plus pauvres	*the poorest people*
la réduction de la pauvreté	*poverty-reduction*

la sécheresse	*drought*
la famine	*famine*
la faim	*hunger, starvation*
la malnutrition	*malnutrition*
les personnes *(f)* sous-alimentées chroniques	*chronically under-nourished people*
les affamés *(m)* du monde	*the world's hungry, starving*
la souffrance insupportable	*unbearable suffering*
une tragédie mondiale	*global tragedy*
la survie	*survival*

la nourriture	*food*
un programme de secours alimentaire	*food aid, relief program*
les réserves *(f)* alimentaires	*food supplies*
l'insécurité *(f)* alimentaire	*food insecurity*
la dépendance	*dependence, dependency*
l'autosuffisance *(f)*	*self-sufficiency*

Le commerce équitable
Fair Trade

les pratiques *(f)* commerciales responsables	*responsible trading practices*
les normes *(f)* du commerce équitable	*fair trade standards*
une production durable	*sustainable production*
un juste prix	*just, fair price*
une rémunération équitable	*fair compensation, payment*

un appel international	*international appeal*
un effort humanitaire mondial	*global humanitarian effort*
les activités *(f)* humanitaires	*humanitarian activities*
l'assistance *(f)* humanitaire	*humanitarian assistance*
les travailleurs *(m)* humanitaires	*humanitarian workers*

un organisme international humanitaire	*international humanitarian organization*
un organisme d'aide humanitaire	*humanitarian relief organization*
les organismes non gouvernementaux	*non-government organizations*

La préservation de la dignité humaine
Protecting Human Dignity

- le droit d'être à l'abri de la faim
  the right to be free from hunger
- le droit à la sécurité alimentaire
  the right to food security
- le droit à l'eau
  the right to water
- le respect de la vie humaine
  respect for human life

la présence sur le terrain	*on-the-ground presence*
l'expérience *(f)* sur le terrain	*on-the-ground experience*

le développement	*development*
▸ rural	*rural development*
▸ communautaire	*community development*
▸ humain durable	*sustainable human development*
▸ économique	*economic development*
▸ du secteur privé	*private sector development*

la stratégie du développement	*development strategy*
le niveau de développement	*level of development*
la croissance économique	*economic growth*
le progrès social	*social progress*
la transformation sociale	*social transformation, change*

la prise de décision à l'échelle de la collectivité
community-based decision-making

les collectivités *(f)* locales	*local communities*
le rôle des femmes	*role of women*
la responsabilisation des femmes	*empowerment of women*
l'ajustement *(m)* structurel	*structural adjustment*
la transformation structurelle	*structural transformation*

L'aide au développement concrète
Practical Development Assistance

l'assistance *(f)* technique, p.ex.,	*technical assistance, e.g.,*
▸ des enseignants et enseignantes	*teachers*
▸ des infirmiers et infirmières	*nurses*
▸ des ingénieurs et ingénieures	*engineers*
la formation professionnelle	*vocational training*
les fournitures *(f)* scolaires	*school supplies*
les fournitures et appareils *(m)* médicaux	*medical supplies and equipment*
les médicaments *(m)* et les vaccins *(m)*	*drugs and vaccines*
les moustiquaires *(f)* de lit	*mosquito bed nets*
les services *(m)* de santé *(f)* communautaires	*community health services*
les conseils *(m)* de planification *(f)* familiale	*family planning advice*
l'établissement *(m)* d'infrastructures *(f)* communautaires	*building community infrastructure*
le creusage de puits	*well drilling*
l'installation *(f)* des systèmes *(m)* d'irrigation	*installation of irrigation systems*
les approvisionnements *(m)* agricoles	*farm supplies*
l'accès *(m)* au microcrédit	*access to microcredit*

la réforme	*reform*
▸ économique	*economic reform*
▸ agraire	*agrarian, land reform*
▸ agricole	*agricultural reform*
▸ institutionnelle	*institutional reform*
▸ axée sur le marché	*market reform*
une institution multilatérale financière	*multilateral financial institution*
une banque de développement	*development bank*

les créanciers *(m)* multilatéraux	*multilateral creditors*
la ligne de crédit	*line of credit*
la latitude sur le plan des dépenses	*spending flexibility*
la dette du tiers monde	*Third World debt*
le fardeau insoutenable de la dette	*unsustainable debt burden*
l'endettement *(m)*	*indebtedness*
la réduction de la dette extérieure	*foreign, external debt reduction*
l'allégement *(m)* de la dette	*debt relief*
la remise de la dette	*debt forgiveness*
la lutte contre	*control of, fight, struggle against*
▸ le sida	*fight against AIDS*
▸ le paludisme	*malaria control*

Comité international de la Croix-Rouge
International Committee of the Red Cross
Développement et Paix
Development and Peace
Médecins sans frontières
Doctors Without Borders
Coalition interagence sida et développement
Interagency Coalition on AIDS and Development
Service d'assistance canadienne aux organismes
Canadian Executive Service Organization
l'Institut Nord-Sud
The North-South Institute

la coopération industrielle	*industrial cooperation*
le progrès industriel	*industrial progress, advancement*
les technologies *(f)* appropriées	*appropriate technologies*
l'investissement *(m)* étranger	*foreign investment*
l'accès *(m)* aux marchés mondiaux	*access to global markets*

Verbes pratiques	***Useful verbs***
acheminer	*to transport, bring*
affamer	*to starve*
aider	*to help, assist*
alléger	*to alleviate*
atténuer	*to mitigate, alleviate, limit*
avoir faim, soif	*to be hungry, thirsty*
bénéficier	*to benefit*
combattre la pauvreté	*to combat poverty*

compter sur	*to rely on, count on*
dépasser	*to go beyond, exceed*
déplorer	*to deplore, lament*
distribuer	*to distribute*
doubler l'aide humanitaire	*to double humanitarian assistance*
éliminer	*to eliminate*
envisager	*to envisage, imagine, consider*
envoyer	*to send*
éradiquer	*to eradicate*
être inacceptable	*to be unacceptable*
faire preuve de	*to demonstrate, show*
lutter contre la faim	*to fight, combat hunger*
mettre l'accent sur	*to emphasize, focus on, highlight*
négliger	*to neglect*
nourrir	*to feed, nourish, provide for*
prendre des mesures	*to take steps, measures, action*
promettre	*to promise, pledge*
réduire la pauvreté	*to reduce, alleviate poverty*
remédier	*to remedy, solve*
sensibiliser	*to make aware, sensitize, educate*
soulager	*to relieve*
venir en aide à	*to come to the aid of*

Paroles en action / *Words in action*

On nous dit que le monde produit assez d'aliments pour nourrir une population mondiale croissante, grâce à de nouvelles technologies agricoles et à l'amélioration des pratiques agricoles. Cela est peut-être vrai en théorie, mais les médias exposent une réalité fort différente.

Dans de vastes régions du monde, les agriculteurs ne peuvent pas cultiver leurs champs à cause de la sécheresse, et des millions de personnes souffrent de faim chronique et vivent au bord de la famine. Souvent, les approvisionnements en nourriture ne parviennent pas aux personnes dans le besoin dans les régions ravagées par la famine et la guerre et embourbées dans la pauvreté. L'usage des cultures vivrières pour produire des biocarburants a entraîné une hausse rapide des prix des aliments de première nécessité et a causé bien des difficultés pour bon nombre des pauvres du monde. Une crise alimentaire d'envergure internationale pousse actuellement les opérations de secours d'urgence à la limite de leurs moyens.

Par le biais de la coopération au développement, nous sommes solidaires avec les personnes pauvres et défavorisées du monde. L'aide au développement n'est pas de la charité mais une passerelle vers une sécurité humaine et une autosuffisance économique accrue pour les moins fortunés. La collaboration entre les nations en favorisant le développement reconnaît l'humanité partagée des populations du monde entier. Elle offre la possibilité d'un monde qui n'est plus déchiré entre les pays développés et les pays en développement – les nantis et les démunis – et d'un avenir où personne ne sera oublié.

***We are told** that the world produces enough food to feed a growing global population, thanks to new agricultural technologies and improved farming practices. While that may be true in theory, news reports tell a different story.*

In vast regions of the world, farmers cannot grow crops due to drought, and millions of people experience chronic hunger and live on the verge of starvation. Food supplies often do not reach those in need in areas ravaged by famine and war and mired in poverty. The use of food crops to produce biofuels has led to a rapid escalation of the price of food staples and has caused great hardship for many of the world's poor. An international food crisis is stretching emergency relief operations to the limit.

Through development cooperation we stand in solidarity with the world's poor and underprivileged. Development assistance is not a hand-out but a bridge toward greater human security and economic self-sufficiency for those less fortunate. Collaboration among nations to promote development recognizes mankind's shared humanity. It holds the possibility of a world no longer torn between developed and developing countries – the "haves and have-nots" – and a future where no one will be left behind.

Human Rights

Noms et expressions	***Nouns and phrases***
les droits *(m)*	*rights*
▸ de la personne	*human rights*
▸ de l'homme	*human rights*
▸ humains	*human rights*
▸ individuels	*individual rights*
▸ collectifs	*collective rights*

Déclaration universelle des droits de l'homme
Universal Declaration of Human Rights
Conseil des droits de l'homme
Human Rights Council
Déclaration des Nations Unies sur les droits des peuples autochtones
United Nations Declaration on the Rights of Indigenous Peoples
Pacte international relatif aux droits civils et politiques
International Covenant on Civil and Political Rights

la dignité humaine	*human dignity*
le respect des droits de la personne	*respect for human rights*
les garanties *(f)* en matière de droits de la personne	*human rights guarantees, protection*
le droit fondamental de tout être humain	*basic right of every human being*

les droits	*rights*
▸ à l'égalité	*equality rights*
▸ égaux	*equal rights*
▸ inaliénables	*inalienable rights*
▸ universels	*universal rights*
▸ indivisibles	*indivisible rights*

Musée canadien des droits de la personne
Canadian Museum of Human Rights

la situation des droits de la personne	*human rights situation*
une violation des droits de l'homme	*human rights violation*
la dénégation des libertés fondamentales	*denial of basic freedoms*
le bilan au chapitre des droits de la personne	*human rights record*

les libertés *(f)*	*freedoms, liberties*
▸ fondamentales	*fundamental, basic freedoms*
▸ individuelles	*individual freedoms*
▸ civiles	*civil liberties*

L'avancement des droits de la femme
Advancing Women's Rights

l'inégalité *(f)*	*inequality*
les enjeux *(m)* sur l'égalité des femmes	*women's equality issues*
la discrimination systémique	*systemic discrimination*
les différences *(f)* fondées sur le sexe	*gender-based differences*
l'égalité *(f)* des sexes	*gender, sexual equality*
l'égalité entre les sexes	*gender, sexual equality*
les importantes avancées *(f)*	*major, important advances*
l'arrêt *(m)* des progrès	*stalled progress*
les nouveaux efforts *(m)*	*renewed efforts*
le mouvement des femmes	*women's movement*
le féminisme	*feminism*
les rapports *(m)* de pouvoir	*power relationships*
une analyse sociopolitique	*socio-political analysis*
l'analyse *(f)* comparative entre les sexes	*gender-based analysis*
la discrimination fondée sur le sexe	*gender discrimination*
les effets *(m)* sur les hommes et les femmes	*gender impacts*
le rôle traditionnel	*traditional role*
la barrière	*barrier*
un obstacle	*impediment, obstacle*
les attitudes *(f)* de la société	*societal attitudes*
les éléments *(m)* politiques	*political aspects*
la dimension juridique	*legal dimension*
les obligations *(f)* familiales	*family responsibilities*
les régimes *(m)* de travail souples	*flexible work arrangements*
l'accès *(m)* aux services *(m)* de garde de qualité	*access to quality child care*
l'égalité des chances	*equal opportunities*
la politique concernant l'égalité d'accès	*equal opportunities policy*
le plafond de verre	*glass ceiling*
la mobilité ascendante	*upward mobility*
l'écart *(m)* salarial	*wage gap*
les récompenses *(f)* égales	*equal compensation*
les problèmes *(m)* de santé des femmes	*women's health issues*
les besoins des femmes en matière de santé	*women's health needs*
les droits *(m)* en matière de santé génésique	*reproductive health rights*
les soins *(m)* de santé maternelle et infantile	*maternal and infant health care*
la violence contre les femmes	*violence against women*

Condition féminine Canada
Status of Women Canada
Convention sur l'élimination de toutes les formes de discrimination à l'égard des femmes
Convention on the Elimination of All Forms of Discrimination against Women

la justice	*justice*
▸ juridique	*legal justice*
▸ sociale	*social justice*
une injustice	*injustice*
les inégalités *(f)*	*inequities*
les abus *(m)* des droits humains	*human rights abuses*
la discrimination	*discrimination*
toutes les formes *(f)* de discrimination	*all forms of discrimination*
toute forme de discrimination	*every form of discrimination*
les motifs *(m)* de discrimination interdits	*prohibited grounds for discrimination*
une conclusion de discrimination	*finding of discrimination*
le recours judiciaire	*legal remedy, recourse*
l'élimination *(f)*	*elimination*

Commission canadienne des droits de la personne
Canadian Human Rights Commission
Tribunal canadien des droits de la personne
Canadian Human Rights Tribunal

l'oppression *(f)*	*oppression*
les victimes *(f)* d'oppression	*victims of oppression*
la répression politique	*political repression*
la persécution religieuse	*religious persecution*
la communauté gaie, lesbienne	*gay, lesbian community*

Fonds d'action et d'éducation juridique pour les femmes
Women's Legal Education and Action Fund
Institut canadien de recherche sur les femmes
Canadian Research Institute for the Advancement of Women

la cause	*cause*
la représentation	*advocacy*
les défenseurs des droits de la personne	*human rights advocates*
un organisme de défense des droits de la personne	*human rights body, organization*
la reconnaissance	*recognition*
▸ sociale	*social recognition*
▸ juridique	*legal recognition*

Verbes pratiques	*Useful verbs*
affirmer	*to affirm*
aspirer à	*to aspire to, long for*
critiquer	*to criticize, put down*
dénigrer	*to put down*
dénoncer	*to denounce*
déplorer	*to deplore*
faire cause commune	*to make common cause*
faire respecter	*to uphold, enforce*
s'ingérer dans	*to interfere in, with*
libérer	*to liberate, free*
oppresser	*to oppress*
participer pleinement	*to participate fully*
priver de	*to deprive of*
préconiser	*to recommend, advocate*
réagir à	*to react to*
renoncer	*to renounce*
réparer	*to remedy*

Paroles en action / *Words in action*

En 1948, l'Assemblée générale des Nations Unies a proclamé la Déclaration universelle des droits de l'homme. Le préambule déclare: «...la reconnaissance de la dignité inhérente à tous les membres de la famille humaine et de leurs droits égaux et inaliénables constitue le fondement de la liberté, de la justice et de la paix dans le monde. »

La Déclaration continue: « Tous les êtres humains naissent libres et égaux en dignité et en droits. Ils sont doués de raison et de conscience et doivent agir les uns envers les autres dans un esprit de fraternité. »

La Déclaration énonce les droits et libertés qui s'appliquent à chacun « sans distinction aucune ». Cela comprend le droit à la vie, à la liberté et à la sûreté de sa personne, le droit à la liberté de pensée, de conscience et de religion, et le droit à la liberté d'opinion et d'expression. Cet engagement historique de la part des pays membres stipule que toute personne a droit à un niveau de vie suffisant pour assurer sa santé et son bien-être, et a droit à l'éducation. La Déclaration maintient que tous sont égaux devant la loi et ont droit à une égale protection de la loi; et que nul ne sera soumis à la torture, ni à des peines ou traitements cruels ou dégradants. Elle énonce que « la volonté du peuple est le fondement de l'autorité des pouvoirs publics ».

Au XXIe siècle, la Déclaration nous rappelle que beaucoup de gens ne bénéficient pas encore des droits et libertés promis à tous il y a si longtemps.

In 1948, the *United Nations General Assembly proclaimed the Universal Declaration of Human Rights. The Preamble states: "...recognition of the inherent dignity and of the equal and inalienable rights of all members of the human family is the foundation of freedom, justice and peace in the world."*

The Declaration continues: "All human beings are born free and equal in dignity and rights. They are endowed with reason and conscience and should act towards one another in a spirit of brotherhood."

The Declaration sets out rights and freedoms that apply to everyone "without distinction of any kind." These include the right to life, liberty and security of person, the right to freedom of thought, conscience and religion, and the right to freedom of opinion and expression. This historic undertaking by member nations states that everyone has the right to a standard of living adequate for health and well-being, and to education. The Declaration holds that all are equal before the law and have the right to equal protection of the law; and that no one shall be subjected to torture or cruel or degrading treatment or punishment. It states that "the will of the people shall be the basis of the authority of government."

In the 21st century, the Declaration stands as a reminder that many people still do not enjoy the rights and freedoms that were promised to all long ago.

Sustainable Development *and the* Environment

Noms et expressions	*Nouns and phrases*
le développement durable	*sustainable development*
un environnement durable	*sustainable environment*
une société durable	*sustainable society*
la durabilité	*sustainability*
▸ écologique	*ecological, environmental sustainability*
▸ environnementale	*environmental sustainability*
▸ sociale	*social sustainability*

Sommet de la Terre à Rio en 1992
Rio Earth Summit, 1992
Déclaration de Rio
Rio Declaration
Conférence des Nations Unies sur l'environnement et le développement
United Nations Conference on the Environment and Development
Agenda 21 – Plan directeur mondial pour le développement durable
Agenda 21 – Global blueprint for sustainable development
Convention-cadre des Nations Unies sur les changements climatiques
United Nations Framework Convention on Climate Change

l'environnement *(m)*	*environment*
▸ naturel	*natural environment*
▸ humain	*human environment*
la gestion environnementale	*environmental management*
la gérance de l'environnement	*environmental stewardship*

Code de gérance de l'environnement
Code of Environmental Stewardship

le cadre réglementaire	*regulatory framework*
un cadre	*framework*
▸ de la gestion environnementale	*environmental management framework*
▸ d'action	*framework for action*
la protection de l'environnement	*environmental protection*
le souci de l'environnement	*concern for the environment*
la sensibilisation	*awareness*

l'écosystème *(m)*	*ecosystem*
▸ planétaire	*world's, global, planetary ecosystem*
▸ d'eau douce	*freshwater ecosystem*
▸ terrestre	*Earth's, terrestrial ecosystem*
l'écosphère *(f)*	*ecosphere*
la biosphère	*biosphere*
la biomasse	*biomass*
la biodiversité	*biodiversity*
la perte de biodiversité	*loss of biodiversity*

Directive du Cabinet sur l'évaluation environnementale
des projets de politiques, de plans et de programmes
Cabinet Directive on the Environmental Assessment
of Policy, Plan and Program Proposals

l'empreinte *(f)* écologique humaine	*human environmental footprint*
l'incidence *(f)* des activités humaines	*impact, effect of human activity*
la dégradation écologique	*ecological, environmental degradation*
les dommages *(m)* irréversibles	*irreversible damage, harm*
la vie sur Terre	*life on Earth*
la subsistance	*subsistence*
la viabilité à long terme	*long-term viability*
la prospérité générale de l'humanité	*overall prosperity of mankind*
l'humanité *(f)* toute entière	*whole of humanity, all mankind*
l'avenir *(m)* de l'homme	*future of Man*
un avenir durable	*sustainable future*

Semaine de l'environnement
Environment Week
Journée de l'air pur
Clean Air Day

l'esprit *(m)* humain	*human spirit*
la vie humaine	*human life*
la communauté humaine	*human community*
l'activité *(f)* humaine	*human activity*
la conduite écologique	*environmental conduct, behaviour*
la consommation non durable	*unsustainable consumption, use*
un défi mondial	*world-wide, global challenge*
toute la planète	*whole, entire planet, globe*
l'interdépendance *(f)* des nations	*interdependence of nations*

la capacité de charge	*carrying capacity*
▸ des écosystèmes	*ecosystem carrying capacity*
▸ de la Terre	*Earth's carrying capacity*
la croissance	*growth*
les limites *(f)* de la croissance	*limits to growth*
le point de rupture	*breaking point*
les ressources *(f)*	*resources*
▸ naturelles	*natural resources*
▸ limitées	*finite resources*

Table Ronde nationale sur l'environnement et l'économie
National Round Table on the Environment and the Economy
Commissaire à l'environnement et au développement durable
Commissioner of the Environment and Sustainable Development

la responsabilité environnementale	*environmental responsibility*
le programme environnemental	*environmental agenda*
la politique environnementale	*environmental policy*
les lois *(f)* environnementales	*environmental laws*
les règlements *(m)* environnementaux	*environmental regulations*
les normes *(f)* environnementales	*environmental standards*
les technologies *(f)* environnementales	*environmental technologies*
les nouvelles technologies environnementales	*new environmental technologies*

Programme des Nations Unies pour l'environnement
United Nations Environment Programme
Commission de coopération environnementale
Commission for Environmental Cooperation
Conseil mondial des entreprises pour le développement durable
World Business Council on Sustainable Development

un problème environnemental	*environmental problem, issue*
un problème écologique	*ecological, environmental problem*
l'évaluation *(f)* environnementale stratégique	*strategic environmental assessment*
l'évaluation des impacts environnementaux	*environmental impact assessment*
une étude d'impact environnemental	*environmental impact study*
un examen environnemental	*environmental review, assessment*
l'impact *(m)* environnemental	*environmental impact*
les impacts *(m)* socioéconomiques	*socio-economic impacts*
l'économie *(f)* environnementale	*environmental economics*

un, une environnementaliste	*environmentalist*
un, une écologiste	*environmentalist, ecologist*
les écolos	*environmentalists*
le groupe écologiste	*environmental group*
le groupe environnemental	*environmental group*
un organisme environnemental	*environmental body*
le rendement environnemental	*environmental performance*
la performance environnementale	*environmental performance*
un rendement exemplaire	*exemplary performance*
les résultats *(m)* environnementaux	*environmental results*
le rapport sur la performance environnementale	*environmental performance report*
la présentation de rapports publics	*public reporting*
les rapports *(m)* environnementaux	*environmental reports, reporting*
les pratiques en matière de rapports environnementaux	*environmental reporting practices*

Loi canadienne sur la protection de l'environnement
Canadian Environmental Protection Act
Loi canadienne sur l'évaluation environnementale
Canadian Environmental Assessment Act
Agence canadienne d'évaluation environnementale
Canadian Environmental Assessment Agency
Réseau d'évaluation et de surveillance écologique
Ecological Monitoring and Assessment Network

la gestion des risques environnementaux	*environmental risk management*
l'obligation *(f)* juridique	*legal duty, obligation*
la responsabilité	*responsibility, liability*
la norme de diligence	*standard of care*
la norme de prudence	*standard of care*
les repères *(m)* écologiques	*ecological benchmarks*
une analyse comparative	*benchmarking, benchmarking survey*
le sondage comparatif	*benchmarking survey*
une étude comparative	*benchmarking study*
le point de référence	*benchmark*
une étude de référence	*benchmarking study*
l'enquête *(f)* de référence	*benchmark survey*
les données *(f)* de référence	*benchmark data*

les risques *(m)*	*risks*
▸ environnementaux	*environmental risks*
▸ de contamination	*risks of contamination*
▸ financiers	*financial risks*
l'air *(m)* propre	*clean air*
l'eau *(f)* saine	*clean, safe water*

Loi sur les oiseaux migrateurs
Migratory Birds Act
Service canadien de la faune
Canadian Wildlife Service
Fédération canadienne de la faune
Canadian Wildlife Federation

l'approvisionnement *(m)* en eau	*water supply*
la surveillance de l'eau	*water monitoring*
la pluie	*rain, rainfall*
le cycle hydrologique	*hydrologic cycle*
le bassin hydrographique	*watershed*
la gestion des bassins hydrographiques	*watershed management*

Loi sur les ressources en eau du Canada
Canada Water Act
Loi sur les offices de protection de la nature de l'Ontario
Conservation Authorities Act of Ontario
Réseau canadien de l'eau
Canadian Water Network
Cadre canadien de collaboration en matière d'eau souterraine
Canadian Framework for Collaboration on Groundwater

les efforts *(m)* de conservation	*conservation efforts*
les objectifs *(m)* de conservation	*conservation objectives*
la conservation des espèces sauvages	*wildlife conservation*
un agent, une agente de conservation	*conservation officer*
la gestion des espèces sauvages	*wildlife management*
les oiseaux *(m)* aquatiques migrateurs	*migratory waterfowl*
la faune	*wildlife, fauna*
l'habitat *(m)* faunique	*wildlife habitat*
la perte de l'habitat	*habitat loss*
la protection des paysages naturels	*protection, conservation of natural landscapes*

une zone écosensible	*ecologically sensitive area*
la zone protégée	*protected area*
la terre	*land*
la flore	*flora, plant life*
la végétation	*vegetation*
la forêt	*forest*
▸ boréale	*boreal forest*
▸ pluviale	*rain forest*
▸ tropicale	*tropical forest*
les boisés *(m)*	*woodlands*
les prairies *(f)*	*grasslands, prairies*
les terres *(f)* humides	*wetlands*
la conservation des terres humides	*wetlands conservation*

Espèces de mammifères et d'oiseaux des prairies protégés
Protected Mammals and Birds of the Prairies

l'Antilope d'Amérique	*Pronghorn Antelope*
le Putois d'Amérique	*Black-footed Ferret*
la Grue blanche	*Whooping Crane*
le Chevêche des terriers	*Burrowing Owl*
le Renard véloce	*Swift Fox*
le Bison des plaines	*Plains Bison*
le Faucon pèlerin	*Peregrine Falcon*
le Tétras des prairies	*Greater Prairie Chicken*
le Tétras des armoises	*Greater Sage-Grouse*

Parc national des Prairies
Grasslands National Park
Plan d'action pour la conservation de la prairie
Prairie Conservation Action Plan

le littoral	*coastline*
l'érosion *(f)* côtière	*coastal, shoreline erosion*
la lutte contre l'érosion	*erosion control*
l'écosystème *(m)* des prairies	*prairie ecosystem*
un écosystème marin vulnérable	*vulnerable marine ecosystem*
la chaîne alimentaire marine	*marine food chain*
la faune marine	*marine animal life*
les mammifères *(m)* marins	*marine mammals*
le plancton	*plankton*
les petits organismes *(m)*	*small organisms*
les populations *(f)* d'insectes	*insect populations*

les espèces *(f)*	*species*
▸ animales	*animal species*
▸ d'oiseaux migrateurs	*migratory bird species*
▸ végétales	*plant species*
▸ indigènes	*native, indigenous species*
▸ exotiques	*exotic species*
▸ envahissantes	*invasive species*

Espèces en voie d'extinction
Endangered Species

la menace d'extinction	*threat of extinction*
une espèce	*species*
▸ menacée	*endangered, threatened species*
▸ en péril	*endangered species*
▸ protégée	*protected species*
▸ sauvage	*wildlife, wildlife species*
▸ répertoriée	*listed species*
la survie de l'espèce	*survival of the species*
la disparition	*disappearance*
un habitat essentiel	*critical habitat*
la diversité de la faune	*wildlife diversity*
la biodiversité	*biodiversity*
l'éradication *(f)*	*eradication*
la dégradation	*degradation*
l'activité *(f)* humaine	*human activity*
la pollution chimique	*chemical pollution*
les modifications *(f)* de l'environnement	*environmental changes*
la stratégie de rétablissement	*recovery strategy*
les mesures *(f)* protectrices	*protective measures*
mettre en liberté	*to release*
réintroduire	*to re-introduce*
survivre	*to survive*
être menacé de disparition	*to be in danger of extinction*
mettre en danger	*to endanger*

Loi sur les espèces en péril
Species at Risk Act

l'avancée *(f)* du désert	*advancement of the desert*
le déboisement	*deforestation*
la désertification	*desertification*
la régénération	*regeneration*
la récupération	*recovery*

le plan	*plan*
▸ vert	*green plan*
▸ écologique	*environmental, green plan*
▸ environnemental	*environmental plan*
un plan d'action concret	*concrete plan of action*
une éthique de conservation	*conservation ethic*
un code de conduite	*code of conduct*
les pratiques *(f)* durables	*sustainable practices*

Politique de gestion des sites fédéraux contaminés
Contaminated Sites Management Policy
Plan d'action pour les sites contaminés fédéraux
Federal Contaminated Sites Action Plan
Plan d'intervention en cas de déversement d'hydrocarbures
Oil Spill Response Plan
Projet d'assainissement des étangs de goudron de Sydney
Sydney Tar Ponds Remediation Project
Projet de nettoyage du port de Saint John
Saint John Harbour Clean-Up Program

l'étiquetage *(m)* écologique	*eco-labelling*
l'écologisation *(f)*	*greening*
les technologies *(f)* vertes	*green technologies*
une taxe verte	*green, environmental tax*
les dommages *(m)* écologiques	*ecological, environmental damage*
la dégradation de l'environnement	*environmental degradation*
la négligence environnementale	*environmental negligence*

Loi sur la prévention de la pollution des eaux arctiques
Arctic Waters Pollution Prevention Act
Règlement sur les urgences environnementales
Environmental Emergency Regulations

les déchets *(m)*	*waste*
▸ domestiques	*household waste*
▸ dangereux	*hazardous waste*
▸ chimiques toxiques	*toxic chemical waste*
une substance	*substance*
▸ toxique	*toxic substance*
▸ carcinogène	*carcinogenic substance*
▸ cancérigène	*cancer-producing substance*

le pesticide toxique	*toxic pesticide*
les résidus *(m)* industriels	*industrial waste, residue*
le site de déchets toxiques	*toxic waste site*
la toxicité	*toxicity*

Vers un style de vie écologique
Towards an Eco-friendly Lifestyle

- prenez conscience de votre propre empreinte écologique, et adoptez un style de vie plus simple et durable
  become aware of your personal ecological footprint and adopt a simpler and more sustainable lifestyle
- évitez les achats inutiles et le gaspillage
  refrain from unnecessary purchases and wasteful practices
- adoptez des pratiques de conservation de l'énergie à la maison et au travail
  adopt energy-wise practices at home and at work
- déplacez-vous en choisissant les transports en commun, la marche, le covoiturage et le vélo quand vous le pouvez
  get around by choosing public transit, walking, car pooling or cycling whenever possible
- soyez sensible à la question de l'efficacité énergétique dans vos choix et vos habitudes de conduite de voiture
  bring energy awareness into your driving choices and habits
- conservez l'eau et traitez-la comme une ressource limitée précieuse
  conserve water and treat it as a precious finite resource
- minimisez la quantité des déchets domestiques, pratiquez le compostage, et réutilisez ou recyclez les produits et les matières plutôt que les envoyer dans des sites d'enfouissement
  minimize the amount of household waste, practice composting, and re-use or recycle goods and material rather than sending them to landfill
- plantez des arbres et créez un jardin accueillant pour les oiseaux, les petits animaux et les insectes
  plant trees and create a garden that welcomes birds, small animals and insects
- évitez l'utilisation des produits d'entretien et des produits jardiniers qui sont néfastes pour l'environnement
  avoid use of household cleaners and garden products that are harmful for the environment
- appuyez les bonnes causes environnementales
  support environmentally-worthy causes
- prononcez-vous en faveur du développement durable et de l'environnement
  take a stand in support of sustainable development and the environment

les rejets *(m)*	*discharge, release*
▸ urbains	*urban discharge*
▸ agricoles	*agricultural discharge*
▸ industriels	*industrial discharge*

la pollution	*pollution*
▸ de l'eau	*water pollution*
▸ des sols	*soil pollution*
▸ de l'air	*air pollution*
▸ atmosphérique	*air pollution*
la source de pollution	*source of pollution*
le contrôle de la pollution	*pollution control*
les normes *(f)* antipollution	*pollution standards*
un polluant atmosphérique	*air, atmospheric pollutant*
les principaux pollueurs *(m)* industriels	*main industrial polluters*
la pollution par véhicules	*vehicle pollution*
la qualité de l'air	*air quality*
la mauvaise qualité de l'air	*bad air quality*
le smog	*smog*
un épisode de smog	*occurrence of smog*
un avis de smog	*smog advisory*
une alerte au smog	*smog alert*
le contaminant	*contaminant*
la contamination	*contamination*
la terre contaminée	*contaminated soil*
un terrain contaminé	*contaminated soil, land*
un site contaminé	*contaminated site, brownfield*
la fuite de pétrole	*oil spill*
le confinement	*confinement*
la décontamination	*decontamination, clean-up*
l'assainissement *(m)* des sites	*site clean-up, decontamination, remediation*
la dépollution de propriété	*site clean-up*
le programme de dépollution	*clean-up program*
les coûts *(m)* de l'assainissement	*clean-up costs*
les pertes *(f)* économiques	*economic losses*
l'incidence *(f)* environnementale	*environmental impact*
les répercussions *(f)* sociales	*social consequences*
la réutilisation	*reuse*
un contenant réutilisable	*reusable container*
le recyclage	*recycling*
le plastique recyclé	*recycled plastic*

l'efficacité *(f)* énergétique	*energy efficiency*
une solution écoenergétique	*energy-efficient solution*
l'utilisation *(f)* d'énergie renouvelable	*use of renewable energy*
la source d'énergie verte	*green power source*
l'écoefficacité *(f)*	*eco-efficiency*
la croissance durable de la productivité	*sustainable productivity growth*

Verbes pratiques	***Useful verbs***
assainir	*to clean up*
changer le comportement	*to change behaviour*
comparer	*to benchmark*
composter	*to compost*
conscientiser	*to sensitize, make aware*
conserver	*to conserve*
consommer	*to consume, use*
contaminer	*to contaminate*
décontaminer	*to decontaminate, clean up*
dépolluer	*to clean up*
détourner	*to divert*
détruire	*to destroy*
disparaître	*to disappear*
écologiser	*to green, make environmentally friendly*
épuiser	*to use up, deplete*
équilibrer	*to balance*
évaluer	*to assess, evaluate*
examiner	*to review, study*
gaspiller	*to waste*
mettre en place	*to establish, set up, develop, organize*
nettoyer	*to clean up*
obliger	*to obligate, require*
polluer	*to pollute*
prendre conscience de	*to become aware of, realize*
préserver	*to preserve, safeguard, protect*
profiter aux générations futures	*to benefit future generations*
réclamer	*to reclaim*
récupérer	*to collect, recover, pick up*
recycler	*to recycle*
réduire	*to reduce, deplete*
réemployer	*to re-use*
respecter	*to respect, observe, comply with*
respirer	*to breathe*
restaurer	*to restore*
sensibiliser le public	*to raise public awareness*
utiliser	*to use*

Paroles en action / *Words in action*

En 1987, la Commission mondiale sur l'environnement et le développement des Nations Unies a rendu public le rapport *Notre avenir à tous.* Ce rapport réclamait une nouvelle approche portant sur des enjeux mondiaux importants comme la dégradation de l'environnement, la croissance démographique et la pauvreté mondiale. Il proposait le principe de « développement durable », c'est-à-dire, « un développement qui répond aux besoins du présent sans compromettre la capacité des générations futures de répondre aux leurs ».

L'humanité fait partie d'un écosystème planétaire. Notre survie dépend de la santé de toute la planète. Nous sommes investis d'une obligation sacrée comme gérants de la Terre, de ses richesses et de sa diversité. Pourtant, nous nous sommes engagés sur une voie de développement qui causera des torts irréparables à l'environnement et mettra à l'épreuve les limites des ressources de la Terre si rien n'est fait pour en rectifier l'orientation.

Nous devons nous charger d'entreprendre un développement plus durable en vue de construire une société juste et assurer un avenir meilleur et plus sûr pour l'humanité tout entière. Le développement durable constitue la pratique de développement qui assure un équilibre entre les objectifs sociaux, économiques et environnementaux. Un tel développement ne dissipe pas les ressources de la Terre, ne pollue pas l'air et l'eau, et ne néglige pas les besoins et les aspirations de nos semblables.

La « durabilité » est devenue le nouveau mantra des citoyens, des administrations publiques, du monde des affaires et du secteur du développement international. Elle a provoqué un changement de mentalité et de pratiques qui nous indique la voie vers un avenir durable.

In 1987, the *UN World Commission on Environment and Development released the report* Our Common Future. *It called for a new approach to such important global issues as environmental degradation, population growth and world poverty. It proposed the principle of "sustainable development," that is, "development that meets the needs of the present without compromising the ability of future generations to meet their own needs."*

Mankind is part of a global ecosystem. Our survival depends on the health of the whole planet. We hold a sacred trust as stewards of the Earth and its riches and diversity. Yet we have pursued a path of development that, if left unchecked, will cause irreparable harm to the environment and strain the limits of the Earth's resources.

We must now undertake a more sustainable development to build a just society and ensure a better and more secure future for all mankind. Sustainable development is the practice of development that balances social, economic and environmental objectives. It does not squander the Earth's resources, or pollute the air and water, or neglect the needs and aspirations of our fellow man.

"Sustainability" has become the new mantra of citizens, governments, the business world and international development. It has prompted a change in thinking and in practice that is pointing the way to a lasting future.

Climate Change

Noms et expressions	***Nouns and phrases***
le changement climatique	*climate change*
les changements climatiques	*climate change*
l'évolution *(f)*	*change*
▸ climatique, du climat	*climate change*
▸ des conditions *(f)* météorologiques	*changing weather conditions*
le réchauffement	*warming*
▸ global	*global warming*
▸ de la planète	*global warming*
▸ planétaire	*global warming*
▸ de l'atmosphère	*warming of the atmosphere*
▸ climatique	*climate warming*

Groupe d'experts intergouvernemental sur l'évolution du climat
Intergovernmental Panel on Climate Change

les régimes *(m)* météorologiques	*weather patterns*
un phénomène météorologique extrême	*extreme weather event*
la prévision météorologique	*weather forecast*
un avertissement météo	*weather warning*
la température	*temperature*
▸ terrestre moyenne	*Earth's average temperature*
▸ de l'océan	*ocean temperature*
▸ nordique	*northern temperature*

Service météorologique du Canada
Meteorological Service of Canada
Organisation météorologique mondiale
World Meteorologic Organization

les températures plus chaudes	*warmer temperatures*
les températures record	*record temperatures*
les degrés *(m)* centigrades, Celsius	*degrees centigrade, Celsius*
une tendance	*trend*
▸ au réchauffement	*warming trend*
▸ au refroidissement	*cooling trend*
▸ à la hausse	*upward trend*
▸ à la baisse	*downward trend*

toute la planète	*the whole planet*
la surface de la Terre	*surface of the Earth*
l'atmosphère *(f)* terrestre	*Earth's atmosphere*
les océans *(m)*	*oceans*
l'effet *(m)* de serre	*greenhouse effect*
les gaz *(m)* à effet de serre	*greenhouse gases*
le dioxyde de carbone	*carbon dioxide*
le méthane	*methane*
l'oxyde *(m)* nitreux	*nitrous oxide*
la combustion	*burning*
les combustibles *(m)* fossiles	*fossil fuels*
le pétrole brut	*crude oil*
le gaz naturel	*natural gas*
l'essence *(f)*	*gasoline*
le charbon	*coal*
les sources d'énergie plus propres	*cleaner energy sources*
la gestion des gaz à effet de serre	*management of greenhouse gases*
une source de gaz à effet de serre	*source of greenhouse gas*
le dégagement de gaz nocifs	*release of harmful gases*
la réduction des émissions *(f)* nocives	*reduction of harmful emissions*
la concentration atmosphérique	*atmospheric concentration*
la stabilisation des concentrations	*stabilization of concentrations*
la menace climatique	*climate threat*
une vérité qui dérange	*an inconvenient truth*
les conditions *(f)* climatiques futures	*future climatic conditions*
l'incidence *(f)* des changements climatiques	*impact of climate change*
l'adaptation *(f)* aux changements climatiques	*adaptation to climate change*
l'atténuation *(f)*	*mitigation*
la résilience face au climat	*climate resilience*
la transition	*transition*
une économie à faibles émissions de carbone	*low-carbon economy*
le climat	*climate*
la climatologie	*climate science*
la science des changements climatiques	*science of climate change*
le, la climatologue	*climate scientist*
l'océanographe *(mf)*	*oceanographer, ocean scientist*
un, une sceptique du climat	*climate sceptic*
un, une climatosceptique	*climate sceptic*

la preuve	*evidence, proof*
▸ scientifique sans équivoque	*unequivocal scientific evidence*
▸ convaincante	*convincing scientific proof*
l'équilibre *(m)* des preuves	*balance of evidence*
le consensus scientifique	*scientific consensus*
les zones *(f)* de désaccord	*areas of disagreement*

Centre canadien de la modélisation et de l'analyse climatique
Canadian Centre for Climate Modelling and Analysis
Centre canadien des services climatiques
Canadian Centre for Climate Services

les données *(f)*	*data*
▸ scientifiques	*scientific data*
▸ de base	*baseline data*
▸ satellites	*satellite data*
la modélisation	*modelling*
▸ du climat	*climate modelling*
▸ des données	*data modelling*
un modèle	*model*
▸ climatique	*climate model*
▸ informatique	*computer model*

une économie à faibles émissions de carbone
low-carbon economy
une société à faibles émissions de carbone
low-carbon society
un monde post-carbone
post-carbon world

les projections *(f)* scientifiques	*scientific forecasts, predictions*
les prévisions *(f)* scientifiques	*scientific forecasts, predictions*
la prédiction	*prediction, estimate*
une supposition raisonnable	*reasonable assumption*
un élément clé	*key, significant element*
les variables *(f)* les plus importantes	*most significant variables*
les scénarios de changements climatiques	*climate change scenarios*
les divers scénarios	*various scenarios*
le scénario catastrophe	*disaster scenario*
le pire scénario	*worst case scenario*

le scénario	*scenario*
▸ le plus optimiste	*most optimistic scenario*
▸ le plus pessimiste	*most pessimistic scenario*
▸ le plus probable	*most likely, probable scenario*
le point critique	*tipping point*
un terrain inconnu	*uncharted terrain, territory*
les échéanciers *(m)*	*time lines*

Objectif à propos des concentrations de CO_2 *atmosphérique*
Target for Atmospheric CO_2 Concentrations
la limite supérieure sûre de dioxyde de carbone (CO_2) dans l'atmosphère
the safe upper limit of carbon dioxide (CO_2) in the atmosphere
une concentration maximale de 350 parties par million*
*a maximum concentration of 350 parts per million**

* Chiffre avancé par les climatologues et prôné par la campagne écologique internationale, 350.org / *Figure put forward by climate scientists and advocated by the international environmental campaign, 350.org.*

les facteurs *(m)* humains	*human factors, considerations*
l'activité *(f)* humaine	*human activity*
l'empreinte *(f)* carbone	*carbon footprint*
les effets *(m)*	*effects, impacts*
▸ nocifs	*harmful effects, impacts*
▸ pour la santé humaine	*human health effects*
les conséquences *(f)*	*consequences, effects*
▸ environnementales	*environmental consequences*
▸ sociales	*social consequences*
▸ économiques	*economic consequences*
▸ commerciales	*business consequences*

Cadre pancanadien sur la croissance propre et les changements climatiques
Pan-Canadian Framework on Clean Growth and Climate Change

la production	*production*
l'accélération *(f)*	*acceleration, speeding up*
l'absorption *(f)*	*absorption*
la capacité d'absorption	*absorptive capacity*
le captage du carbone	*carbon capture*
le stockage de carbone	*carbon storage*
le puits de carbone	*carbon sink*

le temps d'agir	*time to act*
la mobilisation	*mobilization*
un appel à l'action *(f)*	*call to action*
le plan d'action	*plan of action*
l'action soutenue à long terme	*sustained action over the long term*
le coût de l'inaction *(f)*	*cost of inaction*
un effort global	*global effort*
les pratiques *(f)* exemplaires	*best practices*

Convention-cadre des Nations Unies sur les changements climatiques
United Nations Framework Convention on Climate Change
Protocole de Kyoto
Kyoto Protocol
Accord de Copenhague
Copenhagen Accord
Accord de Paris
Paris Agreement

le, la signataire	*signatory*
un traité international	*international treaty*
un accord climatique mondial	*global climate accord, agreement*
la ratification	*ratification*
les obligations *(f)* juridiques contraignantes	*binding legal obligations*
les engagements *(m)* exécutoires	*binding, enforceable commitments*
ratifier	*to ratify*
respecter les obligations	*to meet, honour obligations*

Contributions déterminées au niveau national (CDN)
Nationally Determined Contributions (NDCs)

les mesures *(f)*	*measures, actions*
▸ d'atténuation	*mitigation, abatement measures*
▸ volontaires	*voluntary action*
▸ exécutoires	*enforcement action*
▸ fiscales	*tax measures*
▸ intersectorielles	*intersectoral action*
▸ correctives	*corrective measures, actions*
les émissions *(f)*	*emissions*
▸ de dioxyde de carbone	*carbon dioxide emissions*
▸ de gaz à effet de serre	*greenhouse gas emissions*
▸ industrielles	*industrial emissions*
▸ atmosphériques	*atmospheric emissions*
▸ d'origine humaine	*man-made emissions*
▸ de véhicules	*vehicle emissions*

les limites *(f)*	*limits*
▸ des émissions	*emission limits*
▸ d'émissions fixes	*fixed emission limits*
▸ absolues	*absolute limits*

Incidences et effets potentiels du réchauffement global*
Potential Impacts and Effects of Global Warming*

- le dégel du pergélisol, la décrue des glaciers, la fonte de la glace de mer et un rétrécissement de la calotte glaciaire
  thawing of permafrost, receding glaciers, melting of sea ice and shrinking of the polar ice cap
- la montée des niveaux de mers et le risque d'inondation des zones basses habitées
  rising sea levels and risk of flooding of low-lying inhabited areas
- le changement des tendances climatiques et une fréquence accrue de phénomènes météorologiques extrêmes, p.ex., des vagues de chaleur prolongées, des chutes de pluie abondante et de violentes tempêtes hivernales
  changing weather patterns and increased frequency of extreme weather such as prolonged heatwaves, heavy rainfalls and severe winter storms
- la multiplication de catastrophes naturelles, p.ex., des inondations, des incendies de forêt, et des ouragans
  increased natural disasters such as flooding, forest fires and hurricanes
- l'augmentation des périodes de sécheresse et les pertes de récoltes et le déplacement des populations des pays du Sud qui s'ensuivront
  increasing periods of drought and resulting crop failures and population displacement in southern countries
- les saisons hivernales plus douces et la saison de croissance allongée dans les régions du nord
  milder winters and an extended growing season in northern regions
- la propagation de maladies infectieuses et d'espèces envahissantes
  spread of infectious diseases and invasive species
- l'évolution des habitats naturels et un plus haut risque pour les espèces en péril
  changes in natural habitat and greater risk to endangered species
- le déclin de la qualité de l'air entraînant une incidence accrue de maladies respiratoires
  reduction in air quality leading to increased incidence of respiratory diseases

* Selon la couverture médiatique des rapports et des conférences scientifiques dernièrement / *According to news coverage of scientific reports and conferences in recent years.*

le plafond d'émissions	*emission cap*
un plafond absolu	*absolute cap*
le niveau actuel	*current level*
les niveaux inférieurs	*lower levels*

un objectif	*objective, target*
▸ de réduction d'émissions	*emission reduction target*
▸ absolu	*absolute target*
▸ fondé sur l'intensité	*intensity-based target*
▸ volontaire	*voluntary objective*
▸ ambitieux	*ambitious target*

L'appauvrissement de l'ozone
Ozone Depletion

la couche d'ozone	*ozone layer*
le trou d'ozone	*ozone hole*
la stratosphère	*stratosphere*
un écran naturel	*natural filter*
un bouclier protecteur	*protective shield*
l'amincissement *(m)*	*thinning*
les rayons *(m)* solaires	*solar rays*
les rayons ultraviolets	*ultraviolet rays*
les rayons solaires nocifs	*harmful solar radiation*
les questions *(f)* liées à la qualité de l'air	*air quality issues*
la pollution de l'atmosphère	*air pollution*
le polluant atmosphérique	*air pollutant*
le smog urbain	*urban smog*
la répartition de l'ozone dans l'atmosphère	*distribution of ozone in the atmosphere*
la stabilisation des niveaux actuels	*stabilization of current levels*
le rétablissement	*recovery, restoration*
respirer	*to breathe*
rétablir	*to restore*

Convention de Vienne pour la protection de la couche d'ozone
Vienna Convention for Protection of the Ozone Layer
Protocole de Montréal relatif à des substances qui appauvrissent la couche d'ozone
Montreal Protocol on Substances that Deplete the Ozone Layer

la cible	*target*
▸ d'émissions	*emission target*
▸ de réduction d'émissions	*emission-reduction target*
une réduction	*reduction*
▸ absolue	*absolute reduction*
▸ d'intensité	*intensity reduction*
▸ obligatoire	*mandatory reduction*
les normes *(f)* de rendement	*performance standards*
la conformité	*compliance*
la vérification de conformité	*compliance audit*

le rapport de progrès	*progress report*
le rapport d'avancement	*progress report*
les rapports d'étape	*progress reports, reporting*
le progrès accompli	*progress made, achieved*
les progrès *(m)* réalisés	*progress made, achieved*
une diminution absolue	*absolute decrease*
une accumulation	*accumulation*
une augmentation	*increase*

Bourse du carbone
Carbon Exchange
Agence canadienne pour l'incitation à la reduction des émissions
Canada Emission Reduction Incentives Agency
un système nord-américain d'échange des émissions
North American emissions trading system

la pollution causée par le carbone	*carbon pollution*
une taxe sur le carbone	*carbon tax*
un prix sur le carbone	*carbon price*
la tarification du carbone	*carbon pricing*
un mécanisme de tarification	*pricing mechanism*
l'établissement *(m)* des prix	*price-setting*
le marché du carbone	*carbon market*
un instrument fondé sur le marché	*market-based instrument*
le prix de marché	*market price*
l'achat *(m)*	*purchase*

Mécanisme pour un développement propre
Clean Development Mechanism

un crédit carbone, de carbone	*carbon credit*
les crédits *(m)*	*credits*
‣ de réduction des émissions	*emission reduction credits*
‣ compensatoires nationaux	*domestic offset credits*
‣ internationaux	*international credits*
un quota d'émissions	*emissions quota*
un permit d'émission	*emission permit*
les droits *(m)* d'émissions	*emission credits, allowances*
les droits d'émissions de compensation	*emission offset allowances*
les échanges internationaux	*international trading*

un système de plafonnement et d'échange de droits d'émission — *cap-and-trade system*

l'échange, les échanges *(m)*	*trading*
▸ de droits d'émissions	*emissions trading permits*
▸ de droits d'émissions de carbone	*carbon emissions trading*
un système d'échange	*trading system*
▸ des droits d'émissions	*emission trading system*
▸ de crédits d'émissions	*emission trading system*
▸ d'émissions intérieures	*domestic emissions trading system*
le régime d'échange	*trading regime, system, scheme*
▸ des droits d'émissions	*emissions trading system*
▸ de crédits	*credit trading system*

Verbes pratiques	***Useful verbs***
absorber	*to absorb*
accélérer	*to accelerate, speed up*
accumuler	*to accumulate*
adhérer à	*to adhere to, abide by*
adopter	*to adopt*
amorcer	*to initiate, begin, make a start on*
atteindre	*to attain, reach, achieve*
atténuer	*to mitigate, limit, alleviate*
causer	*to cause*
compenser	*to offset, compensate*
conclure sans équivoque	*to conclude unequivocally*
contribuer à	*to contribute to*
décarboniser	*to decarbonize*
diminuer	*to decrease, reduce*
discréditer	*to discredit, debunk*
échanger	*to exchange, trade*
être irréversible	*to be irreversible*
être préoccupé par	*to be concerned about*
faire d'importants progrès	*to make significant progress*
faire preuve de leadership	*to show leadership*
fixer un plafond	*to cap, set a cap*
fondre	*to melt*
générer	*to generate*
imposer	*to impose*
s'inquiéter de	*to worry about*
lutter contre les changements climatiques	*to combat, tackle climate change*
mettre l'accent sur	*to emphasize, focus on, highlight*
mettre en doute	*to question, cast doubt on, discredit*

minimiser	*to minimize, downplay*
modéliser	*to model*
modérer	*to moderate, reduce, limit*
se passer	*to take place, happen*
prédire	*to predict*
prendre action	*to take action*
prévoir	*to forecast, plan, anticipate*
protéger	*to protect*
provoquer	*to cause, produce, give rise to*
ralentir	*to slow down*
ramener à	*to reduce to*
réaliser	*to realize, carry out, meet, achieve*
se réchauffer	*to get warmer*
réduire	*to reduce, cut*
réglementer les émissions	*to regulate emissions*
renverser	*to reverse*
retarder	*to delay, put off, set back*
stabiliser	*to stabilize*
stimuler	*to stimulate, spur*
tarifer	*to price, put a price on*
tenir compte de	*to take account of*

Paroles en action / *Words in action*

Le monde entre dans une nouvelle ère climatique de réchauffement de la planète. Selon le rapport de 2007 du Groupe d'experts intergouvernemental sur l'évolution du climat, « le réchauffement du système climatique est sans équivoque ». Le phénomène des changements climatiques est une question complexe qui a été largement définie par la science – et la science du climat continue d'évoluer. Il existe déjà des preuves irréfutables que le réchauffement planétaire est réel et irréversible, et que ses conséquences seront très répandues et durables.

La hausse des températures à l'échelle mondiale est provoquée en grande partie par des concentrations supérieures des gaz à effet de serre dans l'atmosphère terrestre. Ces concentrations sont principalement attribuables à l'activité humaine, en particulier la combustion de combustibles fossiles et les modifications de l'utilisation des terres, notamment la déforestation. Les climatologues ont remarqué qu'une élévation de la température moyenne sur la surface de la Terre de seulement quelques degrés peut entraîner des modifications significatives des régimes météorologiques avec de graves conséquences environnementales, sociales et économiques.

Le Protocole de Kyoto, une entente ayant force de loi qui est entreé en vigueur en 2005, a été ratifié par plus de 180 pays. L'entente a fixé des objectifs obligatoires de réduction des émissions pour les pays industrialisés. Cette entente a été acclamée comme une étape importante vers la réduction des émissions de gaz à effet de serre. Cependant les principaux pays émitteurs, comme les États-Unis, n'ont pas ratifié le traité ou, comme la Chine et l'Inde, en ont été exemptés. Le Canada, lui, s'est retiré de Kyoto en 2011 malgré son engagement à l'origine.

Le traité qui succédera au protocole de Kyoto est l'Accord de Paris. Ce traité ambitieux engage la collectivité internationale à prendre des mesures pour "contenir l'élévation de la température moyenne de la planète nettement en dessous de 2 °C par rapport aux niveaux préindustriels et de poursuivre l'action menée pour limiter l'élévation de la température à 1,5 °C." L'accord bénéficie d'un large soutien parmi les pays développés et en développement. Grâce à une démarche ascendante, chaque pays concevra un plan d'action climatique et fixera des cibles de réduction des émissions adaptées à sa situation particulière. Un cadre de responsabilisation obligatoire servira de fondement à l'évaluation des progrès par rapport aux plans nationaux.

L'Accord de Paris historique constitue peut-être le meilleur espoir pour l'humanité de décarboniser l'économie mondiale et éviter une crise climatique émergente.

The world is *entering a new climatic era of global warming. According to the 2007 report of the Intergovernmental Panel on Climate Change, "warming of the climate system is unequivocal." Climate change is a complex issue that has been largely defined by science – and climate science continues to evolve. There is already indisputable evidence that global warming is real and irreversible, and its effects will be widespread and long-lasting.*

Higher global temperatures are mostly caused by higher concentrations of greenhouse gases in the Earth's atmosphere. These concentrations are mainly due to human activity, particularly the burning of fossil fuels and changes in land use, such as deforestation. Climate scientists have noted that an increase in the average surface temperature of the Earth of only a few degrees can lead to significant changes in weather patterns with serious environmental, social and economic consequences.

The Kyoto Protocol, a legally-binding treaty that came into force in 2005, was ratified by over 180 countries. It established mandatory emission targets for industrialized nations, and was hailed as an important step toward reducing greenhouse gas emissions. However, major emitting countries either did not ratify the treaty, such as the United States, or were exempt from it, including China and India. Though initially on board, Canada withdrew from Kyoto in 2011.

The successor treaty to the Kyoto Protocol is the Paris Agreement. This ambitious treaty commits the international community to take action "to hold the increase in the global average temperature to well below 2°C above pre-industrial levels, and to pursue efforts to limit the temperature increase to 1.5°C." The agreement enjoys broad support among both developed and developing countries. Its bottom-up approach allows every country to design a climate action plan and set emission reduction targets tailored to its unique circumstances. A binding accountability framework will form the basis for evaluating progress against country plans.

The landmark Paris Agreement may be mankind's best hope for decarbonizing the global economy and avoiding a looming climate crisis.

Space Exploration

Noms et expressions	*Nouns and phrases*
l'espace *(m)*	*space*
l'exploration *(f)* de l'espace	*space exploration*
la conquête de l'espace	*conquest of space*
la science spatiale	*space science*
la recherche spatiale	*space research*
l'industrie *(f)* spatiale	*space industry*
l'industrie aérospatiale canadienne	*Canadian aerospace industry*
les technologies *(f)* spatiales canadiennes	*Canadian space technology*
l'application *(f)* commerciale	*commercial application*
la robotique spatiale	*space robotics*
le bras robotique canadien	*Canadian robotic arm*
le prototype	*prototype*

Agence spatiale canadienne
Canadian Space Agency
le programme spatial canadien
Canadian Space Program
Corps d'astronautes canadiens
Canadian Astronaut Corps
Station spatiale internationale
International Space Station

la planète	*planet*
▸ rouge	*the red planet*
▸ bleue	*the blue planet*
l'univers *(m)* inconnu	*the unknown universe*
les origines *(f)* de l'univers	*origins of the universe*
la formation du système solaire	*formation of the solar system*
les confins *(m)* de l'univers	*outer limits of the universe*
les mystères *(m)* de l'univers	*mysteries of the universe*
la quête	*quest, search*
la découverte	*discovery*
l'inconnu *(m)*	*the unknown*
l'existence *(f)* de la vie au-delà de la Terre	*existence of life beyond Earth*
les traces *(f)* de vie extraterrestre	*traces, signs of extraterrestrial life*
la présence d'eau liquide	*presence of liquid water*

les organismes *(m)* primitifs	*primitive organisms*
les extraterrestres *(mf)*	*extraterrestrials, aliens*
la première rencontre	*first encounter*
l'atmosphère *(f)*	*atmosphere*
la force de gravité *(f)*	*force of gravity*
un état d'apesanteur *(f)*	*state of weightlessness*
le, la spécialiste	*specialist*
▸ de mission	*mission specialist*
▸ de charge utile	*payload specialist*

L'espace extra-atmosphérique
Outer Space

la Terre	*the Earth*
le soleil	*the sun*
la lune	*the moon*
une planète glaciale	*frozen planet*
une étoile	*star*
la comète	*comet*
le, la météorite	*meteorite*
un astéroïde	*asteroid*
le système solaire	*solar system*
l'univers *(m)* connu	*known universe*
une galaxie lointaine	*distant, far off galaxy*
les débris *(m)* spatiaux	*space junk, debris*
un objet volant non identifié	*unidentified flying object*

l'astronaute *(m,f)*	*astronaut*
le, la cosmonaute russe	*Russian cosmonaut*
l'astronome *(m,f)*	*astronomer*
l'astronomie *(f)*	*astronomy*
un observatoire spatial	*space observatory*
le télescope en orbite	*orbiting telescope*
la mission	*mission*
▸ vers Mars	*mission to Mars*
▸ habitée	*manned mission*
le lancement	*launch, blast-off*
une tentative avortée	*aborted attempt*
l'ascension *(f)*	*ascent*
la descente	*descent*
la rentrée	*re-entry, return*
le retour sur Terre	*return to Earth*

le centre de contrôle	*control centre*
un vol habité	*manned flight*
le voyage interplanétaire	*interplanetary travel*
une odyssée dans l'espace	*space odyssey*
une expédition	*expedition*
la distance	*distance*
la durée	*duration, length, term*
la navette spatiale	*space shuttle*
l'équipage *(m)* de la navette	*shuttle crew*
un, une membre d'équipage	*crew member*
le vol de la navette	*shuttle flight*
la soute de la navette	*shuttle cargo bay, hold*
la charge utile	*payload*
la fusée de lancement	*booster rocket*
la plateforme de lancement	*launch pad*
l'amarrage *(m)*	*docking*
la sortie dans l'espace	*spacewalk, walk in space*
le vaisseau spatial	*spacecraft, space vessel*
la capsule spatiale	*space capsule*
le module spatial	*space module*
le laboratoire spatial	*space laboratory*
la sonde spatiale	*space probe*
le projet lunaire	*lunar project*
l'alunissage *(m)*	*lunar landing*
le rover lunaire	*lunar rover*
une colonie lunaire	*lunar colony*
le satellite	*satellite*
▸ canadien	*Canadian-built satellite*
▸ commercial	*commercial satellite*
▸ d'observation	*observation satellite*
▸ de télécommunications	*telecommunications satellite*
▸ météorologique	*weather, meteorological satellite*
▸ espion	*spy satellite*
l'utilisation *(f)* pacifique de l'espace	*peaceful use of space*
la militarisation de l'espace	*militarization of space*
le système de défense antimissile	*missile defence system*
le bouclier antimissile	*missile defence shield*
la folie de l'homme	*folly, foolishness of man*

Verbes pratiques	*Useful verbs*
amarrer	*to dock*
approcher	*to approach*
décoller	*to lift off*
découvrir	*to discover*
détecter	*to detect*
durer	*to last*
être en orbite	*to be in orbit*
étudier	*to study, probe*
explorer	*to explore*
faire une sortie dans l'espace	*to take a walk in space, spacewalk*
installer en orbite	*to put into orbit*
lancer dans l'espace	*to launch, send into space*
marcher dans l'espace	*to walk in space*
mettre en orbite	*to put into orbit*
orbiter autour de la Terre	*to orbit the Earth*
rentrer dans l'atmosphère	*re-enter the atmosphere*
revenir sur Terre	*to return to Earth*
séjourner dans l'espace	*to stay in space*
simuler	*to simulate*
vaincre	*to conquer*

Paroles en action / *Words in action*

L'espace est un environnement tellement immense, inhospitalier et mystérieux! La curiosité que nous éprouvons envers l'univers provient surtout du désir de découvrir les origines naturelles de la planète Terre et d'arriver à une meilleure compréhension de ce que l'avenir réserve à l'humanité et à la planète.

La vie est présente sous des formes simples et complexes dans une multitude d'environnements terrestres, dont un certain nombre dans des conditions très extrêmes. Nonobstant de grandes découvertes et les avancées en connaissances sans précédent de ces derniers temps, il reste encore beaucoup à apprendre sur l'existence de la vie et comment la vie s'adapte à son environnement et s'y maintient.

Il n'existe aucune raison de croire que certaines formes de vie extraterrestre ne pourraient pas exister sur d'autres planètes et dans de lointaines galaxies. L'exploration d'autres planètes et de l'univers peut non seulement nous enseigner comment maintenir la vie sur Terre, mais elle peut éventuellement fournir la preuve d'autres organismes vivants, passés ou actuels, y compris dans des environnements que nous estimons être défavorables à la vie telle que nous la connaissons.

Les sciences spatiales ne se limitent pas à découvrir des faits qui appuient ou remettent en question les théories et les croyances scientifiques acceptées, mais à percer des secrets que personne sur Terre n'avait jamais imaginés.

***Outer space is** such a vast, inhospitable and mysterious environment! Our curiosity about the universe is above all to discover the natural origins of planet Earth and to gain insights into what the future may hold for mankind and the planet.*

Life occurs in simple and complex forms in a multitude of earthly environments, some very extreme. Notwithstanding great discoveries and unparalleled advances in knowledge in recent times, there is still so much more to learn about the existence of life and how it adapts to its environment and survives.

There is no reason to believe that some forms of alien life could not exist on other planets and in far-off galaxies. Exploration of other planets and the universe may not only teach us about sustaining life on Earth, but may someday provide evidence of other living organisms, past or current, including in environments that we believe to be hostile to life as we know it.

Space science is not only about discovering facts that support or challenge existing scientific theories and beliefs, but about uncovering things that no one on Earth has even imagined.

Note *on* References

I have drawn on many sources for the vocabulary included in this text, and for its translation and spelling. These include government and parliamentary documents and Web sites, newspapers, magazines, television and radio broadcasts, and various dictionaries and online references.

Articles and columns in French and English newspapers and magazines were a rich and unending source of vocabulary, including: *L'actualité*, *La Presse*, *Le Devoir*, *Le Droit*, *Le Monde*, *Le Soleil*, the *Ottawa Citizen* and *The Globe and Mail.*

I have particularly relied on the *Collins Robert French-English English-French Dictionary, Sixth Edition* (HarperCollins Publishers and Dictionnaires Le Robert, 2002), *Le Nouveau Bescherelle* (Éditions Hurtubise, Ville LaSalle, Québec, 1987), *Le Nouveau Petit Robert* (Dictionnaires Le Robert, Paris, 1996), the *Multidictionnaire de la langue française, Troisième édition* (Éditions Québec Amérique, Montréal, 1998) by Marie-Éva de Villers, *Le Robert Méthodique* (Dictionnaires Le Robert, Paris, 1985), and the online edition of *Le grand dictionnaire terminologique* de l'Office québécois de la langue française, Gouvernement du Québec. I have also made extensive use of the following English references: *Microsoft Encarta College Dictionary* (St. Martin's Press, New York, 2001), *The Random House Dictionary of the English Language, College Edition* (Random House, New York, 1968), and *The New Penguin Thesaurus* (Penguin Books, 2000).

FSC
www.fsc.org
MIX
Paper from
responsible sources
FSC® C100205